An intellektuellem Potential, das Neue in die Welt zu bringen, mangelt es nicht: Es will nur geweckt werden. Wie das geschehen kann, diskutieren in diesem Buch Spitzenmanager und Unternehmer, Wissenschaftler, Künstler, Kreative und Politiker:

HEINRICH V. PIERER

wurde 1941 in Erlangen geboren und studierte Rechtswissenschaft (Dr. jur.) und Volkswirtschaft (Dipl.-Volksw.). Seit 1992 ist Heinrich v. Pierer Vorsitzender des Vorstands der Siemens AG, des drittgrößten deutschen Industriekonzerns.

BOLKO V. OETINGER

wurde 1943 in Berlin geboren. Nach dem Studium der Politikwissenschaft (Dr. rer. pol.) erwarb Bolko v. Oetinger den MBA in Stanford. Er ist ein Senior Vice President der Boston Consulting Group, einer der innovativsten Strategieberatungen der Welt.

HEINRICH V. PIERER
BOLKO V. OETINGER

WIE KOMMT
DAS NEUE
IN DIE WELT?

ROWOHLT TASCHENBUCH VERLAG

Die folgenden Beiträge erscheinen mit freundlicher Genehmigung
der Verlage:
Random House New Zealand: Roger Douglas «Unfinished Business», 1993
Die Zeit: Leo Jabocs «Die Fabrik der guten Einfälle»
Verlag Bertelsmann Stiftung: Reinhard Mohn «Freiheit für den kreativen
Menschen»
Frankfurter Allgemeine Zeitung: Gerd Binnig «Warum ist es einfach,
kreativ zu sein, Herr Binnig?»

Ergänzte Taschenbuchausgabe
Redaktion Bernd Gottwald

Veröffentlicht im Rowohlt Taschenbuch Verlag GmbH,
Reinbek bei Hamburg, Oktober 1999
Copyright © 1997 Carl Hanser Verlag, München / Wien
Umschlaggestaltung Peter-Andreas Hassiepen, München
Satz Aldus PostScript, PageOne
Gesamtherstellung Clausen & Bosse, Leck
Printed in Germany
ISBN 3 499 60798 0

REMIX

Die Zeiten, in denen das Internet exotisch und irreal schien, sind vorbei. Jeder zweite zwischen 25 und 35 Jahren surft in Deutschland durch das digitale Netz. 9 Millionen Bundesdeutsche sind online. So kann ein Buch, das sich mit dem Neuen beschäftigt, schwerlich die Neuen Medien außer acht lassen.

Eine schlichte Reproduktion der Texte im Internet schien in diesem Zusammenhang aber wenig innovativ. Zum einen besteht dadurch für Leser im World Wide Web kein Mehrwert, zum anderen ist eine Stunde Surfen auch heute oft noch teurer als eine Stunde Kino. Keine Zeit also, um sich mit längeren Aufsätzen am Bildschirm auseinanderzusetzen. Zudem: Warum sollen sich Buchstaben in der digitalen Welt auf ein bloßes Stillhalten und Gelesenwerden beschränken?

So entstand die Idee, aus den vorhandenen gedruckten Textversionen einen Remix zu erstellen. Bei diesem aus der Popmusik bekannten Verfahren entstehen durch Wiederholung und Addition Variationen bestehender Musikstücke.

36 Aufsätze wurden nach dieser Methode in 18 Tagen für das Internet aufbereitet. Die Webseite http://www.dasneue.de hat alle 36 Aufsätze zum Inhalt, ist aber durchaus losgelöst davon zu sehen. Sie besitzt eine Makrostruktur, die über die einzelnen Texte hinausgeht. Jedem existierenden Kapitel wurde eine besondere Vorgehensweise zugeteilt:

- Neues und Bestehendes   wird durch Ordnungs-
  systeme remixed
- Fremdes und Eigenes   wird in Geschichten erzählt
- Freiheit und Regel   arbeitet mit Klang
- Individuum und Umfeld   bietet eine neue Sinnebene
  durch externe Links
- Fortschritt und Wandel   dekonstruiert das Material

Insgesamt ist dieser Remix auch der Versuch, auf spielerische Art die individuelle Lesart jedes Nutzers mit einfließen zu lassen. Er ist auch als Anregung zu verstehen, selbst neue Seiten zu schaffen und so die Gedanken aus dem Buch weiterzutragen. Einfach: Das Neue über digitale Medien in die Welt kommen zu lassen.

«Das ist sie – die Tyrannei des Bestehenden – und so muß man es wohl sehen. Diese handgreifliche Sicht wird am deutlichsten, wenn Menschen das Neue wirklich ‹in der Hand haben›, bei Künstlern, die eine neue Richtung einleiten, bei Unternehmen, die von Null aufbauen.»

Peter Greenaway

RICHTIGES KINO KOMMT ERST NOCH

«Wir sind in Gefahr, die alten Formensprachen zu verlieren, aber … wir müssen fähig sein, die alten Sprachen zu rekapitulieren und wiederaufzunehmen, uns ihrer geschichtlichen Kontinuität bewußt zu bleiben.»

Jost Stollmann

WER NICHTS NEUES BRINGT, MUSS DEN WEG FREIMACHEN

«Transparenz, Durchlässigkeit, Flexibilität gelobte und verlangte Stollmann, als er 1984 mit wenigen Mitarbeitern das Unternehmen gründete.»

Claus Weyrich

WAS IST EINE INNOVATION ? «Innovationen sind eines der wesentlichen Schlüsselelemente für den dauerhaften Erfolg eines Unternehmens. Doch was versteht man darunter?»

Konrad Seitz

DIE INFORMATIONSGESELLSCHAFT ENTSTEHT NICHT AUS DEM MARKT ALLEIN «Noch sind wir Deutsche weit entfernt, den Ernst unserer Lage zu verstehen und die Opfer und massiven Anstrengungen aufzubringen, ohne die es nicht möglich sein wird, zu den technologisch führenden Nationen der Welt aufzuschließen und Marginalisierung und Verarmung von Deutschen in Europa abzuwenden.»

Roger Douglas

REFORMPOLITIK – DIE KUNST DES MÖGLICHEN «Ganz im Gegenteil meine ich, daß es im politischen Leben darum geht, Qualitätsentscheidungen zu treffen.»

Kjell-Olof Feldt

DIE REFORM DES WOHLFAHRTS-STAATES – DER FALL SCHWEDEN «Das schwedische Modell hat unter Beweis gestellt, daß eine Gesellschaftsordnung möglich ist, in der nicht nur wirklich arme Menschen sehr selten sind, sondern auch der Lebensstandard insgesamt im Vergleich zu den meisten anderen Ländern weitgehend ausgeglichen ist.»

Was nehmen wir mit für das Neue? Scharfer Wettbewerb reizt an. Man verliert nicht, wenn man sich öffnet. Kopieren muß nicht entwürdigend sein. Im Gegenteil: Man kann dazugewinnen, wenn man das Fremde offen aufnimmt und nutzt. Gefördert wird dies, weil wir zum ersten Mal in der Geschichte eine echte Weltwirtschaft haben und den Globus als eine wirtschaftliche Einheit sehen können. Dort spielen die multinationalen Unternehmen mit ihren globalen Netzen eine viel bedeutendere Rolle als noch vor zwanzig Jahren.

NeiHei Park

EIN BRENNENDES VERLANGEN «Gegen Ende der fünfziger Jahre war Korea nicht reicher als der Sudan … Dreißig Jahre später, Mitte der neunziger Jahre, verzeichnet die südkoreanische Wirtschaft unter maßgeblicher Führung der koreanischen Unternehmensgruppen, den sogenannten chaebols, enorme Erfolge …»

Bolko v. Oetinger

EAST IS WEST AND WEST IS EAST «Die gesuchte Erfahrung des einzelnen mit dem Fremden ist die Tür, durch die das Neue tritt. Das Neue lebt von den Kunden.»

Peter M. Senge / Claus Otto Scharmer

VON LEARNING ORGANISATIONS ZU LEARNING COMMUNITIES «Der Komplexitätsgrad der Umwelt nimmt zu, die Übersichtlichkeit von Organisationen ab. Für den Typ des isoliert arbeitenden ‹einsamen Entscheiders› stellt dies eine geradezu hoffnungslose Herausforderung dar.»

Die Spielregeln sind unsere Regeln, wir haben sie erfunden, wir müssen sie wieder in Frage stellen. Das Neue verlangt die Freiheit – die Freiheit von unseren eigenen Regeln. Sind wir bereit, die Ausnahme zu gewähren? Um unseren Standpunkt zu verändern, müssen wir einen neuen Standpunkt wählen: Bekanntlich sieht der Berg vom Gipfel anders aus als vom Tal.

Wolfgang Rihm
VERTRAUE AUF DIE SCHWERPUNKTE
«Das Neue ist immer schon da, weil es das Alte ist. Es ist alles da, nur wir verändern unseren Ort, damit den Blickwinkel, und das, was wir sehen, ist neu. Ohne unsere Bewegung: für uns nichts Neues. Neues für uns: nur durch Bewegung.»

Heinrich von Pierer
VON DER IDEE ZUM MARKTERFOLG
«Bis heute gelten Erfindungen und Innovationen als das Werk von Genies, Tüftlern oder Querköpfen. Innovation ist aber vielschichtiger.»

Berthold Leibinger
MEHR UNORDNUNG IM UNTERNEHMEN
«Wir brauchen neue Ideen, Impulse, Veränderungen, die vielgerühmte schöpferische Zerstörung des Vorhandenen.»

Gerhard Cromme
WIR SCHAFFEN FREIRÄUME FÜR DIE MITARBEITER
«Bei uns im Konzern haben wir ein Programm, das nennen wir 4 K: Das Programm entspringt der Einsicht, daß wir einerseits hierarchisch organisiert bleiben

müssen. Andererseits müssen wir uns moderner und effizienter aufstellen und Kreativität und Know-how aller Mitarbeiter optimal verwerten.»

Ron Sommer
▬▬PIONIERGEIST STATT REGELUNGSWUT
«Die Kreativität ist umzingelt von Vorschriften, Ge- und Verboten.»

Ulrich A. Wever
▬▬REVOLUTION DER UNTERNEHMENSKULTUR   «Zur Förderung von Kreativität stellen sie (die Menschenführer) angstarme Räume zur Verfügung.»

Michael Hilti
▬▬TITEL GIBT'S BEI UNS NICHT   «Bei uns erwartet niemand, daß die Vorgesetzten das Monopol auf gute Ideen haben.»

Hochqualitative Entscheidungen verlangen hochqualitative und freie Köpfe. Ihre Freiheit müssen wir ihnen gewähren. Genügt es, wenn wir die begabtesten Köpfe an die Schaltstellen unserer Organisationen bringen und sie ganz loslassen, damit sie uns die innovativste Lösung sichern? Residiert dort Novitas?

Tao Ho
▬▬DAS HERZ, DER KOPF, DIE HAND
«Heutzutage stellt der weitverbreitete Mißbrauch des Computers im Gestaltungsbereich die größte unmittelbare Gefahr für die künstlerische Kreativität dar … Eines kann der Computer nicht: Er kann einen guten Entwurf nicht von einem schlechten unterscheiden.»

Harry Mulisch

ICH HATTE EINEN SEHR GUTEN FREUND, DER SCHACHGROSSMEISTER WAR ... «Einmal, ich erinnere mich ganz genau, setzte er sein Pferd einfach irgendwohin. Ich fragte ihn verblüfft, warum machst du das jetzt? Er antwortete, weil es da schöner aussieht.»

Jean-Remy v. Matt

QUALITÄT BEGINNT MIT QUAL «Es gibt viele Kreative mit brillanter Phantasie und Assoziationsfähigkeit, die einfach nicht in ‹search of excellence› sind, sondern nur in ‹search of Feierabend›. Sie haben in unserem Job keine Chance.»

Franz Emanuel Weinert

DAS INDIVIDUUM «Kreative Menschen sind also nicht selten schwierige Lebens- und Arbeitspartner, die zur vollen Entfaltung ihrer Leistungspotentiale eine gleichermaßen kooperative soziale Umwelt brauchen ... So wirkt auch das Genie wie ein Zwerg, der auf den Schultern von Riesen steht.»

Jürgen Werner

ORA ET LABORA «Wachsamkeit ist eine Form der Weltbegegnung, die nicht schon dadurch gegeben ist, daß man nicht schläft.»

Gerd Binnig

WARUM IST ES EINFACH, KREATIV ZU SEIN? «Kreativität ist eine Eigenschaft der Natur, obwohl sie ursprünglich anders definiert ist ..., denn sie hat uns Menschen hervorgebracht, und das ist sicherlich etwas Tolles.»

Hubert Fenzl

SCHÜLER, TÜFTLER UND TALENTE
«Die einfachsten Ideen sind immer die besten Lösungen.»

Leo Jacobs

FABRIK DER GUTEN EINFÄLLE
«Wir wollen wissen, wie neue Technik den Alltag verändert und verändern kann.»

Reinhard Mohn

FREIHEIT FÜR DEN KREATIVEN MENSCHEN
«Die Führungstechnik der Dezentralisierung und der Delegation der Verantwortung muß konsequent angewendet werden.»

Jan Trøjborg

LERNEN UND AUSBILDUNG – DIE GRUNDLAGE DER INNOVATION
«Bisher konzentrierten sich die öffentlichen Bemühungen zur Innovationsförderung jedoch primär darauf, den Unternehmen Zugang zu Wissen zu gewähren und weniger auf die tatsächliche Anwendung des Wissens.»

Das Evolutionsmodell beinhaltet eine wichtige Prämisse: Solange wir über Innovationen verfügen, werden wir uns weiter entwickeln, und solange wir an eine Weiterentwicklung glauben, müßten wir ein natürliches Ende der Innovation ablehnen! Da kämpft die Kraft der Idee mit der Sorge, die Steigerungsspirale gerate an ein natürliches Ende, uns gingen die Ideen aus. Die Wirtschaftler glauben tief an die Kraft der neuen Idee. Auch sie kennen die ethischen Grenzen, die Diskussionen, denen sich alle stellen müssen – macht das nächste «mehr» noch wirtschaftlichen oder gesellschaftlichen Sinn? Und: Was heißt Sinn? Wer bestimmt den Sinn? Die Reflexion, ob das Neue auch Verschwendung sein könnte, hat Unternehmer immer bewegt und bewegt sie stets aufs neue

William Forsythe

DAS IST HIER DIE NATUR ALLER VERÄNDERLICHEN DINGE

«Die Geschichte mit der Schnittstelle – dem Interface –, das ist eine Körper-Metapher. Heute assoziieren wir mit der Schnittstelle etwas Virtuelles, etwas, das mir wie eine Metapher für die Präsenz alles Abwesenden erscheint für das, was Religion gewesen ist.»

Gerhard Schulze

STEIGERUNG UND ANKUNFT

«Das Steigerungsspiel beruht auf endlichen Informationsressourcen ... Neben dem für wahr gehaltenen Wissen gibt es aber auch Informationsbedingungen, die tatsächlich erschöpfbar sind.»

Stephan Schmidheiny

INNOVATION UND GLOBALE VERANTWORTUNG

«Wenn Entwicklung und Erneuerungen im technischen und wirtschaftlichen Bereich immer rascher vor sich gehen, beginnen sich aufmerksame Mitbürger mit zunehmender Besorgnis zu fragen, ob diese Prozesse gesellschaftlich noch kontrolliert bzw. überhaupt kontrollierbar sind.»

Christoph-Friedrich v. Braun

IMMER SCHNELLER, IMMER BESSER, IMMER MEHR, IMMER NEU?

«Wer nicht wächst ist tot... Was aber, wenn das Wachstum auf Grenzen stößt?»

Geert Lovink

▬ DER KURZE SOMMER DES INTERNET

«Frage: Was ist das Wesentliche im Internet? Antwort: Das Nichts, das unsichtbare Netz.»

John Kao

▬ DIE VORZÜGE DER BETRIEBLICHEN UNORDNUNG

«Der Improvisationsprozeß muß in Organisationen bei der Formulierung vorwärtsweisender Strategien eine zentrale Rolle spielen. Beim Jammen geht es darum, ein bestimmtes Umfeld für Unordnung zu schaffen.»

INHALT

DANKSAGUNG

Der Dank der Herausgeber für das Gelingen eines Gemein-schaftswerks richtet sich nicht nur an die Autoren, die bereit waren, sich den Kriterien eines strengen Ausleseprozesses zu stellen. Ein ebenso großer Dank gilt dem Team von Beratern, Redakteuren und Ideenlieferanten, die die detaillierte Klein-arbeit nicht scheuten und darüber trotzdem die große Linie nicht vergaßen. Über anderthalb Jahre hinweg wurden Beate Hentschel und Michael Roßnagl vom Siemens Kulturpro-gramm, aus dem die ursprüngliche Idee dieses Buchs stammt, Martin Koehler von The Boston Consulting Group, Hermann Riedel vom Carl Hanser Verlag und Christoph-Friedrich v. Braun als unabhängiger Externer nicht müde, immer wieder ihre vorhandenen Ideen und Initiativen an-zupassen und neue zu entwickeln, Enttäuschungen hinzu-nehmen und in andere Konzepte umzuwandeln, mit den Autoren und Herausgebern Nachsicht zu üben und sie an-schließend geduldig zu überzeugen. Eine wichtige Erkennt-nis dieses Buches führten sie uns richtungweisend vor: Das Neue wird uns nicht geschenkt, es muß erarbeitet werden.

Heinrich v. Pierer
Bolko v. Oetinger

Die Spannung ist zum Zerreißen, wir greifen einigen der folgenden Beiträge voraus:

Eigentlich ist alles so einfach, denn das Neue will zu uns: Es gehört zu uns (Werner), Kreative bringen es (Weinert), im menschlichen Geist liegt es (Ho), Schüler finden es (Fenzl), fremde Länder bieten es an (Blomberg), die Volkswirtschaft braucht es (Seitz), und Wähler warten darauf (Douglas): Das Neue läßt sich finden, es will zu uns. Warum lassen wir es nicht herein? Novitas, das «Neue», aber gleichzeitig auch das «Ungewöhnliche». Angst vor dem Fremden? Das Ende ist bekannt, erst eine größere Krise verhilft dem Neuen zum Einzug. Meist sind bis dahin viel Energie und Zeit verschwendet.

Wie kommt das Neue in die Welt?

Fragen wir Menschen, die mit dem Neuen vertraut geworden sind, die es wirklich gesehen haben: Da sitzen sie nun in diesem Buch virtuell um einen runden Tisch: Komponist, Minister, Vorstandsvorsitzender, Journalist, Lehrer, Botschafter, Wissenschaftler, Unternehmer, Schriftsteller, Forschungschef, Choreograph, Berater, Filmemacher, Agenturchef, Architekt, Nobelpreisträger, Ingenieur, Historiker, Volkswirt, Politikwissenschaftler, Betriebswirt, Künstler, Holländer, Deutscher, Schwede, Engländer, Neuseeländer, Däne, Koreaner, Chinese, Israeli, Amerikaner.

Wie ist diese Gruppe entstanden? Die Geschichte dieses

Buchs ist selbst ein Stück von der Entstehung des Neuen. Wir, die Herausgeber, wissen, welche Rolle das Neue spielt, es ist unser Lebensbrot. Wir hatten einen einfachen Gedanken, wir wollten das Problem von allen Seiten beleuchten, aber was die wirklichen Seiten des Neuen sind, das entpuppte sich als eine gar nicht so einfache Frage.

Die Sicht der Institutionen (Staat, Unternehmen, Universitäten ...) drohte zur Wiederholung bekannter Thesen zu degenerieren, die Vorgabe von Hypothesen («Mehr Freiraum als Ordnung», «Mehr Krise als Kontinuität» usw.) erschien uns zu deterministisch, alles auf Kreativität und Kultur zurückzuführen war zu wenig. Wir suchten nach Fachleuten aller Disziplinen, die irgendwie mit dem Neuen in Berührung gekommen waren. Je besser wir ihre langsam eintreffenden Beiträge verstanden, desto deutlicher wurde uns, daß der gemeinsame Nenner schöpferisches Zusammentreffen unterschiedlichster Elemente an einem Brennpunkt ist, an dem ungeheure menschliche Spannungen auftreten, mit dem das Neue ringen muß, wenn es zu uns will.

Ganz bewußt bieten wir weder eine «grand unifying theory» der Erneuerung an noch eine handwerkliche Lösung für Montag früh. Es geht uns um Reflexion, und daher haben wir uns zu einem Lesebuch entschlossen. Wir wollen durch systematische Abwechslungen den gewohnten Tritt verlassen, sensibilisieren, neue Perspektiven durch andere Disziplinen oder fremde Erfahrungen öffnen. Wir wollen die Leser aus unseren Schulen, Unternehmen, im Staat und in den Kirchen, an den Universitäten, in Theatern und Forschungslabors ermutigen, die Spannungen zwischen dem Alten und dem Neuen so zu gestalten, daß das Neue zu uns darf. Nicht jeder wird allem, was hier gesagt wird, zustimmen. Ärgern gehört zum Verändern, in der Vielfalt der Beiträge liegt der Versuch, aus verschiedenen Blickwinkeln der gleichen Frage nachzugehen: Wie kommt das Neue in die Welt?

Was wollen uns die Autoren sagen?

Das Neue ist möglich, es verlangt viel Kraft, denn es führt uns in ungeahnte Spannungen mit dem Bestehenden. Es geht an die Substanz, denn im Alten steckt unsere Identifikation. Es hat mit persönlichem Engagement für das Fremde zu tun, mit Geschwindigkeit und Konsequenz. Es verlangt einen freien Geist in freier Umgebung. Aber es braucht auch seine Zeit. Es läßt ethische Zweifel entstehen und stellt Fragen nach der Sinnhaftigkeit unseres Handelns. Es reibt sich an organisatorischen und kulturellen Grenzen. Das Neue gelangt an verschlungenen geistigen, sozialen, technischen, psychologischen, organisatorischen Pfaden zu uns. Es braucht die helfende Hand eines fast Besessenen, um sich vom Alten zu lösen, und bricht schließlich durch – oder verkümmert.

Für uns Herausgeber sind diese Spannungen eine wichtige Botschaft: Wir müssen unseren Blick für das Neue schärfen. Unternehmen müssen sich selbst *erneuern*, oder sie werden *sterben*, oder – um es einfacher auszudrücken –, wer sich nicht erneuert, droht zur Bedeutungslosigkeit zu verblassen. Nichts führt an dieser harten Beobachtung vorbei.

Um es positiv auszudrücken: Wenn mehr Neues schneller in unsere Organisationen, Unternehmen, öffentliche Verwaltungen, Kunstbetriebe, Kirchen, Verbände, Schulen, Universitäten hineingelänge, wieviel Energie könnte freigesetzt werden, wie viele Arbeitsplätze ließen sich schaffen und wieviel gestalterische Freude würde dies den Menschen geben!

Das Neue steht für uns nicht nur für neue Produkte, Botschaften und Dienstleistungen, es steht für sehr viel mehr, für die Erneuerung. Erneuern heißt, sich selbst wieder zu erschaffen und noch einmal, noch einmal und noch einmal, Jahr für Jahr, Jahrzehnt für Jahrzehnt. Im Amerikanischen hat man das französische «encore» übernommen. Alle Organisationen müssen sich dem «encore» stellen, oder sie verblassen. Jeder muß sich fragen: Wie schafft es meine Organisation wieder?

Sie schafft es nicht durch ein paar neue Produkte, Lehrpläne, Inszenierungen mehr oder weniger, sondern durch Neues, das die Substanz einer Organisation offenlegt, in Frage stellt und adaptiert: Machen wir jetzt das Richtige für unsere Organisation und ihre Menschen, damit wir uns weiterentwickeln können? Das Neue ist also mehr als Erfinden und Vermarkten, es soll den Möglichkeitsraum der Organisation und ihrer Menschen erweitern, und sie werden daran selbst «wachsen».

So gut, so schön, aber was passiert mit dem Neuen, wenn wir glauben, es könnte vor der Tür stehen?

Neues und Bestehendes

Da ist sie – die Tyrannei des Bestehenden –, und so muß man es wohl sehen. Diese handgreifliche Sicht wird am deutlichsten, wenn Menschen das Neue wirklich «in der Hand haben», bei Künstlern, die eine neue Richtung einleiten, bei Unternehmern, die von Null aufbauen.

Künstler, die zu diesem Thema befragt wurden, sprechen eine deutliche Sprache, sie benutzen starke Worte wie «Besessenheit», «Obsession», mit der man sich des Neuen annehmen muß. Für sie ist die «Tyrannei des Bestehenden» (Greenaway) eine kulturelle Selbstverständlichkeit, die man bekämpfen muß. Der «Prolog» des Neuen zeigt den tiefen Glauben an das Neue und die Weitsichtigkeit, mit der daran gearbeitet wird. Sie preisen das «Loslassen-Können» (Forsythe) von einem bestimmten Standpunkt, und sie mahnen, das Hergebrachte zu vergessen. Sie rufen nach dem Suchen und Probieren und betonen den starken Willen des einzelnen, etwas finden zu wollen.

Der Unternehmer nimmt fast die gleichen Worte in den Mund. Der Willen, selber etwas Neues schaffen zu wollen, das es vorher nicht gab und das auf neue Art den Wohlstand mehrt, ist der zentrale Punkt. Gerade beim Unternehmensgründer wie beim Künstler sieht man etwas Einfaches, aber doch ganz Wichtiges: Er kann alles neu machen, weil er «keine Rücksicht auf überkommene Traditionen» (Stollmann) zu nehmen braucht. Da fällt es leichter, den schöpferischen Akt zu vollziehen, als im Geflecht des Bestehenden. Es klingt wie eine Befreiung von uns selbst.

Die kräftigen Worte überraschen nicht, denn Innovation verlangt sehr viel: Alles muß stimmen, wenn das Neue hereintreten soll. Da müssen sie an einem Punkt zusammenkommen, die Tüftler und Träumer, Teams und herausragenden Persönlichkeiten, der Geist der Inspiration und die Kraft der Transpiration, die gesellschaftliche Begeisterung für Neues und Führungspersönlichkeiten, die die Gunst der Stunde nutzen (Weyrich). Innovieren ist eine anstrengende Aufgabe, die uns alle angeht. Es ist ein großartiger Augenblick, wenn es passiert.

Schon im Kleinklima, in einer Organisation, fällt es uns schwer, dem Neuen wirklich Gehör zu verschaffen. Unvergleichlich anspruchsvoller wird es, wenn man die gesellschaftliche Grundhaltung, das kulturelle Großklima, für Technik und Fortschritt, für Unternehmertum und Risikofreude begeistern möchte.

Ein Blick von außen gewährt uns Einblick, wie andere das Problem sehen. Das schärft die Gedanken. Überlegungen des deutschen Botschafters in China – ein innerer Blick von außen: In Deutschland ist das volkswirtschaftliche Wachstum lange noch nicht so stark von High-Tech-Industrien getragen wie in den USA, wo das Sozialprodukt der Informationsindustrie das der Automobilindustrie bereits überholt hat. Die amerikanischen Zyklen werden von der High-Tech-Industrie bestimmt, deren Produktivitätsfortschritte das Wachstum ankurbeln. Wie in einer sich selbst erfüllenden Prophezeiung glauben die Amerikaner tief an den Wachstums- und Fortschrittssegen der Technik, und die volkswirtschaftlichen Zahlen scheinen ihnen recht zu geben. Wieviel

schwerer hat es dagegen ein Innovator, der in einem gesellschaftlichen Umfeld lebt, das der Innovation viel skeptischer
gegenübersteht. «Bei der Innovation, die jetzt gefordert ist,
geht es nicht nur um neue Produkte, sondern um die Neuschöpfung von Wirtschaft, Politik und Kultur» (Seitz). Das
Land benötigt eine frische Technologie- und Zukunftsper-
spektive, anstatt nur über Arbeitslosigkeit zu lamentieren.

Und was ist zu tun, wenn die Wege blockiert sind? Die
Sicht zweier Politiker aus Neuseeland und Schweden, die ge-
holfen haben, das Bestehende in ihrem Land zu durchbrechen, ist erhellend. Was sie zu sagen haben, gilt für den Staat
wie für Unternehmen.

Um durchbrechen zu können, verlangt das politisch Neue
einen Quantensprung mit hoher Geschwindigkeit. Gemäch-
lich an kleinen Stellschrauben zu drehen reicht nicht aus.
«Take the pain at the beginning» (Douglas) ist eine deutliche
Sprache: Mut ist gefragt. Die Radikalität der Maßnahme ist
wichtig. Ganze Pakete müssen verabschiedet werden, das
Momentum ist zu halten, man benötigt einen visionären
Blick. Nur Populäres ad hoc zu tun genügt nicht. Auch in der
Politik muß man sich von heiligen Prinzipien lösen. Das
Neue verlangt den radikalen Schritt. In Schweden machte
erst die schwere Wirtschaftskrise der Gesellschaft bewußt,
daß eine noch größere Dosis staatlicher Wohlfahrt keinen
Ersatz für Wachstum und höhere Realeinkommen darstellt
(Feldt). Weil jeder sein Leben und seinen Unterhalt viel stär-
ker in die eigenen Hände nehmen muß, sollte er befähigt
werden, sein Geld selber zu verdienen, aber auch größere
Lohn- und Einkommensdifferenzierungen und stärkere Ungleichheiten akzeptieren: Das unbezahlbare schwedische Paradigma der egalitären Werte verlor seinen Glanz.

Dann geht es in zweierlei Hinsicht zum Kern der Sache,
der für Politik und andere Organisationen gleichermaßen
gilt: zum ersten zur Personalpolitik. Für gute Entscheidungen und Gesetze braucht man gute Leute. Die politischen

Parteien wählen aber meist nur Angehörige ihrer unmittelbaren Gefolgschaft aus und nicht Personen, die man für Qualitätentscheidungen benötigt. Und in den Unternehmen? Haben wir an allen Stellen, an denen das Neue hereintreten will, die besten Leute positioniert?

Zum zweiten geht es um persönliche Vorteile. Verändern heißt Privilegien abschaffen. Der Begriff ist zwar geschichtlich belegt, öffnet aber doch die Augen. Wer ändert, gibt irgendwo etwas auf und / oder nimmt jemand anderem etwas weg. Einer hat nun etwas weniger von dem, was er vorher besaß: Umsatz, Fabriken, Menschen, Geld, Umfeld, Macht, Einfluß, Sozialprestige. Aus der Karrieresicht der Manager dekliniert sich dies zu der bekannten Frage herunter: Und was ist für mich hier drin? Aus der Politik kommt ein politischer Vorschlag: Wenn man der einen Gruppe die Privilegien nimmt, wird diese versuchen, auch anderen Gruppen die Privilegien zu nehmen (Douglas), also ist es wichtig, allen etwas wegzunehmen. Da wären wir wieder bei der Breitflächigkeit des Einschnittes.

Fremdes und Eigenes

Im Jahre 1602 kommt durch Piraten das Neue – Porzellan aus dem Reich der Mitte – quasi gewaltsam nach Europa. Dieses Verfahren ist aus heutiger Sicht etwas derb, aber barockes sourcing war nicht so vornehm. Und dann passiert ein wunderbares «Wechselspiel» (Blomberg) zwischen niederländischem Geschmack, chinesischer Fabrikationskunst, japanischen Zulieferern und holländischen Imitatoren, bis wir einen «chinesisch-niederländisch-japanischen Mischstil» erreichen. Neugierde war da für das Fremde und das andere – die drei Gesellschaften waren gegenseitig offen, und alle erlebten dabei etwas Neues und schufen wirtschaftlichen Wert: Produzenten, Abnehmer und Händler.

Aus Sicht eines hochindustrialisierten Landes wie Deutschland erscheint uns heute das Wechselspiel des 17. Jahrhunderts unvergleichlich schwerer, obwohl wir über mehr Informationen, bessere und schnellere Transportmittel, mehr Wissen und größere technische Möglichkeiten verfügen. Wir fühlen uns wohler als stolzer Geber eigener Produkte und nicht als neugieriger Nehmer fremder Ideen. Vielleicht ist dies alles noch zu neu, oder wir sind zu eingebildet – jedenfalls: not invented here!

Aus Sicht eines aufstrebenden Landes wie Südkorea sieht die Lage ganz anders aus: von draußen aufnehmen, kopieren, aufsaugen, besser werden, den Lehrer schlagen. Das setzt schöpferische Kräfte frei!

Die Japaner, wirtschaftlich zugleich Vorbild und Feind, waren und sind eine enorme Energiequelle Koreas. Die seltene Kombination, sich mit einem erfolgreichen Wirtschaftsmodell voll zu identifizieren und gleichzeitig einen extremen Wirtschaftskrieg genau gegen diesen Wettbewerber zu führen, trug nicht unerheblich zu den Erfolgen bei, auf die die Koreaner heute so stolz sind (Park). Natürlich sind die Ursachen des koreanischen Wirtschaftserfolges vielfältiger und dürfen nicht monokausal auf das japanische Feindbild zurückgeführt werden. Der gesellschaftliche Rahmen einer hungrigen Volkswirtschaft mit ihrer alles bestimmenden Entschlossenheit, erfolgreich sein zu müssen, ihrer «can do»-Kultur, der nichts unmöglich ist, ihrer schwindelerregenden Risikofreude kühner Unternehmer, ihren langfristigen Investitionsperspektiven und dem hohen Stellenwert, den Ausbildung und Human-Resource-Funktion einnehmen, gesellen sich zum aggressiven Feindbild.

Was nehmen wir mit für das Neue? Scharfer Wettbewerb reizt an. Man verliert nicht, wenn man sich öffnet. Kopieren muß nicht entwürdigend sein. Im Gegenteil, man kann dazu gewinnen, wenn man das Fremde offen aufnimmt und nutzt.

Vielleicht stehen wir heute in den westlichen Industrieländern an einer Wende. Heute ist der Weg von innen nach außen immer noch der dominante. Die Reichhaltigkeit des umgekehrten Wegs von außen nach innen wird noch zu wenig gesehen. Unsere Mentalität stammt gerade in Deutschland noch aus einer «exportzentrierten Welt», wir werden aber viel stärker Inspirationen fremder Märkte zulassen müssen, wenn wir wachsen wollen (v. Oetinger).

Gefördert wird dies, weil wir zum ersten Mal in der Geschichte eine echte Weltwirtschaft haben und den Globus als eine wirtschaftliche Einheit sehen können. Dort spielen die multinationalen Unternehmen mit ihren globalen Netzen eine viel bedeutendere Rolle als noch vor zwanzig Jahren. Sie durchdringen die nationalstaatlichen Grenzen und dienen ihren weltweiten Kunden weltweit. Auch sie können Quellen des Neuen sein. Dafür brauchen die Unternehmen die Idealisten, die starken Persönlichkeiten, die leidenschaftlich «die fremde Organisation an das Eigene» (v. Oetinger) heranführen. In ihren internationalen Netzen findet die geistige Osmose statt, hier arbeiten die «austauschwilligen Individuen» aller Nationalitäten.

Die Osmose hat Lernforscher immer fasziniert, daraus ist die Suche nach der lernenden Organisation entstanden. In ihr sehen wir quasi unter der Lupe die Membrane des Austausches. Der Begriff «Organisation» ist dabei etwas irreführend, es geht nicht um Strukturen und Kästchen, sondern um die Bedingungen, unter denen in großen Organisationen (und nicht als Individuum) das Lernen, d.h. das Austauschen, am besten stattfindet.

Die Forschung (Senge / Scharmer) weist darauf hin, daß Menschen in Organisationen gut lernen, wenn sie mit den organisatorischen Zielen und Prinzipien übereinstimmen, wenn ein hoher Grad an Selbstbestimmung und wechselseitiger Einbeziehung besteht und wenn es Kernprozesse gibt, in denen Praktiker, Forscher und Manager, die die organisatorischen Fähigkeiten beherrschen, gemeinsam entscheiden. In diesen Lerngemeinschaften, manchmal auch Praxisgemein-schaften genannt, weil hier die tägliche Zusammenarbeit vor sich geht, findet der Austausch im intensiven Dialog mit-einander statt. Heute sind in den meisten Organisationen Funktionen und Gemeinschaften noch viel zu stark getrennt, obwohl es positive Ausnahmen gibt: In internationalen Ent-wicklungs- oder Sourcing-Teams, in großen Veränderungs-teams, entstehen schon solche Gemeinschaften, in denen Know-how von Kollege zu Kollege angenommen wird.

Das stark wachsende Interesse am Lernbegriff, an der ler-nenden Organisation, am Kulturwandel und überhaupt an allem, was in eine sanfte, aber anhaltend und fundamentale Adaption führt, läßt uns vergessen, daß wir sehr wohl aus der Wirtschaftsgeschichte unseres eigenen Landes lernen können, wie wir etwas großes Neues schon einmal nicht nur passiv hereingelassen, sondern sogar aktiv hereingeholt haben.

Zielstrebig haben die Schwaben zu Beginn des 19. Jahr-hunderts das wirklich Neue, die Industrialisierung ihrer tra-ditionell zersplitterten Agrargesellschaft, bewußt aufgeso-gen. «Die Erfindung des schwäbischen Erfinders» (Jeggle) ist ein großartiges Beispiel, wie in der Not der Krise das positive gesellschaftliche Umfeld des württembergischen Königrei-ches das Neue hereinbittet oder herein «lernt»: durch frühe Schulpflicht, Gewerbeförderung, Fortbildungsstipendien, Bibliotheken, Ausstellungen (z. B. die Weltausstellung 1855) und Handwerkerschulen. Dies gedieh auf dem fleißigen Bo-den einer kleinhandwerklichen, pietistischen Tradition, die sich zu einer innovativen Kultur mauserte. Knowledge Ma-nagement im Biedermeier!

Freiheit und Regel

«Nichts entsteht allein. Vieles bleibt allein, nachdem es als Neues erkennbar wurde.» Wir haben eine Geschichte, an die wir anknüpfen. «Tradition ist also bereits Innovation» (Rihm). Im Bestehenden müssen wir uns den Freiraum erarbeiten und das Neue anhängen. Jeder ist Erbe und Fortentwickler (Rihm). Und daher sollten wir das Vorhandene besser kennenlernen, weil daraus wieder Neues entsteht.

Wir haben Glück, denn das Neue, Fremde, andere, Ungewöhnliche, was ja schon oft woanders vorhanden ist, möchte zu uns – und wenn wir es hereinlassen, dann wächst etwas von einer unterschiedlichen Qualität, etwas, was es vorher nicht gab: japanisches Porzellan am sächsischen Hof, eine neue Wirtschaftsmacht (Korea) und schwäbische Erfinder. Man kann sich nichts Unterschiedlicheres vorstellen, aber alle drei haben sich nicht damit begnügt, sich nur selbst zu beschauen, sie haben in die Welt geschaut, sie wußten, daß sie nicht alleine waren.

Die Widerborstigkeit wartet natürlich nicht lange. Menschliche Organisationen haben einen merkwürdigen Drang zur geistigen Einsamkeit. Sie sind immer auf Selbsterhaltung getrimmt. Sonst könnten sie angesichts der vielen Bedrohungen nicht überleben. Wir können uns ja nicht täglich in Frage stellen, wir brauchen robuste Leitlinien und organisatorische Klarheit, wir benötigen Glaubenssätze, auf die sich andere Menschen verlassen können. So schaffen wir Vertrauen. Sind diese Sätze durch «trial and error» lange erprobt und haben sie sich als zielführend erwiesen, dann sind sie gut. Gutes gibt man nicht einfach auf für Unbekanntes, das voller Risiken ist. Also konservieren wir unsere besten Gewohnheiten unabhängig davon, ob die Prämissen, denen sie einmal ganz logisch entsprungen sind, noch Gültigkeit haben. Die Wiederholung von Glaubenssätzen ist einfacher, wenn man sie in Systeme wandelt, und Systeme braucht man nicht mehr zu überarbeiten, wenn sie tabuartige Züge annehmen. Schließlich werden sie zu Besitzständen, in der Gesellschaft und in den Organisationen. «So haben wir das hier immer gemacht – das ist die einzige Möglichkeit, also diskutieren wir nicht mehr lange, einfach leicht modifiziert weitermachen.» Wir kennen diese Sätze nur zu gut, und wir wissen, daß hier so häufig der Anfang eines bitteren Endes liegt.

Die Spielregeln sind unsere Regeln, wir haben sie erfunden, wir müssen sie wieder in Frage stellen. Das Neue verlangt die Freiheit – die Freiheit von unseren eigenen Regeln. Sind wir bereit, die Ausnahme zu gewähren? Um unseren Standpunkt zu verändern, müssen wir einen neuen Standpunkt wählen: Bekanntlich sieht der Berg vom Gipfel anders aus als vom Tal.

Ortswechsel! Und da sehen wir den Gegensatz zwischen denjenigen, die bei Null anfangen konnten (SAP), und denjenigen, die schon lange existieren (Siemens, Krupp-Hoesch, Deutsche Telekom, Trumpf, Hilti).

Linda Bilmes' Reisebericht aus Walldorf liest sich wie ein Traum aus einem anderen Land. Beim ersten Durchlesen glauben wir nicht, daß dies bei uns wirklich möglich ist: die Freiheit der Mitarbeiter, das hohe Maß an Selbstbestimmung, die flachen Hierarchien, das Ignorieren von Organigrammen, die leistungsbezogene Bezahlung, die Cafeteria, die 24 Stunden offen ist, eben auch für die, die nachts arbeiten wollen. Es ist der Geist der Freiheit, der hier durch eine Organisation von mehreren tausend Menschen weht. Äußerst behutsam reagiert SAP, dieses junge Organisationspflänzchen nicht zu laut als Modell herauszustellen. Genieren wir uns etwa für das Neue? Heute ist es natürlich die Ausnahme, aber morgen vielleicht schon die Regel. Woran liegt es, daß wir uns so schwertun?

Natürlich würde es helfen, wenn die deutsche Gesellschaft diesen «Mut zur Veränderung» faßte, sich die «Gesinnung

des Steigens» zu eigen machen würde, jenes innovations-
freudige Großklima zu schaffen, über das wir eingangs sprachen (v. Pierer). Das gilt für jeden einzelnen. Die Menschen
müssen das Neue wirklich selber wollen. Wie die Schwaben
die «Industrie» quasi inhalierten, so sollte jeder Bürger
heute freudig die «Informationstechnik» in sich aufnehmen.
Es verbleiben uns ja nicht 50 oder 100 Jahre wie seinerzeit
dem Königreich Württemberg.

Aber wir dürfen nicht nur klagend auf das Großklima
schauen, wir können in unseren Organisationen selber genügend ändern. Von den 30 % Mehrkosten vieler deutscher
Produkte sind einer Untersuchung des Werkzeugmaschinen-
verbands zufolge zwei Drittel von den Unternehmen haus-
gemacht (Produkte, Organisation), nur ein Drittel stammt
aus dem gesellschaftlichen Umfeld. Vielleicht bedarf es gar
nicht so sehr der «*Un*-Ordnung», sondern eher der «*Um*-
Ordnung» (Leibinger).

Wir brauchen in unseren Organisationen, in Unternehmen, Schulen, Kirchen und Verwaltungen viel «Kreativität,
Spontaneität und Intuition». Das Schaffen «schöpferischer
Freiräume» (v. Pierer) ist für das Neue essentiell. Das gilt in
der Wirtschaft wie in der Schule. Es geht darum, den «Schatz
zu heben, der im Know-how unserer Leute liegt» (Cromme).
Gerade für das Kneten und Wenden, Vergrößern, Sezieren,
Sich-ihm-Nähern und Sich-Entfernen, um das Problem von
einem anderen Blickwinkel her zu betrachten (Sommer), benötigt man eine lockere Atmosphäre. Aber da das Neue
heute selten allein eintritt, braucht die kreative Persönlichkeit auch die Organisation, deren Wissen, Mittel und Fertigkeiten, deren Ziele und Motivationen, die Teams und die
anderen Kreativen. Eine Verbindung beider ist möglich, der
Bericht über SAP (Bilmes) läßt uns in eine für Deutschland
zumindest selten freiräumige Kombination schauen, in der
man dem einzelnen sehr viel zutraut und entsprechend viel
erwartet – aber warum sollte dies nicht in Zukunft die ganz

normale Welt sein? Das Beispiel des Maschinenbauers Trumpf zeigt, daß man sehr erfolgreich in diese Richtung gehen kann (Leibinger). In der Spannung zwischen Freiheit und (selbstgewählten) Spielregeln liegt der Schlüssel, wie stark wir das Neue hineinlassen wollen.

Was geschieht in einer solchen Organisation? Der Freiraum sollte einen Sog ausüben, durch den der «Schüler zu seiner Frage» kommt. «Ein Lehrer, der mit Antworten droht, tötet den Schüler.» Er muß dem Schüler soviel Freiheit schenken, daß dieser unbehelligt, «ergebnislos warten» (Rihm) kann. Überzieht hier der Komponist? Oder hat er etwas gesehen, was wir auch wissen, obwohl wir es nicht erklären können: «Neues zögert, dort zu erscheinen, wo es erwartet wird» (Rihm). Für ihn ist das Werden des Neuen – ohne jeden Zeitdruck – unvergleich bedeutender als die Früchte, die wir daraus ernten. Man muß so frei sein, daß man immer von neuem beginnen kann – und zwar aus sich heraus, jeder einzelne von uns. Und das ist die Spur, die wieder in die großen Unternehmen führt: «Kreativität und Freiheit sind nicht zu trennen. Nur Mitarbeiter, die geistig frei sind, haben Ideen» (Cromme).

Heute wird viel darüber gesprochen, wie wir unsere verfestigten Unternehmenskulturen revolutionieren könnten. Schaut man näher hin, ist man sehr schnell bei der Befreiung des Individuums, das wir wie in Gullivers Märchen durch Hunderte von kleinen (Spiel)regeln ordentlich festgezurrt haben. Wir müssen die Stricke lockern: Eigenverantwortung, Selbstkontrolle, Vertrauen, Experimente, Spielwiesen, «angstarme Räume» sind gefragt (Wever). Wie schafft man dieses Umfeld, «in dem sich Leute wohl fühlen und ihre Kreativität entfalten?» (Hilti). Indem man etwas von der Menschlichkeit im Menschen aktiviert, die das Leben so reizvoll macht: Sich um den anderen kümmern, die Nachwuchskraft, den Schwächeren, den Kollegen im Team, nicht nur die eigenen Ideen, sondern auch die der anderen «heben und in das Geschäft einbringen» (Hilti). Natürlich gibt es immer ethische, wirtschaftliche, technische Grenzen und Entscheidungen, die akzeptiert werden müssen. Zugleich müssen wir den Kunden im Wettbewerb zuverlässig bedienen. Aber man kann mehr formen, wenn man mehr aus einer anderen Perspektive sieht: mehr arbeitet in anderen Bereichen, mehr arbeitet in anderen Ländern und mehr arbeitet an anderen Aufgaben. Nichts festschreiben, sondern «das Unternehmen in Bewegung halten» (Hilti) – durch freie Menschen.

Individuum und Umfeld

Hochqualitative Entscheidungen verlangen hochqualitative und freie Köpfe. Ihre Freiheit müssen wir ihnen gewähren. Genügt es, wenn wir die begabtesten Köpfe an die Schaltstellen unserer Organisationen bringen und sie ganz loslassen, damit sie uns die innovativste Lösung sichern? Residiert dort Novitas?

Natürlich stehen immer kreative einzelne oder Gruppen von einzelnen an der Wiege jedes Neuen. Nähern wir uns der Spannung, wie sehr der einzelne für sich allein und / oder mit Hilfe seines kulturellen Umfelds Neues schafft, indem wir uns zuerst noch einmal ganz auf das Individuum besinnen: Wir hören, was ein fernöstlicher Gropius-Schüler (Ho) zu sagen hat, wie ein Schriftsteller (Mulisch) und ein Agenturchef (v. Matt) ihre eigene Kreativität beäugen. Wir verlassen dann das Eigenbild kreativer Zeitgenossen und suchen Erkenntnis im Forschungsbild (Weinert) über ebendiese herausragenden Menschen. So gerüstet und ermahnt, das Umfeld nicht zu verlieren, in dem das Neue geboren wird, wollen wir dann zunehmend das Individuum im Spannungsfeld zu seinem Umfeld betrachten. Wir beginnen wieder mit dem Individuum, das aus seinen individuellen Gewohnheiten, seiner Routine, ausbrechen muß, um das Neue zu entdecken (Werner), und wechseln über in die Möglichkeiten, Stimulierendes im Pingpong mit unseren sozialen Umgebungen zu erreichen, in der Schule (Fenzl), im Unternehmen (Jacobs) und auch im Internet (Lovink). Wir erkennen die starke Rolle des Unternehmers (Mohn) und die Notwendigkeit, die jungen Menschen auf die größere Freiheit und engere Zusammenarbeit besser vorzubereiten (Trøjborg).

Über den Künstler stoßen wir auf das Postulat der Überlagerung des Technisch-Funktionalen durch die menschlich-metamorphorische Interpretation. Getrieben von der Sorge, zügellose Technik könne «das Herz von der Hand entfremden», der Architekt könne die gestalterische Prärogative an den Computer oder an eine standardisierte Produktion verlieren, sieht er «Inspiration, Emotion und Intuition» als die treibenden Elemente, die die linke und rechte Gehirnhälfte miteinander vernetzen (Ho). Dieses Netz schafft die Balance zwischen Funktion und Schönheit, zwischen Wissen und Weisheit. Der kreative Geist besitzt die Fähigkeit, Beziehungen zwischen völlig unzusammenhängenden Teilen aufzubauen, inspirierende Verbindungen zwischen getrennten Phänomenen zu sehen. Ein Computer kann Chopins Nocturne spielen, aber es wird nie wie Rubinstein klingen. Der Rechner kann nur eine Serie voneinander getrennter, unterschiedlicher Töne lesen. Allein der Interpret vermag diese Noten in einen gefühlvollen Fluß musikalischen Ausdrucks zu verwandeln.

Kreativität als Transformation von Dingen und Situationen liegt nicht im binären «entweder / oder», sondern im offenen «vielleicht», in der fuzzi logic, dort, wo die künstlerisch-kreative Interpretation wirkt. Das ist die «high-tech software» des menschlichen Geistes, die für uns ein Geheimnis bleibt. Treffen wir hier wieder auf eine idealistisch-romantische Beschreibung des Genies, in dem das Kreative angeblich ruht? Für den Schriftsteller Mulisch gilt das Gegenteil: Das Kreative ist «in dem, was ich mache» und nicht «in mir». Im Machen und Werden kommt das Neue nicht durch «heftiges Bemühen und angestrengtes Denken», sondern nur durch «vergessen», «ablernen» und geistig «lösen» zu ihm. Es geht ihm nicht um vordergründiges Chaos, nein, die organisatorischen Hüllen kann man rational im Auge behalten, allein im Inhalt manifestiert sich lösende Freiheit. Über den Wert der dialogartigen Spannung, wie sich der Kreative in seiner Umgebung bewegt, darin liegt wohl ein wichtiger Schlüssel für das Neue.

Die heutige psychologische Forschung glaubt nicht mehr an das seltene «Genie als Schöpfer des bedeutsam Neuen» (Weinert), wenigstens konnte sie es nur schwer verifizieren, und in unserer modernen Welt liegt das Neue sowieso sehr oft in der Zusammenarbeit vieler einzelner und nicht in einer einzigen Person.

Der kreative Mensch, der Neues, Bedeutendes und Überraschendes bringt, zeichnet sich nicht nur durch hohe kognitive Voraussetzungen aus, wie den «Reichtum an Phantasie, die Fähigkeiten zum analogisierenden, metaphorischen, assoziativen und spielerischen Denken, aber auch die Kompetenzen für analytische und konstruktive geistige Tätigkeiten» (Weinert). Dieser Anspruch ist natürlich sehr hoch, und wer wollte von uns behaupten, wir würden ihm voll genügen? Vielleicht haben deswegen Kreative auch «ein bißchen Angst, dem Zauber der Phantasie nachzuspüren» (v. Matt).

Kreativität ist nicht nur abhängig von kognitiven Fähigkeiten, sondern auch von Erwerb und Nutzung reicher Wissensfelder, durch hohe Motivation, neugierig zu sein, Dinge neu gestalten zu wollen, spielerisch in seinem Umfeld zu experimentieren, an Widersprüchlichkeiten nicht zu scheitern und seine Ziele besessen zu verfolgen.

Dieselben kreativen Personen sind in unterschiedlichen Umgebungen kreativer als andere. Organisationen können mehr oder weniger stimulierend sein. Hier können wir dem

Neuen wirklich zum Durchbruch verhelfen. Wenn solche Organisationen ein «hohes Anspruchsniveau, starke Aufgabenorientierung, öffentliche Aufmerksamkeit gegenüber neuen Ideen, eine offene Atmosphäre für Diskussionen und ein ausgewogenes Verhältnis zwischen individuellem Wettbewerb und sozialer Gemeinsamkeit» (Weinert) hervorbringen, kann sich das Neue ansiedeln.

Es gibt keine wissenschaftlich gesicherte Theorie des kreativen Handelns. «Vielleicht wird das bedeutsam Neue aber auch gerade dadurch erfunden oder entdeckt, weil ganz besondere individuelle Bedingungskonstellationen vorhanden sind» (Weinert).

Könnten wir solche Bedingungen uns selbst schaffen? Haben es die Benedektiner für uns nicht schon vor langer Zeit versucht? Die benedektinische Regel «Ora et Labora» erlaubt uns eine frische Sichtweise, das Neue im rhythmischen Takt in uns selber zu finden: neu zu denken, anders zu sehen, Zeichen zu deuten, neue Gedanken zu erkennen.

Wir benötigen dieses permanente geistige Pendel zwischen uns und der Umgebung. Das ist die Bewegung gegen den Stillstand – gerade gegen den geistigen Stillstand: «Nichts macht so müde, wie immer das gleiche betrachten zu müssen» (Werner). Durch «die Unterbrechung des Gewöhnlichen ... und der Gewohnheit» schaffen wir wieder Raum für die notwendige schöpferische Ruhe. Um durch zweckfreie Muße unsere hektischen Gewohnheiten einschneidend zu unterbrechen, müssen wir Lust empfinden, uns selbst stören zu wollen. Die Muße darf weder durch unser tägliches Müssen zurückgedrängt noch durch uns organisiert werden. Sie verlangt freie Reflexion und Zeit, sonst gibt es nichts Neues. Das Neue tut geistig weh, denn es trennt sich von alten Werten und Orientierungen, die uns meist lieb geworden sind. Das Neue, ein zartes Pflänzchen, braucht das «Fragenschutzgebiet» (Werner), wie die vom Aussterben bedrohte Natur das «Naturschutzgebiet».

Wenn die Fragen «vom Aussterben bedroht» sind, dann ist es auch das Neue. Hier liegt nun die Verbindung zum freien Assoziieren, zur tiefen menschlichen Ader des Zweifelns, des Lückensuchens und -schließens, Eigenschaften kreativer Menschen.

Die Forderung, sich selber erfolgreich zu stören und zu provozieren, ist ein anderer Ausdruck für das, was Mulisch als «Ablernen» bezeichnet hat. «Umherschweifen» (Werner) ist verschwenderisch. Was ist das höchste Gut, was wir verschwenden können? Die Zeit! Die mit dem Neuen vertraut sind, ja es lieben, ermahnen uns, daß sie den Zeitdruck, den unsere Gesellschaft erbarmungslos ausübt, wirklich für schädlich halten (Rihm, Mulisch, Binnig, Jacobs, Werner). Die Märkte verlangen die Hochgeschwindigkeit natürlich beim Verwirklichen einer Idee, aber bedingen sie sie auch im schöpferischen Entstehen des Neuen?

Im dialogartigen Pendeln muß man mit Widersprüchen leben, sie sind die Quellen des Neuen. Anomalien im Markt sind bekanntermaßen ein starkes Signal für einen bevorstehenden Innovationsdurchbruch. In diesem Spannungsfeld beginnt die eigentliche Entdeckungsreise, und sie lebt vom Hin und Her in einer hoffentlich neuerungsfreundlichen Umgebung. «Kreativität ist mehr als nur eine individuelle Fähigkeit. Sie erwächst aus dem systemischen Zusammenspiel von psychischer Bereitschaft, sozialen Ansprüchen, ökonomischen Anreizen, intellektuellen Talenten und einer Reihe von Bedingungen, die aufmersamkeitsfördernd sind» (Werner).

Dieser Kontext, in dem wir uns schöpferisch tätig aufhalten, ist außerordentlich wichtig für die Genesis des Neuen. Im und gegen diesen Kontext findet das Auspendeln zwischen dem «individuellen und dem gemeinschaftlichen Weg» statt (Binnig). Der Kontext muß dem Neuen die gebührende Aufmerksamkeit zollen, damit es durchbrechen kann!

Ist das alles blanke Theorie? Leo Jacobs Bericht über die Firma Interval, die Paul Allen, dem Mitbegründer von Microsoft, gehört, beschreibt einen Versuch, einen kreativen, völlig neuen unternehmerischen Kontext zu schaffen, durch den natürlich am Ende wieder marktreife Produkte entstehen. Noch mischen sich mäzenatische mit wirtschaftlichen Zielen – die Geschichte ist noch nicht geschrieben, und vielleicht sehen wir hier – typisch für das Neue – einen experimentellen Weg, der den Gewohnheiten der so erfolgreichen Computerindustrie widerspricht. Das ist die «kreative Einheit» (Binnig), in der ich mich aufhalten muß, will ich selber kreativ tätig sein. Und diese muß wiederum in einer höheren kreativen Einheit eingebettet sein. Die gesamte Konstellation macht das Feld aus.

Was dabei möglich ist, zeigt uns auch eine Schule. Ein Gymnasiallehrer berichtet über sein Fach «Erfinden», das kein Unterrichtsfach ist, sondern an die Arbeit freier Forscher erinnert, denen motivierende Arbeitsbedingungen zur Verfügung stehen. Da ist die kreative Einheit, die positive Grundbedingung. Der Lehrer sieht es deutlich: Neue Ideen lassen sich «nur in einem völlig angst- und streßfreien Raum entwickeln» (Fenzl). Begabungen müssen zur Entfaltung gebracht und Kinder motiviert werden. Sie werden ermutigt, in neuen Bahnen zu denken, stehen aber nicht unter Erfolgsdruck. Die «Arbeitsbedingungen» des Lehrfachs sind alle darauf ausgerichtet, die Schüler auf Entdeckung zu schicken: spielerisches Heranführen, Informationsvermittlung, Erfahrungsberichte, Kreativitätstechniken, Teilnahme an Wettbewerben und Ausstellungen … Sehen wir hier nicht Parallelen zur württembergischen Tüftler-Geschichte?

Das Neue braucht den kreativen Menschen, er gedeiht in einem gesellschaftlich offenen Raum, und je streßfreier und vertrauensvoller die Arbeitsbedingungen den einzelnen ermutigen, gestalterisch tätig zu sein, desto eher wird das Neue sich etablieren können.

Unternehmen sind dazu besonders geeignet, denn sie sind gegliedert und haben verantwortliche Manager. In jedem Unternehmen müßte es also genügend überschaubare kreative Einheiten geben, in denen Arbeitsbedingungen geschaffen werden können, um innovativ, beweglich und schnell auf Neues zu reagieren und in der Spannung Neues zu entdekken.

Der Unternehmer spielt in diesem kreativen Spiel eine herausragende Rolle. Seine Führungsleistung, neue Produkte oder Dienstleistungen in allen Teilen der Welt einzuführen und jederzeit schnell sich neuen Situationen ideenreich anzupassen, kann gar nicht hoch genug gewertet werden. Das «große unerschlossene Potential kreativer und unternehmerischer Menschen» wird «das Schicksal unserer Wirtschaft bestimmen» (Mohn). Angestellte Manager sollten wie echte Unternehmer tätig sein. Ihre Persönlichkeitsstruktur, ihre Identifikation mit der Aufgabe, ihre Anreize und Kapitalbeteiligung, ihre Belohnung für das Risiko, ihre Verantwortungen und ihre Karriereerwartungen müssen denjenigen des Unternehmers entsprechen. «Die Führungselite muß die Einsicht und Bereitschaft gewinnen, daß nur größere Handlungsfreiräume zu gesteigerter Leistungsfähigkeit und gleichzeitig zu Fortschritt führen» (Mohn).

Angesichts der Tatsache, daß sich in Deutschland in den vergangenen 30 Jahren der Prozentsatz der Selbständigen (und mithelfenden Familienmitglieder) an der Gesamtzahl der Erwerbstätigen halbiert hat, stehen wir vor einer der größten Knappheiten für das Neue. Unternehmer!

Innovativere Unternehmen gewähren ihren Mitarbeitern nicht nur mehr Freiheit und offene Zusammenarbeit, sie sind auch nach außen offener, zu ihren Kunden, zu ihren Lieferanten und zu wissenschaftlichen Einrichtungen. Einer dänischen Untersuchung zufolge verlangen gerade die innovativsten Firmen mit flexibleren Organisationen von ihren Mitarbeitern mehr Selbständigkeit, größere Kooperationsbereitschaft und höheres Verantwortungsbewußtsein. Der offene Kontext nach innen und außen hat also einen großen Einfluß auf die Innovation – er kann von jedem Unternehmen selbst geschaffen werden.

Trøjborg hat daraus die Forderung abgeleitet, die jungen Menschen auf diese Situation besser vorzubereiten und ihre Ausbildung in den Schulen und Hochschulen entsprechend zu verändern: bessere Fachkenntnisse zu vermitteln, weiterführendes Lernen anzuspornen, persönliche Qualifikationen in Fragen der Zusammenarbeit und Kommunikation zu fördern, den Unternehmungsgeist zu stärken, die Qualifikation der Lehrkräfte anzuheben und die Abschlußprüfungen nicht nur nach fachlichen Qualifikationen auszurichten, sondern auch nach fachübergreifenden Problemstellungen und kreativen Fähigkeiten. Ausbildung und Arbeit müssen enger verbunden werden. Das Heranführen junger Menschen an die Verantwortung, die ihnen die wachsende Freiheit in den Unternehmen abfordert, ist eine der schönsten Aufgaben, die das Neue von uns verlangt.

Und wenn dann diese Menschen in die Organisation kommen und der Rahmen immer freier gezogen ist, dann muß man die Erwartungen entsprechend setzen. Erwartungs- und Verhaltenskonstellationen, die Kreatives einladen, sind genauso wichtig wie die Kreativen selber. Das Neue braucht beide gleichzeitig.

Fortschritt und Wandel

Für einen Choreographen ist es offensichtlicher als für Manager, Verwalter oder Politiker, Innovation nur als einen anderen «Ausdruck für Bewegung» (Forsythe) zu sehen. Bewegung, das ist die Kraft, die uns erlaubt, «wegzukommmen» von unserem eigenen Denken, von unserem eigenen Expertenwissen, das ja immer schon weiß, was richtig und was falsch ist (Forsythe). Dazu muß man suchen und probieren, neu interpretieren und bekannte Standpunkte bewußt verlassen.

Unternehmer sprechen daher davon, ihr «Unternehmen in Bewegung [zu] halten» (Hilti). Das Wortspiel ist nicht wichtig, die Aussage zählt, genügend Anschub in die Organisation zu bringen, damit sie sich in Bewegung setzt. Bewegung kommt zustande, wenn sich niemand niederlassen kann, also machen job rotation, obligatorischer Auslandsdienst und eine Personalpolitik viel Sinn, die auch die Schwächeren mit einbezieht, damit sie nicht retardieren. Evolution für das einzelne Unternehmen – und auch für die Volkswirtschaft?

Ist nicht unser volkswirtschaftliches Denken vom Gleichgewicht geprägt, zwischen Angebot und Nachfrage, zwischen Kapazitäten und Preisen auf der Suche nach dem optimalen Punkt, in dem alles zu stimmen scheint? Und bestehen nicht viele Regeln des Wettbewerbsrechts nur, um Vorgedachtes, für gut befundenes Gleichgewicht zu sichern? Endpunkt Harmonie und wirtschaftliche Behaglichkeit – kurz, Stillstand genannt. Oder verbirgt sich dahinter die «philosophische Erblast», daß wir «der Idee einer idealen Gesellschaft» nachlaufen (McKelvey)?

Noch aus der Schule warnt uns Faust: «Werd' ich zum Augenblicke sagen: / Verweile doch Du bist so schön! / Dann magst Du mich in Fesseln schlagen, / Dann will ich gern zugrunde gehn!» Die Hoffnung, das Ideal und die Ästhetik seiner wirtschaftlichen Perfektion zu genießen, trügt.

Sollten wir nicht eher einem wirtschaftlichen Modell folgen, das dem Gedanken einer fortschreitenden Bewegung der Veränderungen und Unterbrechungen folgt, manchmal langsamer, manchmal schneller, das also kein Gleichgewicht anstrebt, in dem die Innovation letztlich nur stört, bis sich ein neues theoretisches Gleichgewicht eingestellt hat? Sollte es nicht ein Modell sein, das von einer fließenden Evolution ausgeht, in der laufende Anpassungen, manchmal marginale, manchmal radikale, durch Versuch/Irrtum und Selektion erfolgen (McKelvey)? Die kleinen Änderungen folgen fast naturgesetzlich von alleine, die großen verlangen den Schumpeterschen Unternehmer. Innovationen gehören damit zur dauerhaften Maschinerie der wirtschaftlichen und gesellschaftlichen Weiterentwicklung – Mutation und Auswahl sind also Normalität.

Kreativität hat die großen wie die kleinen Schritte der Evolution im Griff. Darin liegt ihre ungeheure Kraft. Kaos «Tugend der Unordnung» führt uns in eine neue Wirtschaft, deren Wettbewerbsfähigkeit weniger durch Effizienz und Kontrolle als durch «Geschwindigkeit, Originalität, Intelligenz und Beweglichkeit» gekennzeichnet ist. Das verlangt Kreativität. «Kreativität im Geschäftsleben ... stürzt die bestehende Ordnung um.» Sie führt zur «Reperzeptionierung» bestehender Sachverhalte und ist damit eine zündende Entdeckungsreise. Strategie und Kreativität sind daher die beiden Seiten der Medaille.

Kreativität ist weit mehr als der grandiose Geistesblitz, sie ist ein Prozeß, eine Disziplin, eine Fähigkeit, die über den Zustand des reinen Verbesserns hinausgeht, dort, wo der Quantensprung zum Anderssein stattfindet. Sie ist wie Jazz. Vorgegebene Noten kann man nur nachspielen und natürlich interpretieren, aber beim Jazz läßt sich improvisierend wirklich Originäres schaffen. «Jamming» ist «das Umfeld der Unordnung», die Balance zwischen Kunst und diszipliniertem Vorgehen, in der Entdeckungen kontinuierlich erfolgen. Die Improvisation hat wie die Sprache ihre eigene Grammatik, die dem musikalischen Ausdruck freie Entfaltungsmöglichkeiten bietet. Wenn wir die improvisierte Musik hören, klingt sie sofort durchgestaltet, Proben und Vorstellung sind eins.

Übertragung auf unternehmerische Improvisation: Die Evolutionsgrammatik hat drei Elemente: erstens, einen freien Geist, der Bekanntes nicht reproduziert, sondern die Innen- und Außenwelt dermaßen miteinander austauschen

44

läßt, daß nach dem «Abrieb» unterschiedlichster Perspektiven das Neue hervortreten kann. Der osmotische Austausch, den wir schon in der Globalisierung entdeckten, tritt hier generalisierend hervor. Zweitens, wir benötigen den «Holzschuppen» der Jazzmusiker, der Ort, in dem sie völlig frei proben und gestalten. Da ist wieder der Gedanke des Kontextes, den wir den Kreativen bieten müssen und den wir aus der Genieforschung kennen. Mitarbeiter benötigen den virtuellen Holzschuppen, in dem die Vorurteile zurück- und die besten Ideen vortreten können, bis das Neue Gestalt annimmt. Drittens, wir müssen so stark von der Rolle der Kreativität überzeugt sein, daß wir die «Markenidentität» Kreativität (Kao) so sorgfältig in Unternehmenskultur, Anreizsysteme, Personalpolitik und Arbeitsprozesse einbauen, wie eine starke Konsumgütermarke mit ihren unantastbaren Eigenschaften das ganze Unternehmen durchzieht. Gibt es eine schönere Aufgabe für eine Führungskraft als eine «Gemeinschaft des Diskurses» (Kao) zu bewegen?

Das Evolutionsmodell beinhaltet eine wichtige Prämisse: Solange wir über Innovationen verfügen, werden wir uns weiterentwickeln, und so lange wir an eine Weiterentwicklung glauben, müssen wir ein natürliches Ende der Innovation ablehnen!

Oder doch? Haben wir den Höhepunkt der Innovation erreicht, bleiben uns nur noch kleinste Variationen? Oder ist die Steigerungsskala nach oben unbegrenzt? Stimmt es, daß das «Steigerungsspiel ... auf endlichen Informationsressourcen» beruht? (Schulze). Gibt es «einen durch unser Menschsein bedingten, anthropologisch begrenzten Vorrat sinnvoll erscheinender Ziele, zumindest im Bereich der Produkte ..., die einen bestimmten Nutzen haben sollen?» Und wer legt fest, was sinnvoll ist?

Da kämpft die Kraft der Idee mit der Sorge, die Steigerungsspirale gerate an ein natürliches Ende, uns gingen die Ideen aus. Die Wirtschaftler glauben tief an die Kraft der neuen Idee. Auch sie kennen die ethischen Grenzen, die Diskussionen, denen sich alle stellen müssen – macht das nächste «mehr» noch wirtschaftlichen oder gesellschaftlichen Sinn? Und: Was heißt Sinn? Wer bestimmt den Sinn? Die Reflexion, ob das Neue auch Verschwendung sein könnte, hat Unternehmer immer bewegt und bewegt sie stets aufs neue. Sind es ökologische Grenzen (Schmidheiny), läßt sich weiteres Wachstum einfach nur durch «mehr» an Geschwindigkeit, an Menge, an Neuem, an Besserem erzwingen (v. Braun)?

Vierzig Jahre nachdem Sputnik den Startschuß zum größten «Technologiewettlauf der Nationen» gegeben hat, beobachten wir als Triebfeder des «innovationsbedingten Wachstums» neben der eigentlichen Neuerung die Zeit als Wettbewerbswaffe. Die «Eskalation der Beschleunigung» ist ein Zeichen unserer Gesellschaft geworden (v. Braun). Was passiert, wenn die Beschleunigung an ihre natürlichen Grenzen stößt? Werden wir dann nicht wieder zur Tugend der echten Innovation zurückkehren müssen, *mehr* Nutzen zu bieten. Aber was ist dann die richtige Innovation? Wer setzt den Maßstab? Allein in der Fragestellung, was wohl echter Fortschritt ist, findet sich eine Spur für das Neue. Erinnern wir uns an die Fragenschutzgebiete?

Keiner will unsere Welt ökologisch unkontrolliert belassen, aber wer kümmert sich um sie, wenn die Nationalstaaten in ihrer Reichweite immer mehr verblassen? Die «Eigenverantwortung» der Wirtschaftssubjekte wird zu einem «unverzichtbaren Steuerungsinstrument» (Schmidheiny). Verantwortung übernehmen heißt aber auch, Initiative ergreifen, gestalten, umordnen, eingrenzen, aber auch ausholen. Es geht darum, unsere Welt «möglichst umwelt- und ressourcenschonend zu gestalten». Könnte nicht im «Fortschritt in Richtung zunehmender Nachhaltigkeit» wiederum der Ursprung von Neuem liegen, weil Althergebrachtes hinterfragt wird? Gibt es eine neue Kategorie des Neuen, das sich aus einem ressourcenschonenden Fortschritt speist?

Ansätze haben wir schon gesehen, allein der große Durchbruch ist noch nicht da. Neue Wettbewerbsvorteile durch Nachhaltigkeit? Fragen an uns, Bewegung und Fortschritt im Einklang zu halten.

Wir stoßen auf die Kernfragen des Neuen: Warum? Wofür?

Werden wir durch das Neue eine bessere Welt hinterlassen, als wir sie vorgefunden haben? Fragen – aber keine Antworten. Jeder muß durch diese Zweifel und Spannungen, sonst kann das Neue nicht Tritt fassen.

Der Bogen ist weit geschlagen, wir haben das Neue mit seinen ungeheuerlich vielen Facetten gesehen und natürlich auch die Kräfte, mit denen es ringen muß. Es ist uns bewußt, daß das Neue einen aufregenden, vielschichtigen psychologischen, wirtschaftlichen, organisatorischen und technischen Prozeß durchlaufen muß, wenn es zu uns kommen will. Wir können helfen. Darin liegt sein Reiz.

Und was machen wir mit dem Alten? «Das Alte ist immer das Neue von gestern. Das Neue ist aber auch immer das Alte von morgen» (Werner). Das Neue ist also nichts Endgültiges, sondern etwas Vorübergehendes, denn die Evolution hält nicht an, weder die kleinen noch die großen Schritte. Das Neue kommt, wird alt, und wiederum kommt Neues. Mit der Begrüßung des Neuen drücken wir nur aus, daß das Bestehende uns – dem Unternehmen, der Gesellschaft, der Kirche, der Universität – plötzlich weniger wert ist. Diese geistige «Neuorientierung» (Werner) ist der Kern der Innovation, hier müssen unsere alten Glaubenssätze fallen, damit Neues Platz hat. Dies ist der springende Punkt der Veränderung, und hier scheitern die meisten Erneuerungen. Altes muß nicht immer verschwinden, es kann zurücktreten, teilweise weiterleben. Nur wenn es zum Tyrannen wird und sich gegen die neuen Fragen oder Antworten wehrt, benötigen wir Schumpeters kreative Zerstörung.

Dem Neuen geht es wie der Pflanze im Frühjahr, die sich durch den harten Boden des Bestehenden quälen muß. Die virtuelle Diskussion der Autoren läßt für uns Herausgeber den Schluß zu, daß uns fünf Ansätze helfen könnten, dem Neuen etwas zur Seite zu stehen.

Erstens, durch einen schnellen kräftigen Hub – gleichsam mit einem virtuellen «Spaten» – müssen wir dem Keimling den verhärteten Boden wegräumen. Das verlangt sehr viel von uns, denn wir werden uns vom Hergebrachten genau dann verabschieden müssen, wenn es am erfolgreichsten ist. Mut und Risikofreude sind gefragt.

Zweitens, es werden uns so viele wunderbare fremde Saatkörner angeboten, warum nicht etwas mutiger sein, ein paar fremde Saatkörner unter die eigenen zu mischen und zu sehen, was passiert. Wir müssen uns nur ein Netz aufbauen, damit wir dies alles einfangen können.

Drittens, wir brauchen ein gesundes Groß- und Kleinklima, um im Bild zu bleiben. Für das Großklima müssen wir uns öffentlich engagieren, für das Kleinklima haben wir enorme Gestaltungsmöglichkeiten im eigenen Haus. Unsere eigenen Böden umzupflügen und das Unkraut zu entfernen – das sollte nicht zu schwer sein.

Viertens, wir brauchen die stärksten Körner, die kreativen Geister, und müssen für sie den geeigneten Nährboden entwickeln. Zusammen haben wir die größte Chance, daß sich unsere Hoffnung erfüllt: Die Staat geht auf.

Fünftens, unsere Bemühungen, das Neue hereinzulassen, müssen andauern, damit sich nicht zu früh ein trügerisches Gleichgewicht, d. h. Stillstand, einpendelt und wir wieder zurückfallen. Wir müssen ruhelos, aber diszipliniert, Furche für Furche bestellen, bis wir die zarten grünen Spitzen im Boden sehen.

Wir beherrschen doch alle diese fünf Aktivitäten – es darf

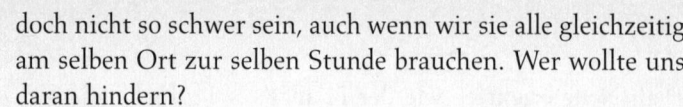

doch nicht so schwer sein, auch wenn wir sie alle gleichzeitig am selben Ort zur selben Stunde brauchen. Wer wollte uns daran hindern?

Wir wünschen dem Leser Mut, seine Felder zu bestellen, wo immer sie sind.

Heinrich v. Pierer   Juli 1997
Bolko von Oetinger

NEUES
UND
BESTEHENDES

Peter Greenaway
im Gespräch mit Hannah Hurtzig

«RICHTIGES KINO
KOMMT ERST NOCH»

In dem Film «The Cook, the Thief, His Wife and Her Lover»
entdeckt der Dieb und Nichtleser Spica einen Exlibris-Hin-
weis in einem Buch, der ihn zur Adresse des Bibliothekars
und Liebhabers seiner Frau führt, den er dann grausam mit
einem Buch foltert und ermordet. Man kann die Adresse
deutlich erkennen: Falconberg Court, die Geschäftsadresse
Greenaways. Ich hatte gehofft, ihn da zu treffen – eins seiner
schönsten Porträtfotos ist auch dort entstanden. Ein korrekt
gekleideter Herr, der seinem Betrachter streng ins Auge
blickt, hinter sich Meter von Filmrollen in Regalen gestapelt
und auf den Knien ein großes wertvolles altes Buch, eine
Ausgabe von Flavius Josephus, des spätantiken Geschichts-
schreibers jüdischer Kultur. Greenaways didaktisch ausge-
streckter Zeigefinger deutet auf eine Abbildung in dem
Buch. Hier ist er: der gebildete britische Gentleman, experi-
mentierender Cineast und leidenschaftlicher Leser, Retter
der Buchkultur im Film, Archivar und Gelehrter. Ich traf ihn
aber in seinem Büro in der Kingstreet in einem unspektaku-
lären Hinterhof, ein Büro ohne jeden Glamour. Wir hatten
eine Stunde Zeit, und ich habe mir eine halbe Stunde Ge-
sprächszugabe applaudiert. Ich habe schon einige Interviews
mit Künstlern geführt, dieses hatte eine Besonderheit: Jeder
einzelne Satz, den Greenaway in dieser Zeit sprach, war
Aussage, Hinweis, Information und dazu in perfektem Ox-
ford-Englisch druckreif gesprochen.

Unter jenes Porträtfoto würde folgender Satz, der in dem

Interview fiel, passen: «Wir müssen erst einmal der Kunst den Spiegel vorhalten, bevor wir der Natur den Spiegel vorhalten.»

Jean Renoir sagte, daß ein Künstler nur eine Idee in seinem Leben habe und diese dann immer wiederhole.

Ich glaube, er sagte, man habe zwei Ideen. Da meine zwei Ideen um Sexualität und Tod kreisen, sind sie zum Glück groß genug, um sich damit ein Leben lang zu beschäftigen. Doch die meisten Ideen hatte ich mit fünfundzwanzig, und ich ernähre mich immer noch davon.

Gerade wenn man Ihre frühen Filme kennt, stellt man fest, daß die Figuren und Namen, selbst die Tierarten, die einmal auftauchen, sich durch Ihr ganzes Werk ziehen. Wird man die Geister, die man ruft, nicht mehr los?

Warum sollte man sie loswerden wollen? Es ist schön, immer mit derselben Frau zu schlafen und immer Erdbeeren im Juni zu essen. Einige unserer wichtigsten Lebenserfahrungen basieren auf Wiederholung.

Könnte man dann sagen, daß sich die Themen in Ihren Filmen wiederholen, daß aber Ihre Innovation, Ihre Erfindungen im technischen Bereich in der Ausformulierung einer neuen Filmsprache stecken?

Ich glaube ja. Ich bin nicht besonders an der traditionellen Bedeutung des Kinos interessiert, die da wäre, eine Geschichte zu erzählen. Ich glaube, wir haben bisher noch gar kein Kino gesehen. Bisher hat man uns nur illustrierte Texte gezeigt. Erst in den nächsten hundert Jahren wird das Kino entstehen. Nehmen Sie Scorsese, Spielberg, selbst Godard – immer ist da erst der Text und dann das Bild. Kino ist bisher nicht vielmehr als ein geschäftiger Buchladen. Eine recht erbärmliche Art und Weise, das Kino zu erfinden. Wir befinden uns gerade mal im Prolog des Filmemachens. Aber die neuen Technologien, die überall auf der Welt aus dem Boden schießen, werden uns weiterhelfen. Im Kino müssen wir uns erst einmal von der Tyrannei befreien, und es sind deren vier: die Tyrannei des Textes, die Tyrannei des Schauspielers, die Tyrannei des Bildausschnitts und, am allerwichtigsten, die Tyrannei der Kamera. Der Film muß sich von der Kamera trennen, um sich aus der Sklaverei zu befreien. Denn da bin ich mir ganz sicher: Die Kamera steht dem Film im Weg.

Picasso sagte: Ich male nicht, was ich sehe, sondern was ich denke. Bisher haben wir nur Filme gemacht über das, was wir sehen. Die neuen Technologien werden uns die Freiheit geben, Filme über das zu machen, was wir denken.

Mit Filmen wie «Prosperos Books» und «The Pillow Book», in denen Sie die technischen Möglichkeiten des Mediums austesten, wären Sie einem Kino der Ideen nähergerückt. Gerade diese Filme scheinen mit großem Unverständnis aufgenommen zu werden.

Mein Vorbild John Cage hat gesagt: Führt man in ein Kunstwerk 20 % Innovation ein, verliert es sofort 80 % der Zuschauer, und zwar für die nächsten 15 Jahre. Das scheint mir eine lächerlich optimistische Ansicht zu sein. Das Verständnis der Allgemeinheit für die bildnerische Formsprache zum Beispiel ist derzeit auf dem Stand des Impressionismus. Und der liegt 150 Jahre zurück.

Wie verhindert ein Erneuerer der Filmsprache wie Sie den kommerziellen Selbstmord? Mit welchen Überlebensstrategien erhalten Sie sich Ihren Innovationsgeist?

Anfangs war es mir nicht einmal bewußt, aber wir – Filme kann man nicht alleine machen – produzieren unsere Filme in einem «A-B, A-B»-Rhythmus. Der A-Film ist nicht notwendigerweise kommerzieller, findet aber doch eher in einer öffentlichen Domäne statt, und «B» ist ein eher experimenteller Film. «Der Kontrakt des Zeichners» war ein A-Film.

«A Zed & Two Noughts» ist der viel interessantere Film, hatte aber weniger Öffentlichkeit. «Prosperos Books» und «The Baby of Macon» waren zwei B-Filme, und es scheint, als wäre mein letzter Film «The Pillow Book» wieder ein A-Film geworden. Den hat eine neue Generation junger Leute entdeckt, die mit den neuen Technologien vertraut sind, die aber vorher noch nie einen Greenaway-Film gesehen haben.

Ich möchte kein Filmemacher vom Typ eines Ivory werden, aber ich will auch nicht unter der Eisdecke bleiben. Ich will ein Mainstream-Filmemacher sein, aber zu meinen eigenen Bedingungen.

Ihre Filme zitieren jüdisch-kabbalistische Traditionen und christliche Ikonographie, sie beziehen sich auf das jakobäische Drama und alte Mysterienspiele, sie untersuchen den saturnischen Weltentwurf der Renaissance wie die Revolutionsarchitektur. Boullées, es sind verrätselte Archive und Enzyklopädien fast vergessener Bildwelten. Gleichzeitig fordern sie den Betrachter durch völlig neue Bildauflösungen heraus.

Wir sind in Gefahr, die alten Formsprachen zu verlieren. Aber, und das ist wahrscheinlich typisch postmodern, wir müssen fähig sein, die alten Sprachen zu rekapitulieren und wiederaufzunehmen, uns ihrer geschichtlichen Kontinuität bewußt zu bleiben. In meinen Filmen kann man sehen, daß ich ein waschechter Atheist bin, aber in Theologie hatte ich immer die besten Noten.

In all den anderen Künsten, außer dem Kino, gab es im 20. Jahrhundert tiefgreifende Revolutionen. Die Musik hat sich von der Melodie befreit, die Malerei vom Figurativen, und selbst die Literatur hat sich teilweise vom Inhalt befreien können. So konnten sich Musik, Malerei und Literatur endlich mit dem beschäftigen, was sie wirklich können. Doch das Dogma des Geschichtenerzählens hat den Film bewußtlos geschlagen. Die Leute gehen heute ausschließlich ins Kino, um sich eine Geschichte anzuschauen.

Das Konzept der Narration im Film ist genauso scheußlich wie die Einführung der unbefleckten Empfängnis im römisch-katholischen Glauben. Wenn du heute Katholik sein willst, mußt du an die unbefleckte Empfängnis glauben, und wenn du heute Filmemacher sein willst, mußt du ans Geschichtenerzählen im Kino glauben.

Neben dem klassischen Erzählkino scheinen Sie aber auch die derzeitigen technischen Vorgaben des Filmemachens nicht zu befrieden?

Ein Maler wählt sich den Ausschnitt eines Bildes entsprechend dem Inhalt. Theoretisch besteht immer eine Symbiose von Inhalt und Form. Aber dem Filmemacher am Ende des 20. Jahrhunderts stehen nur drei Bildausschnitte zur Verfügung: 1.33:1, das ist das Fernsehformat, 1.66:1, das Academy-Format, und Cinemascope 2.35:1. Ich kann die Seitenverhältnisse im Kino, das Verhältnis von Bildbreite und Bildhöhe im traditionellen Kino, nicht meinen Inhalten anpassen. Schon beim «Pillow Book» haben wir gemeinsam mit der Produktionsfirma begonnen, die Software zu verändern. Eine Veränderung der Seitenverhältnisse wurde erst durch die neuen Computerschnittechniken möglich. Ich habe den Technikern und Programmierern Vorschläge gemacht, und gemeinsam haben wir ein Fenster geöffnet für neue filmische Manipulationen. Wir haben einen Zeh in einen Ozean neuer Möglichkeiten gesteckt, um eine Metapher zu bemühen. Aber man muß mit solchen Behauptungen, daß man etwas Neues entdeckt hätte, sehr vorsichtig sein. Wie Borges sagte: Jede neue Idee gebiert sofort ihre Vorläufer. Klassisches Beispiel hierfür wäre etwa die Umarmung von Hieronymus Bosch durch die Surrealisten. Und die Idee der fragmentarisierten Leinwand hat es schon 1929 in dem Film «Napoleon» von Abel Gance gegeben.

In meinem neuen Projekt »Tulse Luper Suitcase« werde ich die verschiedenen Möglichkeiten untersuchen, einen Film zu rezipieren. Der Film für die große Leinwand wird hoffentlich in einem 8-Stunden-Zeitkontinuum zu sehen sein. Wir werden 16 Fernsehepisoden drehen, es erscheinen zwei CD-Roms, und wir werden im Internet sein. Dafür gilt es mehrere Gründe. Meine «Kunstfilme» überleben in einem Großstadtkino drei Wochen und sind anschließend oft lange Zeit gar nicht zu sehen. In einer Provinzstadt sieht man sie nie. Selbst wenn 26 Millionen «Der Koch, der Dieb, seine Frau und ihr Liebhaber» gesehen haben, ist das doch nichts im Vergleich zu «Mission Impossible» oder «Jurassic Park». Mit den neuen Technologien kann ich mich an ein anderes Publikum wenden.

Wie beeinflußt der Einsatz der neuen Medien Ihre «Botschaft»?

«Tulse Luper Suitcase» wird ein großer enzyklopädischer Film, in dem wir die ganze Welt meines Helden erfinden. Das Publikum erhält alle Informationen, man bekommt sozusagen den genetischen Bauplan wie auch das fertige Baby, dem man dann die Windeln anlegen kann. Ich übergebe mein Material an den Zuschauer, der es sich nach seinem Zeitrhythmus und mit Kontemplation ansehen kann, sooft er will.

Ich habe zum Beispiel die Erzählung der Scheherezade aus «1001 Nacht» für das Ende des 20. Jahrhunderts neu bearbeitet. Selbst in einem 8-Stunden-Film habe ich keinen Platz für die 371 Charaktere, die in der Erzählung vorkommen, wohl aber auf der CD-Rom und im Internet. «Tulse Luper Suitcase» behandelt die Geschichte des Urans. 92 ist die Nummer von Uran im Periodensystem. Deshalb haben wir 92 Koffer, alle in der Größe des Logbuches, das man in dem Flugzeug fand, das die Bombe über Hiroshima abgeworfen hat. Im Film werde ich nicht alle Koffer auspacken können, aber auf der CD-Rom werde ich sie so sorgfältig ein- und auspacken, daß man den Staub auf dem Kofferboden sehen kann. Der ideale Zuschauer geht also ins Kino, verfolgt zu Hause die Fernsehserie, betrachtet auf einem zweiten Bildschirm die CD-Rom und zieht seine Querverbindungen. Das sind Fußnoten. Ich liebe Bücher mit Fußnoten. Eigentlich möchte ich nur viele viele Fußnoten machen.

Der Künstler hat eine ewige Randbemerkung, das erinnert an die beiden tragikomischen Kopisten Bouvard und Pécuchet ...

Ich habe ein 300-Seiten-Filmscript zu diesem wunderbaren letzten Flaubert-Roman geschrieben. Aber es wird wohl nie ein Film werden, denn einer der beiden idealen Schauspieler ist schon gestorben. John Gielgud lebt noch, Redgave leider nicht mehr.

Was ist uns der Künstler, was ist seine Stellung in der Gesellschaft?

Wir verehren die Subjektivität. Politisch und sozial haben wir uns einigermaßen demokratisch organisiert, aber wir halten immer noch am Konzept des Renaissance-Künstlers fest. Erst einmal sollten wir unsere Corbusiers und Strawinskys loswerden, unseren Fetisch Michelangelo. Das allerdings würde den Künstlern ein großes Opfer abverlangen. Auch ich möchte meine Subjektivität behalten, und mich faszinieren Menschen ja gerade wegen ihrer Subjektivität. Interaktivität ist eine interessante Sache in diesem Zusammenhang, sie soll ja angeblich die Subjektivität zerstören. Aber das ist noch nicht entschieden. Ich weiß immer noch nicht, was Interaktivität eigentlich ist. Die interaktivste Tätigkeit, die ich kenne, ist das Leben, und das gibt es seit 5000 Jahren.

In den meisten Ihrer Filme gibt es in den ersten paar Minuten schon eine komplette Einleitung über Inhalt und Mach-

art dessen, was wir sehen werden. Eine Art didaktisches Vor-spiel, eine thematische Anleitung zum Sehen.

Das stimmt. Der Film wird gleich zu Beginn zum Verzehr angeboten, noch vor dem ganzen Film. Da ich nicht so sehr daran interessiert bin, was passiert, sondern wie es passiert, gebe ich alle notwendigen Informationen gleich zu Beginn, so daß man sich dann auf das Wichtigste konzentrieren kann.

Ich verfolge ein «Kino der Ideen». Das auslösende Moment ist immer eine Idee. In «Der Bauch des Architekten» zum Beispiel diskutiere ich die Verantwortlichkeit von Architektur in den 80er und 90er Jahren, das war das übergreifende Phänomen, das ich untersuchen wollte.

Können Sie sagen, was Ihre Kreativität motiviert?

Darüber weiß ich nicht allzuviel. Eigentlich wäre ich gerne Architekt. Aber ich kann kein Architekt mehr werden, dazu habe ich keine Zeit. Und ich arbeite in einem zweidimensionalen Medium, das ist eine tiefe Enttäuschung für jemanden, der eigentlich Architekt sein möchte. Also mache ich einen Film darüber. Der Anstoß zur Kreativität kommt also aus der Enttäuschung. Ich glaube, auf diese Weise werden die meisten von uns motiviert.

Jost Stollmann
im Gespräch mit Heribert Klein

«WER NICHTS NEUES BRINGT, MUSS DEN WEG FREI MACHEN»

«Erfolg hat einen Namen» heißt es im Geschäftsbericht. Um diesen Namen zu finden, muß man sich an den Rand von Köln begeben, in den kleinen Ort Kerpen, genauer gesagt: an den Rand eines unauffälligen Industriegebietes. Inmitten von Wiesen und Äckern steht der Erfolgsname irgendwo auch groß geschrieben: «CompuNet», an der Fassade eines lichtdurchfluteten Bürobaus, der an eine riesige graue Lagerhalle grenzt. Zum Büro des Chefs? Auf der ersten Etage, lautet die Auskunft der Empfangsdame. Doch man sucht nach dem klassischen Chefbüro vergeblich. Ja, dahinten sitze er, im Großraumbüro, an einem Schreibtisch von vielen, in direktem Kontakt mit seinen Mitarbeitern. Das Bild ist Symbol: Jost Stollmann, der 42jährige Gründer von CompuNet oder, um es wenigstens einmal korrekt zu sagen, der CompuNet Computer AG A GE Capital Services Company, verbreitet nicht die Aura des entrückten Firmenchefs. Transparenz, Durchlässigkeit, Flexibilität gelobte und verlangte Stollmann, als er 1984 mit wenigen Mitarbeitern das Unternehmen gründete, das heute unter dem Dach von General Electric mehr als anderthalb Milliarden Mark Umsatz erwirtschaftet.

Was zeichnet einen Unternehmensgründer aus?
     Zunächst einmal der Wille, etwas selbst zu machen. In meinem Fall war es beispielsweise so, daß ich eine Gelegenheit suchte, irgendwie unternehmerisch tätig zu sein, etwas

Neues zu schaffen. Daß ich mich später in der Computerbranche engagierte, hing mit meinem Lebensweg zusammen. In Frankreich hatte ich erst Rechts- und Politische Wis-
senschaften studiert, erwarb dann an der Harvard Business
School den Master of Business Administration und arbeitete
danach noch drei Jahre in Chicago bei der Boston Consulting
Group. Für mein unternehmerisches Engagement war eine
Beobachtung in den USA entscheidend: Ich sah, welchen dramatischen Erfolg der Gründer von «Computerland» weltweit im PC-Geschäft hatte. Ich analysierte dies damals und
sagte mir: Das müßte sich auch in Europa verwirklichen lassen.

Zweifel am Erfolg gab es bei Ihnen nicht?
   Nein, es war damals in der EDV abzusehen, daß es sich um
einen bahnbrechenden Durchbruch handelt, der die Wirtschaftlichkeit von Unternehmen dramatisch verändern
würde. Höchstens die Frage des Zeitpunkts war strittig, nicht
aber die Tatsache im Grundsatz. Ein Wissen, das auf neue
Art den Wohlstand mehrt, bahnt sich immer seinen Weg.

*Sie wollten mit 29 Jahren «was Tolles machen, die Welt ver-
ändern». Kommt ein Unternehmensgründer ohne solche
ambitionierten Visionen nicht aus?*
   Ein Unternehmensgründer hat einen entscheidenden Vorteil: Er muß alles neu machen und braucht keine Rücksicht
auf überkommene Traditionen zu nehmen. Dies ist ein
wahrhaft schöpferischer Akt, zu dem Visionen gehören. Daß
ich die Welt verändern wollte, war ein Teil meiner Vision
und ein Teil der Faszination, durch die man andere Menschen für seine Ideen begeistern kann. Ich hatte 1984 zunächst nicht mehr als eine halbe Million Mark Kapital, den
Gegenwert einer Immobilie, die mir mein Vater vererbt
hatte. Damit allein konnte ich gewiß nicht viel anfangen, vor
allem brauchte ich Mitstreiter und Bankenkapital.

Schnelles Wachstum gehörte zu Ihren Zielen?

CompuNet ist vom Begriff her eine Kombination zweier Industrien: von Computern und Netzwerken, von Informationstechnik und Telekommunikation. Mir war von Anfang an klar, daß der, welcher nicht untergehen will, groß und einflußreich werden muß. Wachstum ist überlebenswichtig. Auf dieses Ziel habe ich konkret hingearbeitet.

Mit begeisterungsfähigen Mitarbeitern, die als Geschäftsführer auch Anteilseigner waren?

Ich vertrete die Meinung, daß in jedem Menschen in gewissem Grad ein Unternehmer steckt. Das Verhalten von Kindern zeigt uns doch, daß zum Menschen die Lust an der Entdeckung gehört. Leider wird diese Anlage sozial ziemlich schnell zugeschüttet. Ich kann jedenfalls sagen: Ich fand zu jeder Zeit junge Leute, die danach dürsteten, unternehmerisch tätig zu sein, die bei CompuNet eine wirkliche Alternative zu dem sahen, was ihnen sonst geboten wurde – mitzuarbeiten in einer kleinen, quirligen Firma, deren Mitarbeiter voller Enthusiasmus waren und ihre Arbeit mehr als gestalterische Freiheit denn als Belastung betrachteten.

Ändert sich das ab einer bestimmten Firmengröße?

Ja und nein. Mit einer bestimmten Größe arbeitet eine Organisation anders. Früher kannte bei uns jeder den anderen, wir gingen alle zusammen ins Kino, in die Pizzeria, arbeiteten oftmals nachts, an Feiertagen, an Wochenenden. Damals waren außergewöhnliche Anstrengungen notwendig. Heute stehen bei uns Prozeß-, Organisations-, Struktur- und Systemfragen im Vordergrund, die man übrigens mit derselben Faszination und demselben Innovationsduktus betreiben kann.

Hat das Neue, das Sie in die Welt brachten, diese Welt tatsächlich verändert?

Ich hoffe es. Zumindest hat unser Unternehmen dazu beigetragen, daß eines immer sichtbarer wird: Wir müssen Abschied nehmen von einer Unternehmensführung, die sich nach den Methoden des vergangenen Jahrhunderts richtet. Planen, budgetieren, kontrollieren – das funktioniert nur in einem stabilen System. Doch wie soll dies funktionieren angesichts der dramatischen Schnelligkeit sich verändernder Märkte? Hier stehen wir mitten in einem Kulturwechsel. Die Führungskraft der Zukunft kann nicht mehr als eine allgemeine Richtung vorgeben. Sie muß sich dann darauf verlassen, daß viele Leute an der Kundenschnittstelle das Richtige tun. In solchem Vertrauen sehe ich einen künftigen Wert.

CompuNet ist seit einiger Zeit Teil des Großkonzers General Electric. Stehen Sie jetzt sozusagen an einem neuen Anfangspunkt Ihres Unternehmens?

Eindeutig ja. CompuNet wird in IT-Dienstleistungen die Plattform für General Electric in Europa sein. Deswegen haben wir die Möglichkeit, nun wieder etwas Neues zu schaffen: den Aufbau eines Unternehmens, das die Vorteile eines globalen Konzerns nutzt und doch die Seele, die Energie und die Flexibilität eines Mittelständlers hat. Das ist für uns alle eine wirkliche Herausforderung in einer Zeit, wo die Märkte überall auf der Welt immer wettbewerbsintensiver werden.

Droht das Neue, das einer in die Welt bringt, nicht immer schneller zu veralten?

Ja. Ich ziehe daraus den persönlichen Schluß: Wenn ich als Unternehmer nichts Neues mehr in die Welt bringen kann, muß ich den Weg frei machen für Jüngere. Unsere Zukunft wird sehr viel mit jungen Menschen zu tun haben.

Claus Weyrich

Was ist eine Innovation?

Innovationen sind eines der wesentlichen Schlüsselelemente für den dauerhaften Erfolg eines Unternehmens.
Doch was versteht man darunter?

Das Wort Innovation stammt vom lateinischen «innova-
tio», was soviel wie Erneuerung bedeutet und auf «novus»,
neu, zurückgeht. In der landläufigen Meinung werden
Innovationen gerne Genies, Tüftlern oder Querköpfen zugeschrieben. Doch diese Interpretation greift viel zu kurz.
Die großen Innovatoren waren und sind keineswegs welt-
fremde Träumer. «Innovation» darf auch nicht mit dem Akt
des Erfindens gleichgesetzt werden, sie ist weitaus vielschichtiger.

Am Anfang steht natürlich die «Invention», die Idee, die
Erfindung. Doch damit eine «Invention» zur «Innovation»
wird, muß sie umgesetzt und vom Markt akzeptiert werden.
Innovation ist deshalb ebensosehr Inspiration wie Transpiration, ebensosehr visionäre Kraft wie das Ergebnis
nüchterner Arbeit. Auch sind Innovationen keineswegs auf
technische Produkte beschränkt. Innovationen können und
müssen praktisch im gesamten Wirtschaftsprozeß stattfinden: bei Produkten und Fertigungsprozessen ebenso wie im
Marketing oder im Vertrieb, im Finanzbereich wie im Management oder in der Kultur eines Unternehmens.

Innovationen entstehen nicht im luftleeren Raum. Es
sind die Rahmenbedingungen, die entscheidend zum Erfolg
oder Mißerfolg beitragen. Dazu gehören neben dem Stand
von Technik und Wissenschaft und dem wirtschaftlichen
Klima auch das gesellschaftliche, politische und kulturelle
Umfeld. Fortschritt und ein beschleunigter Wandel erfordern eine ständige Neuorientierung und die Entwicklung

neuer Methoden und Strategien, um den veränderten Umständen zu begegnen: die Fähigkeit zur Innovation.

Entsprechend breit gefächert sind die Erfolgsfaktoren. Die Unterstützung und Förderung durch das Management sind ebenso unabdingbar wie möglichst ganzheitliche Visionen, die für die zukünftige Entwicklung eine Orientierung geben können. Interdisziplinäre Forschungs- und Entwicklungsteams, die möglichst frühzeitig alle am Innovationsprozeß Beteiligten einbeziehen, sollten ebenso selbstverständlich sein wie die strikte Orientierung an den Wünschen der Kunden. Bei *evolutionären* Innovationen, die auf Bekanntem aufbauen und schrittweise Verbesserungen bewirken, sind vor allem eine gute Planung und ein effektives Projektmanagement entscheidend. *Revolutionäre* Innovationen dagegen sind nur schlecht planbar. Sie erfordern starke, engagierte Persönlichkeiten – «Innovations-Champions» – mit Intuition, Risikobereitschaft und Durchhaltevermögen. Dafür bieten sie aber auch grundsätzlich neue Möglichkeiten zur Erfüllung der vorhandenen oder latenten Bedürfnisse der Kunden.

Konrad Seitz

DIE INFORMATIONS-
GESELLSCHAFT ENTSTEHT
NICHT AUS DEM MARKT ALLEIN

«Innovationsschwäche»? Ja, aber welche?

Nenne einen Markt, der mit 20 % und mehr pro Jahr wächst, und es ist fast sicher: deutsche Unternehmen sind in diesem Markt nicht oder kaum zu finden.

Der PC-Markt ist ein solcher Markt. Doch so gut wie alles für diesen Markt wird von amerikanischen, japanischen, taiwanesischen, koreanischen und anderen asiatischen Unternehmen entwickelt und produziert: Mikroprozessoren, Betriebssysteme und Anwenderprogramme, Festspeicher, CD-ROM-Laufwerke, Monitore, Drucker usw. Das gleiche Bild auf dem Markt der PC-Vernetzung. Software wie Hardware für das Internet und die Intranets kommen aus Amerika: Router, Browser, Modems – wir haben für all dies nicht einmal deutsche Namen.

Viele der neuen Arbeitsplätze entstehen in der Produktion der *Inhalte* für die heraufziehende Multimedia-Welt. Doch die deutschen Kinder wachsen mit japanischen Videospielen auf, die CD-ROM-Führer für europäische Museen produziert Bill Gates, die Kino- und Fernsehfilme kommen aus Hollywood.

Nicht anders ist die Lage in der zweiten der neuen Groß-industrien des 21. Jahrhunderts: der Biotechnik. Die Deutschen brauchten 20 Jahre, um ein rationales Verhältnis zur Gentechnik zu finden. Jetzt steht die biotechnische Industrie in den USA, und wir importieren.

Die Welt lebt im *take-off* einer ungeheuren technologischen Revolution, die völlig neue Großindustrien entstehen läßt und die Arbeits- und Freizeitwelt jedes einzelnen Menschen nicht weniger umfassend verändern wird, als dies in den letzten 200 Jahren die industrielle Revolution getan hat. In den USA bestimmen die neuen Hochtechnologieindustrien und -dienstleistungen schon heute das volkswirtschaftliche Wachstum, allein die *hardware*-Produktion der informationstechnischen Industrie ist größer als die Produktion der Autoindustrie.[1] Die deutsche Volkswirtschaft dagegen wird weiterhin von den klassischen Industrien getragen. Wir stellen die besten Autos der Welt her, wir produzieren die besten Maschinen und Anlagen und sind hier Meister in der Kombination von Mechanik und zugekaufter Elektronik, wir haben die größten Chemiekonzerne, aber wir schaffen nicht den Strukturwandel vom Maschinenbau zur Computer- und «Infotainment»-Industrie und von der Chemie zur Biotechnik.

Deutschlands und Europas Rückstand in den neuen Industrien werden «angsterregend», wie das amerikanische Wirtschaftsmagazin *Fortune* jüngst urteilte.[2] Und doch, in der Standortdebatte kommt dieses Thema nur am Rande vor. In

[1] Siehe die Titelgeschichte in BUSINESS WEEK, March 31, 1997: «The New Business Cycle».

Die unterschiedlichen Wachstumsaussichten der neuen Industrien gegenüber den klassischen Industrien drücken sich in drastischen Bewertungsunterschieden an der amerikanischen Börse aus. *General Motors* mit einem Umsatz von 164 Mrd. Dollar wurde Mitte März mit 43 Mrd. Dollar bewertet: einem Viertel des Umsatzes, *Microsoft* dagegen mit 120 Mrd. Dollar: dem 14fachen Umsatz von 8,7 Mrd. Dollar. *Ford*, der zweitgrößte Autohersteller der Welt (147 Mrd. Dollar Umsatz), war mit 38 Mrd. Dollar kaum teurer als *Cisco*, das führende Silicon-Valley-Unternehmen in der Computervernetzung. *Ciscos* Umsatz wuchs zwischen 1987 und 1996 von 1,5 auf 4,100 Millionen Dollar, und so ist das Unternehmen den Aktienkäufern 34 Mrd. Dollar wert.

[2] «Europe's technology gap is getting scary», FORTUNE, March 17, 1997, S. 20.

ihr geht es seit Jahren immer nur um eines: die zu hohen Arbeitskosten und die zu hohen Kosten des Wohlfahrtsstaats.

Wenn deutsche Ökonomen sich überhaupt auf das Thema einlassen, dann unter dem generellen Stichwort «Innovationsschwäche»; diese war dem Sachverständigenrat immerhin wichtig genug, ihm 2 (!) der 400 Seiten des Jahresgutachtens 1995/96 zu widmen. Jedoch, die deutsche Wirtschaft ist in den Industrien, in denen sie tätig ist, hochinnoativ, wenig Innovationen bringt sie nur dort hervor – wen wundert es –, wo sie wenig präsent ist: in den neuen Industrien. 1994 standen den 3000 Patentanmeldungen für alle Arten von Schlössern 200 Patentanmeldungen in der Mikroelektronik gegenüber.

Der Begriff der «Innovationsschwäche» vernebelt diesen entscheidenden Unterschied. Aber er hat für unsere Ökonomen den Vorteil, daß sie das Problem in die Denkbahnen und Rezepte der Standortdebatte zurückführen können. Man müsse nur dem Markt seine Funktionsfähigkeit zurückgeben, dann werden sich «Innovationsschwäche» wie Arbeitslosigkeit ganz von alleine lösen. Eine Reduzierung der Bruttolöhne um 20 Prozent genüge, so schätzt der bekannte Kieler Ökonom und heutige Chefvolkswirt der Deutschen Bank, Norbert Walter, um wieder Vollbeschäftigung zu erreichen.[3]

Doch *wo* können neue Arbeitsplätze entstehen? 1991–95 baute die Autoindustrie 300 000 Arbeitsplätze ab, die Zahl der produzierten Fahrzeuge dagegen blieb gleich. Und so wie in der Autoindustrie ist es in allen verarbeitenden Industrien: Die Produktion am Standort Deutschland stagniert, die Arbeitsproduktivität steigt. Nun beginnt die gleiche Entwicklung in den meisten der traditionellen Dienstleistungen:

[3] Die Tageszeitung, 10. 6. 1996. Zitiert nach Hans-Peter Martin und Harald Schumann, «Die Globalisierungsfalle», Rowohlt Verlag, Reinbek 1996, S. 214.

Banken, Versicherungen, Einzelhandel. Auch der Staat, in den 70er und 80er Jahren der größte Schöpfer neuer Arbeitsplätze, baut jetzt Personal ab.

Neue Arbeitsplätze können nur in zwei Bereichen entstehen: in den neuen Wachstumsindustrien und bei den persönlichen Dienstleistungen: Hotel- und Gaststättengewerbe, Tourismus, Kranken- und Altenpflege, Haushaltshilfe. Die potentiellen Arbeitsplätze in dem zweiten Bereich lassen sich jedoch nur verwirklichen innerhalb einer reichen Hochtechnologiewirtschaft, die sich diese persönlichen Dienstleistungen leisten und zum Teil durch staatliche Subventionen auf ein Lohnniveau heben kann, das sie für Deutsche attraktiv macht.

Die Überwindung der Wirtschaftskrise hängt damit entscheidend davon ab, daß es gelingt, die deutsche Wirtschaft auf breiter Front in die neuen Hochtechnologien und Informationsdienstleistungen hineinzuschieben. Niedrigere Lohn- und Sozialkosten, flexible Arbeitszeiten sind dafür eine notwendige Bedingung, aber sie reichen nicht aus. Die Informationsgesellschaft entsteht nicht allein aus dem Markt heraus, schon gar nicht an einem Standort wie Deutschland, der in den Kernbereichen der Informationstechnik und in anderen Hochtechnologien weit zurückliegt und sich mit der Übermacht amerikanischer und japanischer Weltunternehmen konfrontiert sieht. So primär die Rolle der Unternehmer ist, sie brauchen für den notwendigen massiven Vorstoß in die neuen Industrien ein umfassendes Zusammenwirken mit dem Staat.

Was kann der Staat tun?

Wirtschaft, Politik, Wissenschaft, gesellschaftliche Kräfte und nicht zuletzt Medien und Kulturschaffende haben gemeinsam verschuldet, daß Deutschland im Industriezeitalter steckenblieb.[4] Nur gemeinsam können sie jetzt Deutschland aus diesem Rückstand heraus- und in die Zukunft der Informationsgesellschaft hineinführen. Erfinder und Unternehmer können nicht isoliert in das 21. Jahrhundert vorstoßen, während die übrige Nation im 20. Jahrhundert bleiben will. Bei der *Innovation*, die jetzt gefordert ist, geht es nicht nur um neue Produkte, sondern um die Neuschöpfung von Wirtschaft, Politik, Kultur.

Geistige Führung

Erste und grundlegende Aufgabe der Politik ist damit, in die Gesellschaft Zukunftsorientierung hineinzutragen.

Genau dies tut die laufende Standortdebatte nicht. Sie fordert von den Menschen Opfer und Bereitschaft zur Veränderung, doch sie gibt keine Vision, die die Menschen motivieren könnte, Opfer und Veränderung auf sich zu nehmen. Im Gegenteil, der ständige Vergleich der deutschen Löhne mit den Löhnen nicht etwa der anderen hochentwickelten Volkswirtschaften, sondern mit den Löhnen in Osteuropa oder gar in China kann beim Bürger nur die Angst vor einem nicht endenden Abstieg auslösen. Er sieht sich in einer Tretmühle, in der er trotz allen Strampelns immer tiefer sinkt, bis er mit den aufsteigenden Chinesen auf gleicher Stufe zusammentrifft. Schon sind die Apokalyptiker der 90er Jahre dabei, die Globalisierung zum neuen Schreckensszenario aufzubauen – ganz so, als seien an der deutschen Arbeitslosigkeit die Arbeiter der Dritten Welt schuld und nicht die Revolutionierung der Produktions- und Organisationsmethoden durch die Informationstechnik, verbunden mit unserer Rückständigkeit in den Wachstumsindustrien.

---

[4] Zur geistigen Situation in den entscheidenden 70er und 80er Jahren vgl. mein Buch «Die japanisch-amerikanische Herausforderung», 6. Auflage 1994, Verlag Aktuell, München 1990; S. 373–381.

In dieser Situation wird die so oft beschworene «geistige Führung» zukunftsentscheidend. Sie muß dem Bürger helfen, den Wandel zu begreifen, und ihm das optimistische Grundgefühl geben, daß dieser Wandel, bei allen Übergangsschwierigkeiten, die Chance eröffnet, das menschliche Leben materiell wie kulturell auf eine höhere Entwicklungsstufe zu heben. Sie muß ihm zugleich das Vertrauen geben, daß die Regierung dem Wandel nicht ohnmächtig zusieht, sondern ihn so steuert, daß die Leiden des Übergangs, anders als in der ersten industriellen Revolution, für die Betroffenen in erträglichen Grenzen gehalten werden. Die Folgen, wenn diese geistige Führung ausbleibt oder mißlingt, stehen vor Augen: Die Menschen werden rebellieren, sie werden den Strukturwandel verweigern und die Schließung der Märkte erzwingen, Deutschland und Europa sinken ab zur «Dritten Welt» des 21. Jahrhunderts.

Im Rahmen einer breiten öffentlichen Debatte über die Zukunft kann die Regierung darangehen, die konkreten Politiken zu entwickeln, die den Strukturwandel in die Informations- und Hochtechnologiegesellschaft vorantreiben und ihn zugleich sozial abfedern. Gefordert ist eine umfassende Politik, die sämtliche Einzelpolitiken zu einem Ganzen zusammenführt: Bildungspolitik, Wirtschafts- und Technologiepolitik, Sozialpolitik, Umweltpolitik, Innen- und Rechtspolitik, Europapolitik, Außen- und Außenwirtschaftspolitik.

In diesem kurzen Beitrag kann ich nur stichwortartig auf drei Themen eingehen: Bildungspolitik, Industriepolitik, Gründung eines Technologierats.

Eliteuniversitäten

Eine der wichtigsten Aufgaben des Staates ist, Schulen und Hochschulen so auszurichten, daß sie der Jugend jene Haltungen und Fähigkeiten vermitteln, die diese für Arbeit und Freizeitgestaltung in der Informationsgesellschaft braucht.

Am dringendsten reformbedürftig ist unser Universitäts-system. Es sind heute rund 20 Eliteuniversitäten in Amerika, die die technologische Revolution vorantreiben und prägen-den Einfluß auf das ausüben, was in der ganzen Welt gedacht wird. In ihren Umkreis siedeln die neuen Technologieunter-nehmen des Silicon Valley, der Boston Route 128 usw. Von deutschen Universitäten spricht dagegen heute niemand mehr. Warum ist das so?

Sicherlich wirkt immer noch der furchtbare Aderlaß im Dritten Reich nach. Aber die eigentliche Erklärung ist eine andere. Wir haben seit den sechziger Jahren die Universitäts-ausbildung nach amerikanischem Vorbild gewaltig ausge-dehnt. Was wir aber nicht übernommen haben, ist die Art und Weise, wie man eine solche Expansion der Studenten- und Professorenzahlen bewältigt. Amerika hat ein abgestuf-tes Universitätssystem, das den unterschiedlichen Begabun-gen und Interessen gerecht zu werden sucht. Wir dagegen haben das bestehende Hochschulsystem einfach nur ausge-dehnt. Alle Universitäten sind gleichrangig und erheben, und sei es in noch so verwässerter Form, Anspruch auf das Humboldtsche Ideal der Einheit von Forschung und Lehre – einen Anspruch, der nur an Universitäten mit kleinen Stu-dentenzahlen und mit Studenten, die die Begabung für For-schung mitbringen, zu verwirklichen ist: kurz, an Eliteuni-versitäten, nicht an Massenuniversitäten. Das Resultat ist ein ineffizientes Universitätssystem, das weder eine gute Breitenausbildung noch eine Spitzenausbildung leistet. Die Hochbegabten werden unterfordert und vertrödeln, zumin-dest in den Anfangssemestern, viel Zeit. Die Schwächeren sind überfordert; es kommt zu überlangen Studienzeiten, bis zu 50 Prozent der Studenten erreichen keinen Abschluß.

Der Ausweg aus diesem Zustand ist bekannt: Es gilt, einen Leistungswettbewerb zwischen den Universitäten einzufüh-ren. Auch wir brauchen wieder Eliteuniversitäten. Voraus-setzung dafür ist das Recht der Universitäten, ihre Studenten selbst auszuwählen. Die Präsidenten von fünf unserer großen Wissenschaftsorganisationen haben unlängst die Bundesländer aufgefordert, die Chancen des föderalen Systems zu nutzen und in einen Wettbewerb um die besten Schulen und Hochschulen einzutreten. Falls das Hochschulrahmengesetz des Bundes dem entgegensteht, so sollte es ersatzlos abgeschafft werden.[5]

Einen wesentlichen Beitrag zu einem Universitätssystem für das 21. Jahrhundert können *private* Hochschulen leisten. Der Anstoß zu ihrer Finanzierung könnte wie in den USA durch Stiftungen erfolgen. Die Politik müßte endlich die stiftungsrechtlichen Voraussetzungen schaffen.

Industriepolitik

Schon in der ersten industriellen Revolution, die von England ausging, spielt der Staat – entgegen dem Mythos vom Manchesterliberalismus – eine umfassende Rolle.[6] Und noch sehr viel weniger entstand die heutige zweite Revolution allein durch die unsichtbare Hand des Marktes:

Wie in *Japan* Elitebürokratie und Industrie in symbiotischer Zusammenarbeit die Wirtschaft in die neuen Hochtechnologien hineinschoben ist oft geschildert. Die aufsteigenden neuen Hochtechnologiemächte Asiens, *Korea, Taiwan, Singapur, China*, folgen dem japanischen Modell und definieren in ihren Entwicklungsplänen hochtechnologische Schwerpunktbereiche, auf die sie die wissenschaftlichen und finanziellen Ressourcen konzentrieren.

---

[5] Wolfgang Frühwald, Wolf Lepenies, Reimar Lüst, Hubert Markl, Dieter Simon: «Ein Manifest gegen den Niedergang in der Forschung», abgedruckt in «Die Zeit», 24. 01. 1997, S. 33.

[6] Darauf hatte schon Friedrich List hingewiesen. Die britische Industriepolitik dieser Zeit ist jetzt ausführlich geschildert in: Joel Mokyr (Herausgeber): «The British Industrial Revolution. An Economic Perspective», Westview Press, Boulder, 1993.

Doch auch in *Amerika* ist der Staat aus dem Entstehen der informationstechnischen Industrie nicht wegzudenken. Neben der offiziellen Laissez-faire-Politik gab es eine militärische Industriepolitik, die in Zielen und finanziellen Aufwendungen eher noch über diejenige des japanischen Finanzministeriums und des MITI hinausging. Der erste amerikanische Computer war ein Kind des Krieges. Aber noch bis in die späten 50er Jahre hinein bezahlte die Regierung so gut wie die gesamten Forschungs- und Entwicklungsausgaben der Computerindustrie. Sie war zugleich ihr Hauptkunde; die Hälfte der Verkäufe von IBM gingen an den Staat.[7] Nach dem Sputnik-Schock von 1957 übernahm das Apollo-Projekt die Führung, und noch bevor 1969 die ersten Amerikaner auf dem Mond landeten, hatten die amerikanischen Halbleiter- und Computerhersteller die Kontrolle über die Weltmärkte erobert.

In den 80er Jahren beantwortete *Reagan* die japanische Herausforderung mit einer aggressiven Handelspolitik und bahnte der amerikanischen Hochtechnologieindustrie den Weg in den strukturell geschlossenen Markt mit der «Machete» bilateraler Marktöffnungsabkommen: Halbleiter, Supercomputer, Telekommunikationsausrüstungen, Satelliten. Zugleich ging das Pentagon dazu über, mit der Begründung des «dual use» zivile Hochtechnologien zu fördern; mit dem *Sematech*-Projekt eroberten die Amerikaner die Führung in der Halbleiterfertigungstechnik von den Japanern zurück. Die *Clinton*-Administration schließlich machte den letzten Schritt zu einer offen deklarierten zivilen Industriepolitik.

Einzig die deutschen Ökonomen und die von ihnen beherrschte deutsche Wirtschaftspolitik hielten über all die Jahre in dogmatischer Unbeirrbarkeit an ihrer kategorischen Ablehnung jeglicher Industriepolitik für die neuen Techno-

[7] Siehe Charles Ferguson, Charles Morris: «Computer Wars», Random House, New York 1933, S. 236.

logien fest. Man müsse nur, so noch heute ihr Rezept, die Arbeitsmärkte entfesseln und die staatliche Überregulierung abbauen, dann würde sich die Wirtschaft ganz von allein in die neuen Wachstumsmärkte hineinentwickeln.

Nur leider, die Erfahrung stimmt so gar nicht mit dieser Theorie überein. Seit über einem Vierteljahrhundert treibt der Markt die deutsche Wirtschaft keineswegs in die neuen Industrien hinein, sondern treibt sie heraus oder hält sie von vornherein draußen. Es ist an der Zeit, daß wir endlich ohne Scheuklappen über Industriepolitik nachdenken.[8]

Lange Zeit hat Asien von Europa gelernt, jetzt müssen wir von Asien lernen. Von Japan und der heute von Japan beeinflußten Technologiepolitik Amerikas zu lernen, dürfte uns Deutschen leichterfallen als die unternehmerische Risikokultur des Silicon Valley bei uns heimisch zu machen. Wir haben in der Zeit des Aufstiegs des Deutschen Reichs, als wir an der Wende zum 19. Jahrhundert Großbritannien aus der industriellen Führerschaft in der Welt verdrängten, eine durchaus vergleichbare Zusammenarbeit von Wirtschaft, Staat und Wissenschaft gehabt wie diejenige, die Japan hochbrachte. Die Silicon-Valley-Kultur dagegen ist den Deutschen eher fremd. Dennoch muß auch bei uns alles geschehen, um Neugründungen von Unternehmen in den Hochtechnologien und Informationsdienstleistungen einen günstigen Boden zu schaffen. Vielleicht werden unsere jungen Leute uns angenehm überraschen.

Eine nationale deutsche Industriepolitik muß – dies bedarf kaum der Erwähnung – in den Kontext der Europäischen

---

[8] Ich habe mich theoretisch mit den Argumenten der Schulökonomie gegen eine Industriepolitik auseinandergesetzt in meinem in Italien erschienenen Buch: «Europa: una colonia technologica?», Mondadori, Edizioni die Comunità, Mailand 1995; siehe dort das Kapitel XIX: «Una politica economica nuova per un'epoca nuova». Vgl. auch meinen Beitrag in: Peter Glotz, Rita Süßmuth, Konrad Seitz, «Die planlosen Eliten – Versäumen die Deutschen die Zukunft?», Bruckmann Verlag, München 1992.

Union eingebettet sein. Sie ist umgekehrt die Voraussetzung dafür, daß Deutschland in die EU seine Interessen wirksam einbringen kann und zusammen mit Frankreich jene aktive und konzeptionell führende Rolle übernimmt, die Voraussetzung ist für eine erfolgreiche europäische Hochtechnologiestrategie.

Technologierat

Für die Aufgabe einer alle Einzelbereiche zusammenführenden Industrie- und Strukturpolitik ist die Bundesregierung nicht adäquat gerüstet. In den USA stehen Administration und Kongreß eine Fülle hochqualifizierter Beratungsgremien zur Seite – vom *Office of Technology Assessment* bis hin zu den verschiedenen *Competitiveness Councils*. Japan hat um das MITI herum ein System von Beratungsgremien und Auslandsinformationsbüros aufgebaut, mit deren Hilfe es alle Informationen über Technologie-Entwicklungen in der Welt systematisch sammelt und auswertet. Auf der Basis dieser Informationen werden dann, in Zusammenarbeit zwischen Regierung und Industrie, Zukunftstechnologien identifiziert, industrielle Ziele formuliert, Förderprogramme konzipiert und «Visionen» erarbeitet. Die Bundesregierung kann demgegenüber auf keine vergleichbaren Beratungsgremien zurückgreifen. Das einzige ressortübergreifende Gremium ist der Sachverständigenrat zur Begutachtung der gesamtwirtschaftlichen Entwicklung, der sich mit den traditionellen ökonomischen Fragen beschäftigt. Ihm müßte endlich ein Sachverständigenrat für die neuen Technologien und den durch sie ausgelösten Strukturwandel an die Seite gestellt werden, wie dies bereits 1993 die baden-württembergische Zukunftskommission Wirtschaft 2000 vorgeschlagen hat.[9]

[9] Siehe ihren Bericht: «Aufbruch aus der Krise», herausgegeben vom Staatsministerium Baden-Württemberg, Stuttgart, August 1993.

In den letzten Jahren sind die deutschen *Unternehmen* in einen tiefgreifenden Erneuerungsprozeß eingetreten, und auch die *Politik* hat begonnen, die Herausforderung der Erneuerung von Staat, Wirtschaft und Gesellschaft anzunehmen. Dennoch, die Mittel, die Bundesminister Rüttgers für die Technologieförderung zur Verfügung hat, sind geringer als die Subventionen allein für den Kohlebergbau. Der Etat seines Ministeriums wird jetzt genauso gekürzt wie alle anderen Etats. Der Versuch dagegen, die Kohlesubventionen zu kürzen, scheiterte unter dem Druck der Straße. Auch in den nächsten Jahren wird der Staat jeden Arbeitsplatz im Kohlebergbau mit 120000 DM subventionieren. Wir erhalten zukunftslose Arbeitsplätze – auf Kosten der Schaffung neuer Arbeitsplätze!

Noch sind wir Deutsche weit entfernt, den Ernst unserer Lage zu verstehen und die Opfer und die massiven Anstrengungen aufzubringen, ohne die es nicht möglich sein wird, zu den technologisch führenden Nationen der Welt aufzuschließen und Marginalisierung und Verarmung von Deutschland und Europa abzuwenden.

Roger Douglas

REFORMPOLITIK –
DIE KUNST DES MÖGLICHEN [1]

Auf der ganzen Welt neigen Politiker dazu, Reformen so lange aufzuschieben, bis sie aufgrund irgendeiner kostspieligen wirtschaftlichen oder sozialen Katastrophe unvermeidlich geworden sind. Sie verschließen die Augen vor der offensichtlichen Notwendigkeit zur Veränderung, weil sie glauben, daß entschlossenes Handeln sie selbst und die Regierung automatisch in politische Schwierigkeiten bringen könnte. Während das Land immer deutlicher auf eine Krise zusteuert und sich die Probleme schon längst nicht mehr leugnen lassen, bestärken sie sich selbst in dem Glauben, daß sämtliche Maßnahmen, die sie unmittelbar vor einer Wahl ergreifen, lediglich ihren politischen Gegnern nützen. Diesen Standpunkt rechtfertigen sie mit der Unterstellung, daß die Gegner verschlagen und nur auf ihren eigenen Vorteil bedacht seien, nicht aber auf das Wohl des eigenen Landes. Aber selbst wenn sich die wirtschaftliche Situation schließlich so zugespitzt hat, daß sich die Öffentlichkeit ernsthafte Sorgen zu machen beginnt, ziehen es politische Parteien häufig vor, das Thema weiterhin beiseite zu schieben, indem sie den Wählern Wahlgeschenke machen, die von den wahren Problemen ablenken sollen, oder indem sie anderen Mitgliedern der Gesellschaft irgendein Fehlverhalten vorwerfen und Gerüchte über sie in die Welt setzen, die jeglicher Grundlage entbehren.

---

[1] Dieser Aufsatz geht auf einen 1989 in der Mont Pelerin Society in Christchurch gehaltenen Vortrag zurück.

Nichts davon ist wirklich notwendig. Ganz im Gegenteil meine ich, daß es im politischen Leben darum geht, *Qualitätsentscheidungen* zu treffen. Politik, die auf ständigen Ausgleich bedacht ist, schürt lediglich die Unzufriedenheit der Wähler. Es kommt politischem Selbstmord gleich, wenn man nicht aktiv ins Geschehen eingreift. Politiker können sehr wohl politisch erfolgreich sein und gleichzeitig strukturelle Reformen zum Wohle ihrer Nation durchführen. Aber sie sollten nicht darauf warten, bis eine wirtschaftliche oder soziale Katastrophe sie dazu zwingt. Die Entwicklung Neuseelands seit 1984 spricht diesbezüglich eine klare Sprache. Dort, wo wirkliche Qualitätspolitik betrieben wurde – in der Steuerpolitik, bei der Reform des Finanz- und des Arbeitsmarktes sowie bei Unternehmen in Staatsbesitz –, belegen Umfragen regelmäßig die Zustimmung der Wähler. Doch wo immer es die Regierung versäumte, eine Politik mit einem derart rigoros hohen Standard durchzuführen – bei der Reform der Bildungs-, Gesundheits- und Wohlfahrtspolitik –, stieg die Unzufriedenheit der Öffentlichkeit, was die Umfragen ebenfalls belegen.

Qualitätsentscheidungen sind der Schlüssel zur Reform der Infrastruktur eines Landes und zum politischen Erfolg der Regierung. Jene neuseeländischen Politiker, die über *Adhoc*-Lösungen zum Erfolg gelangen wollten und damit den wahren Problemen aus dem Weg gegangen sind, haben der Nation geschadet und sich selbst damit im Lauf der Jahre in Mißkredit gebracht. Letzten Endes legen Wähler größeren Wert auf die Verbesserung ihrer mittelfristigen Aussichten als auf Maßnahmen, die kurzfristig vielversprechend wirken mögen, aber durch den Verlust größerer und dauerhafterer Vorteile erkauft werden. Jeder Politiker sieht sich vor diese grundlegende Entscheidung gestellt: Er kann entweder die anfangs anfallenden Kosten und die zeitweilige Unzufriedenheit der Bevölkerung in Kauf nehmen, weil sich seine Maßnahmen erst einige Jahre später auszahlen werden, oder er kann sein Hauptaugenmerk darauf lenken, die Wähler möglichst rasch zufriedenzustellen, und wird dafür dann irgendwann von den in der Zwischenzeit aufgelaufenen Kosten zum Handeln gezwungen.

Diese Überlegungen sind der Öffentlichkeit nicht fremd. Solange sie studieren, akzeptieren Menschen niedrigere Einkommen, damit sie später mehr verdienen können. Sie sparen für ihr Alter und investieren gerne in eine bessere Zukunft für ihre Kinder. Wenn alle Fakten und Informationen zur Verfügung stehen, zeigt sich immer wieder, daß der Durchschnittsbürger über einen gesunden Menschenverstand verfügt und realitätsbezogen handelt. Von den Politikern erwartet er, daß sie mutig sind und eine Vision haben. Aber das Problem vieler heutiger Politiker ist, daß sie schnelle Popularität für den Schlüssel zum Erfolg halten.

Eine auf Kompromisse ausgerichtete Politik ist nun deswegen problematisch, weil sie zu falschen Resultaten führt und die verantwortlichen Politiker zwangsläufig eines Tages mit den negativen Folgen ihres Handeln konfrontiert werden. Während die Kosten ständig steigen, suchen die beteiligten Regierungen ihr Heil darin, relevante Informationen über die zukünftige wirtschaftliche Entwicklung schönzureden oder zu unterdrücken, um so das Urteil der Wähler in ihrem Sinne zu beeinflussen. Zu häufig hat dies in der Vergangenheit dazu geführt, daß die Öffentlichkeit und die Regierung selbst schließlich ernsthaft an diesen selbstfabrizierten Unsinn geglaubt haben. Niemand kann dieser Entwicklung entgehen: Wenn eine große Krise die unterdrückten Informationen schließlich ans Licht bringt, fallen die verantwortlichen Politiker der Vergessenheit anheim.

Die politische Lektion: Wenn eine Lösung mittelfristig Erfolg verspricht, sollte man sie ohne Zögern in die Tat umsetzen. Nur das garantiert ein Ergebnis, das die Öffentlichkeit auch wirklich zufriedenstellt.

Entscheidungen, die auf dieser Grundlage getroffen werden, behandeln Probleme nicht unabhängig voneinander.

Vielmehr berücksichtigen sie die Art und Weise, wie soziale und wirtschaftliche Fragen miteinander verbunden sind und machen sich diese Verbindung zunutze, so daß jede Maßnahme, die auf politischen Entscheidungen beruht, die Funktionsweise des gesamten Systems verbessert. Neuseelands Erfahrungen seit 1984 gewähren einen wichtigen Einblick in das Wesen des politischen Konsenses, der hierzulande, wie überall in der Welt, meist mißverstanden wird. Die herkömmliche Sichtweise ist die, daß die auf einem Konsens beruhende Unterstützung für eine Reform von Anfang an vorhanden sein muß, weil sich die getroffenen Maßnahmen sonst bei den nächsten Wahlen negativ auswirken werden. Daher besteht die Neigung, bereits im voraus mit allen beteiligten Parteien zu einem Konsens zu gelangen, was die Qualität der Entscheidungen verwässert. Wenn jedoch die Regierung bei ihren Entscheidungen ständig auf Konsens bedacht ist, um daraus auf Kosten der mittelfristigen Perspektive einen kurzfristigen Vorteil zu ziehen, wird die Öffentlichkeit mit der Zeit immer unzufriedener. Das Problem besteht darin, daß die Interessen der vielen unterschiedlichen Gruppen, aus denen sich die Gesellschaft zusammensetzt, sehr komplex und widersprüchlich sind. Keine dieser Gruppen freut sich über die Vorstellung, ihrer traditionellen Privilegien beraubt zu werden. Doch wenn man versucht, diese Interessengruppen unter einen Hut zu bringen und ihre Zustimmung für ein bestimmtes Programm zu gewinnen, werden sie statt dessen versuchen, auf Kosten der Steuerzahler und Verbraucher ihre jeweiligen Sonderinteressen durchzusetzen.

Die politische Lektion: Konsens über Qualitätsentscheidungen entsteht zwischen Interessengruppen selten (wenn überhaupt), bevor Entscheidungen getroffen worden sind, sondern erst dann, wenn diese Entscheidungen in die Tat umgesetzt werden und aus der Sicht der Öffentlichkeit zu positiven Resultaten führen.

Regierungen müssen den Mut haben, eine vernünftige Politik in die Tat umzusetzen, die damit anfangs verbundenen schmerzhaften Einschnitte in Kauf zu nehmen und sich dann auf der Grundlage der später eintretenden positiven Resultate beurteilen zu lassen. Eine politisch erfolgreiche Strukturreform beruht auf zehn Grundprinzipien, die im folgenden vorgestellt werden.

1. Prinzip:
Für kompetente Politik benötigt man kompetente Menschen

Politik fängt mit den Menschen an. Sie ergibt sich aus der Qualität ihrer Beobachtung, ihres Wissens, ihrer analytischen Fähigkeiten, ihres Vorstellungsvermögens und ihrer Fähigkeit, querzudenken und so die ganze Bandbeite möglicher Optionen in Erwägung ziehen zu können. Entscheidend ist, daß Menschen, die sich an eine neue Umgebung nicht anpassen können oder wollen, durch andere ersetzt werden. Durch eine Änderung der Anreize und der Struktur insgesamt läßt sich die Leistung vieler dynamischer und fähiger Menschen, die unter dem alten System nicht in der Lage waren, die gewünschten Ergebnisse zu erzielen, deutlich steigern.

Die politische Lektion: Das Problem wenig qualifizierter Kandidaten läßt sich nur dann lösen, wenn sich genügend couragierte und gebildete Menschen mit einer Vision finden, die willens sind, auf politischem Gebiet etwas für ihr Land zu tun.

Das geringere Ansehen der Politiker in der Gesellschaft rührt daher, daß viele von ihnen sehr kurzfristig denken und übertrieben parteipolitisch eingestellt sind. Außerdem beschränken sich viele höchst kompetente Menschen darauf, die Dinge von außen zu kritisieren. Solange sich das nicht

ändert, werden wir in demokratischen Ländern noch lange
auf gute Regierungen warten müssen. Die Lage wird sich
erst dann zum Besseren wenden, wenn sich genügend Menschen aktiv in die Politik einmischen.

2. Prinzip:
Reformen müssen in Quantensprüngen
und bündelweise durchgeführt werden

Die politische Lektion: Versuchen Sie nicht, Schritt für
Schritt vorzugehen. Legen Sie Ihre Ziele eindeutig fest und
tun Sie dann alles, um diese Ziele zu erreichen. Andernfalls
haben die verschiedenen Interessengruppen Zeit, die eigenen
Kräfte zu mobilisieren und Ihre Bemühungen zunichte zu
machen.

Daß ein Angriff auf bestehende Privilegien mit politischen
Problemen verbunden ist, ist kein Geheimnis. Die Vorteile,
die die von der Protektion Begünstigten genießen, sind von
beträchtlicher Bedeutung. Diese begünstigten gesellschaftlichen Gruppen sind in der Regel sehr gut organisiert und
durchaus imstande, eine schlagkräftige Opposition gegen
Reformen zu mobilisieren.

Die politische Lektion: Es wird so getan, als seien echte
Strukturreformen politischer Selbstmord. Das gilt immer
dann, wenn Privilegien schrittweise, einem Stufenplan fol-
gend, abgebaut werden. Paradoxerweise gilt es aber nicht
mehr, wenn die Privilegien mehrerer Gruppen auf einmal
beseitigt werden.

In diesem Fall verlieren einzelne Gruppen zwar ihre eigenen Privilegien, müssen aber zugleich auch nicht mehr die
Kosten für die Privilegien anderer mittragen. Außerdem ist
es wesentlich schwieriger, sich über den der eigenen Gruppe
zugefügten Schaden zu beklagen, wenn alle anderen mindestens genausosehr leiden und man selbst von ihrem Verlust

profitiert. Wie hoch auch immer der eigene Verlust sein mag, jede Gruppe hat insgeheim ein Interesse an dem Erfolg der Reformen, die allen anderen Gruppen auferlegt werden.

Die bündelweise Durchführung von Reformen ist aber mehr als ein netter Trick. Die Wirtschaft funktioniert als ein organisches Ganzes und ist nicht einfach nur ein unzusammenhängendes Konglomerat von diesem und jenem. Strukturreformen zielen darauf ab, die Interaktionen innerhalb des Ganzen zu verbessern. Wenn Reformen zu großen Bündeln zusammengefaßt werden, läßt sich durch die Verkopplungen sicherstellen, daß jede Handlung den Effekt jeder anderen Handlung erhöht. Außerdem lassen sich Reformen im Paket besser verkaufen.

Die politische Lektion: Ob man Akzeptanz der Öffentlichkeit gewinnt, hängt davon ab, ob man zu zeigen vermag, daß man den Lebensstandard der Gesellschaft insgesamt erhöht und zugleich ihre schwächsten Mitglieder schützt.

Mittels großer Reformpakete läßt sich auch leichter demonstrieren, daß die Verluste, die eine bestimmte gesellschaftliche Gruppe hinnehmen muß, durch entsprechende Zugewinne derselben Gruppe in anderen Bereichen ausgeglichen werden. Die Öffentlichkeit nimmt schmerzhafte Einschnitte kurzfristig in Kauf, wenn man ihr deutlich macht, was damit gewonnen wird, und wenn Kosten und Nutzen gerecht auf die Gesellschaft insgesamt verteilt werden. Meines Erachtens liegt die Antwort für Neuseeland und andere Länder, in denen der Widerstand gegen Reformen in den letzten Jahren zu Problemen geführt hat, im Prinzip des Quantensprungs und der Reformpakete.

3. Prinzip:
Schnelligkeit ist das A und O.
Man kann gar nicht schnell genug sein

Auch bei größtmöglichem Tempo wird es einige Jahre dauern, bis das gesamte Reformpaket in die Tat umgesetzt sein wird. Bei der Umsetzung der Reform entstehen vom ersten Tag an kurzfristige Kosten. Wenn Reformen viele Jahre lang hinausgezögert wurden, sind diese Kosten nicht unerheblich. Bis die ersten positiven Resultate sichtbar werden, vergeht einige Zeit, da es bei jeder Reform zu Verzögerungen kommt. Wenn man nicht schnell genug handelt, besteht die Gefahr, daß der Konsens, auf den sich der allgemeine Reformprozeß stützt, zerbricht, bevor Ergebnisse sichtbar werden, auch wenn die Regierung das Programm erst zur Hälfte umgesetzt hat.

Aufgrund ihrer uneingestandenen Partikularinteressen werden die Reformgegner, die versuchen, ihre bisherigen Privilegien zu bewahren, immer Argumente dafür finden, warum die Veränderungen weniger rasch umgesetzt werden sollten. Das gibt ihnen mehr Zeit, die öffentliche Meinung gegen die Reformen zu mobilisieren.

Die politische Lektion: Die von ihren speziellen Interessen geleiteten Reformgegner unterschätzen immer wieder ihre eigene Fähigkeit zur erfolgreichen Anpassung an ein System, dessen Regierung Privilegien auf breiter Front abschafft.

Bei näherem Hinsehen sind viele Forderungen nach einer langsameren Gangart bei den Reformen in Wirklichkeit Ausdruck eines weitverbreiteten Gefühls, daß die Regierung *nicht schnell genug* handelt, wenn es darum geht, die Privilegien anderer gesellschaftlicher Gruppen abzuschaffen. So haben die Bauern in Neuseeland seit 1984 eine Drosselung der Reformgeschwindigkeit verlangt und dies damit begründet, daß sie nicht mit ihren eigenen Anpassungskosten zurechtkommen, wenn die Abgabepreise ihrer Zulieferer nach wie vor geschützt bleiben. Und genausowenig sollte man von ihnen erwarten, daß sie ohne Subventionen zurechtkommen und dennoch für die überhöhten Kosten eines monopolitischen Gesundheits- und Bildungswesens aufkommen sollen.

Die politische Lektion: Ungewißheit, nicht Schnelligkeit gefährdet den Erfolg struktureller Reformprogramme. Schnelligkeit trägt wesentlich dazu bei, die Ungewißheit auf ein Minimum zu reduzieren.

Als 1987 in Neuseeland die staatlichen Handelsbetriebe in kommerzielle Unternehmen umgewandelt wurden, stellte sich heraus, daß es in den Bereichen Kohlebergbau und Forstwirtschaft beträchtliche Überkapazitäten gab. Da sich einige der betroffenen Standorte in wirtschaftlichen Krisenregionen befanden, zögerte die Regierung ihre endgültige Entscheidung hinaus und ließ Tausende von Angestellten fast sechs Monate lang im unklaren über ihre Zukunft. Das führte zu heftiger Verbitterung, die die Regierung als Feindseligkeit gegenüber ihrer eigenen Politik auslegte, wodurch ihr Handlungswille weiter geschwächt wurde. Nachdem die Entscheidungen schließlich bekanntgegeben worden waren, verbesserte sich die Stimmung in diesen Regionen rasch wieder. Den meisten Menschen war klar, daß Veränderungen unvermeidlich waren. Worum es ihnen wirklich ging, war ein Ende der Ungewißheit, damit sie ihr Leben neu planen konnten.

4. Prinzip:
Hat der Reformprozeß erst einmal begonnen, muß er bis zum Ende durchgeführt werden

Die politische Lektion: Wenn man mit der Umsetzung des Reformprogramms begonnen hat, darf man nicht aufhören, bevor es abgeschlossen ist. Die Trefferquote der Gegner ist

wesentlich geringer, wenn sich das Ziel ihrer Schüsse rasch
bewegt.

Wenn Sie bereits Ihre nächste Entscheidung treffen, während sich Ihre Gegner noch sammeln, um gegen Ihre letzte Entscheidung mobil zu machen, werden Sie in Belangen von nationalem Interesse immer die Nase vorn haben und es Ihrem Kontrahenten äußerst schwermachen, zu Ihnen aufzuschließen. Die Regierung kann das politische Bewußtsein für Schlüsselfragen schärfen, indem sie den Inhalt und die Abfolge ihrer Maßnahmenpakete so strukturiert, daß die Relevanz der grundlegenden wirtschaftlichen Zusammenhänge deutlich wird.

Die politische Lektion: Bevor Sie die Privilegien einer begünstigten gesellschaftlichen Gruppe abschaffen, wird diese jede Veränderung als eine Bedrohung ansehen, die es unter allen Umständen zu verhindern gilt. Sobald Sie diese Privilegien abgeschafft und klargemacht haben, daß sich die Uhr nicht zurückdrehen läßt, wird die jeweilige Gruppe ihr ganzes Augenmerk darauf lenken, die Privilegien anderer Gruppen abzuschaffen, die für sie einen Kostenfaktor darstellen.

Genau das Gegenteil würde jedoch geschehen, wenn man einer privilegierten Gruppe erlaubt, ihre Privilegien zu behalten, und sie von der allgemeinen Stoßrichtung der Reformen ausnimmt. Derart protegierte Gruppen reagieren immer sensibler, je stärker in der übrigen Wirtschaft Reformen umgesetzt werden, da sie befürchten müssen, als nächstes an der Reihe zu sein. Dies führt zu einer schlagartigen Verbesserung ihrer internen Organisation. Sie bemühen sich um ein positives Bild in der Öffentlichkeit und festigen ihren Widerstand. Um ihr uneingestandenes Interesse daran, von den Reformmaßnahmen ausgenommen zu werden, zu verbergen, bemühen sie sich, die öffentliche Debatte rhetorisch in ihrem Sinne zu beeinflussen. So wurden beispielsweise die Bemühungen, die Qualität und Anzahl von Gesundheitsleistungen für den Durchschnittsbürger zu verbessern, von der Opposition so dargestellt, als sei es der neuseeländischen Regierung darum gegangen, auf Kosten der Kranken und Alten an die Stelle der öffentlichen Gesundheitsfürsorge privates Profitstreben zu setzen. Die einer solchen Rhetorik zugrundeliegende Strategie besteht darin, die mittelfristigen Vorteile aus dem öffentlichen Bewußtsein zu verdrängen, dabei zugleich die kurzfristigen Kosten zu übertreiben und diese Kosten als das objektive und einzige Ergebnis der Reformen hinzustellen.

Die politische Lektion: «Wehret den Anfängen!» Privilegien müssen gleichmäßig in allen gesellschaftlichen Bereichen abgeschafft werden, und jede der betroffenen Gruppen muß danach eine konstruktivere Rolle in einer besseren Gesellschaft spielen.

5. Prinzip:
Konsequenz + Glaubwürdigkeit = Vertrauen

Ungetrübte Glaubwürdigkeit ist wichtig, um das Vertrauen der Öffentlichkeit in Strukturreformen aufrechtzuerhalten und die Kosten zu minimieren. Der Schlüssel zur Glaubwürdigkeit liegt in einer konsequenten Politik und in der Widerspruchsfreiheit und Ehrlichkeit der eigenen Äußerungen. Die Wähler haben viele Regierungen kommen und gehen sehen, und alle haben niedrige Inflation, mehr Arbeitsplätze und einen höheren Lebensstandard versprochen. Doch Jahr um Jahr ist das Leben genauso weitergegangen wie bisher. Eine Regierung, die wirklich an Reformen interessiert ist, muß den ersten Schritt hierzu früh tun und dabei entschieden auftreten. Man muß mit überkommenen Mustern deutlich brechen, wenn die Gesellschaft davon überzeugt werden soll, daß man es wirklich ernst meint.

Die politische Lektion: Wenn die Regierung nicht glaubwürdig ist, weigern sich die Menschen so lange, sich zu verändern, bis der Konflikt zwischen ihrem bisherigen Verhalten und den neuen politischen Erfordernissen wirtschaftlich hohe und vermeidbare Kosten verursacht hat.

Ist das Reformprogramm erst einmal in Gang gekommen, ist dies für viele Menschen mit schmerzlichen Einschnitten verbunden. Ihr Vertrauen hängt davon ab, ob sie auch weiterhin der Meinung sind, daß es der Regierung gelingen wird, die Reformen zu einem erfolgreichen Ende zu bringen. Für die Glaubwürdigkeit der Regierung sind Schnelligkeit, großer Elan, die Vermeidung von *Ad-hoc*-Entscheidungen und ein konsequentes Verfolgen der mittelfristigen Ziele von entscheidender Bedeutung. Entschlossenheit ist gerade dann besonders wichtig, wenn die Öffentlichkeit trotz aller Bemühungen und guten Absichten der Regierung Zweifel an deren konsequenter Politik hegt.

Man merkt als Politiker genau, wann man beginnt, den Kampf um Glaubwürdigkeit zu gewinnen. Die Medien unterziehen dann jede Aussage der Regierung einer genauen Prüfung und suchen nach inkonsequenten Entscheidungen und Verstößen gegen deren Prinzipien. Die Menschen beginnen zu begreifen, daß überall da, wo es einer Gruppe gelingt, an ihren Privilegien festzuhalten, vermeidbare Kosten auf diejenigen abgewälzt werden, die lernen, sich der neuen Situation anzupassen.

Die politische Lektion: Eine Strukturreform hat ihre eigene innere Logik, die auf den vielfältigen Verknüpfungen innerhalb der Wirtschaft beruht. Ein Schritt zieht automatisch weitere nach sich, so daß schließlich die ganze Bevölkerung von der Reform profitiert.

Es dauert oft sehr lange, bis so etwas wie Glaubwürdigkeit entsteht, aber sie kann über Nacht verlorengehen – und mit ihr das Vertrauen: Die Anpassungskosten steigen, und die für den Abschluß des Reformprozesses und das «Einfahren der Ernte» erforderliche Zeit zieht sich in die Länge. Zugleich steigt das politische Risiko. 1987 zum Beispiel, nach dem Kursverfall an den Wertpapiermärkten, versuchten viele Länder, die politischen und finanziellen Konsequenzen für die Bevölkerung abzumildern, indem sie eine weniger restriktive Finanzpolitik betrieben – und prompt erwachte das alte Gespenst der Inflation zu neuem Leben. Diese Länder hatten dann mit den Kosten zu kämpfen, die für die erneute Vertreibung dieses Gespenstes entstanden waren.

Die politische Lektion: Der Kampf um Konsequenz und Glaubwürdigkeit ist nie wirklich zu Ende. Er muß bei jeder Regierungsentscheidung mit bedacht werden. Verlorengegangene Glaubwürdigkeit zurückzugewinnen kann lange dauern … Wenn das Vertrauen nachzulassen beginnt, sollte man das Reformprogramm einen weiteren, großen Schritt vorantreiben – und zwar rasch.

6. Prinzip:
Setze den Hund auf die richtige Fährte!

Die Menschen können sich dem Reformprozeß nicht anpassen, solange sie nicht wissen, wohin er führen soll. Es ist also richtig, rasch zu handeln, aber genauso wichtig ist es, die Bevölkerung genau zu informieren. Wenn Reformprogramme in verschiedenen Etappen umgesetzt werden, dann müssen sich alle Beteiligten über den Zeitplan im klaren sein. So zeigt man, daß man das Ziel der Reise kennt, schwört die Regierung auf diesen Prozeß ein, läßt die Menschen wissen, wie schnell sie sich anpassen müssen, und stärkt die Glaubwürdigkeit des ganzen Programms. Dieses Vorgehen ist vor allem in solchen Bereichen wichtig, die zu größeren Veränderungen in der Geschäftspraxis von Unternehmen führen, etwa bei der Aufhebung von Importlizenzen und Zollbeschränkungen. Entscheidungsträger müssen über die bevorstehenden, ihren Geschäftsbereich betreffenden Veränderungen soviel wie möglich erfahren, um sich rechtzeitig und adäquat darauf einstellen zu können.

7. Prinzip:
Machen Sie nie den Fehler,
die Bürger zu unterschätzen

Wenn es sein muß, ziehen die Menschen «draußen auf dem Lande» auch in den Krieg. Sie bezahlen Hypotheken ab und ziehen Kinder groß. Doch in Anbetracht der Notwendigkeit von Reformen bekennen auch gemeinhin verantwortungsbewußte Politiker insgeheim: «Ich weiß natürlich, daß diese Reformen nötig sind, aber die Menschen draußen auf dem Lande wissen es nicht! Politik ist die Kunst des Möglichen.» Der durchschnittliche Parlamentsabgeordnete bringt seine Schäfchen ins Trockene, indem er die Wirklichkeit nur von Ferne und nicht allzu gründlich zur Kenntnis nimmt. Aber wenn sich die Dinge zum Schlechten wenden, treten die Demagogen und Opportunisten auf den Plan: «Es gibt nur ein einziges Problem – unsere politischen Gegner haben keinen blassen Schimmer!» Wenn man der Öffentlichkeit in Zeiten, in denen die Wirtschaft auf eine Krise oder gar einen Zusammenbruch zusteuert, jahrelang keine besseren Informationen oder Diagnosen anzubieten hat, dann gibt man irgendwann den Demagogen grünes Licht. Aber niemand macht sich Gedanken darüber, ob die Leute nicht in Wirklichkeit Politiker wollen, die eine Vision und den Mut haben, mit ihnen zusammen ein besseres Land für die Bürger und ihre Kinder im Jahr 2000 und die Zeit danach zu schaffen.

Die politische Lektion: Erfolgreiche Reformen sind nur dann möglich, wenn Sie den Wählern vertrauen, sie respektieren und informieren. Man muß die Wähler in die Lage versetzen, sich ein eigenes Urteil über das Geschehen zu bilden.

Informieren Sie die Menschen immer wieder über folgende Punkte:

- Worin das Problem besteht und wie es entstanden ist.
- Inwieweit es ihren persönlichen Interessen schadet.
- Warum und in welcher Absicht Sie dieses Problem angehen wollen.
- Wie Sie diese Ziele erreichen wollen.
- Worin die Kosten und der Nutzen dieses Vorgehens bestehen werden.
- Warum Ihr Lösungsansatz besser ist als andere.

Die Menschen verstehen eine Situation vielleicht nicht in all ihren technischen Details, aber sie sind in der Regel durchaus imstande, die Spreu vom Weizen zu trennen. Sie wissen, wenn wichtige Fragen unbeantwortet bleiben, und sie merken, wenn man sie herablassend behandelt oder übers Ohr zu hauen versucht – und das mögen sie nicht. Sie respektieren Menschen, die ihre Fragen ehrlich beantworten.

8. Prinzip:
Nicht nervös werden.
Das Vertrauen der Öffentlichkeit hängt
davon ab, daß Sie die Ruhe bewahren

Seit 1984 haben in Neuseeland Strukturreformen Minister zu einigen der radikalsten Entscheidungen veranlaßt, mit denen die Öffentlichkeit in den letzten fünfzig Jahren konfrontiert worden ist. In Phasen grundlegenden Wandels, wenn sich der von den Reformen ausgehende Druck auf die Wirtschaft auszuwirken beginnt, wird bei jedem Fernsehauftritt von Regierungsmitgliedern genau registriert, ob diese Anzeichen von Nervosität zeigen. Das Vertrauen der Öffentlichkeit in das Reformprogramm und die Bereitschaft zur Zusammenarbeit können durch die leichtesten Zweifel erschüttert werden. Tritt ein wichtiger Minister spürbar unsicher auf, so spricht sich das in der Gesellschaft in Windeseile herum.

Grundsätzliche Reformen machen eine Veränderung der Vorstellungen und Grundhaltungen erforderlich, mit denen die meisten Menschen aufgewachsen sind. Unweigerlich lösen derartige Forderungen bei vielen Menschen Unbehagen und Ungewißheit aus. Regierungsstudien haben gezeigt, daß Menschen äußerst sensibel darauf reagieren, wenn die für das Reformprogramm verantwortlichen Minister ebenfalls nervös zu werden beginnen. Die Menschen besuchen ja nicht nur deswegen politische Versammlungen oder schauen Fernsehen, um etwas über das aktuelle Geschehen und die damit verbundenen Konzepte zu erfahren, sondern auch, um einen Eindruck von den gerade am Ruder befindlichen Politikern zu gewinnen. Wenn Menschen die technischen Details eines bestimmten Themas nicht verstehen, dann verlassen sie sich auf den Eindruck, den die geistige und emotionale Verfassung des Sprechers bei ihnen hinterläßt.

Auch das ist ein Grund, warum es sich lohnt, qualitativ hochwertige Entscheidungen zu treffen. Wenn man weiß, daß man recht hat und sich die Politik auf dem richtigen Kurs befindet, dann teilt man sich dies auch über den Fernsehbildschirm mit. Zu wissen (oder zumindest zu glauben), daß man recht hat, stellt eine solide Grundlage für den sicheren, entspannten Umgang mit Menschen dar, wenn man ihnen direkt gegenübersteht. Das gilt selbst dann, wenn man auf Massenveranstaltungen mit aufgebrachten Menschen konfrontiert ist.

9. Prinzip:
Anreize und Auswahl vs. das Monopol –
die Grundlagen müssen stimmen

Einer kranken Wirtschaft läßt sich Gesundheit nicht einfach verordnen. Die wirtschaftliche Dynamik ist die Energie, welche von Menschen freigesetzt wird, die auf jeder Ebene eine persönliche Wahl treffen und jene Gelegenheiten ergreifen, die für sie selbst vorteilhaft sind. Die Rolle der Regierung besteht darin, Rahmenbedingungen zu schaffen, die die Möglichkeiten der Menschen steigern, die Produktivitätsanreize geben und die sicherstellen, daß die Gewinne auch der Gesellschaft als ganzer zugute kommen. Mit anderen Worten: Rufen Sie sich gelegentlich in Erinnerung, auf wessen Seite Sie stehen. Der Zweck wirtschaftlichen Handelns ist es, die Bedürfnisse der Verbraucher zu befriedigen, ihren Interessen zu dienen und ihr Leben zu verbessern. Die Regierung ist nicht dazu da, auf Kosten der Gemeinschaft Gruppen mit heimlichen Sonderinteressen zu protegieren. Die Rolle der Regierung besteht vielmehr darin, sicherzustellen, daß Partikularinteressen nur dort gedeihen dürfen, wo sie dem Wohle der breiten Öffentlichkeit dienen.

Die politische Lektion: Die Abschaffung von Privilegien bildet das Herzstück von Strukturreformen. Wo immer dies möglich ist, sollten Sie Ihr Programm dazu benutzen, die Macht in die Hände der Bürger zurückzulegen.

10. Prinzip:
Wenn Sie von Zweifeln geplagt werden,
dann fragen Sie sich:
«Warum bin ich eigentlich in der Politik?»

Durchschnittliche Politiker ignorieren Strukturreformen, weil sie der Ansicht sind, es stünde in ihrer Macht, die Menschen zufriedenzustellen, und dazu zählt eben nicht, sie mit unangenehmen Tatsachen bekanntzumachen. Solche Politiker benutzen die letzten Umfrageergebnisse lediglich dazu, ihr Image und ihre Politik ein wenig aufzupolieren, um bei den nächsten Wahlen bessere Ergebnisse zu erzielen. Ihr eigentliches Ziel besteht also darin, so lange wie irgend möglich an der Macht zu bleiben. Indem sie an einer Politik festhalten, die sich vor allem auf aktuelle Probleme konzentriert statt auf die zukünftigen Möglichkeiten des Landes, tragen sie dazu bei, daß die Schwierigkeiten immer größer werden. Wenn aber irgendwann nicht mehr zu übersehen ist, daß die Probleme nicht gelöst und wichtige Gelegenheiten vertan worden sind, werden solche Regierungen eben abgewählt.

Wahre Strukturreformen, die konsequent und ohne falsche Kompromisse umgesetzt werden, führen zu größeren Steigerungen des Lebensstandards und der Chancen, als dies auf irgendeinem anderen politischen Weg möglich wäre. So ist die neuseeländische Labour-Partei 1987, nach den radikalsten Strukturreformen in fünfzig Jahren, mit dem Argument in den Wahlkampf gezogen, daß die Reformen erst zur Hälfte umgesetzt seien und nur Labour den Mut und das Know-how besäße, sie konsequent bis zum Schluß durchzuführen. Die Regierung wurde mit allen Sitzen, die sie 1984 bei ihrem erdrutschartigen Wahlsieg gewonnen hatte, wiedergewählt und gewann überdies zwei Sitze von der Opposition hinzu: Die Wähler wollten den Wandel, und sie wollten ihn konsequent.

Doch nach den Wahlen verlor die Regierung etwas von jenem Elan, der das Reformprogramm während der ersten drei Jahre vorangetrieben hatte, und die Vertreter der «uneingestandenen Partikularinteressen» gingen zum Gegenangriff über. Der damalige Premierminister versuchte, Zeit zu gewinnen und zu einer konsensfähigen Lösung zu kommen. Privilegierte Gruppierungen innerhalb der Gesellschaft, die auf Möglichkeiten sannen, den Wandel aufzuhalten, bevor er ihre Interessen tangierte, nutzten die Gelegenheit. Innerhalb der Regierung kam es zu einer Polarisierung zwischen denjenigen, die den Reformprozeß eine Stufe weitertreiben wollten, und denen, die dafür plädierten, ihn abzubrechen. Stillstand war die Folge. Die Regierung war nicht mehr imstande, die zehn hier beschriebenen Prinzipien zu beherzigen. Sie verlor das Vertrauen der Öffentlichkeit, weil der zukünftige Regierungskurs im dunkeln lag. Und so geschah, was geschehen mußte – bei den Wahlen von 1990 verlor Labour mit noch mehr Stimmen, als die Partei 1984 und 1987 gewonnen hatte.

Glaubwürdigkeit und konsequentes Handeln lassen sich nur innerhalb eines disziplinierten Kabinetts realisieren, das anstehende Probleme gemeinsam angeht und zu gemeinsam getroffenen Entscheidungen steht. Meines Erachtens gibt es nur eine Macht, die den Prozeß der Strukturreform immer unterminieren kann, und das ist die Regierung selbst, wenn sie ihre Ziele aus den Augen verliert.

Kjell-Olof Feldt

Die Reform des Wohlfahrtsstaates – Der Fall Schweden

Die meisten Menschen dürften unter dem sogenannten schwedischen Modell einen riesigen, generösen und teuren Wohlfahrtsstaat verstehen, der sich «von der Wiege bis zum Grab» um seine Bürger kümmert. Aber das schwedische Modell meinte ursprünglich noch etwas anderes, und zwar eine Art «Gesellschaftsvertrag» zwischen dem Staat, der Wirtschaft und den Gewerkschaften. Die Industrie und die Gewerkschaften trugen nicht nur Verantwortung dafür, daß die Löhne die Produktivitätsgrenzen nicht überstiegen, sondern kooperierten auch vertrauensvoll miteinander, um unsere Industrie so modern und effizient wie möglich zu gestalten. Im Gegenzug erklärte die staatliche Wirtschaftspolitik Vollbeschäftigung zu ihrem obersten Ziel. Wie sich im folgenden zeigen wird, hat dieser Vertrag heute seine Gültigkeit verloren, auch wenn «Vollbeschäftigung» nach wie vor als ein wesentliches Element des schwedischen Wohlfahrtsstaates gilt.

Das Hauptkennzeichen dieses Staates ist seine konsequente Ausrichtung am Allgemeinwohl. Eines seiner wichtigen Charakteristika ist das Prinzip, daß die medizinische Versorgung und das Bildungswesen für alle Bürger aus allen sozialen Schichten zu gleichen Bedingungen gewährleistet sind. Niemand darf aus wirtschaftlichen Gründen von diesen Sozialleistungen ausgeschlossen werden. Ein anderes wichtiges Charakteristikum dieses Systems besteht darin, daß alle Erwerbstätigen ohne Überprüfung ihrer finanziellen Mittel Anspruch auf die Leistungen der Sozialversicherung und auf die Unterstützung der Familie, etwa Kindergeld, haben. Kontrollen bei der Vergabe sind auf jene Personen beschränkt, die z. B. kein Einkommen beziehen oder auf einen Mietzuschuß angewiesen sind. Meines Erachtens gibt es viele gute Gründe, die für dieses Konzept des Wohlfahrtsstaates sprechen. Einer davon ist die Vermeidung der Armutsfalle: Das schwedische Modell hat unter Beweis gestellt, daß eine Gesellschaftsordnung möglich ist, in der nicht nur wirklich arme Menschen sehr selten sind, sondern auch der Lebensstandard insgesamt im Vergleich zu den meisten anderen Ländern weitgehend ausgeglichen ist. Ein weiterer Grund ist der, daß das allgemeine, praktisch für alle geltende Sicherheitsnetz den mittleren Einkommensschichten das Gefühl vermittelt, daß sie für ihre Steuern auch etwas zurückerhalten, so daß sie diesem Wohlfahrtsstaat positiv gegenüberstehen. Im übrigen trägt die Tatsache, daß der Staat die soziale Sicherheit gewährleistet, zur größeren persönlichen Freiheit bei, da der einzelne seinen Job oder Arbeitsplatz wechseln kann, ohne den Verlust des durch seine Arbeit erworbenen Anspruchs auf Sozialleistungen fürchten zu müssen.

Alles in allem glaube ich, daß eine große Mehrheit der Schweden unser soziales Modell als ein Symbol egalitärer Werte, eines hohen Lebensstandards und einer relativ friedlichen und konfliktfreien Gesellschaft betrachtet. Im übrigen unterstützen nicht nur die weniger Erfolgreichen und Bedürftigen dieses Modell; vielmehr dürften seine engagiertesten Verfechter aus der Mittelschicht stammen.

Etwa 20 oder 30 Jahre lang funktionierte unser Gesellschaftsmodell wunderbar. Zwischen 1950 und der Mitte der siebziger Jahre war Schweden durch eine nahezu einzigartige Mischung aus wirtschaftlichem Wachstum, Vollbeschäftigung und Geldwertstabilität gekennzeichnet. Das war die Zeit, in der der Wohlfahrtsstaat auf- und ausgebaut wurde und ins Zentrum der öffentlichen Aufmerksamkeit und der innenpolitischen Ambitionen rückte.

In der zweiten Hälfte der siebziger Jahre jedoch kam es zu einer Reihe von schwerwiegenden Fehlentwicklungen. Lohn- und Steuererhöhungen führten zu einer Inflationsrate, die der Wettbewerbsfähigkeit unserer Industrie schweren Schaden zufügte. Die schwedische Wirtschaft geriet in eine Rezession, die Arbeitslosenzahl begann zu steigen, und den öffentlichen Haushalten ging es immer schlechter. Mehrere Abwertungen der schwedischen Krone galten in den achtziger Jahren zeitweilig als probates Mittel, um das Wirtschaftswachstum anzukurbeln und die Situation auf dem Arbeitsmarkt zu verbessern. Doch die Inflation wurde nicht wirklich gesenkt, unsere Wettbewerbssituation verschlechterte sich wieder, und das gesamtwirtschaftliche Wachstum sank auf das niedrige Niveau der siebziger Jahre zurück.

Die Finanzierungsprobleme eines umfassenden und generösen Wohlfahrtsstaates, der in den Jahren starken Wachstums und zunehmenden Wohlstands aufgebaut worden war, wurden immer deutlicher. Die von diesem Staat verursachten Kosten stiegen auch weiterhin wesentlich schneller als die wirtschaftliche Wachstumsrate. Zwar konnte das große Haushaltsdefizit der Zentralregierung vor allem dank beträchtlicher Steuererhöhungen gesenkt werden (der Steueranteil an unserem Bruttosozialprodukt [BSP] stieg von 40 % im Jahr 1970 auf 55 % im Jahr 1985). Aber mehrere Zeichen deuteten darauf hin, daß es so nicht weitergehen konnte: Die Beschäftigung im privatwirtschaftlichen Sektor stagnierte, während die im öffentlichen weiter wuchs, Steuerhinterziehung war ein weitverbreitetes Phänomen, und die Kapitalflucht ins Ausland hatte alarmierende Ausmaße angenommen.

Zur großen Ernüchterung kam es in den frühen neunziger Jahren, als die schwedische Wirtschaft durch verschiedene, einander verschärfende Fehlentwicklungen in einen depressionsartigen Zustand geriet. Eine neue Kostenkrise führte zur Schließung eines großen Teiles unserer Industrie, der Finanzmarkt stand nach einer Phase wilder Spekulation vor dem völligen Zusammenbruch, und die schwedischen Haushalte schränkten von heute auf morgen ihren zuvor hohen Verbrauch radikal ein, um Schulden abzubezahlen bzw. um in Vermögenswerte zu investieren. Zwei Folgen dieser Entwicklung waren besonders gravierend: Aus einem Land mit Vollbeschäftigung wurde innerhalb weniger Jahre eines mit Massenarbeitslosigkeit, und Schweden hatte 1994 das höchste Haushaltsdefizit in Europa (13 % des BSP).

Das einzig Positive an dieser Geschichte ist, daß sie damit noch nicht zu Ende ist. Heutzutage, das heißt im Frühjahr 1997, sind die öffentlichen Finanzen nahezu ausgeglichen, und im nächsten Jahr könnte eventuell sogar ein kleiner Überschuß erzielt werden. Die Inflation konnte auf ein überraschend niedriges Niveau zurückgeschraubt werden: Die Verbraucherpreise haben sich 1996 praktisch überhaupt nicht verändert, und für dieses Jahr ist ein Anstieg von unter einem Prozent prognostiziert. Die schwedische Wirtschaft wächst wieder, wenn auch nicht so stark, daß dadurch das anhaltend hohe Arbeitslosenniveau beeinflußt würde. Am wichtigsten aber ist, daß eine Reihe von das System betreffenden Veränderungen vorgenommen werden konnte, die hoffentlich positive längerfristige Auswirkungen auf die wirtschaftliche Entwicklung meines Landes und das Funktionieren des Wohlfahrtsstaates haben werden.

Es hat freilich eine ganze Weile gedauert und war ein hartes Stück Arbeit, die nötige politische Unterstützung für die Einsicht zu gewinnen, daß das schwedische Modell reif sei für eine Reform grundsätzlicher Natur. Zum ersten wirklichen Durchbruch kam es 1989/90, als es den Sozialdemokraten zusammen mit den Liberalen gelang, sich auf eine grundlegende Reform unseres Steuersystems zu einigen. Die Einkommenssteuersätze wurden deutlich reduziert, die Kapitalbesteuerung diesem Satz (30 %) angepaßt, und auch alle übrigen, nicht durch Erwerbsarbeit erzielten Einkommen und Kapitalerlöse, Steuern auf Unternehmensgewinne usw. wurden auf 30 % abgesenkt.

Die Steuerreform war nicht nur bedeutsam hinsichtlich ihrer Auswirkungen auf die wirtschaftliche Leistungskraft, indem sie stärkere Anreize zum Arbeiten, Sparen und Investieren bot, sondern auch, weil ihre Umsetzung endlich der Tatsache Rechnung trug, daß sich hohe öffentliche Ausgaben nicht durch hohe Steuern finanzieren lassen, ohne daß dies gravierende Auswirkungen auf das Wachstum und das Verhalten der Wirtschaft hat, und daß daher der Wohlfahrtsstaat abgespeckt und einem weniger aufwendigen Steuersystem angepaßt werden mußte.

Ungefähr zur gleichen Zeit orientierte sich die schwedische Politik in zwei wesentlichen Punkten um. Nach zwei Jahrzehnten des Zögerns und halbherziger Bemühungen beschloß man, sich um die Aufnahme in die Europäische Gemeinschaft zu bewerben. Die Finanzmärkte waren erst kurz zuvor völlig liberalisiert worden, so daß Schweden sich nun mit den monetären Effekten integrierter Märkte auseinanderzusetzen hatte. Die logische Folgerung daraus war, daß die lange Phase hoher Inflation zu einem Ende kommen mußte. 1991 wurde Preisstabilität zum Leitziel der Wirtschaftspolitik erklärt und die schwedische Krone an die EWU angepaßt.

Dies bedeutete, daß nicht nur die schwedische Wirtschaft, sondern auch der Umfang unserer Sozialfürsorgepolitik an die neuen Bedingungen und das internationale Umfeld angepaßt werden mußten. Aber obgleich sich diese Einsicht in den meisten politischen Lagern durchgesetzt hatte, wurde eine grundsätzliche Reform des Wohlfahrtsstaates erst in Angriff genommen, als der Zusammenbruch unmittelbar bevorzustehen schien. Früher hatte man Anzeichen für Defizite im öffentlichen Bereich als ein vorübergehendes Phänomen betrachtet, das sich mit Steuererhöhungen und einer Beschleunigung des Wirtschaftswachstums in den Griff bekommen ließe. Diesmal war man sich darüber einig, daß diese Möglichkeiten nicht mehr existierten und auch seinerzeit illusorisch gewesen waren.

Die Reform des Wohlfahrtsstaates verfolgt drei Ziele. Etwa die Hälfte des bislang umgesetzten Programms ist auf eine Reduzierung der Sozialleistungen ausgerichtet. Die Lohnfortzahlung im Krankheitsfall oder bei anderswie bedingter Arbeitsunfähigkeit wurde von 100 % auf 80 % reduziert. Außerdem wurden Karenzzeiten eingeführt bzw. ausgedehnt und die Bedingungen für den Erhalt bestimmter Sozialleistungen, beispielsweise Früh- oder Invalidenrente, erheblich verschärft. Aber auch andere Leistungen, wie etwa das Kindergeld oder Wohnungsbauzuschüsse, sind reduziert worden. Was letztere angeht, so sollen diese Subventionen für Haushalte in Zukunft ganz gestrichen und durch Investitionsbeihilfen ersetzt werden.

Das zweite Ziel besteht darin, den öffentlichen Dienst kosteneffizienter zu gestalten. Dabei wurden sehr gute Ergebnisse erzielt, denn die Anzahl der im öffentlichen Dienst Beschäftigten ist seit 1990 um 10 % gesunken. Darüber hinaus werden staatliche Monopole aufgebrochen, um eine Wettbewerbsatmosphäre zu schaffen und privaten Anbietern eine Chance zu geben. Die wirtschaftliche Verantwortung und Entscheidungsfindung wird dezentralisiert und Managern in «result units» übertragen. Haushaltsanpassungen zur Deckung zusätzlicher Kosten werden durch leistungsbezogene Zahlungen ersetzt. Diese Strategien werden jetzt auch in vielen Bereichen des Gesundheits- und Bildungswesens eingesetzt.

Das dritte Ziel besteht darin, Ausgaben der öffentlichen Hand effizienter zu kontrollieren. Zu diesem Zweck wurde der wirtschaftliche Spielraum der Länder und Gemeinden deutlich eingeschränkt. Erhöhen die lokalen Regierungen der Länder oder Gemeinden, die jetzt jedes Jahr einen ausgeglichenen Haushalt aufweisen müssen, von sich aus die

Steuern, dann wird dies zum Beispiel mit einer Reduzierung der Länderunterstützung der Staatsregierung geahndet.

Die wichtigste Veränderung aber besteht darin, daß das Parlament derzeit eine Obergrenze für zukünftige Ausgaben der öffentlichen Hand festsetzt. (Ausgenommen von dieser Regelung sind Zinszahlungen für Staatsschulden.) Die nominelle Ausgabenobergrenze gilt für einen Zeitraum von drei Jahren und darf pro Jahr höchstens um ein Prozent steigen, was real zu einer Ausgabenreduzierung führen wird – und dies trotz der zur Zeit niedrigen Inflationsrate in Schweden. Mit anderen Worten, die öffentliche Hand muß sämtliche Kosten, einschließlich der Löhne und Gehälter, die über ein Prozent liegen, abdecken. Wenn die Regierung und das Parlament dies ernst nehmen und sich dem Plan entsprechend verhalten, werden die öffentlichen Ausgaben in Schweden sinken, und zwar sowohl hinsichtlich ihres Gesamtvolumens als auch hinsichtlich ihres Anteils am Bruttosozialprodukt, solange Schwedens Wirtschaft Wachstumsraten verzeichnet.

Die bisherigen Bemühungen zur Reform unserer sozialen Fürsorgesysteme und staatlichen Leistungen haben bereits zu bedeutenden Veränderungen im wirtschaftlichen Verhalten und in der politischen Einstellung geführt. Weite Teile der schwedischen Bevölkerung haben inzwischen begriffen, daß höhere Zuwendungen des Staates und umfangreichere Fürsorgeleistungen kein Ersatz für wirtschaftliches Wachstum und höhere Realeinkommen sind, die von den Bürgern selbst erwirtschaftet werden müssen. Die privaten Ersparnisse wachsen, denn die Menschen legen verstärkt selbst Reserven an, statt darauf zu bauen, daß sich der Staat in allen Belangen um ihre Sicherheit kümmert.

Überdies hat die drastische Reduzierung der äußerst großzügigen Sozialleistungen, durch die der bei Arbeitslosigkeit, Krankheit oder Erziehungsurlaub drohende Einkommensverlust vollständig ausgeglichen wurde, seine Wirkung auf die Präsenz am Arbeitsplatz nicht verfehlt. Die Gesamtzahl der wegen Krankheit verlorengegangenen Arbeitstage ist merklich zurückgegangen. Die Motivation, gute Arbeit zu leisten, scheint gewachsen zu sein, denn die Produktivität im privaten und im öffentlichen Bereich hat in den letzten Jahren deutlich zugenommen.

Auf makroökonomischer Ebene sind das offensichtlichste Ergebnis der Reform eine finanzielle Stabilität – es gibt derzeit fast keine Inflation – und ein wachsendes Vertrauen unter den Marktteilnehmern, daß Schweden die öffentlichen Finanzen – im Gegensatz zu früher – zunehmend in den Griff bekommt. Diese Erfolge haben ihren Preis. Der eine ist politischer Natur. Die Sozialdemokraten stellen seit 1994 wieder die Regierung. Ihre Mitglieder und Wähler waren auf die raschen und für viele Menschen schmerzlichen Einschränkungen der Sozialleistungen bei gleichzeitigen Steuererhöhungen kaum vorbereitet. Lange Zeit hatten die Sozialdemokraten den Glauben geschürt, daß nur von einer konservativen Regierung eine Bedrohung des Wohlfahrtsstaates ausgehe. In den Händen der Sozialdemokraten hingegen sei dieser gesichert, und das einzige, dessen es bedürfe, seien kleinere Kurskorrekturen. Als sich herausstellte, daß diese Aussage mit der Wirklichkeit sehr wenig gemein hatte, wandte sich die öffentliche Meinung gegen die Regierungspartei. Auch wenn die Politik der Regierung von anderen Linksparteien im Parlament unterstützt wurde, waren es doch die Sozialdemokraten, die in Umfragen am meisten Stimmen einbüßten.

Die Unzufriedenheit innerhalb der Bevölkerung geht meines Erachtens zu einem großen Teil auf den Umstand zurück, daß praktisch alle bisherigen Reformen des schwedischen Modells in großer Eile durchgeführt werden mußten, ohne daß die Chance bestanden hätte, das Timing der Maßnahmen auf die makroökonomische Situation und die Fähigkeit der Bevölkerung, diese neue Situation zu verstehen und zu akzeptieren, abzustimmen. Besonders unglücklich daran war, daß die drastische Straffung der Fiskalpolitik mit einem Anstieg der Arbeitslosenquote im zweistelligen Prozentbereich einherging. Dieser unbestreitbare Bruch mit den Prinzipien Keynesscher Wirtschaftspolitik ließ sich nur schwer vermitteln, insbesondere den Gewerkschaften – den alten Verbündeten der Sozialdemokraten. Es darf auch bezweifelt werden, ob alle Maßnahmen, die während der Reform unserer Wohlfahrtspolitik getroffen wurden, angesichts der großen Eile hinreichend vorbereitet und durchdacht waren. Zumindest was die Gesundheitsversorgung, und zwar insbesondere die der älteren Bevölkerung, angeht, sind die Berichte über nachlässige oder schlechte ärztliche Behandlung als Folge mangelnder finanzieller Ressourcen zu zahlreich, als daß man sie ignorieren könnte. Des weiteren gibt es Fälle, in denen Entscheidungen des Parlaments überdacht werden müssen, weil sie das Gegenteil dessen bewirkt haben, was man sich erhofft hatte.

Die Lehre aus diesen Erfahrungen ist folgende: Die Reform des Wohlfahrtsstaates wäre uns – sowohl in politischer als auch in wirtschaftlicher Hinsicht – weniger teuer zu stehen gekommen und wäre außerdem für viele Menschen weniger schmerzlich gewesen, wenn sie früher, nämlich in Zeiten des Wachstums und der Beschäftigung, in Angriff genommen worden wäre. An Anzeichen für schwerwiegende Probleme hat es in den frühen achtziger Jahren nicht gemangelt, aber die Krise war damals noch nicht offen zum Ausbruch gekommen. Doch statt sofort zu handeln, zögerte man so lange, bis der Ernst der Lage nicht mehr zu leugnen war und Gegenmaßnahmen unumgänglich waren. Vielleicht ist ein solches Verhalten in der Politik der Normalfall, frei nach der Formel: Wenn wirtschaftliches Handeln erforderlich und der richtige Moment dafür gekommen ist, dann ist es aus politischer Sicht zu früh dafür, doch wenn die politischen Voraussetzungen gegeben sind, dann ist es aus ökonomischer Sicht zu spät.

Entscheidend aber ist die Frage: Was wird die Zukunft bringen? Wird die Reform des schwedischen Wohlfahrtsstaates fortgesetzt? Oder wird sie stagnieren oder gar rückgängig gemacht werden? Ich meine, daß es mindestens zwei Gründe gibt, warum die Reform fortgesetzt werden muß. Der eine hängt mit der Tatsache zusammen, daß die öffentlichen Ausgaben und Steuern in meinem Land noch immer sehr hoch sind. Trotz der Reformen, die zur Zeit durchgeführt werden, wird der Anteil der öffentlichen Ausgaben an unserem BSP 1998 bei etwa 60 % liegen – etwa dieselbe Zahl wie 1990 –, und auch der Steuersatz liegt noch immer über 50 %. Ich denke, es bedarf heute keines Nachweises mehr, daß Länder mit hohen Steuer- und Ausgabenquoten ein hohes Risiko laufen. Wirtschaftliche Schwankungen – ob beim Wirtschaftswachstum oder der Beschäftigungszahl – haben gewaltige Auswirkungen auf die öffentlichen Haushalte. Schweden hat dies während der letzten zwanzig Jahre erlebt. Das langfristige Ziel sollte daher sein, diese Verwundbarkeit zu reduzieren, indem man insgesamt die Ausgaben niedrig hält, so daß sich die Steuerlast senken läßt. Niedrigere Steuersätze wären höchst wünschenswert, um die Bedingungen für das industrielle Wachstum in Schweden zu verbessern.

Der zweite Grund hat ebenfalls etwas mit den zukünftigen Wachstumsbedingungen zu tun. Der Konflikt zwischen dem, was unsere Gesellschaft momentan am dringendsten benötigt, d. h. mehr Wachstum und mehr Arbeitsplätze, einerseits und dem Wohlfahrtsstaat andererseits betrifft meiner Auffassung nach nicht nur Regierungsdefizite und -schulden. Langfristig gesehen könnte es sich als noch gravierender erweisen, daß der Staat zu viel dafür ausgibt, die Einkommen seiner Bürger abzusichern, und viel zu wenig in Dinge investiert, die es denselben Leuten ermöglichen würden, ihren Lebensunterhalt durch angemessene Einkommen selbst zu verdienen, also Dinge wie Bildung, Forschung und Infrastruktur. Es ist daher eine Neuverteilung der öffentlichen

Mittel notwendig, die eine weitere Reform des Wohlfahrtsstaates erforderlich macht.

Alle diese Bemühungen haben allerdings eine empfind-
liche Schwachstelle, da der schwedischen Öffentlichkeit
glauben gemacht wurde, daß das ultimative Ziel unserer
Wirtschaftspolitik darin besteht, unser Land wieder in die
Vollbeschäftigung zurückzuführen (was jedoch nicht mehr
so verstanden werden sollte, daß jeder einen Job haben wird).
Der Regierung zufolge stehen den Schweden zwar harte Zeiten bevor, aber die erfolgreiche Bekämpfung der Inflation
und des Haushaltsdefizits wird dafür letztlich zu einer neuen
Ära industrieller Expansion und einer steigenden Anzahl
neuer Arbeitsplätze führen.

Das Problem aber ist, daß am Arbeitsmarkt keinerlei Anzeichen für eine Besserung zu erkennen sind: Die Zahl der
Arbeitslosen bleibt erschreckend hoch, und neue Jobs sind
nirgends in Sicht, ja, die Zahl der Beschäftigten ging 1996 sogar zurück. Dies könnte sich also als der schwierigste Teil der
Umgestaltung des schwedischen Sozialmodells erweisen,
denn der einzige Weg zurück zur «Voll»- oder auch nur zur
Teil-Beschäftigung scheint ein Abgehen von den Gleich-
heitsgrundsätzen zu sein, die traditionell die Grundlage
eines Systems waren, das sich bemühte, Unterschiede bei
den Löhnen und Gehältern zu minimieren.

Ich werde hier nicht näher auf die Debatte über die Notwendigkeit einer größeren Flexibilität der europäischen Arbeitsmärkte eingehen. Aber es scheint mir auf der Hand zu
liegen, daß ein ganz wesentlicher Teil dieser Flexibilität in
der Bereitschaft großer Teile unserer Gesellschaften besteht,
Arbeitsplätze zu akzeptieren, die weniger gut bezahlt sind als
heute. Gleichzeitig müssen andere, wenn auch kleinere
Gruppen, besser entlohnt werden als heute, damit das
Wachstumspotential der postindustriellen Wirtschaft voll
ausgeschöpft werden kann. Mit anderen Worten: Es müssen
größere Ungleichheiten akzeptiert werden.

Ich weiß nicht, wie die Umsetzung dieser Forderung in einem reformierten Schweden aussehen wird. Das einzige, was man mit Gewißheit sagen kann, ist, daß eine ziemlich drastische Veränderung der Gewerkschaftspolitik erforderlich ist. Vielleicht ist es ja an der Zeit, dem alten Gesellschaftsvertrag zu neuem Leben zu verhelfen, wenn auch mit einem neuen Ziel: einer Lohnstruktur, die den Arbeitslosen wieder zu Arbeit verhilft.

FREMDES
UND
EIGENES

Bolko v. Oetinger

EAST IS WEST
AND WEST IS EAST

Welt als Einheit

Es ist soweit: Rudyard Kiplings häufig mißverstandenen Verse «East is East, and West is West, and never the twain shall meet ...» kehren sich um. Kipling sah die tiefen kulturellen Spannungen zwischen seinem geliebten Indien und der zivilisatorischen Mission des britischen Empire, aber er spürte auch, daß der einzelne das Fremde, das immer auch das Neue ist, in sich aufnehmen kann:

> Oh, East is East, and West is West, an never the twain shall
> meet,
> Till Earth and Sky stand presently at God's great
> Judgement Seat,
> But there is neither East nor West, Border nor Breed, nor
> Birth,
> When two strong men stand face to face, tho'they come
> from the ends of the earth.
> (aus: «The Ballad of East and West»)

Die gesuchte Erfahrung des einzelnen mit dem Fremden ist die Tür, durch die das Neue tritt. Heute bezeichnen wir diesen massenhaft stattfindenden Vorgang als Globalisierung. Das Ausmaß ist neu, aber intensiver Austausch zwischen einzelnen Kaufleuten war natürlich schon immer gang und gäbe.

Die Tür öffnet sich nur, wenn beide Seiten aufschließen. Das Fremde geht nur ein und aus, wenn es sich in beiden Räumen anpassen kann. Vereint sich Neues mit Altem, wird aus dem Besuch des Fremden eine Bereicherung für beide: Innovation ist Kontinuität, und Kontinuität ist Innovation.

Es ist daher trügerisch zu glauben, Globalisierung lasse sich durch Organisationsstrukturen lösen. Globalisierung fordert Austausch, Strukturen können nur die Reagenzgläser dieser Osmose sein.

Austauschen ist für uns einfacher geworden: Kulturell sind wir uns heute nicht ähnlicher als zu Kiplings Zeiten, es gibt auch heute keine Weltkultur, aber wir sind unvergleichlich kosmopolitischer. Getragen von einer internationalen Manager-Elite begreifen wir unsere Welt wirtschaftlich als eine Welt – trotz aller kulturellen Unterschiede, die nicht nur geblieben sind, sondern sich verstärkt haben.

Weltweit reißt der Markt nationalstaatliche Grenzen ein, Städte und Regionen werden die neuen ökonomischen Statthalter. Zunehmend wird die Weltwirtschaft von multinationalen Unternehmen geprägt. Sie erheben zwar keinen globalen Machtanspruch, genießen aber die Freiheit, den Weltmarkt ungeniert für sich zu nutzen. Trainiert im Zeitwettbewerb, ihre neuen Produkte fast überall gleichzeitig einführend, bewegen sie sich mit Höchstgeschwindigkeit durch eine offene Welt, ihre Strukturen zunehmend in Echtzeit anpassend. Sie bringen das Neue in die entlegensten Teile der Welt.

In friktionslosen Märkten mit sinkenden Transaktionskosten müssen sie die für sie vorteilhafteste Lösung verfolgen, denn Kosten und Leistungen lassen sich weltweit miteinander vergleichen: Produktionsstätten werden so mobil wie ihre Güter, Standorte so flüchtig wie Kapital und Wissen. Ein weltweit zunehmendes «factor cost hopping» ist die unvermeidliche Folge. Wählerisches Kapital sucht sich seine Anlage dort, wo es für den Aktionär den größten Wert erzeugt.

Er bewertet international wettbewerbsfähige Firmen höher als national zentrierte. Zum ersten Mal in der Geschichte leben wir auf beiden Seiten der Bilanz in einer echten Weltwirtschaft.

Die damit einhergehenden Spannungen erscheinen uns wie eine Eskalation der Marktwirtschaft, aber sie drücken etwas Grundsätzlicheres aus: Jede wirtschaftliche Revolution beginnt mit einer radikalen Erfindung, jede radikale Erfindung führt zur weltweiten Migration von Kapital und Produktion. Insofern treibt Technik die Globalisierung an. Die Revolution auf dem Gebiet der Informationstechnologie hat zusammen mit der weltweiten Verbreitung des «Markt»-Gedankens bislang abgeschottete Branchen und Regionen und deren Mitarbeiter in direkten Wettbewerb zueinander gesetzt. «Die Welt ist dabei, eine globale Einkaufszeile zu werden, in der Ideen und Produkte überall gleichzeitig verfügbar sind» (Rosabeth Moss Kanter, World Class, S. 37). Die amalgamierende Wirkung der Technik auf einzelne Kulturen wird die historisch bedeutendste Frage dieses Prozesses.

Offensichtlich wird dies im Internet. Als Netz der Netze greift es auf ein tiefes menschliches Bedürfnis zurück, das wir schon aus der Antike kennen. Die Agora als der Versammlungsort war ein Platz ohne Mauern und ohne Zugangsbeschränkungen, auf dem sich die Bürger trafen, um zu kommunizieren. Das Internet bietet als erste globale Agora freien Zugang zum freien globalen Dialog. Der Marktplatz Welt entsteht!

Das Neue kann sich heute also unvergleichlich schneller und effizienter ausbreiten als je zuvor. «Das Fremdwerden der eigenen Erfahrung» (Thomas Knoblauch, S. 155) gehört heute zum Alltag, verfügen wir doch über immer mehr und immer intensivere Dialogmöglichkeiten mit dem Fremden, als Unternehmen, als Konsument, als Mitarbeiter. Türen lassen sich öffnen, die «räumliche Schließung der Welt» (Joachim Starbatty, S. 17) ist die Folge. Globalisierung gibt allen

Unternehmen die grandiose Möglichkeit, mehr Neues von außen zu erfahren und somit produktiver zu werden.

Unternehmen als Treiber

Vorteile aus Fähigkeiten

Aufgrund der «allmählichen Konvergenz der Kompetenzen» (Kanter, World Class, S. 88) – man kann heute die meisten Produkte überall zu gleich hohen Kosten bei gleicher Qualität herstellen – orientieren sich globale Vorteile weniger an physischen Vermögenswerten als an immateriellen Unterscheidungen wie der Marke, der Netzkoordination, proprietären Fähigkeiten, zum Beispiel Entwicklungsgeschwindigkeiten und -qualität, und der Dominanz einzelner Wertschöpfungsschichten (sog. Schichtenwettbewerb), häufig verbunden mit der Herrschaft über technische Standards – heute exemplarisch vorgeführt von der Wintel-Dynastie.

Dieser Wettbewerb auf der Basis von Wissen findet nicht nur über fachliche Kompetenzen statt, sondern zunehmend über organisatorische Fähigkeiten – über das Wissen, wie man etwas vollbringt. Proprietäre Fähigkeiten, als institutionalisierte Prozesse verstanden, definieren die wirklichen Vorteile globaler Unternehmen: Intel übertrumpft Clones und Konkurrenten durch überlegene Entwicklungsgeschwindigkeiten, Dell ist Meister eines auf absolute Höchstgeschwindigkeit getrimmten, logistisch determinierten Segment-of-One-Wettbewerbs, Microsoft dominiert die technischen Standards. Handelsrevolutionäre wie Toys«R»Us, Disney, The Gap, Benetton, The Body Shop haben einen proprietären Konzept- und Fähigkeitswettbewerb als globalen Wachstumsmotor eingesetzt. Das ist alles implizites, käuflich nicht erwerbbares Wissen. Selbst erarbeitet und assimiliert gehört es der Organisation.

Vorteile liegen in der besseren und schnelleren Koordination eines grenzüberschreitenden Netzes, in dem das Wissen aus den unterschiedlichsten Quellen (Erfinder, Kunden, Konkurrenten, Lieferanten, Forschungsinstitutionen) und die prozessualen Fähigkeiten aller weltweit Beteiligten kosten- und leistungsmäßig besser gemanagt werden als im Netz des Konkurrenten.

Die Kraft der Netze

Unternehmen treiben Innovation von innen und außen. Im Heimatland liegt die Kraftquelle ihrer Vorteile, im Ausland warten große Märkte. Über den Hinweg besteht kein Zweifel, man exportiert und investiert direkt ins fremde Land. Über den Rückweg haben sich nur wenige Unternehmen wirklich Gedanken gemacht. Meist versperrt die traditionelle Stärke einer heimischen Industrie den Rückweg: So hat sich zum Beispiel die deutsche Automobilindustrie lange dazu verleiten lassen, den Rücktransfer von Ideen zu vernachlässigen. Neues aus den USA und aus Japan wurde zu spät aufgenommen, wie der Van, Off-Road-Fahrzeuge, Kanban. Deutsche Wachstumssegmente wurden von anderen gestaltet, das Van-Segment von Chrysler und Renault, der Jeep-Markt von Japanern und AMC.

Peripherien globaler Unternehmen können sich aber als echte Innovationsquellen erweisen, als «hothouses of entrepreneurship and innovation» (Christopher A. Barlett u. Sumantra Ghoshal, S. 128). Bei Philips wurden zahlreiche Produktideen draußen geboren und weltweit verbreitet, wie der Farbfernseher (in Kanada), Stereo (in Australien), Teletext (in Großbritannien). In ähnlicher Weise haben Unilevers Auslandstöchter neue Produkte oder Vertriebsideen entwikkelt, so zum Beispiel Timotei (in Finnland), Impulse (in Südafrika) und die Marketing-Ideen für Snuggle (in Deutschland).

Je stärker Ideen hin und her wandern, desto größer wird die Bedeutung eines Netzes. Netze sind Dialoggewebe aus Funktionen, Landesorganisationen, Geschäftseinheiten, Wertschöpfungsstufen, und zwar eigene, von Kunden, Zulieferern und Kooperationspartnern – wie immer sie auch global verteilt sind. In diesen Netzen finden quasi osmotisch die Austauschprozesse statt. Hier treffen sich in Kiplings Worten «East and West», und ähnlich wie in seinem Gedicht sind es starke Individuen, die das Neue «face to face» weitertragen. Netzarbeit ist Dialogarbeit. Ein NEC-Manager hat es auf den Punkt gebracht: «Networking is among people.» Im vertrauensvollen Durchdringen entsteht organisatorisches Wissen. Unternehmen, die vernetzter sind, sind offener und innovativer.

Die Summe der heutigen Netze ist riesig: Man schätzt, daß 256000 Töchter internationaler Unternehmen modernste Technik und Managementmethoden in die Welt tragen. Und sie wachsen: Seit Beginn der 80er Jahre nehmen die ausländischen Direktinvestitionen stärker als der Welthandel und das Weltsozialprodukt zu. Und was wandert in diesen Netzen osmotisch?

Das Neue tritt über ein Dialognetz von starken Mitarbeitern und selbständigen Einheiten in informeller Zusammenarbeit ein. Mit den Worten des ehemaligen Chairman von Unilever NV, Floris A. Maljers: «Thinking transnationally means an informal type of worldwide cooperation among self-sufficient units» (Maljers, S. 46). Dieser Austausch wird von einer starken gemeinsamen Organisationskultur getragen, bei Unilever eine Art «Unileverization» aller Manager, und natürlich von ausgeprägten Führungspersönlichkeiten. Das Ziel ist hochgesteckt. David Whitwam, der Chief Executive Officer (CEO) von Whirlpool, der in kürzester Zeit sein national-amerikanisches in ein globales Unternehmen verwandeln möchte, sucht dazu Mitarbeiter, die bereit sind, Ideen, Prozesse, Systeme über alle Organisationsgrenzen hinweg miteinander auszutauschen und die sich nicht um das «not invented here» kümmern. Ist das überhaupt möglich?

Um in einem internationalen Netz zu arbeiten, braucht man starke Knoten, eine gesunde Lokalisierung. Das haben alle Konsumgüterfirmen erfahren, die ihre Produkte den nationalen Geschmacksrichtungen anpassen mußten. Prägnant hat es der ehemalige Chairman von Unilever PLC, Michael Perry, ausgedrückt: «A global brand is simply a local brand reproduced many times» (Noreen O'Leary, S. 25). Alle Weltstrategien müssen lokal umgesetzt werden, und je besser und schneller vermeintliche und echte Gegensätze erkannt werden, desto eher kann sich das Neue Platz verschaffen.

NEC bezeichnet dieses Vorgehen – lokale Verankerung und deren Vernetzung – als «vermaschte Globalisierung» («mesh globalization»), wobei NEC die technischen Kernkompetenzen in den verschiedenen Ländern auszugleichen versucht. So wurde aufgrund der höheren Kreativität und des ausgeprägteren Unternehmertums die Softwareentwicklung in den USA angesiedelt, die Hardware wegen der hochentwickelten Gruppenarbeit und Qualitätszirkel eher in Japan konzentriert, gleichzeitig diese Länder stärker miteinander verbunden und dabei die zentrale Kontrolle aus Tokio zurückgenommen.

Um grenzüberschreitende Zusammenarbeit sicherzustellen – und das ist der Zweck eines globalen Netzes – muß man die globalen Prozesse, also Forschungs-, Produktentwicklungs- und Marketingprozesse, osmotisch gestalten. Den nie endenden Streit zwischen Matrix, Divisionalisierung und starken und schwachen Landeschefs abschließend lösen zu wollen, ist dagegen müßig.

Aus Arbeiten der Boston Consulting Group ist eine Prozeß-konfiguration aus Ringen, Sternen und Zentren entstanden: In Ringprozessen können wichtige Informationen zwischen Ländern ausgetauscht werden (Lernen), in sternförmigen Abläufen vollzieht sich der Austausch über ein Zentrum (nicht unbedingt identisch mit der Zentrale), so daß er sich gut koordinieren läßt. Besitzt man nur ein Zentrum, so konzentriert sich hier naturgemäß alle Gewalt.

In der Praxis mischen sich alle drei Konzepte auf horizontaler und vertikaler Ebene: Procter & Gamble folgt in der Produktentwicklung dem Ring-Konzept (starke Landeseinflüsse, «world category teams»), ähnlich Elektrolux (Rat der Landesleiter, «The 1992 Council» und «product-line boards»), Hewlett Packard der Stern-Idee (mehrere zentrale Business-Unit-Entwicklungszentren, drei große Labore für Grundlagen), Honda einem Stern-Konzept mit starker japanischer Zentrale. Gillette regelt alles über ein Zentrum, schließlich rasiert man sich überall gleich, und nimmt über Welt-Benchmarking, Welt-Sourcing und Welt-Fertigungen genausoviel von außen auf, wie es in Ring- oder Sternkonfigurationen möglich wäre. In den drei Ordnungen sind Abläufe, Human Resources- und Informationssysteme auf Austausch ausgerichtet: Rotation, Besuche, Training, Bewertungen, gemeinsame Methoden, Teams, Ausschüsse und alle Informationstechniken (E-mail, Voice-mail, Video, Business-TV). Der Dialog hochqualifizierter Manager steht für den Erfolg des Netzes.

In Ringen findet gemeinsame Arbeit in den sogenannten «communities of practice» statt, in jenen eng zusammenarbeitenden Gruppen, die vom Institute for Research and Learning (IRL) in Palo Alto näher beschrieben wurden. Bei General Motors (GM) wurde der neue Saturn von amerikanischen und deutschen Konstrukteuren in Deutschland auf der Basis des Opel Vauxhall Vectra entwickelt, der Cadillac Catera beruht auf dem Opel Omega, und deutsche Entwickler wurden nach Detroit geschickt, um amerikanische Autos für Deutschland zu europäisieren.

In dem Austauschprozeß spielt die Verbindung zwischen Landes- und Weltunternehmer eine bedeutende Rolle. Funktioniert sie nicht, dann kann im Unternehmen das Neue nur schwerlich vom Zentrum nach außen und wiederum zurück von der Peripherie ins Zentrum oder in andere Teile der Peripherie wandern. Das Neue muß sich seinen Weg durch diese kritischen Nadelöhre globaler Organisationen bahnen. In den meisten Unternehmen wird hier allein über Zuständigkeiten und viel zuwenig darüber gesprochen, wie man miteinander arbeitet und umgeht, d. h. wie man gibt und nimmt und dabei gemeinsam lernt: ob die Zentrale mit der örtlichen Situation vertraut ist, ob in beide Richtungen kommuniziert wird, ob der Landesmanager nicht zum Landesfürsten mutiert, ob gegenseitiger Respekt und beidseitiges Vertrauen herrschen. Nur so kann eine «community of practice» funktionieren, in der osmotisches Lernen stattfindet. Ein Manager an der Peripherie, der nicht ausreichend an Entscheidungen beteiligt ist, ist auch nicht ausreichend motiviert, Neues zu übernehmen und weiterzugeben. Vertrauen entwickeln heißt aber auch, lange persönliche Beziehungen zu pflegen. Das widerspricht schnellebigen Rotationsvorstellungen.

Kunden als Quelle

Das Neue lebt von den «Kunden». Kundenbedürfnisse sind wichtige – wenn auch nicht die einzigen – Quellen des Neuen, das sich im intensiven Gespräch zwischen innen und außen entwickelt.

Internationale Leitkunden zu haben, die mit der eigenen

Produktinnovation tief verbunden sind – das wird bei Hilti ganz großgeschrieben. Der Prozeß ist so angelegt, daß Anwender, Experten, Planungsingenieure aus den wichtigsten Märkten der Welt aktiv in die Entwicklung mit einbezogen sind. Sie wirken durch Lead-User-Workshops, Konzepttests, laufende Befragungen in den Entwicklungsprozeß hinein, während der Forschungsprozeß technischen Potentialen vorbehalten bleibt. Eric von Hippel hat in seinen Untersuchungen über die Quellen der Innovation sehr gut herausgearbeitet, in welch hohem Maße das Neue von Kunden bestimmt wird. Das kann so direkt und global stattfinden wie bei Hilti oder indirekter durch ein generelles Eingehen auf Marktbedürfnisse:

Als NEC am Ende der 80er Jahre in den USA das Geschäft für große Telefonvermittlungen aufbaute, setzte die amerikanische Niederlassung in einem langwierigen Prozeß grundlegende Softwareänderungen in Japan an der NEAX 61 für den amerikanischen Markt durch. Der US-Manager von NEC führte die US-Strategie nicht «nur» durch, er war an ihrer Gestaltung entscheidend beteiligt (Barlett u. Ghoshal, S. 128 f.).

Procter & Gambles indischer Vicks-Vaporub-Erfolg zeigt nicht nur den Weg der Lokalisierung – ein westliches Erkältungsmittel (für den Winter) mußte auf die indische Situation (monsunbedingte Erkältungen treten im Sommer auf) umgestellt werden –, sondern anknüpfend an die Wirkstoffe von Vicks Vaporub und an alte indische Pharmazietraditionen entwickelte die örtliche P & G eine auf herbaler Basis eigenständige Medizin für Indien. Die weltweite P & G-Forschung akzeptierte den Vorgang nicht nur, sondern institutionalisierte ihn mit einem eigenen großen Forschungslabor in Indien. Das westliche Mittel löste also im Orient einen Innovationsprozeß für die lokalen Kunden aus.

Die Barmag AG aus Remscheid-Lennep betreibt seit 20 Jahren ein umfangreiches Chinageschäft mit Maschinen für

Chemiefasern. Der technische Ideenfluß ist zweigleisig, es fließen auch Innovationen aus China, die aus Kundenbedürfnissen entstehen, wieder zurück nach Deutschland. Dazu kommen die chinesischen Techniker regelmäßig für mehrere Wochen nach Deutschland, um ihre Ideen im Technikum zu erhärten. Das gilt sowohl für Produkt- als auch für Fertigungs- und Montagefragen. Zunächst betrifft dieses Vorgehen nur chinesische Kundenbelange, eine weitere Verbreitung in andere Teile der Welt von hier aus ist denkbar. Der Austausch zwischen den internationalen Töchtern und mit der Zentrale über Zusammenkünfte, Schulungen, Messen, persönliche Aktivitäten und schriftliche Medien ist ein wesentlicher Vorgang, um Informationen und Wissen zu verbreiten.

Procter & Gamble hat auf dem japanischen Markt für Wegwerfwindeln nach schweren Verlusten von Marktanteilen an Unicharm und Kao die von japanischen Kunden geforderten Produktqualitäten (erhöhte Saugfähigkeit, kleinere Größen) in Japan nachentwickelt und diese Innovation über einen schnellen internationalen Roll-out in der ganzen Welt verbreitet. Es waren P & Gs Erfahrungen in Japan, die dem Unternehmen halfen, die Weltmarktführerschaft zu sichern.

Das Neue tritt nicht nur in Form von Produktideen und -verbesserungen auf, sondern auch als Prozeß- und Fachwissen, zwei wesentliche Elemente, um die immateriellen Vermögenswerte aufzufrischen.

Mit der Einführung der japanischen Automobil-Transplants in Großbritannien (Honda, Nissan und Toyota) wurden die Beziehungen zwischen Herstellern und Lieferanten auf der Insel nach japanischem Vorbild völlig umgestaltet. Die bis dato in westlichen Beziehungen vorherrschende Feindseligkeit zwischen Hersteller und Zulieferer und die damit verbundene «Mehr-Lieferanten-Politik» wurde in England durch «offene Bücher» und die «Single-supplier»-Politik ersetzt. Als Managementprinzipien folgten

Kaizen, Kanban und Simultaneous Engineering. In England wiederum mußten deutsche Automobilzulieferer wie zum Beispiel Kostal das Toyota Production System annehmen, weil die japanisch / englischen Kunden es verlangten. Und so wanderte das Neue weiter.

«Dort forschen, wo die Märkte sind» (Martin Beise u. Heike Belitz, S. 226) – so kann man die japanische Forschungspolitik in den USA umschreiben. Japanische Unternehmen waren 1993 mit 174 unabhängigen Forschungseinrichtungen in den USA vertreten. Ihr wichtigstes Motiv, in den USA Forschung zu betreiben, ist die Nähe zum Kunden, um so die Muttergesellschaft mit den amerikanischen Kundenbedürfnissen vertraut zu machen, gefolgt vom Zugang zu hochqualifizierten Forschern und der Nähe zur eigenen Offshore-Fertigung. In Kalifornien gibt es allein elf japanische Design Studios, unter anderem von Mazda, Mitsubishi, Toyota, Subaru, Honda, Nissan, die schon in den 70er Jahren entstanden sind, also noch in einer Zeit, bevor der Marktdurchbruch in den USA gelang. Man wollte zukünftige Kundenbedürfnisse im Design einfangen. Damit der einzelne Ingenieur die Kundenbedürfnisse berücksichtigen konnte, lebten die japanischen Lexus-Entwickler in den gleichen Vierteln wie die potentiellen Käufer von BMW und Mercedes.

Auch wenn der größte Teil der japanischen F & E-Einrichtungen in den USA werksnah Produktanpassungen für den amerikanischen Markt leistet und Fertigungsprozesse unterstützt, hat sich ein etwas kleinerer Teil dort angesiedelt, wo sich das Wissen konzentriert, also nahe den führenden amerikanischen Forschungsinstitutionen und -zonen (Princeton, Palo Alto, Silicon Valley, Los Angeles). Ihr Ziel ist es, Kontakt herzustellen zu wissenschaftlichen und technischen Talenten als Quelle neuen Wissens, um damit die eigenen technischen Fähigkeiten zu bereichern. Die japanische Elektronikforschung in den USA hat sich dabei auf Gebiete konzentriert, für die die Japaner im eigenen Land nicht die geeigneten Forscher fanden: Parallel Computing, Software, künstliche Intelligenz.

Globalisierung heißt also nicht einfach exportieren, Firmen kaufen, Fabriken in Asien eröffnen, sondern die organisatorische Fähigkeit, Know-how weltweit vor Ort einzusetzen und wieder abzuholen. Innovation, Übertragungsfähigkeit und Integrationsfähigkeit unter der Leitung von globalen Managern werden zur wichtigsten Eigenschaft der Wissensmigration.

Idealisten als Überbringer

Der Begriff des Netzes ist abstrakt und verdeckt, daß der Austausch des Neuen von starken Persönlichkeiten getragen wird. Sie erklären der eigenen Organisation das Fremde, sie führen die fremde Organisation an das Eigene heran. Leidenschaftlich und schrittweise bauen sie immer mehr Vertrauen auf. Schaut man sich diesen Prozeß der globalen Osmose genauer an, findet man die starke Rolle des einzelnen.

Der weiter oben beschriebene Vorgang der Softwareanpassung bei NEC mit dem Ziel, im amerikanischen Markt für große Telefonvermittlungen konkurrieren zu können, war das Werk eines lokalen US-Managers, Howard Gottlieb, der fast besessen davon war, die marktbedingten Softwareänderungen in Tokio durchzusetzen. Der indische Vicks-Vaporub-Erfolg von Procter & Gamble ist ohne die Person des indischen Managers Gurcharan Das undenkbar. Die Geschichte der Flüssigkristallentwicklung bei Hoffmann-La Roche mit seinen internationalen Verzweigungen zeigt das starke Engagement zweier Forscher, Schadt und Helfrich.

In diesen Vorgängen wie auch in einer neueren Untersuchung über die Forschungseinrichtungen von 32 amerikanischen, japanischen und europäischen Unternehmen wird deutlich, daß die Leiter nicht nur hervorragende Wissenschaftler sein müssen, sondern auch sehr umsichtige Manager, die die ausländische F & E-Einrichtung in das bestehende Netz integrieren können, weil sie sowohl die Kultur der heimischen Zentrale als auch die ihrer ausländischen F & E-Einrichtung gut kennen. Sie sind globale Koordinatoren technischen Wissens und keine lokalen Verwalter. Sie müssen sich auskennen, sie müssen wissen, wo die Tür ist, durch die sie Neues in die Zentrale bringen und Neues von dort wieder mitnehmen können.

Der einzelne bewirkt um so mehr, je stärker seine Vertrauensbasis mit dem Fremden entwickelt ist. Welche Wirkung Vertrauen ausstrahlen kann, ist im Falle der Barmag AG zu sehen: Hans-Joachim Becker, ein Mitglied des Vorstands mit langjähriger China-Erfahrung, wurde von der chinesischen Regierung eingeladen, am Fünfjahresplan für die Chemiefaserproduktion mitzuwirken. Bei der amerikanisch-europäischen Symbiose von Spartanburg, die weiter unten beschrieben wird, war Vertrauen erreicht, als die Europäer sich dort für immer niederließen.

Ein bemerkenswertes Beispiel für die Rolle einzelner Personen sowohl auf der gebenden als auch auf der empfangenden Seite ist die Entwicklung des Qualitätsgedankens in Japan und Amerika.

1955 begann die japanische Industrie, westliche Methoden bei der Qualitätskontrolle einzuführen, da die meisten japanischen Produkte in Amerika oder Europa schwer verkäuflich waren. Zwei amerikanische Experten, W. Edward Deming und Joseph M. Juran, lehrten die Japaner, Qualität als strategische Waffe zu sehen, und damit wurde dieses Thema zur Aufgabe der jeweiligen Vorstandsvorsitzenden. Die japanischen Unternehmen begnügten sich nicht damit, defekte Teile zu zählen, es ging ihnen um funktionsübergreifende Prozesse und um kontinuierliche Verbesserungen – aus Kundensicht.

Da amerikanische Manager Qualität als etwas ganz Normales und nicht als Wettbewerbswaffe ansahen, delegierten sie die Aufgabe in die Abteilung für Qualitätssicherung. Obwohl Juran schon Anfang der 60er Jahre die amerikanische Industrie vor den japanischen Qualitätsfortschritten warnte, reagierte sie erst, nachdem die Japaner in den 70er Jahren in Sachen Qualität gleichgezogen hatten. Nun pilgerten amerikanische Manager nach Japan, um sich vor Ort zu informieren, wie es wohl sein könne, daß hohe Qualität zu niedrigen Kosten möglich sei. Dennoch: Erst in den 80er Jahren wurde die Frage der Qualität zur Vorstandssache, der Malcolm Baldridge Award wurde eingeführt. Die ursprünglich amerikanische, in Japan strategisch weiterentwickelte Qualitätsphilosophie durchdrang in ihrer neuen Form – reimportiert – wieder amerikanische Unternehmen.

Wird man noch einmal 20 Jahre auf den Austausch einer revolutionären Idee warten? Wohl kaum! Die Wellen des Zeitwettbewerbs und des Reengineering gingen in wenigen Jahren um den Globus. Dafür sorgte eine Welt-Management-Elite, die eine internationale Führungskultur pflegt, einen gemeinsamen Code spricht, weltweit ähnlichen Konzepten folgt und sich wie alle Eliten eng miteinander verbunden fühlt.

Städte als Eingangspforten

«The world came to Spartanburg ...», dieser Satz beschreibt die Industriegeschichte einer Stadt in South Carolina, in der innovative örtliche Manager europäische Fertigungskompetenzen importierten und die von Rosabeth Kanter exemplarisch untersucht wurde (Kanter, World Class, S. 273).

Das Beispiel Spartanburg ist deshalb so richtungweisend, weil es zeigt, wie sich durch einen von wenigen Topmanagern und Kommunalpolitikern strategisch betriebenen Import europäischer Manufacturing skills die Fertigungskompetenzen der Stadt so dramatisch verbesserten, daß sie heute das amerikanische Zentrum für hochqualifizierte mittelständische Maschinenbauer ist. In der Region Spartanburg, entlang der Interstate 85, findet man heute die höchste Dichte an Ingenieuren pro Kopf der Bevölkerung in den USA, die niedrigste Ausfallrate durch Streiks und die niedrigste Arbeitslosenquote. Es war kein Wunder, daß es 1992 BMW nach Spartanburg zog.

Hervorzuheben ist wiederum die Rolle einzelner: Es waren Roger Milliken, der CEO von Milliken & Company, Richard Turkey, Präsident der Handelskammer, und Paul Förster, der Chef von Hoechst-Celanese, die europäische Firmen nach Spartanburg holten. Milliken zog deutsche und schweizerische Textilmaschinenbauer wie Rieter an, zuerst deren Vertriebs- und Serviceeinheiten, später deren Fertigungen. Mit ihnen kamen Fertigungskompetenzen im Spezialmaschinenbau. Es wurden Trainingsprogramme für Arbeiter durchgeführt, die Qualifizierung der Beschäftigten stieg auf Weltniveau und zog andere Firmen an, die nicht zur Textilindustrie und ihren Zulieferern gehörten. Zuerst transferierten die Firmen Technologien und Fertigkeiten nach Spartanburg, im Laufe der Jahre wurden die Firmen so innovativ, daß sie die Mutterhäuser wieder inspirierten. In Spartanburg entwickelte sich ein deutscher Mittelstand. Das Druckhaus Donnelley baute ein Lehrlingssystem nach deutschem Vorbild auf. Die höheren Steuereinnahmen erlaubten eine grundlegende Verbesserung der örtlichen Schulqualität, der SAT (Scholastic Aptitude Test) stieg um 128 Punkte.

Spartanburg ist nicht etwa eine ausländische Kolonie geworden, vielmehr wurden die Einheimischen kosmopolitischer, indem sie Weltstandards erwarben. Spartanburg war der Ort, an dem amerikanische und europäische Firmen das Neue austauschen konnten.

In einer Welt des Wissens, in der der alte Nationalstaat an Bedeutung verliert, werden Städte oder Regionen eine viel größere Rolle übernehmen müssen, um die internationale Wettbewerbsfähigkeit vor Ort aufzubessern. Die vielen asiatischen Free-Enterprise-Zonen sind solche Osmoseplätze, wo sich East und West treffen, wo beide Seiten sich und das Neue selbst entdecken, genauso wie Spartanburg ein idealer Austauschplatz für anspruchsvolle Fertigungen und Boston einer für modernste Managementkonzepte ist. Städte müssen fähiger werden, um Talente anzuziehen, Fertigkeiten zu erwerben, Horizonte zu erweitern und sich mit den Weltstandards zu vergleichen, sie müssen Verbindungen zur Weltwirtschaft unterhalten, oder sie werden untergehen. Unternehmen müssen verstehen, daß austauschfähige Städte ihnen helfen, global wettbewerbsfähiger zu werden. Dort können sich dann Kompetenzzentren für die Welt niederlassen. So hat Siemens seine Nuklearmedizin in Chicago und die Entwicklung von Wasserkraftwerken in Brasilien konzentriert, ein wichtiges Softwarezentrum liegt in Bangalore in Indien. Städte dürfen sich nicht damit begnügen, nur Branchenschwerpunkte zu entwickeln, sie müssen sich darum bemühen, Austauschplätze neuer Ideen zu werden. Insofern werden Städte Außen(wirtschafts)politik betreiben müssen.

Wissen wird in den Köpfen von Menschen gespeichert. Je näher die Menschen sich physisch sind, je mehr Nestwärme sie erzeugen, desto stärker können sie kommunizieren und desto innovativer und effektiver sind sie: Die Innovationsagglomerationen von Silicon Valley und Seattle, die extrem hohe Spezialisierungsproduktivität von New York, die Konzentration von Elektronik- und Raumfahrtspezialisten in München sind ortsgebunden. Physische Verfügbarkeit von Experten und freies Wissen sind eins. Zwar erlauben das Internet und die firmeneigenen Intranets erstmalig, Wissen an jedem Ort verfügbar zu machen, aber wo wird sich Wissen «physisch» niederlassen? Nur wo es am schönsten ist, wo die Infrastruktur am besten ist oder wo die industriellen Fertigkeiten vorhanden sind, Wissen in Produkte umzusetzen? Ein Standort muß für Talente attraktiv sein: Freiräume (wenig Regeln), kulturelle Umfelder und andere Talente sind genauso wichtig, denn Talente ziehen wiederum Talente an.

Kultur als Nährboden

Wie kann das globale Unternehmen diesen Austausch – trotz aller nationalen Kulturunterschiede – überhaupt meistern? Dazu muß man deutlich zwischen nationaler Kultur und organisatorischer Kultur unterscheiden. Kipling hatte die erste im Kopf, Manager kümmern sich um die zweite.

Untersuchungen innerhalb von IBM zeigen, daß in einem globalen Unternehmen unterschiedliche national geprägte Werthaltungen zwar erhalten bleiben, aber die Organisationskultur, die auf gemeinsamen Praktiken basiert, diese nationalen Dimensionen leicht überspielen kann. Daher sind starke Organisationen mit ihren eigenen Praktiken in der Lage, in vielen unterschiedlichen Kulturen tätig zu sein: Wir können also kosmopolitischer werden, ohne unsere nationale Identität aufzugeben. Diese Parallelisierung ermöglichte es Malaysia, zu den führenden Ländern in der Halbleiterproduktion aufzusteigen, und erlaubt es China, seine Kultur beizubehalten und gleichzeitig westliche Geschäftspraktiken zu übernehmen. Kipling hatte recht: East und West sind kulturell ganz unterschiedlich, trotzdem können östliche und westliche Unternehmen eng zusammenarbeiten.

Im Rahmen dieser Zusammenarbeit haben wir uns daran gewöhnt, daß westliche Kulturen geben und Schwellenländer empfangen. Will man die Globalisierung für das Neue jedoch wirklich nutzen, müssen wir auch willens sein zu empfangen. Deutschland wird aber von außen als empfangsschwach gesehen. Dazu gehören mangelnde Kunden- und Servicenähe, der Glaube, immer die richtige Expertise zu be-

sitzen, die Eigenheit, kleine Änderungen durch Grundsatz-
debatten zu verdecken, schwächer in Kooperationen und ri-
sikoscheuer zu sein. Ebenso hat Peter F. Drucker der deutschen Industrie gravierende «Provinzialität» vorgeworfen,
wenig von außen aufnehmen zu wollen und nach dem Motto
zu verfahren: «Wenn wir es immer schon so gemacht haben,
können wir es auch so belassen, wir sind ja doch perfekt»
(Peter F. Drucker, S. 17).

Osmose als Führungsaufgabe

Import der Inspirationen statt Export deutschen Ingenieur-
wissens: Wir kommen aus einer exportzentrierten Welt und
bewegen uns in eine, in denen sich Inspirationen aus fremden Ländern stärker als je zuvor zu den Ideen von innen gesellen. Deswegen wird der Austausch zu einer Frage unseres
Überlebens.

Lernen ist ein Weg der Osmose, das Eigene und das
Fremde treffen sich nur in austauschwilligen Individuen.
Das Neue wird über unternehmensinterne Netze, über eine
globale Elite, über Städte, durch international Kunden an
die eigene Organisation herangebracht. Es benötigt dann
starke Persönlichkeiten und ein offenes Umfeld im Unternehmen.

Globale Ideen wandern von außen nach innen ins Unternehmen und von innen wieder nach außen. Diesen inspirie-
renden Kreislauf zu leiten, ist die erste große Management-
aufgabe, denn wer heute zu lange nach innen (Europa)
schaut, hat bereits die Hälfte seiner Kunden (Asien) verpaßt.
Wer den «Hinweg» nach Asien sieht, aber den «Rückweg»
übersieht, verlagert nur und erneuert sich nicht. Wir benötigen den globalen Manager, der diesen Austausch wie eine
natürliche Osmose am Laufen hält.

Je stärker der Dialog, desto höher die Chancen, daß das

Neue hineingelassen wird. Durch die Globalisierung gibt es mehr Dialogpunkte und mehr Praxisgemeinschaften, die wir vorher nicht gesehen haben.

Im Rahmen der Globalisierung kann Neues uns unwahrscheinlich bereichern, nicht durch physisch abgepacktes Versenden einer Entdeckung von einem Platz zum anderen, sondern durch das «Werden einer Möglichkeit» (Knoblauch, S. 3), das sich während des Austauschs herauskristallisiert. Diese Suche nach der neuen Möglichkeit ist eine menschliche Sehnsucht, die Ernst Bloch wunderbar umschrieben hat: «Die objektiv-reale Möglichkeit umgibt die vorhandene Wirklichkeit wie ein unendlich größeres Meer mit Realisierbarkeiten darin, die sozusagen auf unsere Faust warten … Noch-Nicht ist das, was in der Schwebe ist, was noch nicht verwirklicht, aber damit nicht aus der Welt ist. In der Welt ist die Kategorie des Noch-Nicht möglich als in einer, in der Entwerfbares, Veränderbares noch geschehen kann, als einer selber noch offenen, unfertigen, prozeßhaften, dadurch fragmentarischen, kurz, als einer Welt mit einem über sie hinausgehenden Horizont» (Ernst Bloch, S. 107 f.).

Beim gegenseitigen Austausch setzen wir unser Unternehmen, unseren Geschäftsbereich, unseren Vertrieb, unsere F & E dem Fremden aus, öffnen den Horizont, und vielleicht genügt ein Gespräch, ein Besuch, ein Erlebnis, ein Experiment, um das Noch-Nicht möglich zu machen. Dazu ist alles bereit:

- Wir haben heute einen Weltmarkt für Produkte, Ideen, Arbeit und Standorte.
- Nachdem die Fertigungen den Vertrieben und die Konstruktionen den Fertigungen in die Ferne folgten, ziehen die Entwicklungen als letztes Wertschöpfungsglied nach.
- Wissen und Intelligenz haben die Arbeit als primäre Wertschöpfungsquelle ersetzt, die örtlichen Innovationsräume werden zu Austauschzentren.

- Unternehmen haben alle denkbaren Möglichkeiten, das Neue zu entdecken: Sie lernen von ihren internationalen Kunden und Lieferanten, sie unterhalten Horchposten in Japan und in Silicon Valley, sie lernen aus Joint-ventures, sie stellen globale Manager ein, sie betrachten Wirtschaftsräume unabhängig von ihren Grenzen.
- Die Geschwindigkeiten der Aufnahme und Umsetzung des Neuen haben sich stark erhöht. Time-to-market hat noch kein Ende.
- Die Kombinationsmöglichkeiten nehmen zu: Wertschöpfungsstrukturen werden heute viel stärker und häufiger zerlegt und wieder zusammengesetzt.

Die meisten Unternehmen bestätigen die Bedeutung des Austauschprozesses, jedoch stehen wir erst an den Anfängen einer Systematik. Das Nachdenken beginnt gerade, nur wenige Organisationen sind in diesem Sinne wirklich global. Zu sehr werden Produkte immer noch für Deutschland konzipiert und exportiert und nicht für die Welt entwickelt und für Deutschland adaptiert. Noch ist die Inspiration von außen ein kleiner Teil der Innovation. Noch sind Kompetenzzentren draußen eher die Ausnahme als die gleichgewichtige Regel. Verhindert unsere Gebermentalität unsere Aufnahmebereitschaft und damit den echten Austausch? Ist Kopieren für uns entwürdigend?

Die Widerstände gegen das Neue werden gespeist von der Angst vor dem Fremden. Da das Fremde nur in der Spiegelung am Eigenen sichtbar wird, steht hinter der Angst vor dem Fremden die Angst, sich selber ändern zu müssen. Angst versperrt die Türen. Da ist die Sorge des mittleren Managements, es könne nach draußen Wissen preisgeben und werde sich damit selber wegrationalisieren. Aber langfristig haben gerade die Firmen, die im Ausland für Beschäftigung gesorgt haben, auch im Inland wieder zugelegt. Es ist die Angst vor dem Nullsummenspiel. Aber das ist der eigentliche Denkfehler, im osmotischen Austauschen (und nicht im einseitigen Weggeben) entstehen neue Möglichkeiten. Solange wir selber nicht daran glauben, daß im Austausch neuer Wert geschaffen wird, findet der Austausch auch nicht statt.

Unternehmer spielen dabei die entscheidende Führungsrolle. Sie sind wie Künstler, sie sehen Möglichkeiten, bevor andere sie entdecken. Überraschung ist ihr Metier. Mit dem Neuen werden sie die geschaffenen Märkte stören, und das ist ihre Aufgabe als Unternehmer. Sie müssen ihren Mitarbeitern das Neue erklären, denn was fremd ist, ist erklärungsbedürftig, sonst schürt es Angst und wird abgelehnt. Sie müssen sie durch diese Veränderung mit starker Hand führen und werden dabei gestalterische Freude empfinden, denn ...

... there is neither East nor West, Border nor Breed, nor Birth,
When two strong men stand face to face, tho'they come from the ends of the earth.

Barlett, Christopher A., and Sumantra Ghoshal, What is a Global Manager? Harvard Business Review, September–October 1992, S. 124–132

Beise, Martin, und Heike Belitz, Internationalisierung von F & E multinationaler Unternehmen in Deutschland, in: Internationales Innovationsmanagement. Gestaltung von Innovationsprozessen im globalen Wettbewerb, hg. von Oliver Gassmann und Maximilian von Zedtwitz, München: Verlag Franz Vahlen, 1966, S. 215–229

Bloch, Ernst, Abschied von der Utopie? Vorträge, hg. und mit einem Nachwort versehen von Hanna Gekle, Frankfurt / Main: Suhrkamp 1980

Drucker, Peter F., Die deutsche Provinzialität kann teuer werden. Ein Gespräch über die Zukunft Deutschlands mit dem Managementtheoretiker Peter F. Drucker, Frankfurter Allgemeine Zeitung, 9. Juni 1992, S. 17

Hippel, Eric von, The Sources of Innovation, New York, Oxford: Oxford University Press 1988

Kanter, Rosabeth Moss, World Class. Thriving Locally in the Global Economy, New York: Touchstone, Simon & Schuster 1997

Knoblauch, Thomas, Die Möglichkeit des Neuen – Innovation in einer lernenden Unternehmung, Stuttgart: M & P, Verlag für Wissenschaft und Forschung 1996

Maljers, Floris A., Inside Unilever: The Evolving Transnational Company, Harvard Business Review, September–October 1992, S. 46–52

Meil, Pamela, «Blick von Außen» or the «View from Outside», in Lutz, B., Zukunftsperspektiven industrieller Produktion – Ergebnisse des Expertenkreises «Zukunftsstrategien», Bd. 4, Frankfurt a. M. / New York: Campus 1997

O'Leary, Noreen, The Hand on the Lever, Adweek, December 14, 1992, S. 22–27

Starbatty, Joachim, Ohne Angst vor einer offenen Welt, Frankfurter Allgemeine Zeitung, 25. Januar 1997, S. 17

Weiterführende Literatur

In *Complexity* lies Opportunity. Global Competition Operating in a Regional World: The International Industrial Conference in San Francisco (Panel Discussion), in: Across the Board, Vol. 31, Issue No. 1, January 1994

Das, Gurcharan, Local Memoirs of a Global Manager, Harvard Business Review, March–April 1993, S. 38–47

Florida, R., and M. Kenney, The Globalization of Japanese R & D: The Economic Geography of Japanese R & D Investment in the United States, Economic Geography, Vol. 70, No. 4, October 1994, S. 344–370

Hofstede, Geert, Cultures and Organizations. Software of the Mind. Intercultural Cooperation and its Importance for Survival, New York u. a.: McGraw Hill 1997

Kanter, Rosabeth Moss, Thriving Locally in the Global Economy, Harvard Business Review, September–October 1995, S. 151–160

Kanter, Rosabeth Moss, Transcending Business Roundaries: 12,000 World Managers View Change, Harvard Business Review, May–June 1991, S. 151–164

Kuemmerle, Walter, Building Effective R & D Capabilities Abroad, Harvard Business Review, March–April 1997, S. 61–70

Maruca, Regina Fazio, The Right Way to Go Global: An Interview with Whirlpool CEO David Whitwam, Harvard Business Review, March–April 1994, S. 134–145

ORIGINAL, KOPIE & KAFFEETASSE

Feines Porzellan gelangte erstmals Anfang des 17. Jahrhunderts aus China nach Europa. Über einhundert Jahre vor der «Entdeckung» des weißen Goldes durch Friedrich Böttger am Dresdner Hof August des Starken hatten 1602 niederländische Seeleute die exotische Ladung eines portugiesischen Schiffes gekapert. Ihre Beute enthielt eine große Menge Gebrauchsgegenstände aus einem bis dahin im Westen unbekannten Material. Bei seiner Versteigerung in der großen Handelsmetropole Amsterdam sorgten Händler aus aller Herren Länder für eine rasche Verbreitung dieses qualitativ erstklassigen Produktes. Ganz offensichtlich übertraf das spröde Porzellan die in Europa gebräuchliche Fayence an Härte, Leichtigkeit, Transparenz und Formfeinheit. Sprunghaft setzte daher die Nachfrage nach den raren Stücken ein, und zügig entwickelte sich ein neuer Markt für den Import weiteren Porzellans.

Mit der Etablierung der «Niederländisch Ostindischen Companie» auf der südjapanischen Insel Kyushu begann 1609 der offizielle Handel zwischen Europa und Japan, zu dessen Hauptartikel in kurzer Zeit chinesisches Ming-Porzellan wurde. Zunächst begnügte man sich im Westen mit den traditionellen chinesischen Formen und Dekoren. Ab 1635 begannen jedoch die niederländischen Auftraggeber Holzmodelle nach Ostasien zu senden, die europäischem Formgeschmack entsprachen und nach deren Vorgaben Porzellane dort erstellt werden sollten. So entstanden um 1640 die ersten chinesischen Tee- und Kaffeeservice nach westlichen Mustern. Auch wegen der veränderten Genußgewohnheiten des europäischen Adels, der ab Mitte des 17. Jahrhunderts zu damals exotischen Getränken wie Kaffee,

Tee und heißer Schokolade griff, waren die kostbaren Serviceensemble mit Henkeltassen aus chinesischem Porzellan bald besonders begehrt.

Als die Produktion und die Ausfuhr chinesischer Waren mit dem Niedergang der Ming-Dynastie um 1657 verebbten, verlagerten die europäischen Importeure ihre Nachfrage auf Hersteller in Japan. Hier sollten die auf dem europäischen Markt eingeführten chinesischen Dekore nach holländischen Formvorschlägen weiter gefertigt werden. Bald mischten sich jedoch auch japanische Motive unter die bewährten Modelle, und es entstanden chinesisch-japanische Produkte nach westlichem Geschmack. Daneben erwarb die Niederländisch Ostindische Companie auch original japanische Porzellane, die für die Einrichtung zahlreicher Prunkräume in europäischen Schlössern und Fürstenhöfen und als fürstliche Geschenkartikel begehrt waren. Als Anfang des 18. Jahrhunderts der Handel mit dem Reich der Mitte wieder einsetzte, wurde die Produktion asiatischer Exportporzellane erneut nach China verlagert. Da die europäischen Importeure hier billiger produzieren lassen konnten, begannen chinesische Porzellanmanufakturen im nunmehr chinesisch-niederländisch-japanischen Mischstil zu fertigen. Zugleich machten sich holländische Maler daheim daran, unbemaltes ostasiatisches Porzellan im «japanischen» Stil zu dekorieren. Diese neue Mischform wurde zum Teil sogar als japanische Originalware verkauft. Nur bei genauer Stilanalyse lassen sich die Stücke als unverstandene Wiedergaben asiatischer Pflanzenarten und damit als niederländische Fälschungen entlarven.

Nachdem die Herstellung des weißen, durchscheinenden Porzellans 1708 endlich auch in Europa selbst gelungen war, begann die Meißner Porzellanmanufaktur August des Starken ihre Produktion zunächst mit den eingeführten Mustern des europäisch modifizierten japanischen Kakiemon-Stils. Der sächsische König hatte bevorzugt original japanische

Porzellane gesammelt, die er nun seinen Malern zur Nachahmung vor Augen stellen konnte. Die gesamte Variationsbreite europäisch-asiatischer Mischporzellane, wie sie im 17. und frühen 18. Jahrhundert hergestellt wurde, konnte August der Starke 1729 in seinem Dresdner Palais ausstellen. Er zeigte sowohl japanische Exportmodelle nach westlichem Geschmack als auch original japanische Stücke, als auch Meißner Stücke, die ostasiatischen Vorbildern nachgeahmt waren. Erst in den darauffolgenden Jahrzehnten traten auch rein europäische Entwürfe auf, die sich vollkommen von den chinesisch-japanischen Mustern gelöst hatten.

Das vorerst letzte Kapitel in der langen Geschichte der wechselseitigen Beeinflussung europäischer und asiatischer Stile begann im letzten Drittel des 19. Jahrhunderts. Im Zuge der japanischen Meiji-Reformen von 1867, aufgrund deren westliche Wissenschaft, Technik, Medizin, Regierungsformen, militärische Strukturen, Recht und Pädagogik umfassend importiert wurden, kam es auch zur Einfuhr und später zur Nachahmung westlicher Speise- und Kaffeeservice. Auch in seiner Konsumkultur integriert Japan seither westliche Formen und Vorstellungen. So hat sich heute beispielsweise der Genuß von Kaffee aus westlichen «Sammeltassen» gleichwertig neben der traditionellen Teekultur etabliert. Die 80er und 90er Jahre dieses Jahrhunderts schließlich wurden Zeuge der westlichen Entdeckung modernen japanischen Designs für Industrie- und Gebrauchsgüter, inklusive Tafelporzellan. Das Wechselspiel geht weiter ...

EIN BRENNENDES VERLANGEN

Gegen Ende der 50er Jahre war Korea nicht reicher als der Sudan. Der Koreakrieg hatte das Land verwüstet. Es gab kein einziges intaktes Unternehmen mehr und so gut wie keine Infrastruktur. Hinzu kam die Aufteilung in eine nördliche und südliche Landeshälfte mit damals enormen wirtschaftlichen und politischen Folgewirkungen, um so mehr, als Korea bis dahin weitgehend integriert war. Zwei Drittel der Bevölkerung lebten im halbwegs industrialisierten Norden.

30 Jahre später: Mitte der 90er Jahre verzeichnet die südkoreanische Wirtschaft unter maßgeblicher Führung der koreanischen Unternehmensgruppen, den sogenannten *chaebols*, enorme Erfolge und hat erhebliche Weltmarktanteile in Branchen wie dem Schiffsbau, der Stahl- und Autoindustrie, bei Halbleitern und in der Konsumelektronik. Hohe Umsätze werden sowohl in den Wachstumsmärkten Asiens als auch in anderen Ländern erzielt. 1996 übertrifft das koreanische Bruttosozialprodukt pro Kopf erstmals 10 000 $. Auf die Ankündigung dieser Leistung war lange hingearbeitet worden. Ihre Bekanntmachung wurde im ganzen Land gefeiert. Was war geschehen? Was ist das Erfolgsgeheimnis der «Korea AG», wie sie oft genannt wird? Natürlich gibt es zunächst die *Kombination* der üblichen Gründe, die allgemein bekannt sind und immer wieder genannt werden:

- ein sehr sorgfältiger Prozeß staatlicher Kontrolle und Einflußnahme auf bestimmte Industrien, beschränkter Wettbewerb, ein geschützter Heimatmarkt und die enge gegenseitige Abstimmung zwischen Regierung und Privatwirtschaft;
- niedrige Lohnkosten mit den daraus folgenden Wettbewerbsvorteilen in arbeitsintensiven Fertigungsindustrien wie Textil, Sportschuhen, Konsumelektronik;
- Finanzsubventionen der öffentlichen Hand im Rahmen eines staatlich kontrollierten Bankwesens sowie eine hohe Sparquote;
- intensive Inanspruchnahme ausländischen Kapitals und importierter Technologien.

All das ist zweifellos richtig und trägt viel zur Erklärung des koreanischen Erfolgs bei. Für sich allein genommen ist es jedoch nicht ausreichend. Vor allem vernachlässigt es die menschlichen Aspekte, die zum hohen koreanischen Wirtschaftswachstum beigetragen haben und die – noch wichtiger – auch weiterhin dafür sorgen werden, daß Korea auf der Überholspur bleibt. Eine genauere Betrachtung dieser «weichen» Faktoren vermittelt ein etwas differenzierteres Bild: Im Verlauf seiner *Geschichte* wurde Korea überwiegend von fremden Mächten – vor allem Japan – beherrscht. Es ist darum nicht verwunderlich, daß in Korea die weitverbreitete und tiefe Überzeugung herrscht, daß Korea und Japan natürliche Feinde seien. In der jüngsten Vergangenheit war die heftige Auseinandersetzung um die Austragung der Fußballweltmeisterschaft im Jahre 2002 ein gutes Beispiel hierfür. In einem etwas weiteren Zusammenhang erklärt es auch, warum Korea das japanische Wirtschaftsmodell fast unverändert übernommen hat. Zu einer Zeit, als Wissen und Ressourcen knapp waren, konnte man leicht und schnell aus diesem Modell lernen. Hinzu kamen die geographische Nähe sowie die Japanischkenntnisse der älteren Generation. Die koreanischen Unternehmensgruppen haben gezeigt, daß man beim Aufbau der Volkswirtschaft sehr viel durch die Nachahmung des japanischen Modells erreichen konnte.

Das aktive Lernen von den Japanern wird oft als der erste Schritt zur Überwindung Japans angesehen. Samsung, eine der führenden koreanischen Unternehmensgruppen, die sich fast jährlich eine Auseinandersetzung mit Hyundai um die Führungsposition unter den koreanischen *chaebols* liefern, ist ein gutes Beispiel dafür: Einerseits ist die Gruppe stolz auf ihre intensive technologische Zusammenarbeit mit japanischen Firmen (zuletzt mit Nissan zur Absicherung ihrer Investition von 3 Milliarden $ in die Automobilfertigung), andererseits sieht sie ihre klare Aufgabe darin, besser als die Japaner zu sein und sie zu schlagen. Diese Zweigleisigkeit war innerhalb des Unternehmens gut verstanden worden, als Samsung Anfang der 90er Jahre die gesamte Gruppe umstrukturierte, um sie rechtzeitig vor Ablauf des Jahrzehnts in ein wettbewerbsfähiges und global agierendes Unternehmen umzugestalten.

Die Doppelrolle Japans als Vorbild und Feind zugleich war eine überaus mächtige Säule der koreanischen Wirtschaftsentwicklung. In Japan gab es einen Gegner, von dem man lernen konnte, um ihn anschließend zu schlagen. Hiervon ausgehend erhebt sich die interessante Frage, ob die Triebkraft für solche Anstrengungen mehr im Vorhandensein eines Feind- oder eines Vorbilds liegt. Was ist für den wirtschaftlichen Erfolg und die Motivation in einem Unternehmen wichtiger: die Identifizierung mit einem erfolgreichen und positiven Ideal oder das Hegen von Feindgefühlen bzw. im Extremfall sogar Aggressionen gegen einen verhaßten Feind? Im Falle Koreas war es vermutlich die Kombination von beidem, die im wesentlichen zu den Ergebnissen geführt hat, auf die das Land heute so stolz ist.

Neben und im Einklang mit der Doppelrolle Japans spielte (und spielt) auch ein *brennendes Verlangen* in der Bevölkerung nach besseren Lebens- und Einkommensbedingungen eine erhebliche Rolle. Die kriegsbedingte Armut sowie der Wunsch, auch nur einen Teil des Wohlstands zu erzielen, den man in Japan und im Westen, insbesondere in den USA, sehen konnte, trug erheblich zu dem Wunsch nach schnellen und durchgreifenden Erfolgen bei. Dieser Wunsch erleichterte zugleich die relativ bereitwillige Hinnahme auch strenger, manchmal drakonischer politischer Maßnahmen, die im Interesse wirtschaftlichen Wachstums stattfanden. Solche grundsätzlichen Einstellungen herrschen auch heute noch. Im koreanischen Unternehmensumfeld gelten schnelle Entscheidungsfindung und zügige Umsetzung als Schlüssel zum Unternehmenserfolg.

Jeder, der jemals geschäftlich in Korea zu tun hatte, wird bestätigen, daß sich koreanische Unternehmen im allgemeinen durch ausgesprochen aggressive Verhaltensweisen auszeichnen. Diese *Aggressivität* ist ein fester Bestandteil der historischen Entwicklung Koreas und seines Ehrgeizes, zu den führenden Nationen der Welt aufzuschließen. Sie findet sich auch in den Wachstumsplänen wieder, die nach Ansicht von Außenseitern übertrieben ehrgeizig erscheinen mögen, zumindest aber den Takt und die Geschwindigkeit im weltweiten Wettlauf um Führungspositionen mit vorgeben. Samsung mit einem Umsatzziel von 200 Milliarden $ im Jahr 2000 oder Lucky Goldstar (LG) mit einem geplanten Umsatz in China von 60 Milliarden $ zu Anfang des nächsten Jahrzehnts sind Beispiele hierfür. Natürlich werden solche Pläne nicht ohne Rückschläge und schmerzliche Erfahrungen umgesetzt werden. Aber die schiere Herausforderung, die in ihnen liegt, sowie der Durchsetzungswille und die Entschlossenheit zu ihrer Realisierung werden dazu beitragen, viele der zukünftigen Schwierigkeiten und Widerstände erfolgreich zu überwinden.

Die heutige, relativ starke Position koreanischer Unternehmen in asiatischen und anderen Ländern, in denen ein großer Teil des zukünftigen Weltwirtschaftswachstums stattfindet, wird ebenfalls zur Umsetzung dieses globalen Ehrgeizes beitragen. Das gleiche gilt für das koreanische Selbstvertrauen, die «can do culture», die ein wesentlicher Faktor des koreanischen Wirtschaftswachstums der letzten 30 Jahre gewesen ist. In seinem enormen Hunger (zumindest in den Anfangsjahren ist dieser Begriff wörtlich zu verstehen – Westdeutschland nach dem Zweiten Weltkrieg mag hier als Bezugspunkt dienen) nach Erfolg und wirtschaftlichen Errungenschaften gab und gibt es auch heute nichts, was koreanischen Unternehmen unmöglich erschiene. Die Art, wie Hyundai seine ersten Brücken und Schiffe mit Hilfe ausländischer Ingenieure baute, ist ein berühmtes Beispiel dieser «can do culture».

Gleichgültig ob als Ursache oder als Ergebnis, zur «can do culture» gehört in diesem Zusammenhang auch die große Risikobereitschaft koreanischer Unternehmer, die ihrerseits untrennbar mit dem Willen zum Erfolg sowie einer immer noch sehr starken Identität von Managern und Kapitalgebern verbunden ist. Koreanische Eigentümer sind ausgesprochen unternehmerisch veranlagt. Ihr Mut und ihre schnelle Entschlossenheit zeigen sich unter anderem in dem wiederholten Eindringen der führenden Unternehmensgruppen in neue Industriezweige. Koreanische Unternehmensführer müssen darüber hinaus sehr viel weniger Rücksicht auf shareholder value und kurzfristige Gewinne nehmen als ihre westlichen Kollegen. Sie investieren und handeln statt dessen stets mit dem Blick auf das nächste Jahrhundert.

Die *konfuzianische Tradition* hat immer noch großen Einfluß sowohl auf Koreas wirtschaftliche wie gesellschaftliche Wirklichkeit. Bildung war stets Gegenstand höchster Wertschätzung und Achtung. Der Wunsch nach beständigem Lernen kann unmittelbar auf die konfuzianische Ethik zurückgeführt werden, die sowohl die Disziplin des Individuums und der Gruppe als auch soziale Stabilität hochhält. Dieses Denken traf überaus glücklich mit den Anforderungen zusammen, die sich aus wirtschaftlichem Wachstum und Erfolgsstreben ergaben, und trug so zur Schaffung einer einsatzfreudigen, gebildeten, leistungsfähigen und leistungswilligen Arbeitnehmerschaft bei. Bereits kurz nach dem Krieg hatte man in Korea die Wichtigkeit, wenn nicht sogar die Schlüsselbedeutung des Humankapitals für die Erreichung wirtschaftlicher Wachstumsziele erkannt. Im weiteren Verlauf hat das dazu geführt, daß heutzutage in koreanischen Unternehmen Personalfragen einen sehr hohen Stellenwert einnehmen.

Diese gut ausgebildete und hochtrainierte Arbeiterschaft ist darüber hinaus geistig sehr rege und anpassungsbereit. Auch wenn von außen Arbeitsunruhen und Streiks gelegentlich ein ausgesprochen negatives Bild der koreanischen Wirtschaft zeichnen mögen, gibt es in Wirklichkeit bei den Arbeitnehmern doch ein hohes Maß an Arbeitsdisziplin und Kooperationsbereitschaft mit dem Management.

Die Gesamtheit dieser eher weichen und unsichtbaren Faktoren sind mindestens ebenso wichtige Antriebskräfte für Korea gewesen wie die anfangs genannten Tatsachen. Für den mit Korea vertrauten Beobachter wird klar, daß die negativen Erfahrungen der Vergangenheit erfolgreich in ein tiefempfundenes Gefühl der Solidarität (um einen eher westlichen Begriff zu verwenden) in der koreanischen Gesellschaft umgewandelt wurden. Es ist auch deutlich zu sehen, daß die Existenz eines externen Feindes wesentlich zur Ausgestaltung der wirtschaftlichen Vision der *chaebols* beigetragen hat. Was oft jedoch nicht entsprechend gewürdigt wird, ist, daß die gesamte wirtschaftliche Entwicklung erst durch die koreanische Gesellschaft ermöglicht wurde, die bereit war, die damit verbundenen Veränderungen mitzutragen.

Nur wenige werden bezweifeln, daß das koreanische Modell auf besonderen Umständen beruht und daher nicht ohne weiteres auf andere Länder übertragen werden kann. Auch innerhalb Koreas wird es in den nächsten Jahren nicht uneingeschränkt weiter wirksam sein können. Die Welt rückt näher zusammen, und die koreanische Gesellschaft wird auf ihrem Weg ins 21. Jahrhundert grundsätzliche strukturelle und soziale Änderungen erfahren. Anwendbar auf andere Nationen und Unternehmen sind jedoch neben den menschlichen Faktoren und dem Erfolgswillen die grundsätzlich positive und energiegeladene Haltung, die lebenslanges Lernen bejaht, sowie die positiven Aspekte einer klaren, anspruchsvollen Identifizierung desjenigen, das es zu überwinden gilt.

Peter E. Senge, Claus Otto Scharmer [1]

Von «Learning Organizations» zu «Learning Communities»

Führungskräfte in der ganzen Welt sehen sich zunehmend mit Umwelten konfrontiert, in denen traditionelle Grenzen verschwimmen, alte Sicherheiten zerbröckeln und der Fokus des gemeinsamen Arbeitens fortwährend neu definiert werden muß. Kurz: Der Komplexitätsgrad der Umwelt nimmt zu, die Übersichtlichkeit von Organisationen ab.

Für den Typ des isoliert arbeitenden «einsamen Entscheiders» stellt dies eine geradezu hoffnungslose Herausforderung dar. Organisationen mit ausgeprägt individualistisch veranlagten Führungskräften, die vor allem ihre eigenen Bedürfnisse zu befriedigen und ihre Position im System zu stärken suchen, erzeugen jetzt noch stärkere und schlechtere Ergebnisse. Vor allem lösen sie nicht die tieferliegenden Probleme, mit denen sich Organisationen oder gar die Gesellschaft heute konfrontiert sehen.

Die erfolgreiche Bewältigung dieser Herausforderung kann nur mit Hilfe von Gemeinschaften angegangen werden, die *gemeinsames Wissen hervorbringen*, mit dessen Hilfe man sich des Problems zunehmend komplexerer Veränderungsprozesse annehmen kann. Die Schlüsselfrage zielt daher auf die Natur und das Wesen solcher *wissensgenerierter Gemeinschaften* bzw. wie sie kultiviert und entwickelt werden können. Im vorliegenden Beitrag unternehmen wir

---

[1] Wir danken unserer Kollegin Katrin Käufer für ihre hilfreichen Anmerkungen zu unserem Manuskript.

den Versuch, einige grundsätzliche Überlegungen zu den Ursachen organisationaler Unsicherheit anzustellen und diese den Erfahrungen einer Gruppe amerikanischer Unternehmen gegenüberzustellen, die am MIT Center for Organizational Learning gemeinsam nach neuen Wegen der Führung und des Lernens im 21. Jahrhundert suchen.

Zunehmende Komplexität und die Auflösung alter Grenzen

In einem Rückblick auf die kürzliche Fusion von Shell Oil mit dem Produktionsbereich von Texaco Oil sagte der Chief Executive Officer (CEO) von Shell Oil, Phil Carroll: «Wir betreten eine Ära verschwimmender Organisationsgrenzen. Für den einzelnen bedeutet dies, daß er sich in einer Welt vielfacher institutioneller Beziehungen bewegt und eine zunehmende Zahl von Identitäten ausfüllt.»

Weltweit sehen sich Führungskräfte zunehmend mit drei Formen von Grenzauflösungsprozessen konfrontiert, und zwar Grenzauflösungen:

- zwischen und innerhalb von Organisationen,
- zwischen Forschung, Beratung und Praxis,
- zwischen Wissen, Selbst und Wirklichkeit.

Die Grenzauflösung *zwischen und innerhalb Organisationen* wird gegenwärtig überall in der Wirtschaftspresse und den Massenmedien diskutiert. Eine Sintflut von Artikeln über «vernetzte Organisationen», «grenzenlose Organisation», «strategische Allianzen» und «virtuelle» oder «imaginäre Organisationen» spiegelt diese Entwicklung wider. Alle stellen die nachlassende Eindeutigkeit organisationaler Zugehörigkeit des einzelnen fest und beschreiben Wege, auf denen vorgegebene Arbeitsabläufe dynamischer bzw. flexibler organisiert werden können.

Die Auflösung der Grenzen zwischen *Forschung, Beratung und Praxis* steht weniger im Mittelpunkt der Diskussion, ist unseres Erachtens aber von nicht geringerer Bedeutung. Beispiele solcher Grenzauflösungen sind Industrieunternehmen, die Beratungsleistungen anbieten, Beratungsunternehmen, die zur Managementforschung beitragen, oder Business Schools, die massiv in den Markt für Topmanagement-Training einsteigen und hier mehr oder weniger direkt mit Beratungsgesellschaften konkurrieren.

Die Auflösung der Grenzen zwischen *Wissen, Selbst und Realität* findet eine noch geringere öffentliche Beachtung, steht aber im eigentlichen Zentrum der Überlegungen, die Phil Carroll im obigen Zitat zum Ausdruck gebracht hat. Im Industriezeitalter war die Frage «Wer bin ich» stets verbunden mit der Frage «Was tue ich» und «Für wen arbeite ich». Die Realität wurde definiert durch den Arbeitsplatz. Je mehr ich mich mit meinem Unternehmen identifiziere, desto mehr habe ich auch die Welt als durch mein Unternehmen definiert empfunden. All dies verändert sich heute. Interessanterweise schlägt Carroll vor, z. B. zunehmend komplexere strategische Allianzen dadurch zusammenzuhalten, daß Manager sich verstärkt um weniger faßbare Faktoren wie Identität und Kultur kümmern. In ihrer 1997 erschienen Studie über multinationale Unternehmen als *differenzierte Netzwerke* legen Nohria und Ghoshal dar, daß «normative Integration das Bindemittel darstellt, mit dessen Hilfe differenzierte Netzwerke als eine Einheit, die man Firma nennt, zusammengehalten werden». Mit anderen Worten, je wichtiger das Wissen um Selbst und Identität für die Kerntätigkeiten von Unternehmen sind, desto mehr müssen sich Führungskräfte mit der Auflösung der Grenzen zwischen Wissen, Selbst und Wirklichkeit auseinandersetzen, wenn sie den Mitgliedern ihrer Organisationen und ihrem Umfeld helfen wollen, ein produktives Verständnis ihrer gegenwärtigen und zukünftigen Identität zu gewinnen.

Die neue Herausforderung:
Führung bei wachsender Komplexität

Beim Übergang von Industrie- zum «Systemzeitalter» – wir ziehen letzteren Begriff dem gängigeren des «Informationszeitalters» vor – werden die o. g. drei Formen von Grenzauflösung von drei Formen zunehmender Komplexität begleitet. Es ist überaus wichtig, daß Führungskräfte diese drei Komplexitätsformen verstehen. Nur dann können sie mehr tun als auf die o. g. Grenzauflösungen zu reagieren und können statt dessen sogar auf die Kräfte einwirken, die diese Auflösungen bewirken.

Die drei Formen zunehmender Komplexität definieren die Aufgaben von Führungskräften überall neu. Sie lassen sich in *dynamische* Komplexität, *Verhaltenskomplexität* und *generative* oder schöpferische Komplexität einteilen.

Dynamische Komplexität charakterisiert das Ausmaß der räumlichen und zeitlichen Trennung von Ursache und Wirkung. In Situationen hoher dynamischer Komplexität können Problemursachen nur selten sofort und aufgrund direkter Erfahrung bestimmt werden. Oft haben nur wenige, wenn überhaupt irgendwelche Beteiligte einen weitergehenden Einblick in die zugrundeliegenden Zusammenhänge. Als Beispiel für diesen Typ von Komplexität denke man an folgende Situation: Der Absatz in einem Unternehmen ist rückläufig. Die Unternehmensleitung reagiert mit zusätzlichem Marketingaufwand, ohne zu sehen, daß der wirkliche Grund für den Rückgang nicht ein Defizit im Marketing ist, sondern im Service liegt.

Beide Entwicklungen, die dynamische Komplexität und die Auflösung von Unternehmensgrenzen, sind Aspekte zunehmender Interdependenz. Als treibende Kraft wirkt hierbei der langfristige *Globalisierungstrend*. Er führt dazu, daß Manager in zunehmend interdependenten Feldern arbeiten, die mit Hilfe klassischer hierarchischer Weisungsrechte nicht mehr koordiniert werden können. Man kann sogar noch weiter gehen: Je mehr Personen und Institutionen an Entscheidungsprozessen beteiligt sind, um so mehr sind Manager und Führungskräfte gleichzeitig mit einem zweiten Typ von Komplexität konfrontiert: der Verhaltenskomplexität.

Verhaltenskomplexität charakterisiert das Ausmaß der Unterschiedlichkeit mentaler Modelle, Werte und politischer Interessen. In Situationen niedriger Verhaltenskomplexität teilen die Akteure ähnliche Annahmen, Weltanschauungen und Interessen. Situationen hoher Verhaltenskomplexität hingegen sind durch fundamentale Konflikte zwischen Annahmen, Grundüberzeugungen, Weltanschauungen und politischen Interessen gekennzeichnet. Ein solcher Komplexitätstyp wäre z. B. gegeben, wenn in dem o. g. Fall eine Produktmanagerin zu der Überzeugung gelangt, daß die Ursache für den Absatzrückgang zwar die schlechter werdende Servicequalität ist, sie sich aber mit einem dahingehenden Verbesserungsvorschlag nicht durchsetzen kann, weil sie z. B. zwischen die Fronten konfligierender «politischer» Kräfte im Unternehmen gerät oder von Mißtrauen umgeben ist, das zwischen operativen Einheiten, Marketing, Verkauf und Qualitätsmanagement herrscht. Obwohl sie die dynamische Komplexität richtig erkennt und die zugrundeliegenden Ursachen identifiziert, kann sie das Problem nicht lösen, weil die Verhaltenskomplexität selber ein Teil ihres Problems ist.

Die Schlüsselvariable, die der Verhaltenskomplexität zugrunde liegt, ist ein langanhaltender Trend zur *Lokalisierung*, d. h. einer zunehmend breiteren Verteilung von Macht- und Entscheidungsbefugnissen in Unternehmen, die eine immer größere Zahl unterschiedlicher Personen in die organisatorischen Entscheidungsprozesse einbeziehen. Bei der Verhaltenskomplexität geht es nicht um die Frage globaler Einheit, sondern um die lokaler Unterschiedlichkeit, um unterschiedliche mentale Modelle, kulturelle Annahmen und Perspektiven. Und beide, Lokalisierung wie Globalisierung, bewirken nicht nur die Rekonfiguration von Unternehmensstrukturen, sondern auch die Organisation von Innovationsprozessen im Unternehmen.

Generative Komplexität schließlich bezeichnet das Ausmaß, in dem Wissen, Selbst und Realität miteinander verbunden sind. In Situationen niedriger generativer oder schöpferischer Komplexität sind wir mit Problemen konfrontiert, deren Lösungsalternativen wir weitgehend kennen. Ein Beispiel sind Tarifverhandlungen zwischen Arbeitgebern und Gewerkschaften. Solche Verhandlungen können durch hohe Verhaltenskomplexität gekennzeichnet sein, zugleich jedoch eine niedrige generative Komplexität (unterschiedliche Interessen, begrenzte Alternativen) aufweisen. In Situationen hoher generativer Komplexität hingegen stehen wir Problemen und Alternativen gegenüber, die wir nicht kennen, da sie noch nicht umrissen sind (unterschiedliche Sichtweisen, noch undefinierte Alternativen). Bleiben wir beim obigen Beispiel: Die Projektmanagerin stellt fest, daß der «eigentliche» Grund für den Umsatzrückgang nicht die schlechte Servicequalität, sondern die mangelhafte Produktqualität ist, durch die die Zahl der Beschwerdefälle anstieg, was wiederum zu einer Überlastung der Serviceabteilungen führte. Um dem Problem beizukommen, könnte sie nun versuchen, die besten Kunden anzusprechen, und sie in einen gemeinsamen Entwicklungsprozeß für die nächste Produktgeneration einbinden. In einer solchen Situation weiß jedoch keiner, a) was das neue Produkt sein wird, b) wer am Entwicklungsprozeß teilnehmen soll und c) wie man einen solchen Prozeß überhaupt gestalten soll. Generative Komplexität zielt hier also auf die Frage, wie unterschiedliche Akteure einen Prozeß schöpferischer Koproduktion aufbauen können. In typischen Situationen mit hoher generativer Komplexität sind weder Zweck noch Akteure, noch Kooperationsprozesse definiert.

Die zunehmend bedeutsame generative Komplexität scheint die am wenigsten verstandene Form der drei Komplexitätstypen zu sein. Generative Komplexität ist zweifelsfrei mit der Auflösung der Grenzen zwischen Selbst, Wissen und Realität verbunden. Sie läßt sich überall dort finden, wo man sich mit neuartigen und noch nicht realisierten Sachverhalten befaßt. Die enge Verbindung zwischen Wissen, Selbst und Realität bedeutet, daß die Art der Wissensgenerierung eng mit dem sich entwickelnden Selbst verbunden ist. Die Zunahme generativer Komplexität basiert auf einer dritten zugrundeliegenden Kraft, dem Trend zur *Individualisierung*. Unter diesem Gesichtspunkt wird eine zusätzliche Nuance in Phil Carrolls Bemerkung über die «nachlassende Eindeutigkeit der Identität» sichtbar. In dem Maße, in dem die Fähigkeit abnimmt, das Selbst innerhalb der Unternehmung zu «identifizieren», wächst der Ansporn, sich seine eigene Identität zu schaffen. Der einzelne muß sich selbst als Person besser kennen, da er sich auf seine professionelle Identität nicht mehr verlassen kann. Umgekehrt wird ein Arbeitsumfeld, das authentische Reflexion und ein aktives gemeinsames «Sinnschaffen» erleichtert, immer wichtiger. Mort Meyerson beschreibt seine Rolle als CEO von Perot Systems wie folgt: «Ich könnte gar nicht die Tür zum Kunden aufmachen. Ich wäre gar nicht in der Lage, die Unternehmensstrategie zu definieren, eine bestimmte Taktik vorzugeben oder unser Vorgehen gegenüber dem Wettbewerb festzulegen. Ich könnte nicht entscheiden, welche Produkte eingeführt werden sollen und welche nicht. Ein Unternehmen zu führen ist heute anders geworden. Ich sage nicht mehr, wo es langgeht. Das Wesen der Führung», sagt Meyerson, «besteht heute darin, dafür zu sorgen, daß die Organisation sich selber kennt.»

Wie können Führungskräfte mit Problemen fertig werden, die sich durch einen gleichzeitigen Anstieg dynamischer Komplexität, Verhaltenskomplexität und generativer Komplexität auszeichnen? Mit anderen Worten: Wie können sie mit Problemen umgehen, die zugleich a) schwer bestimmbare Ursachen haben, b) verschiedene Akteure mit unterschiedlichen Interessen und Denkmodellen einbeziehen und c) sich auf noch undefinierte und im Entstehen begriffene Realitäten beziehen?

Diese Fragen sind nur schwer und allgemein vielleicht gar nicht zu beantworten. Statt dessen werden wir daher im folgenden einige der Erfahrungen vorstellen, die wir als Teilnehmer einer Gemeinschaft von Personen gemacht haben, die mit diesen Fragen gerungen haben. Vielleicht sind unsere vorläufigen Schlußfolgerungen und ersten Versuche auf diesem Gebiet auch für andere Organisationen von Nutzen.

Konsortium Lernender Unternehmen am MIT

1991 kam eine Gruppe großer, hauptsächlich US-amerikanischer Unternehmen zusammen, um das MIT Center for Organizational Learning zu gründen.[2] Ihre Absicht war es, gemeinsam zu untersuchen, wie Unternehmen besser und schneller lernen können. Eine der Hauptvoraussetzungen für die Gründung dieses MIT-Konsortiums war die gemeinsame Annahme, daß man, um tiefgreifende und unternehmensweite Veränderungen herbeizuführen, diese nicht allein und isoliert erarbeitet, sondern daß es der Zusammenarbeit einer ganzen Gruppe von Organisationen bedarf, die bereit sind, Beispiele zu entwickeln und sich gegenseitig zu helfen und zu inspirieren.

[2] Chrysler; Harley Davidson; Xerox; Texas Instruments; EDS, Pacific Bell; Morgan Stanley; Hewlett-Packard; The Quality Management Network / Institute for Healthcare Improvement; Intel; IBM; Detroit Edison; Merck; Shell Oil; AT&T; Ford Motor; US West; Federal Express; Lucent Technologies.

Seit dieser Gründung können einige wichtige Erfolge festgestellt werden. Vielleicht ist das Ergebnis der ersten sechs Jahre, daß wir ein schrittweises Entstehen einer wissensgenerierenden *Gemeinschaft des Lernens* mit einer zugehörigen Menge von Verfahren und Instrumenten beobachten konnten. Ein Beispiel ist die Schaffung von Praxisfeldern durch Mitgliedsunternehmen des Konsortiums. Dazu gehören ferner die sogenannten *Learning Laboratories*, die das Lernen im Kontext realer Arbeitsplatzsituationen erleichtern sollen, auch die Fokussierung auf bestimmte «wesentliche Lernfähigkeiten», die Einsicht in wechselseitige Abhängigkeiten, die effiziente Untersuchung komplexer Problemstellungen, die Förderung persönlicher und gemeinsamer Visionen sowie das Verständnis für die Bedeutung kontinuierlichen Lernens. – All das hat sich für die beteiligten Unternehmen positiv ausgewirkt und auch für die beteiligten Einzelpersonen persönliche Veränderungen nach sich gezogen. Besonders nachhaltige Veränderungen entstanden, als einzelne Teams begannen, die systemische Struktur ihres Handelns wahrzunehmen und zu begreifen, wie bestimmte Probleme durch eigenes Denken, Kommunizieren und gemeinsames Handeln selbst erzeugt wurden und nicht durch externe Kräfte, die außerhalb der Kontrolle lagen.

Gleichzeitig gab es aber auch einige signifikante Rückschläge. Beispielsweise scheiterte der Versuch, ausreichend Zeit und Energie für das Lernen im Rahmen der täglichen Arbeitsbelastungen zu bewahren. Ebenso mißlang es, lokale Erfolge auszudehnen und für organisationsweite Veränderungsprozesse zu nutzen. Nachhaltiges Lernen scheint eine gesunde «Ökologie der Führung» vorauszusetzen. Diese ist jedoch derzeit selten in Unternehmen anzutreffen. Eine solche *Ökologie der Führung* basiert auf drei Grundpfeilern:

- lokale Manager, die neue Ideen in die Praxis umsetzen,
- interne «Netzarbeiter», die die Saat neuer Ideen und Praktiken innerhalb großer Organisationen verteilen und helfen, potentielle Kooperationspartner miteinander zu verbinden. Dieser Typ von Führung ist entscheidend für den Aufbau von internen Infrastrukturen des Lernens und den nachhaltigen Erfolg von Veränderungsprozessen.
- Führungskräfte im Topmanagement, die eine Atmosphäre der Offenheit und Lernwilligkeit im Unternehmen schaffen und erhalten.

Großartige Ideen, die vom Topmanagement in Abkopplung von den beiden anderen Formen der Führung formuliert wurden, konnten nie eine nachhaltige Implementationswirkung erreichen. Umgekehrt sehen sich erfolgreiche Innovatoren, die ebenfalls abgekoppelt von den beiden anderen Formen der Führung agieren, schnell mit den Kräften eines feindlichen «Unternehmens-Immunsystems» konfrontiert.

Alles in allem gesehen sind alle zunehmend davon überzeugt, daß wissensgenerierende Gemeinschaften des Lernens, wenn sie einmal ins Leben gerufen, nur schwer wieder abzuschaffen sind. Sie scheinen ein natürliches Modell für Organisationsprozesse zu repräsentieren – vielleicht sogar *das* natürliche Modell, wie sich Lernen organisieren läßt.

Voraussetzungen der Selbstorganisation von Lerngemeinschaften

Wir gelangten relativ früh zu der Erkenntnis, daß das Fundament einer Lerngemeinschaft eine Gruppe von Personen sein muß, die sich verpflichten, *Theorie* und *Praxis*, Konzeption und Können, die Welt des Wissens und die Welt des Handelns zu einem einheitlichen Ganzen zu integrieren.

Ihre Mitglieder müssen Vertreter eines Wissensschöpfungs- prozesses sein, der andere darin unterstützt, ihre Fähigkeiten zu entwickeln, effektiv zu handeln, dieses Handeln zu reflek- tieren und das daraus wachsende Verständnis in Konzepte umzusetzen. Auf der operationalen Ebene gibt es daher drei Kernaktivitäten, die eine Gemeinschaft des Lernens bestim- men:

- Forschung
- Kompetenzentwicklung
- Praxis

Führt man sich diese drei Kernaktivitäten vor Augen, so be- steht eine Lerngemeinschaft aus den folgenden drei Unter- gruppen:

- der *Gemeinschaft der Praktiker,* wie z. B. mittleres Manage- ment, Produktentwicklungsteams, Lehrer oder Führungs- kräfte,
- der *Gemeinschaft der Forscher,* die in Universitäten tätig sind, an unabhängigen Forschungseinrichtungen oder in anderen Organisationen,
- der *Gemeinschaft der Berater,* Moderatoren oder Trainer, die in unterschiedliche Formen von Kompetenzentwick- lung einbezogen sind.

Im allgemeinen läßt sich sagen, daß eine Gemeinschaft des Lernens die Kernaufgabe hat, *Forschung, Kompetenzent- wicklung und Praxis zwischen und innerhalb von Institutio- nen, Gruppen und einzelnen zu verweben und schöpferisch zu integrieren.*

Um zu verdeutlichen, warum jede der drei Kernaktivitäten wesentlich für den Prozeß des institutionellen Lernens ist, führe man sich vor Augen, wie von jeder der drei Aktivitäten jeweils behauptet werden kann, warum genau *sie* die wichtigste ist. Der Praktiker sagt: «Nichts ist wichtig, wenn nicht ein praktisches Ergebnis erzielt wird. Die einzige gültige Art, Lernen zu messen, ist der Nachweis, daß man etwas erreichen kann, was man vorher nicht erreichen konnte.» Der Berater und Trainer sagt: «Es hat noch kein Lernen stattgefunden, solange der Lernende keine neue Fähigkeit ausgebildet hat. Man hat nicht ‹gelernt›, ein Fahrrad zu fahren, wenn man einmal gefahren ist, sondern erst, wenn man die Fähigkeit nachgewiesen hat, immer wieder fahren zu können.» Der Wissenschaftler schließlich sagt, daß «nichts von alledem wirklich wichtig ist, wenn nicht auch diejenigen, die nicht direkt involviert waren, davon profitieren. Erst wenn generalisierbares Wissen erzeugt wird, kann man von echtem Lernen sprechen. Kurz: kein Lernen ohne Theorie!»

Was wirklich eine Gemeinschaft des Lernens charakterisiert, ist die Bereitschaft, alle drei Aktivitäten als gleich wahr und gleichgewichtig im Gesamtgeschehen der organisatorischen Wissensschöpfung anzuerkennen.

Die Graphik auf S. 153 zeigt die drei Kerngebiete der Wissensgenerierung, Forschung, Kompetenzentwicklung und Praxis als Aktivitäts- und Energiespiralen, die im Kontext einer übergreifenden systemischen Wissensgenerierung interagieren. Eine Gemeinschaft des Lernens ist nicht mehr und nicht weniger als eine unterschiedlich zusammengesetzte Gruppe, die gemeinsam daran arbeitet, *dieses Wissensschöpfungssystem zu fördern und zu erhalten*, indem sie Theorien und Methoden verbessert und durch die Erzielung praktischer Ergebnisse die Fähigkeiten des einzelnen erhöht.

Zusammenfassend läßt sich sagen, daß der Prozeß, der mit der Frage angefangen hat: «Wie läßt sich eine Gemeinschaft des Lernens organisieren?», zu der Erkenntnis geführt hat, gerade *nicht* eine Organisation zu schaffen, sondern nur die Bedingungen herbeizuführen, die es einer Gemeinschaft des Lernens gestatten zu existieren.

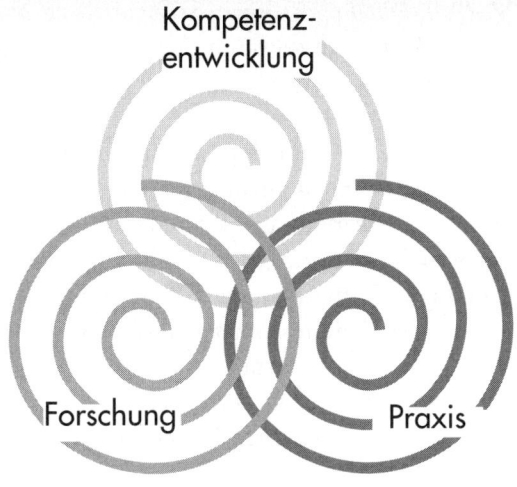

Abb. 1: Drei Kernaktivitäten in Gemeinschaften des Lernens

Auf dem Weg zu gemeinsamen Kernpraktiken

Das MIT Learning Center hat in den ersten Jahren seines Bestehens eine Reihe von Praktiken für Einzelpersonen und für Teams entwickelt, die sich auf die Ebene des Denkens in Systemen, des Dialogs, und auf die Wahrnehmung von fundamentalen Einstellungen beziehen. Vor diesem Hintergrund stellt sich heute die Frage, wie für das Gesamtsystem einer *Learning Community* ein Kern von Grundpraktiken entwikkelt werden kann. In diesem Zusammenhang orientieren wir uns an den drei folgenden Leitfragen:

- Wie läßt sich *Wissensschöpfung* so organisieren, daß sich alle Mitglieder der Gemeinschaft als Forscher engagieren können?
- Wie läßt sich *Kompetenzentwicklung* organisieren, damit alle Mitglieder der Gemeinschaft als Coach und Berater für ihre Kollegen wirken können?

■ Wie läßt sich *Führung* so organisieren, daß alle Mitglieder der Gemeinschaft sich selbst einbringen und an der Führung beteiligt sein können?

Die erste Frage beruht auf der Erkenntnis, daß sich Forschung und Universitäten allzuoft in einem Elfenbeinturm befinden. Möglich wäre es, das Wissen von Praktikern und Beratern dadurch einzubringen, daß alle Mitglieder der Gemeinschaft an der Entwicklung einer Forschungsagenda beteiligt werden. Dies könnte etwa in der Weise geschehen, daß erfahrene Wissenschaftler grundlegende Forschungsverfahren an Praktiker und Berater vermitteln, die dann gemeinsam organisationsübergreifende Forschungsprojekte durchführen.

Bei der zweiten Frage scheint das Problem darin zu liegen, daß Training und Kompetenzentwicklung oft losgelöst von Praxis und Forschung stattfinden. Ein möglicher Weg, wie das Wissen der Praktiker und Wissenschaftler für diesen Zweck mobilisiert werden kann, wären jährliche *Peer Learning Reviews*, in denen alle Mitglieder in kleinen Gruppen ihre eigene Praxis einer kritischen Würdigung unterziehen.

Die dritte Frage berührt unmittelbar das Problem, daß die Führung einer Organisation sich oft vom unmittelbaren Erfahrungswissen des einzelnen Organisationsangehörigen losgelöst hat. Ein möglicher Weg, das schlummernde, praxisgeprägte Wissen für die Führung von Learning Communities zu nutzen, eröffnet sich durch die Einrichtung von periodisch stattfindenden Dialogen zwischen allen Beteiligten.

In allen drei Fällen wird die Herausforderung, wie Lernprozesse zu organisieren sind, durch eine gezielte Aktivierung und Befähigung einzelner gemeistert, die auf diese Weise von Objekten zu Subjekten, d. h. zu aktiven Gestaltern elementarer Organisationsprozesse werden. Nichts weniger als das ist wahrscheinlich notwendig, wenn wir beginnen wollen, den tiefen Bruch zwischen Wissenschaft, Kompetenzentwicklung, Praxis und Führung zu überwinden, der gegenwärtig das Bild der Industriegesellschaft prägt.

Schlußfolgerungen

Bei der Beantwortung der Frage «Wie können Führungskräfte mit Problemen umgehen, die sich durch einen hohen Komplexitätsgrad in allen drei obengenannten Typen der Komplexität auszeichnen – dynamische Komplexität, Verhaltenskomplexität und schöpferische Komplexität?», sind wir zu der Schlußfolgerung gelangt, daß diese Herausforderung nur dann gemeistert werden kann, wenn sie als etwas Organisationsübergreifendes und nicht als etwas Individuelles angenommen wird. Gemeinsame Führung entsteht durch die Beteiligung aller Mitglieder an der Schaffung eines *triadisch differenzierten Netzwerkes*. Dieses Netzwerk basiert auf

- der Definition von gemeinsamen Zielen und Grundprinzipien,
- Gremien der Selbst-Verwaltung und
- auf gemeinsamen Kernaktivitäten.

Vielleicht kann uns der Aufbau von derartigen Netzwerken in die Lage versetzen, wieder zusammenzufügen, was schon immer zusammengehörte: Forschung, Praxis und Kompetenzentwicklung. Nur die aufeinander abgestimmte Reintegration dieser drei Grundbausteine kann das notwendige Minimum an Komplexität erzeugen, die es Führungskräften und Organisationen erlaubt, sich erfolgreich unter Bedingungen zunehmender dynamischer, sozialer und schöpferischer Komplexität zu bewegen.

Ackhoff, R. L., Redesigning the Corporate Future: A Systems Approach to Societal Problems, New York, N. Y.: John Wiley & Sons 1974

Argyris, C., and D. A. Schön, Organizational Learning II. Theory, Method, and Practice, Reading, MA: Addison-Wesley 1996

Forrester, J. W., Counterintuitive Nature of Social Systems, Technology Review, January, 1971

Forrester, J. W., Urban Dynamics, Cambridge, MA: MIT Press 1969

Nohria, N., and S. Goshal, The differentiated Network. Organizing Multinational Corporations for Value Creation, San Francisco, CA: Jossey-Bass 1997

Roth, G., AutoCo Case, Learning History at the MIT Center for Organizational Learning, Sloan School of Management, Cambridge, MA 1996

Roth, G., and P. Senge, From Theory to Practice: Research Territory, Proceses and Structure at the MIT Center for Organizational Learning, working paper, Organizational Learning Center, MIT Sloan School of Management, Cambridge, MA 1995

Scharmer, C. O., Personal Mastery. 21 Thesen (1997)

Scharmer, C. O., Reflexive Modernisierung des Kapitalismus als Revolution von innen. Auf der Suche nach Infrastrukturen einer lernenden Gesellschaft – dialogische Neugründung von Wissenschaft, Wirtschaft und Politik, Stuttgart: Schäffer Poeschel Verlag 1996

Schein, E., Learning Consortia: How to Create Parallel Learning Systems for Organizational Sets, working paper no. 10.007, Center for Organizational Learning, MIT Sloan School of Management, Cambridge, MA 1995

Senge, P., Leading Learning Organizations: The Bold, the Powerful, and the Invisible, forthcoming Leader of Future special tribute to Peter Drucker (Neuerscheinung)

Senge, P., Infrastructure for a Learning Organization, Journal of Innovative Management, Volume 2, No. 2, Winter 1996–1997, S. 4–18

Senge, P. Towards an Ecology of Leadership: An Emerging Systems Theory of Leadership and Profound Organizational Change, working paper in progress, Center for Organizational Learning, MIT Sloan School of Management, Cambridge, MA 1996

Senge, P., The Ecology of Leadership. A guide to organizational learning and executive development, Leader to Leader, no. 2, Fall 1996, S. 18–23

Senge, P., Transforming the Practice of Management, Human Resources Development Quarterly, 4,1, Spring 1993, S. 5–31

Senge, P., The Fifth Discipline: The Art and Practice of the Learning Organization, New York, N. Y.: Doubleday / Currency 1990

Senge, P., and C. O. Scharmer, Infrastrukturen des Lernens: Über den Aufbau eines Konsortiums lernender Unternehmen am MIT, Zeitschrift für Führung und Organisation, Heft 1 / 1996, S. 32–36

Hippel, E. V., Leading Users: A Source of Novel Product Concepts, Management Science 32, No. 7, July 1986, S. 791–805

Utz Jeggle

DIE ERFINDUNG DES
SCHWÄBISCHEN ERFINDERS

Es gibt viele Bilder vom Schwaben; er selbst sieht sich gerne als Dichter und Denker, andere sehen ihn mißgünstig als Kehrwochenfetischisten oder als geizigen «Entenklemmer». Auch die sieben Schwaben sind hinterwäldlerische Tölpel, ebenso täppisch wie das Bäuerlein aus der Schwabenhymne («Uff der schwäbsche Eisabahna»), das zu blöd ist, um mit seinem Geißbock die Eisenbahn zu besteigen.

Von der Not gezeugt

Das Bild vom schwäbischen Tüftler ist also gar nicht so urtümlich, wie es uns scheint. Erfindergeist ist jedenfalls kein Schwaben-Gen, sondern das Ergebnis eines langwierigen Erziehungsprozesses, der im 19. Jahrhundert von der Not gezeugt und von der Gewerbeförderung angetrieben wurde. Handwerkerfortbildung, Unterricht in nützlichen Realien-Fächern, Sozialdisziplinierung in der frühen Industrialisierung produzierten eine konstruktive Geisteshaltung, die usammen mit dem kleinhandwerklichen Erbe und dem religiös gebotenen Fleiß den Grund für die Reifung des schwäbischen Erfindungsgeistes legten.

Voraussetzungen

Württemberg ist um 1800 ein rohstoffarmer Agrarstaat. Die Landwirtschaft ist durch die traditionelle Realteilung äußerst zersplittert und wenig effizient, ihre Erträge reichen bei zunehmender Bevölkerung nicht einmal für die elementare Versorgung. Eine Folge ist die starke Verbreitung des

Nebenerwerbshandwerks, das Handgeschick, technischen Verstand und praktische Vernunft fördert – nicht zu unterschätzende Tugenden für eine zukünftige Industrialisierung.

Die frühe Einführung eines allgemeinen Schulwesens sowie die große Bedeutung des Pietismus in Württemberg begünstigten ein weltliches Wissen sowie auf das Selbst bezogene Ahnungen. Beides zusammen ist die Voraussetzung einer grüblerischen Intelligenz, deren Anwendung sich nicht auf Gott und die Welträtsel beschränkt, sondern die auch die Fragen einer Verbesserung der diesseitigen Welt thematisiert. Von diesem «Grübeln in der Welt und über die Welt» ist der Weg zur Erfindung nicht mehr (ganz so) weit.

Gewerbeförderung

Mit der Gründung der Centralstelle für Gewerbe und Handel (1848) begann in Württemberg eine neue, erfolgreiche Epoche staatlicher Gewerbeförderung. Die Centralstelle organisierte die württembergische Beteiligung an Gewerbe-Ausstellungen in aller Welt, vergab Reise- und Fortbildungsstipendien, baute eine umfangreiche Bibliothek sowie eine öffentlich nutzbare Mustersammlung technischer und kunsthandwerklicher Gegenstände auf.

Ferdinand Steinbeis vor allem war es, der zentrale Bedeutung an der Schnittstelle zwischen Gewerbetreibenden und staatlichen Institutionen erlangte.

Ausstellungen

Gewerbe-Ausstellungen als Musterproben der ökonomischen Entwicklung gab es in Württemberg seit 1812. Das waren zu Beginn bescheidene Präsentationen von Produkten und Herstellungsverfahren, die Zeugnis vom Fleiß und Erfindungsgeist – auch auf künstlerischem Gebiet – ablegen wollten. Im Fahrwasser der Gewerbeförderung stellte sich Württemberg auch im Ausland mit zunehmendem Erfolg vor. «Le Royaume de Württemberg» war spätestens seit der Weltausstellung in Paris von 1855 ein kleines, aber angesehenes Musterland der Industrialisierung.

Gewerbeunterricht

Im Zentrum der Gewerbeförderung standen die Ausbildung und Fortbildung des technischen Geschicks. Handwerkerschulen wurden eingerichtet, das Zeichen und die damit verbundene Abstraktionsfähigkeit gelehrt, der Geschmack geschult, die Württemberger zu besseren Produzenten und kritischen Konsumenten ausgebildet.

Der erfundene Erfinder

Die Gewerbeförderung hatte gegen Ende des 19. Jahrhunderts ihr Ziel erreicht. In Württemberg war eine konkurrenzfähige, innovative Industrie entstanden. Aber «die Württemberger» hatten nicht nur gelernt, mit neuartigen Produkten wirtschaftlich erfolgreich zu sein, das technische Lösungsvermögen bekam auch eine Eigendynamik: Der schwäbische Tüftler war geboren, er fand und erfand so buntes Allerlei, daß oft der Gebrauchswert hinter der Tüftelleidenschaft herhinkte. Dieser Freiraum bot jedoch zugleich die Möglichkeitsform für grenzüberschreitende, kreative Potentiale. Daß diese Ressourcen leicht mißachtet, zumindest nicht genügend gefordert werden, steht auf einem anderen Blatt.

FREIHEIT
UND
REGEL

Wolfgang Rihm
im Gespräch mit Margarete Zander

VERTRAUE AUF
DIE SCHWERKRÄFTE!

Welches sind für Sie die Grundlagen für Ihre Arbeit als Komponist? Ist es eher das Erbe der Musiktradition, das Sie fortentwickeln, oder sind es mehr die zeitgenössischen Einflüsse, das Netz dessen, was in einem globalen System von Beziehungen auf Sie einwirkt?

Ich sehe und erlebe mich als einen Menschen, der Musik komponiert. Ob ich nun Erbe, «Fortentwickler» oder Musikgeschichte, einflußvernetzt, globalsystematisiert oder was sonst noch bin, das mögen jene erforschen, für die die Beantwortung dieser brennenden Frage lebensnotwendig ist, und sei es nur, um Aufschluß zu erhalten, *wie* denn nun meine Werke gehört werden «müssen»: als die eines Erben oder «Fortentwicklers», mehr netzbeeinflußt oder doch eher systematisch global? Denn solches Wissen soll doch meistens nur entlasten: das Hören, die Anschauung, die Beschäftigung. Ein Künstler, der seine eigene historische Erforschung betreibt, ist allein dadurch bereits eine kunstgewerbliche Figur. Aber vielleicht ist dies ein Trost: *Jeder* ist Erbe, *jeder* ist «Fortentwicklers», jeder entstammt einem Netz von Einflüssen, jeder existiert in einem globalen System.

Kann Innovation in der Musik allein aus dem Bezug auf die Musiktradition entstehen, oder speist sie sich eher aus einer Vielzahl von Inspirationen?

Grundsätzlich: Es kann nicht die Tradition eines Phänomens herausgelöst werden aus dem Ganzen, dem sie sich verdankt. «Tradition» ist immer die soeben sich ereignende Gegenwart. Mit anderen Worten: *Wir* sind die Tradition unserer Vergangenheit, nicht: die Vergangenheit ist unsere Tradition. Schönberg ist die Tradition von Brahms, Brahms die Tradition von Beethoven – Tradition *ist* also bereits Innovation. «Allein» kann sie keinesfalls entstehen, da sie von Menschen gemacht wird, denen eine Gegenwart eignet. Immer wieder eine neue Gegenwart: jetzt – jetzt – jetzt – und immer wieder – jetzt … Und in dieser jeweiligen Jetzt-Zeit wirkt alles zusammen. Nichts entsteht allein. Vieles *bleibt* allein, nachdem es als Neues erkennbar wurde. Aber das ist nur scheinbar so, denn es ist ja «in der Welt».

Welche Rolle kann ein Lehrer oder ein Mentor einnehmen?

Lehrer und Mentor kann nur einer sein, der alles erwartet und nie enttäuscht werden kann. Er stellt im idealen Falle einen Sog her, durch den Freiraum, den er bietet; und durch diesen Sog kommt der Schüler zu *seiner* Frage. Denn das ist es, was einzig gelehrt werden kann: die Notwendigkeit der eigenen Frage. Ein Lehrer, der mit Antworten droht, tötet den Schüler. Ein Lehrer, der Tricks anbietet, Systeme, Funktionen, Überblicke, gesteht dadurch wenigstens offen ein, kein Meister zu sein. Die Rolle des Mentors ist darüber hinaus dadurch gekennzeichnet, daß er für einen Schüler öffentlich einsteht und ihm Entlastung verschafft, den Freiraum, der notwendig ist, um unbehelligt von äußeren Zwängen warten zu können, *ziellos* warten, *ergebnislos* warten … denn Neues zögert, dort zu erscheinen, wo es erwartet wird.

Kann man die Fähigkeit, innovativ zu arbeiten, an andere weitergeben?

Die Fähigkeit zu arbeiten ist eine individuelle und darf nicht an vermeintlicher Effizienz gemessen werden. Meine Erfahrung lehrt mich: Ein grundsätzlicher fleißiger Mensch von hohem Arbeitsethos wird es schwer haben mit einer Arbeit, die ihm fremdes Gebiet zu eröffnen droht. Absichtslosigkeit ist der höchste Luxus, dessen wir fähig sein können. Nur wir selbst können ihn für uns schaffen. Absichtslosigkeit ist nirgends erwerbbar und hat schon gar nichts mit den lachhaften Freizeit-Chimären zu tun, mit denen wir die tiefe Unfreiheit kaschieren, die dazu zwingt, freie Zeit «gestalten» zu müssen. Absichtslosigkeit kann etwas momentan Trostloses sein, ein Zustand höchster unfroher Melancholie, überhaupt nichts «Positives», nichts Auf-zu-neuen-Ufern-Haftes. Wenn wir diesen Zustand aber ertragen und ihn auch durch die scheinbar nutzlos verstreichende Zeit hindurch aushalten, kann es sein, daß wir plötzlich vor etwas Neuem stehen und wissen: Das ganze Geheimnis um «Innovation» ist auch nur Beschäftigungstherapie. Wir kennen ja nicht einmal das, *was* wir erneuern wollen, weil wir das, wovon wir reden: es sei innovationsbedürftig, gar nicht kennen. Mit dieser Erkenntnis sind wir geweckt und können uns endlich dem wirklichen Lernen zuwenden: dem Kennen-Lernen des Vorhandenen. Daraus wird unweigerlich Neues entstehen. Ob wir wollen oder nicht.

Erleben Sie sich als Komponist bewußt als Teil der Gesellschaft, als gesellschaftlich Handelnder?

Ja. Aber ich sehe darin nichts, was mich auszeichnet. Es bleibt wohl keinem etwas anderes übrig. Denn selbst der, der von sich sagt: «Nein, ich erlebe mich nicht bewußt als Teil der Gesellschaft», handelt gesellschaftlich, da er die Gesellschaft, so, wie sie ist, durch seine Haltung mit hervorbringt. Die Gesellschaft sind immer *Wir*.

Es wird oft gesagt, das Entstehen von Innovationen sei stark von einem fruchtbaren Nährboden abhängig. Wo finden Sie diesen Nährboden? Wie schaffen Sie sich diesen immer wieder neu?

Etwas Neues kann auch in Enge und Kargheit entstehen.

Es kommt auf die Maßstäbe an. Der Nährboden ist zunächst ein innerer. Wenn man aber etwas Neues gefunden hat und gibt es nach draußen und dort herrscht Kargheit und dürftige Enge, dann kann es sein, daß es zunächst verkommt. Auch Dürftigkeit ist ein relativer Begriff: Eine gutsituierte Gesellschaft, die ihre eigene Kunst nicht kennt, ist natürlich bedürftiger als eine relativ ärmere Gesellschaft, die aber begriffen hat, daß das einzige, was sie in ferner Zukunft noch erinnernswert machen wird, ihre Kunst ist.

Für mich ist der beste Nährboden zum Entstehenlassen jener Dinge, die ich nicht kenne – und nur diese können ja «das Neue» andeuten –, die Unbehelligtheit durch Zeitdruck. Die ökonomische Grundlage für diese Unbehelligtheit versuche ich durch Unübersichtlichkeit zu schaffen: Ich schaffe Werke, die sich untereinander kaum gleichen, ich korrigiere und kritisiere mich durch jedes meiner Werke selbst, jedes neue Stück kritisiert die vorhandenen. Ich stelle also – so will ich hoffen – kein gut wiedererkennbares Kunstgewerbe her, sondern widersprüchliche Objekte in einem unübersichtlichen Œuvre. Aber keine Sorge: Dazu habe ich mich nicht entschlossen, ich *bin* so. Eine Vorausetzung des Nährbodens ist also Identität – auch wenn diese in sich kontrovers ausgeformt ist. Die erste Kontroverse ist natürlich sofort dann gegeben, wenn ich durch diese Unübersichtlichkeit, die mir die Unbehelligtheit garantieren soll, in enormen Zeitdruck gerate … und das ist der Normalfall.

Denken Sie in irgendeiner Form «wirtschaftlich-ökonomisch»?

Wahrscheinlich nicht. Ich handle nie um Honorare oder Ähnliches und gebe das Eingenommene sehr bald von mir – ich glaube, die verdauungstechnische Assoziation, die meine Formulierung nahelegt, ist treffend. Im übrigen herrscht das Prinzip der Verausgabung. Ohne Verausgabung entsteht keine Kunst. Ich meine: Keine «richtige» Kunst, denn die haufenweis' entstehende Kunst in Klang, Bild und Wort kann sich ja kaum einer Verausgabung verdanken, sparsam, wie sie ist.

Sie komponieren sehr viel. Eine solche Menge von Arbeit zu bewältigen, setzt normalerweise eine ökonomische Zeiteinteilung voraus – «Time-Management» heißt das Schlagwort. Wie sind Ihre Strategien für den Umgang mit der Zeit?

Es mag für Sie so aussehen, daß ich viel komponiere. Mir kommt es wenig vor. Ich bin grundveranlagt phlegmatisch-melancholisch. Einzig einem gelegentlich ausspritzenden sanguinischen Anteil verdankt sich wohl der Eindruck rastloser Arbeit. Meistens hänge ich irgendwie rum. So zumindest mein Eindruck. «Time-Management» als bewußt veranstaltetes Einteilen empfände ich in meinem Fall als grotesk, schließlich bin ich Künstler und kein Drei-Tenor. Ich weiß, daß sich alles schon richtig fügt. Und wenn einmal nicht, dann eben einmal nicht. Selbstverständlich führe ich einen Terminkalender – mit dem Ergebnis, daß ich, wenn ich in drei Tagen einen drohenden Termin erblicke, erst gar nicht mit der Arbeit anfange, sondern die drei Tage mehr oder weniger trostlos verstreichen lasse. Alle raten mir dazu, ein Sekretariat zu beschäftigen. Aber: Bis ich einem Sekretär erklärt habe, was zu tun ist, habe ich es schon mit Papier und Tinte erledigt. Wie lachhaft ist es doch, wenn Briefe oder Faxe ankommen, wo gänzlich unbedeutende Personen einen Rattenschwanz von Nummern und Chiffren aufbieten, um irgendeine Erreichbarkeit zu gewährleisten. All dieses Selbst-Organisieren, es ist nur Ausdruck von Leere. Da lobe ich mir meine trostlosen Durchhängetage.

«Erfindet euch selbst», sagt der Philosoph Peter Sloterdijk, und er schreibt weiter, daß man dabei in sich keine regulativen Größen letzter Instanz entdeckt, sondern eine energetische Bodenlosigkeit. Entspricht das Ihrem Weg?

Ja, Sloterdijk schreibt: «Wenn vernünftige Subjekte sich vernünftig erforschen, entdecken sie in sich selber keine regulativen Größen letzter Instanz, sondern eine energetische Bodenlosigkeit.» – Eigentlich wäre eine gesunde Panik darob angebracht. Sloterdijk zitiert dann seinerseits, nämlich René Char: «Nur eine Vergünstigung ist uns mit dem Tod gegeben: Kunst zu schaffen, bevor er kommt.» Das ist doch ein Trost. Sehen wir es so: Ohne energetische Bodenlosigkeit, die wir erfahren müssen, keine Kunst vor dem Tod, also: Sieg des Todes. Nun kommt es nur darauf an, vernünftige Subjekte zu finden, die sich auf diese Erfahrung einlassen. Bei dem schlechten Zustand, in welchem Vernunft sich heute befindet – sie ist gänzlich als Dienerin des Nutzens instrumentalisiert –, dürfte es schwerfallen, unter zeitgemäß Vernünftigen Befähigte anzutreffen, die den Blick in die energetische Bodenlosigkeit aushalten, wenn sie ihn denn überhaupt für vernünftig halten. Mein Rat: Klärung der Vernunft zum Tod hin, der uns die Chance gibt, ein Leben zu haben, bevor er eintritt. Ganz von selbst werden wir uns dem Leben zuwenden, wenn wir uns dem Tod zuwenden.

«Bleib im Werden» – dieses dialektische Prinzip haben Sie formuliert wie einen Aufruf an sich selbst. Nützt allein das Bewußtsein, um diese Spannung zu erzeugen?

Dieser Wunsch, paradox formuliert, nützt rein gar nichts, wenn wir ihn auf Innovationseffizienz hin an uns richten. Ich meine: Bleib fruchtbar, aber mißtraue deinen Früchten. Sie sind kein Ziel! Das Werden, das sie verkapseln – brich es heraus! Beginn von neuem! Im Bewußtsein, daß kein Beginn ist. Alles ist da, immer schon. Sei im Widerspruch, aber nicht in der offiziell anerkannten Position des Widersprechers. Meide die Ergebnisorientiertheit, sie trocknet aus, sie macht brüchig. Aber schaffe, als sei es möglich zu schaffen. Vertraue auf die Eigendynamik der Dinge, auf die Neigungen und Schwerkräfte – und laß um Himmels willen die Finger von Rezepten zur effektiven Innovationsmaximierung. Je mehr wir das Neue wollen, desto vertrauter wird uns seine Gestalt. Das bedeutet aber: desto weniger ist es Neues.

Brauchen Sie Herausforderungen?

Ja. Das lateinische Wort innovare heißt seinerseits erneuern, es führt aber auch die Bedeutung von «sich einer Sache von neuem hingeben» mit. Mir gibt das zu denken. Das, dem ich mich von neuem hingebe, kann nicht das Neue sein; ich würde es ja bereits kennen. Und daß ich allein die Überraschung, den Kitzel der Novität suche – das kann auch nicht gemeint sein. So bleibt am Ende die Frage: Ist Innovation ein absoluter Wert? Welchen Stellenwert hätte er in unserer Gesellschaft, die kaum unterscheidet, ob Innovation zu einem neuen Waschpulver oder zu einer veränderten Lebenseinstellung führt? Bezeichnet der Begriff des Neuen und daneben derjenige der Innovation überhaupt noch das, wonach Suche besteht? Lenkt uns «Innovation» lediglich ab vom Blick aufs Ganze?

Als mir das Exposé für dieses Buch über das Neue zugeschickt wurde, dachte ich zuerst: Ja, da gibt es doch bereits den großartigen Essay von Boris Groys «Über das Neue. Versuch einer Kulturökonomie», sollen sie doch den lesen. Dann habe ich mir aber doch eine kleine Notiz gemacht. Vielleicht stellen Sie diese an den Schluß.

Das Neue ist immer schon da, weil es das Alte ist. Es ist *alles* da, nur wir verändern unseren Ort, damit den Blickwinkel, und das, was wir sehen, ist neu.

Ohne unsere Bewegung: für uns nichts Neues.

Neues für uns: *nur* durch Bewegung.

Linda Bilmes

Silicon Valley in Deutschland? Ein Reisebericht aus Walldorf

Die folgenden Informationen sammelte ich für The Boston Consulting Group bei Interviews, bei einem Round-table-Gespräch mit vier Mitarbeitern des Unternehmens aus verschiedenen Unternehmensbereichen, bei einem Besuch der Unternehmenszentrale in Walldorf und einem Essen in der Firmenkantine. Am 21. November 1996 sprach ich in Walldorf mit Helmut Gilbert (Leiter Personalwesen) und Markus Berner (Corporate Communication). Am 14. April 1997 interviewte ich Kevin McKay (Chief Operating Officer, SAP America) in den USA.

Überblick

Im April 1997 feierte die SAP AG ihr 25jähriges Bestehen. Bundeskanzler Helmut Kohl, Festredner bei den Feierlichkeiten, würdigte die SAP für ihre bemerkenswerten Leistungen und Innovationen.

Die SAP, fünftgrößtes Softwareunternehmen der Welt, hat ihren Firmensitz im badischen Walldorf in der Nähe von Heidelberg. Vor allem ist SAP für ihre integrierte betriebswirtschaftliche Standardsoftware R / 3 bekannt, mit der sie nach der Markteinführung im Jahr 1992 sehr schnell die Weltmarktführung im Bereich Client / Server-Computing übernahm. Weltweit wurde R / 3 bereits über 10 000mal installiert. Das zweite Hauptprodukt der SAP ist R / 2, ein betriebswirtschaftliches Softwarepaket für Großrechnerumgebungen.

Von den weltweit etwa 10 350 Mitarbeitern (Stand: Anfang April 1997) arbeiten ca. 5000 in Deutschland und 2500 in Nord- und Südamerika. Das große Wachstum des Unternehmens – in den letzten fünf Jahren wuchs der Umsatz der SAP von rund 830 Millionen Mark auf über 3,7 Milliarden Mark – kommt zu 95 % von «innen»; die SAP hat nie eine größere Übernahme getätigt. Kein anderes Unternehmen des deutschen Mittelstands ist im letzten Jahrzehnt derart stark gewachsen.

Marktforscher gehen davon aus, daß pro SAP-Arbeitsplatz indirekt weitere vier Arbeitsplätze bei Partnern entstehen. Da die SAP bei Installation, Schulung und Customizing mit Partnerunternehmen zusammenarbeitet, scheint das Verhältnis 1:4 realistisch zu sein. Das würde bedeuten, daß die SAP weltweit über 40 000 Arbeitsplätze geschaffen hätte.

Ihre Innovationsfähigkeit beweist die SAP auf drei Gebieten:

■ *Innovatives Produkt:* integriertes Software- und Servicepaket
■ *Innovativer Vertrieb:* R/3-Vertrieb an kleine und mittlere Unternehmen über Partner, die auch die Installation und das Customizing übernehmen
■ *Innovative Organisation:* eine freie, flexible und flache Organisation mit einem hohen Grad an Eigenverantwortung der Mitarbeiter.

Innovatives Produkt

Das Produkt R/3 unterstützt Unternehmen bei der Integration betriebswirtschaftlicher Standardanwendungen, z. B. im Finanzwesen und Controlling oder in der Logistik und Personaladministration. R/3 kam genau zur rechten Zeit, denn in den späten 80er Jahren führten die Großunternehmen weltweite Programme zur Neugestaltung, Optimierung und

Globalisierung ihrer Geschäftsprozesse durch. In vielen Fällen erwiesen sich die bestehenden Rechnersysteme als Hindernis, da mit ihnen keine Integration der Funktionen, der Meßgrößen und der Kommunikation möglich war.

Die SAP konnte eine Lösung für dieses Problem anbieten. Das System R/3 ist zwar ein Standardprodukt, wird aber von SAP oder ihren Partnern auf die besonderen Anforderungen der Kunden zugeschnitten. Coca-Cola zum Beispiel implementiert R/3 weltweit in den Bereichen Finanz- und Rechnungswesen, Fertigung, Flaschenabfüllung und Versand. Weitere Bestandteile des Vertrags zwischen Coca-Cola und SAP sind umfangreiche Leistungen im Bereich Support, Qualitätssicherung und Schulung.

Der Markt für das Produkt R/3 ist nach wie vor sehr groß. Beispielsweise haben SAP und IBM in einem Gemeinschaftsprojekt SAP-Anwendungen auf die Hardwareplattform AS/400 portiert und damit ein neues Marktsegment von Mittelstandsunternehmen erschlossen.

Die beiden Mitbegründer des Unternehmens, der jetzige Vorstandsvorsitzende Dietmar Hopp und der stellvertretende Vorstandsvorsitzende Prof. Dr. Hasso Plattner, betrachten jede Innovation mit aufrichtigem Respekt. Über den Wettbewerb sagt Plattner: «Wer bessere und schnellere Produkte hat, der verdient den Auftrag. So einfach ist das.» Immer wieder führt das Unternehmen Benchmarking mit Wettbewerbsprodukten zur internen Verbesserung durch.

Zwischen 1995 und 1996 waren die Aktien der SAP die am schnellsten wachsenden Börsentitel in Deutschland. Die meisten Analysten gehen von einer weiterhin starken Nachfrage für R/3 aus.

Durch ihre einzigartige Strategie, mit anderen Unternehmen Partnerschaften einzugehen, konnte die SAP schnell und wirksam wachsen. Hinter dem Konzept steht der Grundgedanke, daß Beratungsfirmen – darunter die großen Wirtschaftsprüfungsgesellschaften – normalerweise sehr früh unternehmerische Probleme erkennen, die integrierte Lösungen erfordern. Mit Hilfe von Schulungen vermittelt SAP Mitarbeitern dieser Partnerfirmen Kenntnisse darüber, wie R / 3 die Altsysteme ablösen und die Leistung des betreffenden Unternehmens steigern kann.

SAP zahlt den Partnern keine Provisionen. Dennoch kann man die Bedeutung der Partner für die rasche weltweite Marktdurchdringung der SAP kaum hoch genug einschätzen. Beispielsweise besteht SAP in den USA erst seit fünf Jahren. Kevin McKay, Chief Operating Officer bei SAP America, sieht seine wichtigste Aufgabe «in der Einführung, Erhaltung und Verbreitung der Firmenkultur und firmentypischen Einstellung» bei den Mitarbeitern in den USA. Von den ca. 2000 Mitarbeitern in den USA arbeiten 75 % erst seit weniger als eineinhalb Jahren bei der SAP. Unter normalen Umständen würde die Mitarbeiterzahl das Wachstum nach oben begrenzen. Aber die SAP hat allein in den USA 15 000 Mitarbeiter von Partnern geschult, die anschließend die R / 3-Einführung beim Kunden unterstützen. Da das System R / 3 über einen langen Zeitraum hinweg (normalerweise mehrere Monate) Schulung und Einführungsunterstützung erfordert, stünde der SAP einfach nicht genügend Personal zur Verfügung, um diese Aufgabe selbst zu erfüllen. Die SAP schult die Mitarbeiter der Partner umfassend und überwacht die Zufriedenheit der Kunden mit den Partnern über Kundenumfragen. Auf diese Weise arbeitet die SAP weltweit mit Hunderten von sogenannten Beratungs- und Logopartnern zusammen.

Das Partnerkonzept der SAP ist ein wesentlicher Grund für ihren Erfolg. Durch die Arbeit mit Partnern konnte die SAP weit mehr Kunden schnell bedienen, als wenn sie den Kundenservice allein durchgeführt hätte. Und sie ist international vor Ort.

Zwar ist die SAP nicht das erste Unternehmen, das eine solche Strategie verfolgt. Sie setzt sie aber in einem viel größeren Umfang ein als andere Unternehmen dieser Größe. Partnerschaften in diesem Umfang erfordern ständige Anstrengungen im Bereich Schulungen, Partnerbeziehungen und Vertrauensbildung. Der SAP gelingt es besonders gut, bei Partnern Vertrauen zu schaffen.

Gerade der Faktor Vertrauen scheint in mittelständischen Unternehmen eine wichtige Voraussetzung für Innovationen zu sein. Er erlaubt ein schnelles Vorgehen, schon bevor sich eine vollwertige Geschäftsbeziehung entfaltet. Ein Beispiel: Chiron, ein führendes Unternehmen in der Biotechnologie, das den Hepatitis-C-Erreger entdeckte und den Impfstoff dagegen entwickelte, war bahnbrechend mit schnellen, informellen Joint-ventures. Chiron führte gemeinsame Forschungs- und Entwicklungsprojekte mit Großunternehmen wie Bayer, Johnson & Johnson und Merck durch. Diese Partnerschaften basierten auf Vertrauen in die Professionalität und wurden per Händedruck besiegelt, d.h., die Arbeit konnte beginnen, noch bevor schriftliche Beziehungen bestanden.

Innovative Organisation

Die besondere Organisationsstruktur der SAP verstärkt ihre Innovationsfähigkeit in der Produktentwicklung, im Vertrieb und im Marketing.

Die meisten Mitarbeiter der SAP sind sehr jung. Das Durchschnittsalter beträgt in Deutschland 34 Jahre, in den USA 29 Jahre und weltweit 36 Jahre. 80 % der Mitarbeiter in Deutschland sind Akademiker, deren erster Arbeitgeber nach Studium oder Promotion die SAP ist. «Neben den neuesten Kenntnissen über Geschäftsprozesse und Technologie bringen sie auch einen besonderen Geist in die Firma», sagt Helmut Gilbert. Durch die legere Kleidung der Mitarbeiter, viele tragen Jeans, im Sommer auch T-Shirts und Shorts, ähnelt die allgemeine Atmosphäre einem Universitätscampus.

Es gibt keine festen Arbeitszeiten, obwohl Kernzeiten bestehen, zu denen Termine mit Kunden oder im Team vereinbart werden. Die Arbeitsstunden werden nicht kontrolliert, und einige Mitarbeiter arbeiten häufig abends. Fast alle SAP-Mitarbeiter sind hochmotivierte «Profis». Die SAP rekrutiert ihr Personal bei den besten Universitäten Deutschlands: Volks- und Betriebswirte, Physiker, Informatiker, Ingenieure, allerdings «wenige aus den Sozialwissenschaften». Ca. 30 % der Mitarbeiter sind Frauen. Auch wenn das Unternehmen keine Stechuhr kennt: Termindruck und Streß gibt es trotzdem – wie an der Universität auch.

Nach der Firmenphilosophie soll jeder Mitarbeiter selbst bestimmen, wie er ein Ziel erreicht. «Menschen brauchen Vertrauen und Verantwortung, um ihr Bestes geben zu können», so Gilbert. «Die Ziele werden vereinbart, aber der Weg dorthin steht jedem relativ frei.»

In den Büros geht es eng zu, es mangelt an Platz. In den einfach möblierten Räumen stehen jeweils drei bis vier Arbeitsplätze, an den Wänden hängen Tafeln. Einige Mitarbeiter sitzen statt auf Stühlen auf großen Sitzbällen. Die Büros der Vorstände sehen im Prinzip aus wie alle anderen. Die Walldorfer Zentrale ist ausgestattet mit Tennisplätzen und einem Gymnastikraum; Wälder, Wanderwege und Terrassen umgeben die Gebäude, und ausreichend Parkraum steht zur Verfügung. Aber weil es in Walldorf außer der SAP nicht viel gibt, wirkt der ganze Ort etwas abgeschieden.

Im Hauptgebäude befinden sich überall Kaffee-Ecken, wo (kostenlos) Kaffee und Tee ausgeschenkt werden. Dort scheinen die Mitarbeiter viel Zeit mit Diskussionen zu verbringen. Die informellen Arbeitsgespräche finden in den Kaffee-Ecken statt. In den beiden Kantinen werden Frühstück und kostenloses (ausgezeichnetes) Mittagessen serviert. Warme und kalte Küche gibt es in der Hauptkantine, ein förmlicheres Casino steht für Arbeitsessen mit Kunden, Partnern usw. zur Verfügung.

Ob Deutsche, Japaner oder andere: Weltweit benötigen alle Mitarbeiter der SAP gute Englischkenntnisse. Ich traf mehrere Mitarbeiter deutschamerikanischer Herkunft. Die Atmosphäre ist international, man hört viele verschiedene Akzente auf den Gängen. Ausgerechnet im kleinen Walldorf einen solchen bunten Reigen von Nationalitäten anzutreffen ist besonders überraschend.

Auch in den USA findet sich die informelle, unternehmerische und flexible Kultur Walldorfs wieder. Da die amerikanische Landesgesellschaft jedoch sehr jung ist und die meisten Mitarbeiter (75 %) weniger als zwei Jahre dort beschäftigt sind, ist es eine der größten Herausforderungen, diese offene Kultur trotz steigender Mitarbeiterzahlen zu erhalten. Kevin McKay berichtet, daß die SAP diese Kultur mit zahlreichen Methoden zu verbreiten sucht (Meetings, Gespräche, E-Mails, kulturelle Veranstaltungen usw.). Bei Universitätsabgängern ist das nicht allzu schwierig, aber für Manager und leitende Angestellte, die aus anderen Unternehmen zur SAP kommen, ist es ein regelrechter Kulturschock. «Selbst gemessen an der Softwarebranche hat SAP eine erstaunliche Firmenkultur», sagt McKay. «Neue Manager sind sehr verwundert über die fehlenden Hierarchien und Formalien, über die Freiheit, mit der jeder seine Meinung äußert und einfach sagt: ‹Na, versuchen wir es doch mal so.›»

Die Mitarbeiter der SAP zeichnen einige Besonderheiten aus: Sie haben Selbstvertrauen und werden ermutigt, ihre Meinung zu sagen, Ideen zu verwirklichen und unter wenig oder gar keiner Kontrolle zu arbeiten. Nach Kevin McKay können die Mitarbeiter aus den USA «kaum glauben», wie gut die Atmosphäre ist und wie freundlich die Kollegen in Walldorf sind. «Die Menschen hier meinen, die Deutschen seien arrogant, und das stimmt nicht. SAP erschüttert jedes Vorurteil.»

In Deutschland, wo nahezu 4000 Mitarbeiter in Walldorf arbeiten und es ein starkes Gefühl der Firmenidentität und Loyalität gibt, ist es dagegen einfacher, diese Kultur aufrechtzuerhalten. Die 2000 Mitarbeiter in den USA sind auf etwa 15 Niederlassungen verteilt, weitere 500 arbeiten weit verstreut in Kanada, Mexiko und Südamerika.

Für den weltweiten Erhalt der Walldorfer Kultur ist es laut Kevin McKay am wichtigsten, den Schwerpunkt auf die Projektorganisation zu legen. SAP beansprucht für sich, ihren Kunden ein «Amalgam der Lösungen» zu bieten. Für viele Kunden stellt die SAP also ein abteilungsübergreifendes Team unterschiedlichster geographischer Herkunft zusammen, das die Einführung unterstützt. Diese Projektteams werden ad hoc gebildet und mit den jeweils qualifizierten Mitarbeitern besetzt – egal, woher sie kommen. Diese etwas zwanglose Methode vermittelt neuen Mitarbeitern in einer Art Intensivkurs die flexible und kreative Kultur. Außerdem investiert die SAP beträchtlich in die Entsendung von Mitarbeitern aus Deutschland in die USA, nach Asien und umgekehrt.

SAP hat mit nur drei Hierarchieebenen eine flache Organisationsstruktur. In Deutschland gibt es acht Vorstandsmitglie-
der und 200 Abteilungsleiter. Die 3800 übrigen Mitarbeiter
stehen alle auf derselben Hierarchiestufe.

Das Unternehmen wird manchmal als Universität mit 4000
Studenten beschrieben. «Alle arbeiten an den unterschiedlichsten Projekten, stehen aber auf derselben Stufe», so Helmut Gilbert. Die Mitarbeiter, mit denen ich das Round-table-
Gespräch führte, bestätigten dies: «In Deutschland verstehen
nur wenige, wieso wir keine offizielle Funktionsbezeich-
nungen haben.» In dieser Organisationsstruktur sahen die
Befragten jedoch einen wesentlichen Erfolgsfaktor für das
Unternehmen.

Die 200 Abteilungsleiter üben außerdem keine direkte
Aufsichtspflicht über die Mitarbeiter aus. Sie werden eher
als Koordinatoren oder Organisatoren gesehen, die die allgemeine Ausrichtung der Arbeit festlegen, sie aber nicht im
Detail überwachen. Rein praktisch ist es gar nicht möglich,
daß die Abteilungsleiter ihre Mitarbeiter sehr oft sehen. «Es
ist eine Herausforderung, hier Abteilungsleiter zu sein»,
sagt Gilbert. «Die Abteilungsleiter gehören zur Infrastruktur, die das Erreichen der Ziele ermöglicht.» Eigentlich haben
die Abteilungsleiter auch keinen «höheren» Status: Der
«Computerguru» mit großem und technischem Fachwissen
genießt das gleiche Ansehen. Projekte werden von Projekt-
leitern koordiniert, die in einem bestimmten Bereich besonders qualifiziert sind. Häufig kommt es vor, daß jemand ein
Projekt leitet und an mehreren anderen als Projektmitglied
mitarbeitet.

Die Mitarbeiter werden ermutigt, nach einer Anfangszeit
von mindestens drei Jahren intern in einen anderen Bereich
zu wechseln. Der häufige interne Wechsel in unterschied-
lichste Bereiche entspricht der erklärten Firmenpolitik. Die

Entscheidung darüber ergibt sich im Einzelfall auf informellem Weg zwischen den beteiligten Abteilungen.

Im Dezember 1996 waren die Mitarbeiter weltweit wie folgt auf die Abteilungen verteilt:

Management	37
Forschung und Entwicklung	2059
Service	4662
Vertrieb / Marketing	1735
Verwaltung	562
Facility	147
GESAMT	9202

Die Firmenpolitik sieht vor, daß Abteilungsleiter in Walldorf oder Vorstände ausschließlich intern rekrutiert werden. «Die Firmenkultur erschwert es einem Außenseiter, sich auf dieser Ebene einzugliedern.» Viele der Mitarbeiter haben aber keine Ambitionen, in eine Führungsstellung befördert zu werden.

Die SAP AG hat kein Organisationsdiagramm. Manche Mitarbeiter beklagen, daß es «recht schwierig» sei, den Verantwortlichen für ein bestimmtes Projekt zu finden. «Es kann ziemlich lange dauern, bis man diese Information hat», berichtet einer der Befragten.

Bei der SAP gibt es keinen Betriebsrat. Beschwerden werden vielfach über das elektronische Schwarze Brett geäußert, das rund 40 % der Mitarbeiter lesen. Als für einige Zeit die Auswahl der Mittagessen für mehrere Wochen von drei auf zwei Gerichte reduziert worden war, gab es eine längere Diskussion im Mail. Derzeit wird eine Diskussion über das Rauchen geführt, das jetzt in einem Teil der Kantine erlaubt ist.

Im allgemeinen behält die US-amerikanische Landesgesellschaft der SAP die flache, informelle Struktur bei, es gibt jedoch auch einige entscheidende Unterschiede. Die Landesgesellschaft in den USA hat eine traditionelle Hierarchie. Es gibt fünf Hierarchiestufen: ganz oben Chief Executive Officer, Chief Operating Officer, Chief Financial Officer; dann die Senior Vice Presidents, dann Directors, Managers und Mitarbeiter. In den USA werden Mitarbeiter und Führungskräfte auch extern rekrutiert (dies war nötig, um das Unternehmen schnell aufzubauen).

Vergütung und Motivation

Nach dem Vergütungsprinzip der SAP sollte die Bezahlung an den Unternehmenserfolg und die Kundenzufriedenheit geknüpft sein. In der Praxis sieht das System in jeder Landesgesellschaft anders aus. Die Niederlassungen sind sehr flexibel, was die Festlegung des Gehaltssystems betrifft. In Deutschland hat man sich zum Ziel gesetzt, im Gehalt aller Mitarbeiter und Führungskräfte einen Fixanteil von 80 % und einen variablen Anteil von 20 % zu verankern. Ein erster Schritt in diese Richtung wurde bei SAP in Deutschland 1995 mit einem variablen Bonussystem unternommen, das an das Erreichen der Umsatz- und Ertragsziele geknüpft ist. In diesem Jahr hat die SAP ein neues, sehr flexibles Gehaltssystem eingeführt.

Vor zwei Jahren gab die SAP Wandelschuldverschreibungen aus, mit denen sie auch den Einsatz für das Unternehmen honorierte.

Im Bereich SAP-Aktien haben Mitarbeiter derzeit lediglich die Möglichkeit, bis zu 10 % des Gehalts in Aktien anzulegen, auf die ihnen ein Abschlag von 15 % (Wert am Kauftag) gewährt wird. Gilbert geht davon aus, daß etwa 50 % der Mitarbeiter dieses Angebot nutzen, weiß aber nicht genau, wie viele Mitarbeiter zum gegenwärtigen Zeitpunkt Aktien besitzen, da sie immer wieder Aktien kaufen und verkaufen.

In den USA ist die SAP nicht börsennotiert. Daher ist es in den USA eine besondere Herausforderung, Spitzenleute einzustellen, insbesondere US-amerikanische Manager, die es gewohnt sind, einen Teil der Vergütung in Form von Kapitalbeteiligungen zu erhalten. Nach Kevin McKay hat die SAP keinerlei Schulden und verfügt über einen beträchtlichen Kassensaldo.

Bei der flachen Hierarchie ist es für SAP Deutschland schwierig, gute Leistungen anzuerkennen. Sie versucht, auf dreierlei Weise Anerkennung zu zeigen: durch Kommunikation im gesamten Unternehmen, durch finanzielle Gratifikation und Anerkennung. Die Kommunikation kann per E-Mail oder durch Meetings erfolgen, bei denen mitgeteilt wird, daß einem Mitarbeiter oder einem Team ein technologischer Durchbruch gelungen ist. Finanzielle Anerkennung erhalten die Mitarbeiter in Form von Prämien.

Am kompliziertesten sind die Anerkennungen. SAP versucht beispielsweise, ihre «Technikgenies» zu belohnen. Manchmal wünschen diese aber keine Beförderung zum Projekt- oder Abteilungsleiter. Sie erhalten dann oft Anerkennungs-«Titel». Diese verglich ein Mitarbeiter mit einem Studienabschluß «summa cum laude».

In Deutschland gewährt die SAP ihren Mitarbeitern großzügige Arbeitgeberleistungen in Form von Versicherungen, Unterstützung beim Immobilienkauf, verbilligten Krediten und großzügigen Spesensätzen.

Vergütung in den USA

Das Gehaltspaket in den USA soll mit beträchtlichen finanziellen Anreizen die Leistung der Mitarbeiter und die Kundenzufriedenheit steigern.

Etwa 70 % des Umsatzes der Landesgesellschaft werden mit dem Verkauf der Produkte, ca. 20 % mit Implementierungsleistungen und 10 % mit Schulung generiert. Für jeden dieser Bereiche gelten eigene Gehaltsregelungen.

Vertriebsleiter erhalten ein Grundgehalt, das an einen aggressiven Provisionsplan gekoppelt ist.

Zusätzlich ist die gesamte Gehaltsregelung eng an die

Kundenzufriedenheit gebunden, die durch unabhängige Kundenumfragen ermittelt wird. Prämien werden nur gezahlt, wenn der Kunde auch zufrieden ist.

Das Gehaltssystem für die Mitarbeiter der Professional Services (die mit der R/3-Implementierung 20 % des Umsatzes erbringen) ist wiederum anders und funktioniert nach einer komplizierten Formel: Die Prämien werden aufgrund des Ertrags berechnet, den jeder Berater für die Firma generiert.

Ein weiteres Entgeltsystem regelt die Vergütung der Mitarbeiter in Schulung und «Wissenstransfer».

In den USA arbeitet die SAP deutlich stärker mit finanziellen Anreizen als in Deutschland. Die Landesgesellschaft in den USA ist allerdings sehr viel mehr auf den Vertrieb und die Produkteinführung ausgerichtet und hat nur 250 Mitarbeiter, die in Forschung und Entwicklung tätig sind.

Die Mitarbeiterfluktuation bei der SAP ist gering (nur 2 % in Deutschland, unter 5 % in den USA, wo der Branchendurchschnitt bei 7 % liegt). Steigt diese Kennzahl, auf die das Management sehr sorgfältig achtet, in einem bestimmten Monat an, so wird dies als Warnsignal betrachtet.

Einstellungen, Schulung,
Investition in die Mitarbeiter

«Die Mitarbeiter sind SAPs Schlüssel zum Erfolg», sagt Helmut Gilbert. «Alles, was wir entwickeln und verkaufen, kommt aus den Köpfen unserer Mitarbeiter.»

Weil die SAP erkennt, daß die Mitarbeiter ihr wichtigstes Kapital sind, investiert sie viel in das Einstellungsverfahren. Im letzten Jahr erhielt die SAP in Deutschland 20 000 Bewerbungen. 2500 der Bewerber wurden zum Gespräch eingeladen, eingestellt wurden 700. Bei ihrem starken Wachstum ist es für die SAP keine leichte Aufgabe, die neuen Mitarbeiter in die Firmenkultur einzubinden und fachlich einzuarbeiten.

Rund drei Monate dauert die Schulung der neuen Mitarbeiter, während deren sie vor allem Produktkenntnisse erwerben.

Jeder neue Mitarbeiter wird von einem der Bereiche eingestellt. Dort arbeitet er mindestens drei Jahre, damit sich die Investition für den Bereich lohnt. Die Mitarbeiter bekommen so viel zusätzliche Ausbildung, wie sie für die Erreichung ihrer Ziele brauchen; die Initiative liegt allerdings oft bei ihnen selbst – und das gilt für ihre gesamte Laufbahn.

Etwa ein Drittel der SAP-Mitarbeiter hat täglich Kontakt mit Kunden, Endanwendern oder Partnern. Ein Mangel an Fähigkeiten im Umgang mit anderen Menschen kann daher zu großen Problemen führen. Wenn Mitarbeiter die SAP verlassen, wechseln sie meistens zu Unternehmen mit SAP-Bezug, zum Beispiel zu Partnern oder Beratungsfirmen oder zu Kunden.

In Nord- und Südamerika stellt die SAP jährlich 600–700 neue Mitarbeiter ein. Nicht nur, was die fachlichen Fähigkeiten angeht, sondern auch in Sachen Firmenkultur genießt Schulung daher oberste Priorität.

Langfristplanung und Entscheidungsfindung

Die SAP hat in Walldorf keine eigenständige Planungsabteilung. Entscheidungen werden auf allen Ebenen des Unternehmens getroffen. Die Entscheidungsfindung ist aber nicht gleichmäßig verteilt. Auch Arbeitsgruppen, die ad hoc eingerichtet werden, und Fachspezialisten können die Ausrichtung und Schwerpunkte der Forschung festlegen. «Strategieberater» hat die Firma nie für sich in Anspruch genommen.

Der erste Teil der Reportage basiert auf Interviews mit den genannten Führungskräften. Entsprechend ihrer Firmenphilosophie war die SAP gern bereit, informelle Gespräche mit SAP-Mitarbeitern aus verschiedenen Abteilungen in Walldorf zu ermöglichen. Die Mitarbeiter bestätigten die oben beschriebenen Ergebnisse. Sie gaben auch eine Antwort auf die Frage: «Wie ist es, bei der SAP zu arbeiten?»

Ich traf mich mit vier Mitarbeitern zu einem Gespräch über die SAP: ein ehemaliger Assistent eines Mathematikprofessors (Bereich R / 2 Services), ein Betriebswirt (Systementwickler im Japan Liaison Office), ein Experte für interkulturelle Fragen (Schulungsabteilung) und ein frischgebackener Ingenieur (Support für die Niederlassungen).

Die Mitarbeiter sprachen allgemein positiv von der SAP. Alle sagten, sie seien «sehr froh», bei SAP zu arbeiten. Sie beklagten sich aber über das fehlende Organigramm und die manchmal chaotische Entscheidungsfindung bei der SAP.

Die positiven Aussagen galten der Flexibilität, den Möglichkeiten, Ideen zu verwirklichen, und den Arbeitgeberleistungen.

- «Für mich ist das der beste Arbeitsplatz, den ich mir vorstellen kann. Freiheit und Prinzipien sind wirklich gut ausgeglichen, und es gibt keine Hierarchie.»
- «Unsere Arbeitgeberleistungen sind weit höher als bei anderen Firmen. Wir haben bessere formal verankerte Arbeitgeberleistungen, wie Versicherungen, Immobilienkredit, kostenloses Mittagessen und bessere ‹informelle› Leistungen; zum Beispiel können wir Urlaub nehmen, wann wir wollen, ohne daß jemand mit der Wimper zuckt.»
- «Die beste Arbeitgeberleistung ist das kostenlose Mittagessen, bei dem wir zwischen drei sehr guten Gerichten, darunter vegetarisches Essen, auswählen können. Ich

weiß, es klingt seltsam, aber die Firmenleitung kümmert sich sogar darum, was wir essen.»

■ «Wenn ich eine Idee habe, dann kann ich sie äußern, ich kann sie verwirklichen, und ich ernte die Anerkennung dafür.»

Gemischte Gefühle zeigten die Mitarbeiter hinsichtlich der fehlenden Struktur bei SAP. Zwar sahen sie die Vorteile, beklagten sich aber darüber, daß die informellen Strukturen es häufig erschwerten, Arbeiten zu erledigen.

■ «Es ist manchmal recht schwierig herauszufinden, wer für was zuständig ist.»

■ «Der allgemeine Erfolg der Firma läßt einen die Frustrationen des Tagesschäfts leicht vergessen.»

■ «Es ist schon schwierig. Was du gestern wußtest, ist heute nicht mehr genug. Man muß sich ständig verbessern und steigern. Der neueste Mitarbeiter weiß immer am meisten.»

■ «Wie bringe ich Ordnung in das, was ich heute und morgen brauche? Es ist chaotisch. Es laufen so viele Projekte parallel, offizielle und inoffizielle, und niemand sagt einem, welches die höchste Priorität hat.»

■ «Die Entscheidungen sind sehr sprunghaft. Manchmal wird eine Entscheidung größter Tragweite in zehn Minuten getroffen. Das ist prima. Aber manchmal brauchen kleine Entscheidungen Monate und müssen auf Vorstandsebene getroffen werden. Es ist verrückt.»

Alle Mitarbeiter waren der Meinung, daß SAP in Deutschland einzigartig ist.

■ «In meiner Familie versteht niemand, was ich mache, weil ich keine offizielle Funktionsbezeichnung habe. Ich arbeite hier seit 10 Jahren und bin immer noch ‹Angestellter›. Aber

genau deswegen macht es soviel Spaß, bei der SAP zu arbeiten.»

▪ «Wenn es die SAP nicht gäbe, keine Frage, ich müßte
Deutschland verlassen. Ich würde wahrscheinlich nach
Kalifornien gehen und dort arbeiten.»

▪ «Ich frage mich immer, wieso es in Deutschland nicht
mehr Firmen wie die SAP geben kann.»

Heinrich v. Pierer

ERFINDEN, ENTWICKELN, UNTERNEHMERISCH UMSETZEN – VON DER IDEE ZUM MARKTERFOLG –

«*Durch Erfindungen sein Glück zu machen, ist eine sehr saure, schwere Arbeit, die wenige zum Ziel führt und schon unzählige tüchtige Leute zugrunde gerichtet hat!*»[1]

Werner von Siemens mußte es wissen. Denn schließlich hatte er zu diesem Zeitpunkt schon eine ganze Reihe von sehr unterschiedlichen Erfindungen vorzuweisen, z. B. die Schießbaumwolle und ein Galvanisierungsverfahren zur Vergoldung. Er hatte außerdem den Wheatstonschen Zeigertelegraphen entscheidend verbessert, eine neue Methode zur Isolierung elektrischer Kabel mittels Guttapercha entwickelt, Wassermesser und elektrische Feuermelder konstruiert und vieles mehr.

Wenn heute von Erfindungen, Innovationen, Neuerungen die Rede ist, so liegt über diesem Thema immer noch der Schleier des Geheimnisvollen. Man denkt an die großen Erfinder der Renaissance und der industriellen Revolution wie Leonardo da Vinci oder James Watt. Bis heute gelten Erfindungen und Innovationen als das Werk von Genies, Tüftlern und Querköpfen. Blickt man in die jüngere Zeit, so sind es vor allem Turnschuhunternehmer oder selfmade-men, die Aufmerksamkeit auf sich ziehen.

Innovation ist aber vielschichtiger: Hinter dem Begriff Innovation verbergen sich

---

[1] Werner von Siemens in einem Brief an seinen Bruder Carl, 30. September 1855.

- nicht nur spektakuläre Erfolge, sondern auch der nüchterne Alltag in Labors und Entwicklungszentren;
- nicht nur der geniale Wurf, sondern vor allem die mühsame Arbeit am kleinen, aber sinnvollen Detail;
- nicht nur die wissenschaftliche Entdeckung oder technische Erfindung, sondern auch die Verbesserung von Prozessen und Methoden vom Forschungsprozeß selbst bis zu Finanzierung und Marketing.

Wie kommt es zu solchen Innovationen, wie kann man sie fördern und vor allem: Wie setzen sie sich durch? Für die Zukunftsfähigkeit von Gesellschaft, Staat und Wirtschaft kommt es entscheidend auf die Einstellung zum Wandel an. Wird er nur widerwillig akzeptiert, ist die Startposition denkbar ungünstig. Wird er dagegen als Chance zur Neuorientierung begriffen und werden neue, den veränderten Umständen angepaßte Verhaltensweisen, Methoden und Strategien entwickelt, ist die Ausgangsposition deutlich besser. Mit anderen Worten: Es kommt darauf an, Vorsprünge durch Innovationen zu erringen. Deshalb ist es wichtig, den vielschichtigen und facettenreichen Prozeß der Entstehung des Neuen aus verschiedenen Perspektiven zu betrachten.

Das Umfeld

«Nicht Tatsachen, sondern Meinungen über Tatsachen bestimmen das Zusammenleben», erkannte schon im ersten nachchristlichen Jahrhundert der griechische Philosoph Epiktet. Für Innovationen heißt das: Die grundsätzliche Haltung einer Gesellschaft gegenüber Neuerungen und individueller Initiative ist ein nicht zu vernachlässigender Faktor.

Die Gründerjahre von 1870 bis 1873, das deutsche Wirtschaftswunder der Nachkriegszeit oder auch das amerikanische Jobwunder dieser Tage, sie alle basieren zum Teil auf hard facts wie neuen Technologien, einer Verbesserung der wirtschaftlichen Rahmenbedingungen, dem Konjunkturverlauf etc. Doch auch soft facts, also Stimmungen und Zukunftseinschätzungen, spielen eine wichtige Rolle.

Sollen Innovationen auf breiter Ebene entstehen und sich durchsetzen, so bedarf es einer gesellschaftlichen Grundstimmung, die geprägt ist durch Unternehmergeist, Neugier und den Willen, selbst etwas zu gestalten und dabei auch die eigene Position zu verbessern. Was in einem solchen Klima geleistet werden kann, belegt der beispiellose Aufstieg der asiatischen Länder. Die ungeheure Dynamik dieser Gesellschaften beruht nicht nur auf günstigen staatlichen Rahmenbedingungen für unternehmerisches Handeln, sondern vor allem darauf, daß die Menschen dort sehr motiviert, ehrgeizig und zielstrebig, bessere Lebensbedingungen für sich und ihre Nachkommen anstreben. «Wer sich heute nicht um die Zukunft kümmert, wird morgen die Gegenwart bedauern», sagt ein chinesisches Sprichwort, das typisch ist für die dort vorhandene Zukunftsorientierung, den Elan und Aufbauwillen.

Aber man braucht gar nicht unbedingt ins «ferne» Asien zu schauen. Auch in den USA herrscht im Vergleich zu Europa ein ganz anderes Umfeld. Es ist kein Zufall, daß bei Traumkarrieren wie «vom Tellerwäscher zum Millionär» umwillkürlich an Amerika und nicht an Deutschland gedacht wird. Nur acht Prozent der deutschen Studenten äußern die Absicht, sich selbständig zu machen, über 50 Prozent wollen in den öffentlichen Dienst. In den USA dagegen ist es selbstverständlich, daß die Besten eines Jahrgangs in hochdynamische High-Tech-Unternehmen streben oder sich eine eigene Existenz aufbauen. Risikofreude und unternehmerische Initiative genießen in Deutschland geringe gesellschaftliche Anerkennung. Erfolgreiche Jungunternehmer werden hierzulande vielfach belächelt, oder die Früchte ihres Erfolgs werden ihnen geneidet. Gescheiterte Firmengründer dagegen werden privat und gesellschaftlich als Versager abgestempelt und von Kapitalgebern häufig geächtet. Ganz anders in den USA. Unternehmensgründer genießen höchste Anerkennung. Innovatoren und erfolgreiche Unternehmer sind der Stolz des Landes und seiner Bürger. Und wenn einer, der viel gewagt hat, auf die Nase fällt, gilt er gleichwohl als «great guy», der selbstverständlich eine zweite Chance verdient. Also eine vollständig andere Gründerkultur.

Aber es kommt noch etwas anderes hinzu, das ist die allgemeine Haltung zur Technik. Auch sie ist ein wichtiger Innovationsfaktor. Als 1825 die Eisenbahnlinie von Liverpool nach Manchester gebaut werden sollte, befürchtete man, daß durch den Lärm der Lokomotive die Kühe nicht mehr weiden und die Hühner keine Eier mehr legen würden, daß der «giftige Rauch» die Vögel tot vom Himmel fallen lasse und der Funkenflug die der Bahnlinie benachbarten Häuser einäschern würde. Man beklagte, daß die Pferde überflüssig würden und dementsprechend auch die Hafer- und Heuproduzenten ihre wirtschaftliche Grundlage verlören. Vor allem aber war man überzeugt, daß die Dampfmaschinen explodieren und die Passagiere zerfetzen würden. Das alles ist nicht eingetreten, wohl aber ein ungeheurer Gewinn an Mobilität und Wohlstand.

Die Technik selbst ist nur ein Instrument und insofern moralisch ein unbeschriebenes Blatt. Sicherlich verfehlt wäre ein blinder Technikglauben. Der wäre am Ende unseres Jahrhunderts, das bis hin zu technisch perfektioniertem Völkermord und tragischen Katastrophen so viel Leid und Schrekken gesehen hat, auch naiv und unverantwortlich. Aber wer allein die Risiken und Mißbrauchpotentiale in den Vordergrund rückt, verhindert Lösungen für die drängenden globalen Probleme von der Ernährung und Versorgung einer immer größeren Weltbevölkerung bis zur Sicherung von Natur und Umwelt. Solche Lösungen sind dringend geboten. Sie gedeihen jedoch nur dort, wo Forschung und Technik willkommen sind und entsprechenden Rückhalt in der Gesellschaft finden. Umfragen zufolge hat sich die Einstellung zu moderner Technik in Deutschland zwar zuletzt verbessert. Aber immerhin ist ein Drittel der Bevölkerung der Meinung, daß neue Technologien mehr Gefahren als Chancen bergen.

Natürlich sind das nur Durchschnittswerte und pauschale Aussagen. Techniken, die im eigenen Haushalt oder im Alltagsleben eingesetzt werden und einen unmittelbar erfahrbaren Nutzen haben – wie Auto, Kühlschrank und Telefon – finden breite Zustimmung. In anderen Fällen jedoch ist die Skepsis oft groß, z. B.:

- bei überwältigender Größe der Anlagen, etwa bei Raffinerien oder Kraftwerken,
- bei scheinbarer Ferne zum Alltagsleben, wie der physikalischen Grundlagenforschung, der Festkörper- und Materialforschung mittels Neutronen, oder
- bei vermeintlich näherliegenden Alternativen, etwa der konkreten Wahl zwischen gentechnisch veränderten Nahrungsmitteln und solchen aus «biologisch-dynamischem» Anbau.

Wozu Kernkraft, wo doch Wind, Wasser und Sonne viel «natürlichere» Energiequellen sind? Wozu gentechnisch veränderte Tomaten, wenn «natürlich» angebaute vor der Haustüre wachsen? – Oft kommen solche Argumente gerade von Menschen, die bei anderen Themenstellungen, zum Beispiel dem Umweltschutz, sehr sensibel für globale Zusammenhänge sind. Beim Einsatz neuer Technologien verschließen sie sich dagegen der globalen Dimension der jeweiligen Thematik. Daß die weltweiten Energiebedürfnisse nicht ohne den Einsatz von Kernkraft zu decken sind, daß erst die grüne Revolution ermöglicht, die Ernährung einer rasch wachsenden Weltbevölkerung sicherzustellen, und daß moderne Medikamente und robuste und ertragreiche Nutzpflanzen nur mit Hilfe der Gentechnik ausreichend zur Verfügung stehen,

diese Tatsachen werden vielfach übersehen. Statt dessen wird
das Bild einer heilen, aber unrealistischen Idylle gemalt.

Was not tut, ist ein weiter Horizont und ist Mut zur Veränderung oder – wie Robert Musil es einmal formuliert hat – eine Haltung, die an der Heiligkeit des Augenblickzustandes der Welt zweifelt, *«aber nicht aus Skepsis, sondern in der Gesinnung des Steigens, wo der Fuß, der fest steht, jederzeit auch der tiefere ist.»*

Wissen und Beobachtung als Ausgangspunkt für Innovationen

«Erfindungen sind nur selten erfolgreich, wenn sie nicht aus der vollen Sachkenntnis hervorgehen und den Zweck haben, eine vorhandene störende Lücke auszufüllen. 99 unter 100 Erfindungen beruhen auf mangelndem Verständnis und die vermeintliche Erfindungsgabe auf Einbildung.»[2]

Voraussetzung für jegliche Innovation – egal ob technische oder Marktinnovation – ist Wissen. Nur wer die Abläufe und Ursachen der Prozesse und die Funktionsweise der Produkte versteht, kann sie auch verbessern. Nur wenn der Blick für die Lücke – sei es im Angebot, sei es im Prozeß oder in der Produktfunktionalität – geschärft ist, kann man auf Methoden sinnen, sie zu schließen. Wissen ist der Rohstoff für Innovationen.

Ein weitreichender Strukturwandel in Richtung Wissensgesellschaft ist im Gang. Nach Schätzungen der OECD geht bereits heute jeder dritte bis vierte Erwerbstätige mit neuen wissensintensiven Techniken um. Herkömmliche Arbeitsplätze in der Fertigung werden zunehmend abgelöst durch neue Aufgaben in Software, Engineering, Service und Bera-

[2] Werner von Siemens in einem Brief an Reg.-Baumeister von Busse, 16. Dezember

tung. Dieser Trend zeigt sich auch bei Siemens: Inzwischen stammen über 50 % der Wertschöpfung aus wissensintensiven Dienstleistungen. Aber das ist nur der Durchschnitt quer über alle Unternehmensbereiche. Wo Produktzyklen besonders kurz sind, wie in der Informationstechnik oder der Telekommunikation, ist auch der Anteil wissensintensiver Wertschöpfung bedeutend höher.

Wissensintensive Produkte und Dienstleistungen versprechen Wachstum. Seit Mitte der achtziger Jahre sind zum Beispiel die Umsätze mit Computersoftware jährlich um 12 Prozent gestiegen. Eine Steigerungsrate, die deutlich über der von Hardware liegt. Wies der Weltmarkt für Informationstechnologie im Jahr 1989 noch ein Verhältnis Hardware zu Software von 51 % zu 49 % auf, so liegt die Relation Hardware zu Software derzeit bei 41 % zu 59 %.

Heute wird jede Minute eine neue chemische Formel, alle drei Minuten ein neuer physikalischer Zusammenhang und alle fünf Minuten eine neue medizinische Erkenntnis gewonnen. Pro Tag wird inzwischen mehr gedruckt als in der ganzen Zeit von der Erfindung des Buchdrucks bis zum Ersten Weltkrieg zusammen. Vor 150 Jahren, als Werner von Siemens sein Unternehmen gründete, hatten die größten technischen Bibliotheken weniger als 100 000 Bände. Heute verfügt die größte Bibliothek der Welt, die Library of Congress in Washington, über einen Bestand von naturwissenschaftlichen und technischen Schriften in der Größenordnung von 4 Millionen Bänden.

Mit der Potenzierung des Wissens rücken zwei Faktoren in den Vordergrund:

1. die Fähigkeit des Nutzers, sich in großen Stoffmengen zurechtzufinden, Probleme einzukreisen, zu definieren und die Wissensaufnahme zielgerichtet zu steuern,

2. die technischen Voraussetzungen, um über alles erforderliche Wissen schnell, themengerecht und in handhabbarer Form verfügen zu können.

Mitarbeiter sind heute ihre eigenen Wissensmanager. Erwerb und Anwendung von Wissen müssen sie parallel bewältigen, und zwar ein Arbeitsleben lang. Also weg von der Abfolge *zunächst* Studium zum Erwerb von Wissen, *anschließend* Beruf zum Einsatz von Wissen; statt dessen ist eine Kultur des lebenslangen Lernens erforderlich.

Unter solchen veränderten Rahmenbedingungen ändern sich auch die Anforderungen an die Ausbildung. Es kann nicht mehr darum gehen, das Wissen eines Fachgebietes vollständig und abschließend aufzunehmen. Der Schwerpunkt muß vielmehr auf der Vermittlung eines Grundbestands an Wissen liegen, der ausreicht, um sich später die jeweils relevanten Fragestellungen eines Fachgebiets erarbeiten zu können. Die Außenhandelstheorie des David Ricardo im Studium der Volkswirtschaften, die Thermodynamik in der Physik oder die Grundlagen des Verfassungsrechts in der Rechtswissenschaft müssen selbstverständlich auch in Zukunft gelehrt werden. Doch sollten die Studiengänge und Ausbildungsordnungen systematisch von Ballast befreit und stärker auf die Praxis ausgerichtet werden. Daneben sind Fertigkeiten wie Orientierungsfähigkeit, Kriterienkompetenz, Zeitmanagement und soziale Kompetenz zur Bewältigung komplexer Themen in Projektteams wichtig.

Neben persönlichen Fertigkeiten spielen auch die technischen und organisatorischen Bedingungen zur Erschließung von Wissen eine wichtige Rolle. Das Internet, der lose Zusammenschluß von 120000 Computernetzen, hat letzten Schätzungen zufolge schon fast 100 Millionen Teilnehmer, und der Zuwachs ist rasant.

Der Grad der Vernetzung wird bald genauso zum Maßstab für den Entwicklungsstand eines Landes gehören wie der Stand der Alphabetisierung oder die Zahl der Telefonanschlüsse. Und hier zeigen sich schon heute deutliche Unterschiede selbst zwischen Industrieländern. Kamen im letzten Jahr in den USA 23 Internetanschlüsse auf 1000 Einwohner, so waren es in Deutschland gerade einmal 6. Auch bei den Investitionen in Informationstechnik liegen die europäischen Industrieländer deutlich zurück. Wurden 1995 in den USA pro Einwohner 724 US-$ für Informationstechnik ausgegeben, so sind es im westeuropäischen Durchschnitt gerade 350 US-$ pro Kopf.

Die Europäer werden darauf achten müssen, daß sie hier nicht weiter zurückfallen. Denn mit den neuen Kommunikations- und Austauschformen der Wissensgesellschaft entstehen zugleich neue Markt- und Innovationschancen: Wissen zu organisieren und den schnellen Zugriff auf große Wissensmengen zu gewährleisten, Wissen benutzergerecht auszuwählen und aufzubereiten wird als Inhouse-Kompetenz und Dienstleistungsangebote für Dritte immer wichtiger. Natürlich hat Wissensmanagement auch strategische Bedeutung. Nur wer es erfolgreich beherrscht, wird technisch und unternehmerisch am Ball bleiben.

Menschen mit Ideen und Ausdauer

«Zu Erfindern passen nicht viele, weil nur wenige hinlängliche Überzeugungstreue und Ausdauer haben!»[3]
Diese Einschätzung von Werner von Siemens hat auch heute noch Gültigkeit: Eine Studie der Akademie Schloß Garath kommt zu ähnlichen Ergebnissen. Überzeugungstreue, Ausdauer und Zielstrebigkeit gehören zu den wichtigsten Eigenschaften erfolgreicher Innovateure. Das Alte ist beharrlich, und so muß erhebliche Energie aufgewendet werden, um etwas Neues zu erdenken, anzustoßen und umzusetzen.

Im Jahre 1866 entdeckte Werner von Siemens das elektrodynamische Prinzip. Im Rückblick war das der Durchbruch für die Elektrotechnik. Zunächst war es aber «nur» der Aus-

---

[3] Werner von Siemens in einem Brief an seine Frau Mathilde, 1. Juli 1857.

gangspunkt einer langen Reihe von Experimenten und daraus resultierenden Detailverbesserungen und Weiterentwicklungen. Zwar demonstrierte Werner von Siemens schon zwei Jahre später die Einsatzmöglichkeit der Dynamomaschine als Stromlieferant für den Betrieb von Scheinwerfern. Doch bis das erste reguläre Kraftwerk in Betrieb ging, vergingen noch 15 Jahre. 1881 errichtete Siemens Brothers im südenglischen Städtchen Goldaming das erste öffentliche Kraftwerk der Welt. 1884 ging dann die erste deutsche «Blockstation» in der Berliner Friedrichstraße in Betrieb.

Doch sind derart lange Zeitspannen von der Idee bis zur Marktreife nichts Ungewöhnliches: Chester F. Carlson brauchte allein sechs Jahre, um eine Firma zu finden, die er für das von ihm erfundene Kopierverfahren begeistern konnte. Dann brauchte es nochmals zwölf Jahre intensiver Entwicklerarbeit und hoher unternehmerischer Risiken, um aus der Idee ein marktfähiges Produkt zu machen – den ersten Trockenkopierer, den Xerox 914. Ein Entwicklerteam bei Motorola hat 15 Jahre Forschungs- und Entwicklungsarbeit investiert, bis 1983 aus der Idee drahtloser telefonischer Kommunikation das marktfähige Produkt Handy geworden ist. Und Dave Duke und andere Spezialisten der US-Firma Corning Glass Works haben über ein Jahrzehnt an der Verbesserung und Weiterentwicklung von Glasfaserkabeln gearbeitet, bevor Mitte der achtziger Jahre in einer Kooperation mit Siemens daraus ein Markterfolg wurde.

Neben Geduld und Ausdauer gehören zum Erfolg aber auch Vielseitigkeit, Kritikfähigkeit, Bereitschaft zur Korrektur eingeschlagener Wege und kritische Distanz auch zu eigenen Ideen. Vorteilhaft dafür sind Teams, in denen Mitarbeiter möglichst mit verschiedenen Interessen, breit angelegten Erfahrungen und unterschiedlichen Denk- und Arbeitsweisen harmonisch zusammenarbeiten. Es ist erwiesen, daß die Buntheit von Teams Innovationserfolge fördert. Un sere Erfahrung jedenfalls bestätigt, daß gemischte Teams in der Regel die effektivste Arbeit leisten.

Als ich anläßlich der Vergabe unserer jährlichen Siemens-Erfinderpreise die Gelegenheit hatte, einige unserer Innovatoren persönlich kennenzulernen, war ich beeindruckt von der Vielfalt der Interessen. Da finden sich nicht nur passionierte Skifahrer und Bergsteiger, sondern auch begeisterte Theater- und Opernfreunde oder engagierte Musiker. Meist besteht über diese Hobbys hinaus noch ein sehr breit gefächertes Interesse an kulturellen, historischen und philosophischen Themen, die weit über das Fachgebiet hinausgreifen. Gefragt, wann und wie sie auf ihre neuen Ideen kommen, antworten die meisten Innovatoren, daß das zumeist nicht im Büro oder im Labor passiere, sondern in ihrer Freizeit, etwa bei der Beschäftigung mit ihren Hobbys.

Kreativität, Spontaneität und Intuition machen die Planung von Innovationen schwierig. Denn es sind die Menschen in ihrer ganzen Persönlichkeit, die Lücken sehen, Lösungen entwickeln und so das Neue in die Welt bringen. Dafür sind persönliche Freiräume und ein Vertrauensvorschuß notwendig. Daß der Mitarbeiter seine Arbeit motiviert ausführt, daß er Ressourcen verantwortungsbewußt nutzt, daß er unternehmerische Notwendigkeiten erkennt und beachtet muß vorausgesetzt werden. Denn nur so läßt sich eine Atmosphäre schaffen, in der Kreativität und Initiativkraft gedeihen.

Schöpferische Freiräume zu schaffen, heißt allerdings nicht, jede organisatorische Einbindung preizugeben. Die systematische Problemanalyse und die konzentrierte und fachkundige Ermittlung von Schwachstellen in technischen Geräten und Prozessen oder organisatorischen und gesellschaftlichen Verfahrensabläufen bleibt immer noch die Grundlage. Die Leitfragen zur Ermittlung von Innovationspotentialen sind immer noch: Was stört? Was fehlt? Wo sind Lücken?

Daran schließt sich die eigentliche Suche nach einer Lösung an. Zum Herantasten an den Erfolg gehören zwangsläufig auch Fehler und Mißerfolge. Sie dürfen nicht tabuisiert werden. Statt dessen muß man sie als Erfahrungen akzeptieren und alles daran setzen, so schnell und gründlich wie möglich aus ihnen zu lernen. Frederik W. Smith, der Begründer des amerikanischen Logistik-Unternehmens Federal Express, der damit eine bemerkenswerte Marktinnovation durchsetzte, formuliert es so:

«Mißerfolg ist ein wesentlicher Teil des Neuerungsprozesses. Man muß bereit sein, über seine Mißerfolge zu sprechen, oder man wird nie einen großen Erfolg haben.»

Je systematischer das Vorgehen und Erfassen von Fehlern, um so eher gelingt es, das «Stochern im Nebel», das blinde «trial and error» zu überwinden. Deshalb brauchen die Unternehmen eine tragfähige und belastbare Fehlerkultur.

Fundierte Sachkenntnis, breites Erfahrungswissen, systematische Arbeit und eine tragfähige lebendige Fehlerkultur – das sind wichtige Voraussetzungen, damit Innovationen gedeihen. Der wichtigste Aspekt jedoch ist die Rückkopplung des Innovationsprozesses an den Markt und an die Bedürfnisse der Kunden. Erst dann entsteht ein Klima, in dem Kreativität, aber auch Wirtschaftlichkeit, Kunden- und Marktnähe sich vereinigen.

Unternehmerische Strategien und der Markt

«Es ist wahres Gift für eine Erfindung, wenn sie zu früh und zu schnell auf den offenen Markt getrieben wird! Der Rückschlag bleibt nicht aus und zerstört auch den gesunden Kern, der Zeit zum Wachsen braucht und Ruhe.»[4]

Das Problem, das Werner von Siemens hier beschreibt, ist

---

[4] Werner von Siemens in einem Brief an J. Stein, 21. Januar 1880.

heute angesichts immer kürzerer Produktzyklen und eines immer höheren Innovationstempos aktueller denn je. Weltweit arbeiten so gut wie alle High-Tech-Unternehmen daran, ihre «time to market» zu verkürzen. Da bleibt wenig Zeit zum Reifen und «Ruhe» noch viel weniger. Erfindungen vorschnell auf den Markt zu treiben birgt aber die Gefahr, mit unausgereiften Produkten Kunden zu enttäuschen, damit den Ruf des Unternehmens zu schädigen und die Basis des langfristigen Erfolgs zu untergraben. Nicht zu unterschätzen ist auch die umgekehrte Gefahr, daß ein technisch ausgereiftes Produkt auf einen noch nicht aufnahmebereiten Markt gebracht wird. Diese Gefahr besteht vor allem bei revolutionären Innovationen, für die sich Kundeninteresse und Marktverhalten nur schwer einschätzen lassen. Solche enttäuschenden Erfahrungen gehören zum Risiko des Innovationsprozesses, auch wenn natürlich alles daran gesetzt werden muß, derartige Risiken durch sorgfältige Marktstudien soweit wie möglich zu reduzieren. Gänzlich ausschließen lassen sie sich dennoch nicht. Die schleppende Markteinführung von Videorecordern oder auch Compact-Discs sind Beispiele, in denen innovative Produkte ganz offensichtlich zunächst auf einen noch nicht hinreichend aufnahmebereiten Markt kamen. In beiden Fällen gelang der Durchbruch zu großen Volumina erst Jahre nach der Präsentation des Produkts.

In vielen anderen Fällen ist es dagegen sehr wohl gelungen, die passende Innovation zum richtigen Zeitpunkt auf den Markt zu bringen: Bei Siemens gilt dies zum Beispiel angefangen beim Zeigertelegraphen über die Dynamomaschine und die Telefon- und Vermittlungstechnik, die ersten elektrischen Zahnbohrer und Röntgengeräte, das Elektronenmikroskop und die Technik zum Ziehen monokristallinen Reinstsiliziums bis zu neuronalen Netzen und flexiblen, modular aufgebauten Automatisierungssystemen, modernster und hocheffizienter Kraftwerks- und Umweltschutztechnologie bis schließlich zu so kleinen, aber wichtigen

Bauteilen wie Oberflächenwellenfiltern, Chipkarten oder Logikchips für die Telekommunikation.

Die entscheidende Frage für ein Unternehmen ist letztlich immer: Wie läßt sich gewährleisten, zum richtigen Zeitpunkt mit innovativen und kundengerechten Produkten am Markt zu sein? Ein Patentrezept gibt es dafür nicht. Die Entfesselung der Kreativität und des Engagements der Mitarbeiter ist eine Voraussetzung. *«Alle großen Erfindungen, alle großen Werke sind das Resultat einer Befreiung, der Befreiung von der Routine des Denkens und Tuns»*, so der Schriftsteller und Essayist Arthur Koestler. Die Integration dieser spontanen und kreativen Prozesse in eine moderne, arbeitsteilige Unternehmensorganisation und vor allem ihre Rückkopplung an die Bedürfnisse der Kunden und des Marktes ist die andere Voraussetzung erfolgreicher Innovationen, denn es ist letztlich der Kunde, der die Produktinnovation bezahlt. Ihm muß sie nutzen. Innovationspolitik muß zwischen diesen Polen eine Brücke schlagen. Die Siemens Innovations-Initiative setzt dazu auf verschiedenen Ebenen gleichzeitig an:

Mit Mobilisierungs- und Kommunikationsmaßnahmen, Ideen- und Innovationswettbewerben und der stärkeren Übertragung von Projektverantwortlichkeit an die Ideenträger fordern wir nicht nur auf, neue Ideen besser zu nutzen, sondern zeigen, daß Kreativität, Ideenreichtum und Einsatzfreude auch in der Praxis anerkannt werden und sich lohnen. Wir fördern und verstetigen die Lernprozesse im Unternehmen, indem wir operative Fähigkeiten vermitteln und das Prozeß- und Kundenbewußtsein schärfen. Dazu nutzen wir die Erfahrungen der Unternehmensbesten genauso wie der Weltbesten.

Wir verbessern die Nutzung der internationalen Wissensbasis, indem wir alle Methoden zu ihrer Erschließung optimieren. Dies geschieht durch Kooperationen mit Universitäten und unabhängigen Instituten, durch globale Forschungsallianzen mit industriellen Partnern, durch die Internationalisierung unserer eigenen Forschungs- und Entwicklungsaktivitäten und durch die Weiterentwicklung unserer internen Kommunikationsstrukturen. Den wirtschaftlichen Nutzen der im Hause gefundenen Ideen und Lösungen steigern wir durch entsprechende Patentstrategien.

Wir prüfen beständig unsere Kernkompetenzen, inwieweit sich aus ihnen neue Geschäfte entwickeln lassen. Dazu haben wir sogenannte «White Space»-Projekte eingerichtet, also eine bereichsübergreifende Zusammenarbeit zur Erschließung neuer Geschäftspotentiale. Mit einer Software-Initiative bauen wir unsere Software-Kompetenz weiter aus, da ihr eine Schlüsselfunktion für die Generierung innovativer Produkte zukommt. In strategischen Innovationsprojekten betreiben wir eine systematische Vorausschau, um Kunden- und Prozeßbedürfnisse frühzeitig zu identifizieren und entsprechende Innovationen zu etablieren.

Eine tragfähige Innovationsstrategie muß einerseits *langfristiges* Denken fördern, Visionen anregen und Freiräume schaffen, um so den revolutionären Innovationen den Boden zu bereiten, mit denen dann schließlich ganz neue Märkte erschlossen werden können. Andererseits muß sie die *kurz- und mittelfristigen* Produkttrends erfassen, den Kunden von heute und seine Bedürfnisse ins Zentrum rücken und mit inkrementellen Innovationen auf reifen Märkten Anteile halten und ausbauen.

Bei Siemens spiegeln sich beide Orientierungen in einem intensiven Dialog zwischen den Geschäftsbereichen auf der einen Seite und der zentralen Forschung und Entwicklung auf der anderen Seite wider. In unserer mittelfristigen Technologieplanung gleichen wir die Produktplanung der Geschäftsbereiche mit den Erkenntnissen und Prognosen zur Evolution von Kerntechnologien unserer zentralen Forschung ab. Das Planungsinstrumentarium besteht aus einer Produktplanung über mehrere Generationen hinweg und aus der Definition von Kerntechnologien, deren zukünftige

Entwicklungslinien in sogenannten Kerntechnologie-Road-maps skizziert werden.

Im Rahmen der Mehrgenerationenproduktplanung müssen alle Geschäftsbereiche aufzeigen, mit welchen Produkten sie in fünf Jahren und in zehn Jahren bestehen wollen. Zum Beispiel verfolgt der Bereich Automobiltechnik das Ziel, ein Motormanagement-System für einen Ultra-Low-Emission-Motor zu entwickeln. Ein solches System verringert die Abgaswerte durch eine hochpräzise Einspritzung, durch permanente Sensorkontrolle des Druckverlaufs im Motor und eine getrennte Kontrolle der verschiedenen Zylinder. In fünf Jahren soll es Marktreife erreichen.

Anhand der Roadmaps wird dann überprüft, ob das Unternehmen über die notwendigen Kerntechnologien verfügt, um die definierten Produkte auch erfolgreich entwickeln zu können. Kerntechnologien sind im beschriebenen Fall zum Beispiel die Piézo-Keramik, spezielle Hydraulik, Sensorik und Dünnschichttechniken. Wenn das Unternehmen über solche Kerntechnologien verfügt, dann kann die Entwicklung anlaufen. Wenn nicht, stellt sich die Frage nach Zukauf oder Kooperation, unter Umständen auch nach rechtzeitigem Ausstieg.

Es handelt sich hier um einen Prozeß der Rückkopplung, der in beiden Richtungen läuft: Es werden einerseits die *kurz- und mittelfristigen* Produktplanungen mit den technologischen Zukunftsprojektionen der Kerntechnologie-Roadmaps abgeglichen. Das erlaubt, die Realisierbarkeit der Produkte abzuschätzen. Andererseits werden aber auch umgekehrt die Möglichkeiten ausgelotet, die sich aufgrund der technologischen Entwicklungslinien ergeben, um dann systematisch nach Produkten zu suchen, in denen sie innovativ eingesetzt werden können.

In der *langfristigen* Technologieplanung werden dagegen Szenarien zu den zukünftigen gesellschaftlichen Bedürfnissen und Problemen entworfen. Von diesen umfassenden

Szenarien aus kann auf die Anwendungen, Geschäftsmöglichkeiten und Technologien, die dafür notwendig sind, zurückgeschlossen werden, und diese wiederum können mit den Extrapolationen der mittelfristigen Planung abgeglichen werden. Durch diesen Abgleich der verschiedenen Perspektiven können schon sehr früh Hinweise auf künftige Schlüsseltechnologien oder Forschungsschwerpunkte gewonnen und in die gegenwärtige Technologie- und Innovationsstrategie einbezogen werden.

Dieses Planungsinstrumentarium hilft bei der Suche nach Innovationschancen, doch reicht es allein nicht aus. Ein genauso wichtiger Input kommt vielfach von den Kunden und Lieferanten. Daher ist es nötig, sie frühzeitig in die Entwicklung einzubeziehen: die Kunden, um sich schon im Stadium der Entwicklung an ihren tatsächlichen Bedürfnissen ausrichten zu können, und die Lieferanten, um rechtzeitig einen wichtigen Teil der Kosten in den Griff zu bekommen. Besonders ergiebig gestaltet sich dabei die Zusammenarbeit mit Kunden und Lieferanten, die in ihrem eigenen Gebiet selbst Technologietreiber sind.

Doch alle diese Strategien und Zukunftsprojektionen ändern nichts an der grundlegenden Tatsache: Innovationen sind nie risikolos, vor allem, wenn es um den Vorstoß in echtes technologisches Neuland geht. Eingeschlagene Forschungswege können sich als Sackgassen erweisen. Konkurrenten können im Zeitwettlauf schneller sein. Markt und Gesellschaft können für eine Innovation noch nicht reif sein, weil einheitliche Standards fehlen oder weil es nicht gelingt, Vorbehalte von Konsumenten gegenüber einem neuartigen Produkt zu überwinden. Im ungünstigsten Fall werden Innovationen dann im Keim erstickt.

Erfinden, entwickeln und unternehmerisch umsetzen, dieser Dreisatz beschreibt die ganze Wegstrecke, die Erfinder und Unternehmen von der ersten Idee bis zum Markterfolg zu bewältigen haben. Dieser Weg ist nie ohne Risiken, die

man möglichst frühzeitig erkennen und handhabbar machen
muß. Nur in den seltensten Fällen sind Innovationen vom
ersten Augenblick an Selbstläufer. Der Geniestreich ist die
Ausnahme, nicht die Regel. *«Es kann ja eine spontan ge-
machte Erfindung in ziemlich seltenen Fällen mal direkt erfolgreich sein, doch das ist ungefähr so, als wenn man das
große Los gewinnt!»*[5] Und bekanntlich ist diese Wahrscheinlichkeit denkbar gering. Innovationen zu entwickeln und so
die Zukunft zu erschließen, ist also Arbeit und erfordert neben Kreativität und Wissen vor allem Ausdauer bei den vielen Schritten der konkreten Umsetzung. Oder, mit Goethe
gesagt: *«Es ist nicht genug zu wissen, man muß es auch anwenden; es ist nicht genug zu wollen, man muß es auch tun.»*

---

[5] Werner von Siemens in einem Brief an den Ingenieur Gilli, 16. Januar
1866.

Berthold Leibinger

MEHR UNORDNUNG
IM UNTERNEHMEN

Eine erneute und detaillierte Beschreibung unserer wirtschaftlichen Situation ist wahrlich nicht nötig. Wir alle wissen, daß das Wachstum der deutschen Wirtschaft unzureichend ist, daß die Unternehmen zuwenig verdienen, daß die Arbeitslosigkeit unaufhaltsam steigt und daß sich daraus zwangsläufig ein ganzer Strauß negativer Auswirkungen für Deutschland ergibt. Mindestens gilt dies für die große Anzahl der Unternehmen, die ausschließlich oder überwiegend in Deutschland produzieren.

Der teure Sozialstaat ist aus den Beiträgen nicht mehr finanzierbar; der Staat hat zuwenig freie Mittel, um als «Anreger» im wirtschaftlichen Bereich auftreten zu können. Die Unternehmen sparen überall. Wichtige Entwicklungen unterbleiben, weil kein Geld da ist. Neue Märkte werden nicht angegangen, weil das Risiko zu groß ist. «Spielgeld», um irgendwo ein wirkliches Wagnis eingehen zu können, ist nicht vorhanden.

Dann wird der Teufelskreis der Verschlechterung aus Unterlassung in Gang gesetzt. Man gleicht dem Magenkranken, der nicht essen kann, und der auch nicht gesunden kann, weil er nicht essen kann.

Die Zeit, als dies alles ganz anders war, liegt nicht so lange zurück. Von 1955 bis 1960 betrug die durchschnittliche Wachstumsrate in der Bundesrepublik nahezu 12 %. In der gleichen Zeit sank die Arbeitslosenquote von 5,6 auf 1,3 %. Sie blieb dann, bei einem durchschnittlichen Wachstum des

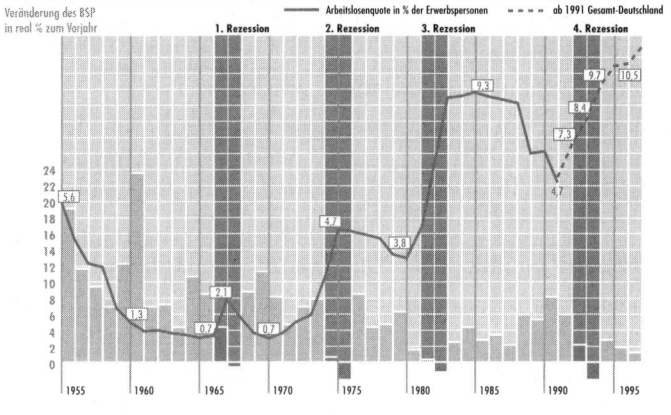

Quelle: OECD

Abb. 2: Strukturelle Sockelarbeitslosigkeit in Deutschland.
Anstieg nach jeder Rezession

Bruttosozialprodukts von 7,5 %, für fast anderthalb Jahrzehnte, also bis 1974, im Durchschnitt unter 1,5 %. Dies sind Zahlen, wie wir sie inzwischen nur noch aus weiten Teilen Südostasiens kennen.

Seit 1975 steigt die Sockelarbeitslosigkeit in Deutschland bei jeder Rezession. Die letzte Stufe brachte uns auf einen Wert von über 10 %.

Die negative Entwicklung wirft Fragen nach den Ursachen auf:

▪ Haben wir die typische Entwicklung einer reifen Industriegesellschaft, wo immer weniger Menschen immer mehr Güter produzieren können und das Wachstum nicht ausreicht, um dann noch Arbeit für alle zu haben?

▪ Liegt es an den Rahmenbedingungen? Haben wir mit unseren Ansprüchen schlicht überzogen?

- Haben wir in der Forschung unser Wissen nur ungenügend vermehrt?
- Oder können wir nicht schnell genug Wissen in neue Produkte umsetzen?
- Sind die Unternehmer müde geworden?
- Oder liegt es einfach an der gesellschaftlichen Befindlichkeit in Deutschland, die notwendige Veränderungen nicht zuläßt?

Insgesamt werden wohl alle genannten Faktoren und einige nicht genannte zu unserem Zustand beitragen. In der Summe schaffen sie jene Situation, in der sich alle gegenseitig beschuldigen, für die Misere verantwortlich zu sein. Was ist zu tun? Wo liegen die Hauptschwierigkeiten? Und wie werden wir mit ihnen fertig? Die Kernthese zuerst: Wir leiden in Deutschland gewissermaßen an Mangel an Phantasie und der Kraft zum Handeln.

An Vorschlägen, was denn zu tun sei, fehlt es nicht. Sie kommen aus allen Winkeln und Ecken unserer Gesellschaft, aus allen politischen Bereichen, aus der Wirtschaft, von den Gewerkschaften, von der Wissenschaft und der Publizistik. Viele Vorschläge sind einleuchtend, andere widersprechen sich, heben sich gegenseitig auf, betreffen nur die anderen oder sind unrealistisch. In der Summe erzeugen sie den kleinsten gemeinsamen Nenner der Handlungsfähigkeit.

Noch einmal und zugespitzt die These: Wir sind unfähig, neue Gedanken mit der Fähigkeit zur Umsetzung zu verbinden. Dieser «Vorwurf» trifft nicht *nur* die Unternehmer, aber er betrifft *auch* die Unternehmer. Wir haben uns in diesem Beitrag mit der Rolle der Unternehmer und ihren Möglichkeiten zu befassen.

Es sollen im folgenden wenige neue Vorschläge gemacht werden. Vielmehr soll von den Erfahrungen in einem Unternehmen des Werkzeugmaschinenbaus, der TRUMPF GmbH + Co., berichtet werden.

Unsere Branche beschäftigte 1991 in Deutschland 100 000 Mitarbeiter. Der Umsatz betrug im gleichen Jahr 17 Mrd. DM. 55 % davon wurden exportiert. Unsere großen Konkurrenten waren und sind die Japaner und die Amerikaner. Von Mitte 1990 bis Anfang 1994 sanken die Auftragseingänge kontinuierlich. Im Branchendurchschnitt war ein Rückgang um 50 % zu registrieren. Annähernd 40 % der Mitarbeiter verloren ihren Arbeitsplatz, meist qualifizierte Facharbeiter und Techniker. Zahlreiche Firmen mußten Konkurs anmelden, viele fusionierten aus Not.

Auch in unserem Unternehmen sanken Auftragseingang und Umsatz. Weniger als im Durchschnitt der Branche, aber doch so deutlich, daß zwei Verlustjahre nicht zu vermeiden waren. Eine radikale Kursänderung war nötig und wurde auch realisiert. Bereits 1995 konnte der Höchstumsatz vor der Krise wieder übertroffen werden. Inzwischen wurde ein durchschnittliches Umsatzwachstum von 16 % pro Jahr erreicht. Das Unternehmen arbeitet mit Gewinn.

Fast alle deutschen Unternehmen berichten, daß sie im weltweiten Wettbewerb gegenüber ihren Konkurrenten zwischen 20 % und 30 % zu teuer seien. Nur selten mehr, weniger fast nie.

Wenn man versucht, die Mehrkosten nach der Methode des Benchmarking, also dem Vergleich mit dem jeweils schärfsten Konkurrenten im Weltmarkt, aufzuschlüsseln, stellt man häufig fest, daß sich die Mehrkosten zu einem Drittel dem Produkt, zu einem Drittel der Organisation im Unternehmen und zu einem Drittel den Rahmenbedingungen zurechnen lassen.

Beginnen wir mit dem Produkt. Deutsche Maschinen, so hören wir oft, seien mit Technik überladen, sie böten mehr, als der Kunde braucht und bereit sei, zu bezahlen. Dies traf Anfang dieses Jahrzehnts auch für die Produkte der TRUMPF GmbH + Co. oder wenigstens einen großen Teil davon zu. Es war das Ergebnis einer jahrzehntelangen

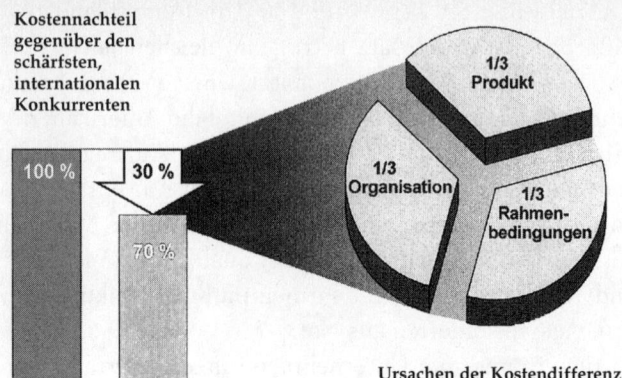

Kostennachteil gegenüber den schärfsten, internationalen Konkurrenten

100 % 30 % 70 %

1/3 Produkt
1/3 Organisation
1/3 Rahmen-bedingungen

Ursachen der Kostendifferenz

Abb. 3: Innovation bezieht sich auf alle Unternehmensvorgänge

Quelle: VDW

Übung, auf jede Herausforderung durch einen Konkurrenten irgendwo im Weltmarkt fast reflexartig mit mehr Technik zu reagieren. Das olympische Ziel deutscher Entwicklungsingenieure lautete: schneller, genauer, vielseitiger.

Die Forderung, eine Maschine bei gleicher Leistung billiger zu machen, kam einer Kulturrevolution gleich. Vor allem deshalb, weil man in Deutschland die Kunst der Vereinfachung nicht zu den schöpferischen Tätigkeiten rechnet. Aber sie ist möglich und im wahren Wortsinn oft notwendig.

Für eine nachdrückliche Kursänderung sind viele Schritte erforderlich. Die wichtigsten:

- Der Vertrieb muß nach Markterkundung im Benehmen mit der Entwicklung ein Pflichtenheft für ein neues Produkt erstellen.
- Für dieses Produkt muß ein im Markt erzielbarer Preis als Maximalpreis vorgegeben werden.
- Die eigentliche Entwicklungsarbeit muß durch eine bereichsübergreifende Projektgruppe, in der Produktion,

Einkauf, Vertrieb und Controlling mitwirken, begleitet werden. Mehrere Durchläufe sind notwendig, wenn das Kostenziel im ersten Anlauf nicht erreicht wird.

- Die Entwicklungskapazität muß in erster Linie auf die wichtigsten Umsatzträger – die sogenannten Kernprodukte – konzentriert werden.

Als Ergebnis können wir festhalten, daß nicht nur die erforderlichen Kostenreduktionen möglich waren, sondern daß auch die Serviceaufwendungen durch die Vereinfachung der Produkte geringer wurden.

Die Struktur unserer Unternehmen spiegelt vielfach die monarchische Vergangenheit unseres Landes wider. Die Pyramide der Ordnung beginnt an der Spitze mit der wohlgelungenen Figur des Vorstandsvorsitzenden. Ziele, Entscheidungen, Richtlinien werden von oben nach unten über sauber definierte Schnittstellen weitergereicht. Der Zeitaufwand ist groß, die Übertragungsverluste sind beträchtlich. Die Pyramide ist in den verschiedenen Verantwortungsbereichen auch vertikal sauber aufgeteilt.

Im Wettbewerb unserer Tage kommt es entscheidend darauf an, schnell zu sein. Auf Veränderungen im Markt – der alles entscheidenden Führungsgröße – muß flexibel reagiert werden. Ein erster Schritt ist deshalb, die große Pyramide in mehrere kleine, die wiederum alle wesentlichen Funktionen eines Unternehmens enthalten, aufzuteilen. Die kleinen entsprechen den verschiedenen Geschäftsbereichen oder Wirkungsfeldern des Unternehmens.

Ein weiterer Schritt ist es, die Pyramiden in einzelne Regelkreise aufzulösen, die miteinander kommunizieren, aber selbst verantwortlich sind. Die Unternehmensleitung gibt nur noch die übergeordneten Ziele und Vorgaben in die Regelkreise.

Wir nennen die selbstverantwortlichen Regelkreise Produktionseinheiten, die jeweils für ein Produkt oder eine

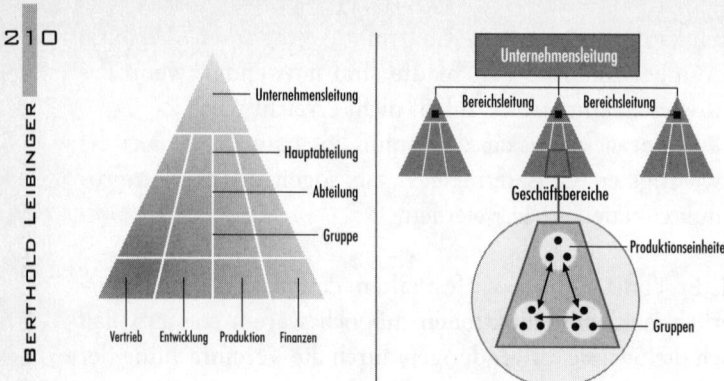

Abb 4: Reaktionsfähigkeit durch Neugestaltung der Unternehmensstruktur

wichtige Baugruppe verantwortlich sind. Sie bestehen aus 50 bis 100 Mitarbeitern. Alle wesentlichen Maschinen, die für die Herstellung des jeweiligen Produkts benötigt werden, stehen in der Produktionseinheit. Die Disposition des Materials, die Termin- und Qualitätsverantwortung liegen in der Produktionseinheit. Das zentrale Teilelager ist aufgelöst, da die Wege kurz sind und die Teile unmittelbar von den Maschinen in die Montage wandern. Die Kommunikation ist vereinfacht. Fehler werden unmittelbar vor Ort entdeckt und abgestellt. Innerhalb der Produktionseinheiten sind, soweit möglich, selbstorganisierte Gruppen für die Arbeit verantwortlich.

Durch das Konzept der Neuorganisation konnte die Produktivität, d. h. der Umsatz pro Mitarbeiter in der Produktion, um deutlich mehr als 20 % gesteigert werden. Durchlaufzeiten und Ausschuß wurden jeweils um rund 50 % reduziert. Ebenso wichtig wie die Vereinfachung der Struktur ist der Gewinn an Motivation der Mitarbeiter durch die ihnen übertragene Verantwortung. Es wird nicht nur intensiver und mit größerer Zuverlässigkeit, sondern auch mit mehr Freude gearbeitet. Oder umgekehrt formuliert: Weil die Arbeit Freude macht, wird auch mehr geleistet.

Den geringsten Spielraum für Veränderungen sieht man gemeinhin in dem Feld, das der Tarifvertrag regelt. Mindestens gilt dies für alle Unternehmen, die einem Arbeitgeberverband angehören. Dort sind aber Änderungen am notwendigsten, denn die tarifliche Ordnung hat sich von der Wirklichkeit und den sich daraus ergebenden Konsequenzen oft weit entfernt. Phantasie für mögliche Veränderungen ist hier in besonderem Maße gefordert.

Der offene Umgang mit Zahlen und Fakten bei Gesprächen mit dem Betriebsrat und der Gewerkschaftsleitung ist wichtig und erste Voraussetzung, um glaubwürdig zu sein. Nach unserer Erfahrung ist es auf betrieblicher Ebene einfacher, die Überzeugung zu vermitteln, daß beide Seiten vielfach identische Interessen haben.

Eine der wichtigsten Forderungen ist, die geleistete Arbeitsmenge besser dem Bedarf anzupassen. Der Maschinenbau ist über die Jahrzehnte durch starke Zyklen gekennzeichnet. Die Schwankungen im Auftragseingang treten mit großer Nachhaltigkeit auf. Früher konnten die Konjunkturtäler durch hohe Auftragsbestände, die in den Zeiten der Spitzennachfrage angesammelt wurden, aufgefüllt werden. Zudem wurden in Zeiten hoher Nachfrage auch zahlreiche Überstunden geleistet.

In weiten Bereichen des Maschinenbaus sind inzwischen hohe Auftragsbestände nicht mehr erreichbar. Der Weltmarkt ist so transparent geworden, daß die Nachfrage von irgendwoher immer kurzfristig befriedigt werden kann. Die Leistungsunterschiede der Produkte aus Europa, Japan oder den Vereinigten Staaten sind nicht mehr so groß, daß sich die Kunden auf ein Fabrikat festlegen ließen. Es ist deshalb notwendig, neue Instrumente zu finden, um sich dem Konjunkturverlauf anpassen zu können. Der Abstand der Zyklen beträgt, wie Abbildung 4 zeigt, mehrere Jahre. Der Aus-

BERTHOLD LEIBINGER

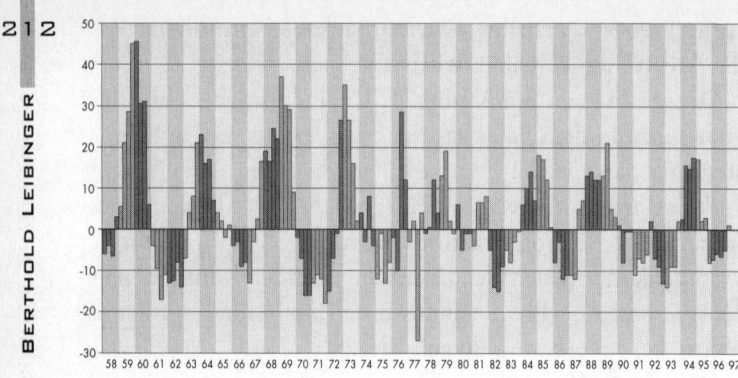

Quelle: VDMA

Abb. 5: Auftragseingang im Maschinenbau. Reale Veränderung zum Vorjahrsquartal in Prozent

gleichszeitraum für geleistete Mehr- oder Minderarbeit muß deshalb entgegen der ursprünglichen gewerkschaftlichen Vorstellung mehr als ein Jahr betragen. Wir haben auf der Basis der 35-Stunden-Woche Mehrarbeit von 200 Stunden (und in gleichem Umfang Minderarbeit) vereinbart, die entsprechend dem Konjunkturverlauf ausgeglichen werden. Die von der 35-Stunden-Woche abweichende Arbeitszeit – die zwischen 30 und 40 Stunden liegen kann – wird in Soll und Haben auf einem Zeitkonto für jeden Mitarbeiter geführt. Beim Ausscheiden wird das Zeitkonto selbstverständlich ausgeglichen. Dazu kommt eine Vereinbarung über die Erhöhung der Präsenzzeit im Unternehmen für alle Mitarbeiter. Sie betrifft vor allem die unerläßliche Weiterbildung, die außerhalb der 35-Stunden-Woche stattfinden soll. Auch für die notwendige Senkung des Krankenstandes auf ein internationales Niveau wurde ein gemeinsames Programm zwischen Geschäftsleitung und Betriebsrat vereinbart.

Die von den Mitarbeitern erreichten Zugeständnisse waren mit Zusagen der Unternehmensleitung verbunden. So verpflichteten wir uns,

- eine neue Laserfabrik in Deutschland zu bauen, obwohl eine Untersuchung Vorteile für unsere Standorte in der Schweiz oder Frankreich ergeben hatte,
- bis zum Jahr 2000 keine betriebsbedingten Kündigungen vorzunehmen,
- im gleichen Zeitraum nicht nur alle Auszubildenden zu übernehmen, sondern 50 bis 100 zusätzliche Arbeitsplätze zu schaffen.

Man könnte in dieser, wie wir meinen, kühnen Zusage durchaus ein Stück jener Un-Ordnung, von der in diesem Beitrag die Rede ist, sehen. Es war von Phantasie die Rede, aber es wurde nur über praktische, wenig spektakuläre Schritte aus dem Tal berichtet. Kreatives und Unerwartetes, vielleicht Revolutionäres wurde sicher erwartet – Handwerkliches nur geboten. Wo bleibt die Un-Ordnung?

Es ist keine Frage: Wir brauchen neue Ideen, Impulse, Veränderungen, die vielgerühmte schöpferische Zerstörung des Vorhandenen. Aber gleichzeitig haben wir bestehende Ordnungen und Bindungen zu beachten.

Revolutionen sind in einer komplexen Welt mit tausend Abhängigkeiten und mit der Allgegenwart der völligen Information vielleicht nicht mehr möglich. Es kommt wohl auch weniger auf sprunghafte Veränderungen, sondern mehr auf die *Richtungsänderung* an.

Bei uns muß sich Phantasie auf Machbares richten. Visionen sind gut für den, der Zeit hat. Ein Wort zu den geforderten Freiräumen: Kreativität und Ordnung sind kein Widerspruch. Dies läßt sich auch am Beispiel der Kunst – wo angeblich völlige Unabhängigkeit und Freizügigkeit vonnöten sind – nachweisen.

Johann Sebastian Bach unterschrieb bei der Stadt Leipzig einen Vertrag, der ihn verpflichtete, jeden Sonntag eine Kantate zur Aufführung zu bringen. Es mußte nicht unbedingt immer eine eigene sein, aber der Druck veranlaßte Bach in seiner Leipziger Zeit, 300 Kantaten zu komponieren, von denen 200 erhalten sind. Und was für Kantaten! Friedrich Schiller reichte mit seinem Kreditgesuch für die Finanzierung eines Hauses in Weimar eine Berechnung ein, in der er sich verpflichtete, über mehrere Jahre jeweils eine Tragödie zu schreiben, deren Einnahmen die Abzahlung des Hauses ermöglichen sollten. Er hielt sich an sein Versprechen.

Freiräume im Unternehmen sind notwendig. Über das «Wie» muß man sich unterhalten können. Aber das «Wohin» muß vorgegeben sein. Zur Kunst der Unternehmensführung gehört, Kreativität zu fördern, auch herauszufordern, aber sie mit klaren Zielen zu verbinden. Freude am Tun und Begeisterung sind dabei ebenso notwendig wie diszipliniertes Denken.

Eingangs wurde postuliert, daß es darum gehen müsse, Ideen mit dem Willen zur Durchsetzung zu verknüpfen. Dazu bedarf es vielleicht nicht der *Un*-Ordnung in den Unternehmen, der *Um*-Ordnung schon.

Gerhard Cromme
im Gespräch mit Michael Gatermann

«WIR SCHAFFEN FREIRÄUME FÜR DIE MITARBEITER»

Die Altendorfer Straße im Essener Osten zeigt die Spuren von über hundert Jahren Ruhrgebietsgeschichte. Stahl, Eisen und Maschinenbau passen zu dem schlichten Backsteingebäude zwischen den Industriebranchen, das das Hauptquartier der Krupp Hoesch AG beherbergt.

Ausgerechnet hier residiert einer der Innovatoren der deutschen Unternehmensszene. Rigoros baut Vorstandschef Gerhard Cromme den Konzern für das 21. Jahrhundert um. Und schert sich dabei herzlich wenig um Konventionen und Comment. Zuletzt im Frühjahr 1997: Da wollte er sogar mit einer «feindlichen Übernahme» nach amerikanischem Muster den größeren Rivalen Thyssen schlucken.

Den einen gilt der unkonventionelle Zweimetermann seitdem als Unruhestifter an der Ruhr. Den anderen gilt Cromme wegen seiner Unbeirrbarkeit als eine der großen Hoffnungen im deutschen Management. Er muß seinen Traditionskonzern fit trimmen für das 21. Jahrhundert. Sein Problem ist das des Standorts Deutschland: Er muß das klassische Industriegebiet gegen weltweite Billigkonkurrenz zukunftstauglich machen.

Für Krupp wie für unser Land kann das Heil nicht allein in Dienstleistungen liegen. Ein Volk von Pizzabäckern, Internet-Beratern und Physiotherapeuten scheint Cromme ohne gesunde industrielle Basis so undenkbar wie Krupp ohne Maschinen, Edelstahl und Industrieanlagen: «Unsere Kernfähigkeit liegt darin, industrielle Prozesse zu managen.»

Um die Zukunft seines schon häufig totgesagten Ruhr-konzerns ist dem Mann im eng geknöpften, stahlgrauen Zweireiher nicht bange: «Es werden nur optimale Struktu-ren überleben», prophezeit Cromme, «wir werden dabei-sein.» Und wenn Krupp es schafft, dann schafft es auch der Industriestandort Deutschland.

Herr Cromme, der Name Krupp steht für die klassische Schwerindustrie. Nach gängigem Ökonomen-Vorurteil ist die in unserem Land zum Aussterben verurteilt. Haben Sie Angst?

Nein, denn da handelt es sich wirklich um Vorurteile. Richtig ist, daß wir Produkte herstellen, die meist als klas-sisch gelten. Falsch ist, daß sie deshalb alt, anspruchslos oder technisch nicht an der Spitze wären. Wir stellen High-Tech her. Der technische Wandel ist so rasant, daß unsere Pro-dukte meist nur noch den Namen mit ihren Vorläufern ge-meinsam haben.

Aber Stahl bleibt doch wohl Stahl.

Von wegen: Stahl von heute unterscheidet sich in seinen Eigenschaften so stark von dem vor 30 Jahren wie ein heuti-ger VW Golf von einem Käfer. Und in vielen unserer Maschi-nen, beispielsweise denen zur Herstellung von Kunststoff-Flaschen, steckt mehr Hochtechnologie als in vielen Produk-ten der sogenannten High-Tech-Branche. Unsere Investiti-onsgüterindustrie gehört längst nicht zum alten Eisen. Und Low-Tech werden Sie bei uns nicht finden. Unsere Werke ar-beiten an der Spitze der technologischen Entwicklung.

Die herrschende Lehre schickt unsere Großunternehmen massiv in das Geschäft mit den Dienstleistungen. Ruhr-Nachbarn wie Thyssen, Mannesmann, RWE und VEBA set-zen ihr Geld schon auf die Telekommunikation. Bauen Sie Krupp auch zum Dienstleister um?

Ob Investitionsgüter oder Dienstleistungen – entscheidend ist doch: Gibt es Märkte und können Sie da Geld verdienen?

Aber Wachstum und Dynamik gibt's doch in den klassischen Industrien nicht mehr.

Noch ein Vorurteil. Wir konzentrieren uns auf Produkte, die einen wachsenden Markt haben und bei denen wir technologisch vorn sind. Für die entwickeln wir eine Weltstrategie und holen uns das nötige Wachstum da, wo sich die Märkte dynamisch entwickeln.

Irritiert Sie der Kurswechsel der Ruhr-Rivalen in Richtung Dienstleistung nicht?

Ganz und gar nicht. Wenn andere auf Dienstleistung oder den Konsumbereich setzen, bin ich völlig einverstanden. Die Entscheidung muß jeder selbst fällen. Wir setzen auf die Produkte und Märkte, die wir kennen.

Entscheidend ist dann doch die Fähigkeit zur inneren Erneuerung. Wie bringen Sie denn ein Unternehmen mit den Strukturen und Verkrustungen aus 185 Jahren in Schwung? Wie entsteht Neues unter der Last des «Das haben wir schon immer so gemacht»?

Gott sei Dank haben die meisten unserer Unternehmen die Zeichen der Zeit verstanden und wandeln sich mit dem Markt. Ich gebe Ihnen aber recht: In einigen Bereichen herrscht immer noch eine Mentalität, mit der wir unsere Weltstrategie nicht erfolgreich umsetzen können. Wir müssen aus dem alten Trott, mit dem die deutsche Wirtschaft immerhin jahrzehntelang erfolgreich war, ausbrechen.

Pessimisten zitieren gern die zurückgehenden Zahlen von Patentanmeldungen, um den Abstieg der Industrienation Deutschland zu belegen.

Die absoluten Zahlen sagen gar nichts. Weil die weltweite

Arbeitsteilung zunimmt, werden heute natürlich weniger Produkte in Deutschland hergestellt als vor Jahrzehnten. Die Zahl der Patente korreliert natürlich eng mit der Zahl der Produkte. Richtig ist, daß wir als Volkswirtschaft lange von dem Vorsprung gelebt haben, den unsere Väter in der Nachkriegszeit aufgebaut hatten. Anfang der 80er Jahre hätten wir erkennen müssen, daß sich die Märkte wandeln. Das haben wir verpaßt. Aber jetzt hat der Aufholprozeß begonnen.

Was tun Sie konkret?

Ich erkläre meinen Leuten immer wieder unser Problem: In der Vergangenheit konnten wir uns erlauben, mehr zu verdienen, weniger zu arbeiten und mehr Sozialleistungen auszuloben als unsere Nachbarn oder gar entferntere Völker. Das ging, weil wir einen erheblichen Produktivitätsvorsprung hatten. Die höheren Kosten sind uns geblieben, der Produktivitätsvorsprung aber ist dahin.

Müssen die Löhne runter?

Die Lohnkosten sind nur ein Teilaspekt. Wir müssen uns wieder einen Gesamtkostenvorsprung vor den anderen sichern. Dann können unsere Leute ruhig mehr verdienen.

Wie können wir uns denn wieder so einen Vorsprung verschaffen?

Bei uns im Konzern haben wir dazu ein Programm, das nennen wir 4 K: Kunden, Kosten, Kreativität, Kommunikation. Das Programm entspringt der Einsicht, daß wir einerseits hierarchisch organisiert bleiben müssen, wegen der klaren Verantwortung für Entscheidungen. Andererseits müssen wir uns moderner und effizienter aufstellen und Kreativität und Know-how aller Mitarbeiter optimal verwerten.

Wie machen Sie das?

Indem wir parallel projektbezogene, zielorientierte Arbeit

einführen. Die findet in Projektgruppen statt, wo der Direktor gleichberechtigt neben dem Vorarbeiter sitzt. Die nehmen sich gemeinsam ein Thema vor, und am Ende wird gesagt: So wird's gemacht. Das ist 4 K.

So etwas klingt immer gut – aber bringt es meßbaren Erfolg?
Die Erwartung muß realistisch bleiben, Mentalitäten verändern Sie nicht über Nacht. Aber gerade in unseren Kerngeschäftsfeldern, wo wir eigentlich schon gut waren, sind wir mit dieser Methode noch einmal ein ganzes Stück nach vorn gekommen. Weil wir nicht mehr verordnen: So wird's gemacht. Statt dessen fragen wir: Wie würdet ihr es machen?

Ist das der Weg, die Kreativität, die in den Mitarbeitern steckt, freizusetzen?
Ich glaube, Kreativität und Freiheit sind nicht zu trennen. Nur Mitarbeiter, die geistig frei sind, haben Ideen. Deshalb schaffen wir konsequent Freiräume, um den Schatz zu heben, der im Know-how unserer Leute liegt. Wenn Sie die hierarchischen Barrieren beiseite räumen, wundern Sie sich, was da von unten an Ideen kommt.

Aber es können doch nicht alle ständig in Projektgruppen sitzen. Irgendwer muß doch auch arbeiten.
Doch, alle können in den Projektgruppen sitzen. Jeder Prozeß, jeder Ablauf kann von Teams untersucht werden. Wo es ein Problem gibt, bringen Sie die Leute, die damit zu tun haben, an einen Tisch: aus Produktion, Qualitätssicherung, Verkauf, quer durchs Unternehmen. Die suchen dann im ganzen Konzern nach vorbildlichen Lösungen und übertragen sie auf ihr Problem.

Warum bleiben Sie bei der Suche nach Vorbildern im eigenen Konzern?
Zum einen stecken da unheimlich viele Ideen. Zum ande-

ren entfallen die üblichen Einwände, die gern gegen Ideen von außen erhoben werden: Das mag da funktionieren, aber bei uns … Und es wirkt ungemein motivierend, wenn diejenigen, die eine gute Idee hatten, sie konzernweit selbst vorstellen können.

Dann ist 4 K eine Massenbewegung geworden?
An den meisten Standorten sitzen zwei Drittel der Belegschaft in den Projektgruppen.

Haben die Teilnehmer nicht zwiespältige Gefühle? Wenn Sie allzu effektiv Probleme lösen, werden die Produktionsprozesse so effizient, daß sie mit weniger Mitarbeitern gefahren werden können. Die rationalisieren sich am Ende selbst weg.
4 K ist ausdrücklich kein Programm zur Personaleinsparung. Hier stehen qualitative Dinge im Vordergrund: Wie steigern wir die Qualität, wie können wir Kundenanfragen schneller beantworten? Natürlich geht es auch um Personalkosten, das haben wir den Betriebsräten ganz offen gesagt. Da waren die Belegschaften natürlich erst kritisch, aber das hat sich gelegt. Die Mitarbeiter sehen, daß sie Dinge tun können, die sie immer tun wollten, aber nie tun konnten.

Und bei genügend Kreativität können wir dann Lohn- und Freizeitweltmeister bleiben?
Nein, wir müssen auch mehr Biß entwickeln. Wenn wir in den vergangenen Jahrzehnten ein Produkt aus Kostengründen nicht mehr wettbewerbsfähig herstellen konnten, haben wir es regelmäßig aufgegeben und uns auf höherwertige Segmente beschränkt. Das ging noch in Zeiten ständigen Wachstums, wo man auf andere Märkte ausweichen konnte. Auch damals war es aber im Grunde schon falsch. Heute sagen wir: Wenn wir einen Markt haben, dann halten wir ihn fest. Und wenn wir ihn nicht mehr aus unseren eigenen Werken im Inland bedienen können, versuchen wir über Zu-

kauf oder Produktion an anderen Standorten kostenmäßig
wieder hin zu kommen. Dies hat natürlich Auswirkungen
auf die Beschäftigung am Standort Deutschland.

*Spannende Zeiten. Aber wie kommt denn nun das Neue in
die Welt?*

Es entsteht doch meist aus, für sich betrachtet, ganz bana-
len Überlegungen. Aber die Leute, die diese Überlegungen
anstellen, beschäftigen sich ganz intensiv mit ihrem Thema
und kommen so am Ende auf die ergänzende Idee, die wiederum für sich betrachtet ganz banal wirkt, im Zusammenhang jedoch genial ist. Die Voraussetzung ist allemal, daß
man den ganzen Themenkreis vorher systematisch erarbeitet hat.

PIONIERGEIST
STATT REGELUNGSWUT

«Die Zukunft läßt sich am besten vorhersagen, indem man sie erfindet.» Dieser Slogan findet sich im Palo Alto Research Center von Xerox, der fast schon legendären Denkfabrik in Kalifornien. Eine Art kategorischer Imperativ für die Kreativen: Wenn ihr nicht von der Ungewißheit überrascht werden wollt, dann bastelt sie euch gefälligst selber!

Kreativität war stets der entscheidende «Produktionsfaktor» in der Wirtschaftsgeschichte. Sie erst macht aus einer guten Idee eine epochale, gibt einer stufenweisen Entwicklung den Kick für den großen Sprung nach vorn. Diese Eigenschaft ist zu einem inflationierten Begriff geworden, sie fehlt in keiner Stellenanzeige für eine Führungskraft neben der ebenso heftig beschworenen Dynamik.

Fragt man einen Werbemanager, wie er denn zu seinen genialischen Text- und Bildschöpfungen komme, pflegt er mit dem Kalauer zu antworten: «99 Prozent Transpiration plus 1 Prozent Inspiration.» Anders gewendet: Den schöpferischen und einmaligen Musenkuß gibt es nicht, die Produktentwicklung ist mühsame und methodische Arbeit.

Und dennoch ist die Kreativität des Menschen die einzige Tür, durch die das Neue in die Welt kommt. Wie hält eine Gesellschaft, die mit und vom Neuen lebt, diese Tür ständig geöffnet? Wie schafft sie ein Klima und Umfeld, in denen die Fähigkeiten zu schöpferischem Denken ständig gekitzelt werden?

Diesen Nukleus zu beschreiben, tun sich selbst Psychologen schwer. Bei der Erforschung der Kreativität blieben sie recht vage und zuweilen mehrdeutig. Das kreative Hirn beschreiben sie so: selbständig und weltoffen, geistig flexibel, unkonventionell im Denken, hohe Frustrationstoleranz. Intelligenz ist nötig, um die Kreativität erblühen zu lassen, aber keineswegs jeder Intelligente ist zugleich kreativ. Denn auch Hochbegabte versagen angesichts neuartiger Problemkonstellationen.

«Ich kann mit einem Blick erkennen, ob das Unternehmen, durch dessen Flure und Abteilungen ich gehe, innovativ ist oder nicht», meint der Wirtschaftswissenschaftler Prof. Dietger Hahn (Gießen). Auf die Fragen, welche Signale ihm da entgegenschlügen, nennt er spontan zwei: Die Mitarbeiter sind gut gelaunt und lachen oft, und sie bewegen sich nicht behäbig, sondern flink.

Nun ist eine möglichst lockere Arbeitsatmosphäre eine äußere, vielleicht sogar wichtige Nebenbedingung kreativer Gedankenströme. Die Talente des Kreativen beginnen mit Fragen «nach innen», mit dem Stimulans eines vermeintlich unlösbaren Problems. Er knetet und wendet es hin und her, nimmt es geistig unter die Lupe, seziert es, geht wieder auf Abstand, um sich ihm erneut aus einer anderen Richtung zu nähern, umkreist es, bezweifelt es: Die Problemintensität besteht in der Fragwürdigkeit.

Durch diese Um- und Einkreisung reihen sich Ideen und Assoziationen aneinander, die sich «flüssig» in einem Strom fügen sollen. Psychologen beispielsweise prüfen Kreativität an so schlichten Fragen, was man alles mit einer Konservendose tun kann. Oder aus unserem Bereich: Welche Sprache und welche Bilder kann man per Telefon übertragen? Oder: Worüber ärgert sich der Nutzer eines Telefons am meisten? Umgekehrt: Was an seinem Telefon bereitet ihm den meisten Spaß? Ist es ihm lästig, seinen Telefonhörer zu halten? In welcher Körperhaltung macht Telefonieren Spaß, in welcher bringt es Verdruß? Möchte man seinen Gesprächspartner auch sehen? Wie ändert sich das Gesprächs- oder Kommunikationsverhalten bei Rufnummernanzeige? Wie wird neuronales Telefonieren einmal ausschauen? Und so weiter.

«Ideenflüssigkeit» muß sich jedoch, um zur kritischen Masse und zur Zündung zu gelangen, mit hoher Motivation verbinden sowie der Bereitschaft, hart an der Lösung zu arbeiten. Dabei ist es wichtig, auch unsichere und fragwürdige Zwischenschritte hinzunehmen, Sackgassen und Irrwege zu riskieren – das entsprechende Investment inklusive.

Zu dieser Ambiguitätstoleranz gesellen sich Flexibilität und Originalität, die wiederum eng mit dem etwas unbestimmten Begriff der Phantasie zusammenhängen. Der bekannte Rorschach-Test beispielsweise stuft eine Lösung dann als originell ein, wenn sie unter hundert Testlösungen nur ein einziges Mal auftaucht. Innovationen in heutige Produkte oder Dienstleistungen fordern da sicher höhere Quotienten.

Dem Dreiklang von Identifizierung, Analyse und Hypothesenbildung folgt dann – hoffentlich – das erlösende «Heureka», die Endphase von Inkubation und Illumination. Zur Neugier hat die Kreativität ein schwesterliches Verhältnis, denn sie liefert den Anstoß. Sie ist gewissermaßen der Starter, die Kreativität dagegen der Motor einer originellen Problemlösung. Nur neugierig zu sein hilft also nichts, denn dann dreht der Starter durch, ohne daß der Motor anspringt. Folge: Das Problem kommt nicht von der Stelle.

Die entscheidende Triebkraft des heute globalen Wettbewerbs ist die Geschwindigkeit, mit der Ideen in Produkte umgesetzt werden. Dem Kick folgt der Blick – auf die Märkte. Dieses Talent, die Marktfähigkeit einer neuen Problemlösung zu erahnen und sie abzuschätzen, ist das Sahnehäubchen auf der Kreativität. Für viele originelle Köpfe stellt sie eine ungeahnte Hürde dar.

Alexander Graham Bell, der als Erfinder des Telefons gilt (es aber nicht war), war im Gegensatz zu seinen Konkurrenten mit einem genialen Blick für die Märkte und ihre Möglichkeiten gesegnet. Biographen liefern dafür eine originelle Erklärung: Bell war Taubstummenlehrer – auch seine Frau war taubstumm – und hatte zur Kostbarkeit der menschlichen Sprache ein sehr enges Verhältnis. Sein ständiger Kampf in einem sprachleeren Raum hatte ihn vielleicht besonders sensibel gemacht für die Idee, Sprache über einen Draht in die Ferne zu transportieren. Möglicherweise haben die Lebensumstände Bell das beschert, was die Computerforscher von heute die «Erweiterung der Sinne» nennen.

Auch wenn mir vielleicht Experten widersprechen: Es gibt eine menschliche Wesensart, ohne die die Innovation auf Dauer nicht rundläuft – die Faulheit, oder etwas vornehmer, der Hang zur Rationalisierung. Weil die Menschen zu faul waren, Tomaten auszupressen, erfanden sie den Ketchup; weil sie zu faul zum Laufen waren, Radmaschinen und das Automobil, und weil sprechen einfacher ist als schreiben, das Telefon.

An originellen Fragen mangelt es nicht. Warum fährt ein Auto nicht mit Wasser (wo doch die Energie des Wasserstoffs in ihm verborgen ist)? Wie kann man es einrichten, daß Bakterien nicht nur Müll produzieren und ihn begleiten, sondern ihn auch noch fressen? Warum züchtet man keine viereckigen Bäume, um den Schnittabfall zu reduzieren (was versucht wird)? Wo liegen auf der DNS-Kette die Gene für Krebs und Aids? Lohnt es sich, eine Tomate mit einer Kartoffel zu einer Tomoffel zu kreuzen?

Auch in der medialen Zukunft mangelt es nicht an mehr oder minder originellen Fragen, von denen viele marktgängig sein werden. Um nur einen Bereich herauszugreifen: In der Telemedizin ist es heute schon möglich, die prominenten Herzchirurgen im texanischen Houston per Bildschirm bei der Arbeit zu verfolgen. Und die mikroinvasiven Operationspraktiken, bei denen die Gallenblase durch eine pfenniggroße Öffnung in der Bauchdecke entfernt wird, sind ohne moderne Datenübertragung gar nicht möglich.

Kreativität und Innovation bedürfen eines fruchtbaren und «ideenflüssigen» Kleinklimas. Das gilt für die Gruppe im Betrieb, für das Unternehmen als Ganzes und – vor allem – für die Gesellschaft, in deren Umfeld die Produkte und Dienste von morgen entstehen sollen. Hier sind die größten Mangelerscheinungen festzustellen, denn an kreativen Köpfen mangelt es auch in Deutschland – trotz seiner heftigen oder vermeintlichen Standortprobleme – nicht.

Dieses gesellschaftliche Kleinklima zu bewirken, in dem sich marktgängige Ideen Bahn brechen und Wurzeln schlagen, ist vermutlich das Hauptproblem der hochregulierten Industrieländer. Hierzulande ordnen 4874 Gesetze, 85000 Einzelbestimmungen, Tausende von Erlassen und Gerichtsurteilen sowie gut 50000 Normen das Leben des Bürgers. Die Paragraphenflut kostet die Unternehmen nach Expertenschätzung rund 60 Milliarden Mark im Jahr.

Weit hinderlicher als die Kosten ist jedoch die Selbststrangulierung von Wirtschaft und Gesellschaft, die ihr den Atem zur Innovation nimmt. Die Kreativität ist umzingelt von Vorschriften, Ge- und Verboten. Die Bürokratie, die den Krümmungsradius von Salatgurken und die Neigung von Wohnzimmertreppen zu regulieren pflegt, die Rieseninvestitionen blockieren läßt, weil auf dem Gelände ein Krötenwanderweg vermutet wird, ist der wirkliche Feind künftiger Markterschließung.

Spötter behaupten, der legendäre Bill Gates, der in einer Garage angefangen hatte zu tüfteln, hätte in Deutschland keine Chance gehabt: Der ständige Aufenthalt in einer Garage zum Zwecke dauerhafter Gewerbeausübung ist aufgrund zahlreicher Gesetze und Verordnungen streng verboten. Damit sich Kreativität und Innovation freischwimmen können, muß das Management für ein offenes, diskussionsfreudiges Klima sorgen. Aber ein Unternehmen ist kein Planet, der isoliert um die Gesellschaft kreist, sondern er ist Teil von ihr. Mit psychologisch ausgetüftelten Methoden gelingt es oft, ein Unternehmen mit einem innovativen Humus zu versehen. Eine Gesellschaft zukunftsfähiger zu machen ist dagegen ein weit komplizierterer Prozeß.

Hier tut sich Deutschland schwer. Seine politische Klasse – angeführt vom Bundespräsidenten und vom Bundeskanzler – mahnt zwar ständig eine «neue Kultur der Selbständigkeit» an, aber die innere Befindlichkeit der Bürger ist nicht auf Wagnis und Risiko geeicht. Der deutsche Lebensentwurf ist der wärmende und möglichst lebenslange Arbeitsplatz im erlernten Beruf. In Sonntagsreden werden Mobilität und Flexibilität beschworen, werktags dominieren Beharrung und Vollkaskomentalität.

Freilich haben erstarrte und reformmüde Gesellschaften zwei strenge Zuchtmeister erhalten: den technischen Wandel, zu dessen Symbol der Computer geworden ist, und die Globalisierung. Beides erzeugt Wettbewerbsdruck und lehrt die Gesellschaft mit ihren pluralen Interessen die Beweglichkeit. In diesem – von innen erzwungenen und von außen unterstützten – Reformprozeß befindet sich der Standort Deutschland. Er macht sich an den Stichworten Steuerreform und der Überarbeitung aller sozialen Sicherungssysteme fest, aber auch an den Bemühungen um einen «schlanken Staat».

Diese Rationalisierungsprozesse kommen überaus mühsam voran, weil jeder Reformschritt mit dem Abschied von gewohnten Besitzständen verbunden ist. Wie Umfragen belegen, ist die Masse der Bevölkerung über Weg und Ziel dieser Reformprozesse schlecht informiert, Demoskopen sprechen gar von Orientierungslosigkeit.

Wenn Gesellschaft und Wirtschaft in den Sog eines Strukturwandels geraten, haben die Bürger Schwierigkeiten, die Logik dieser Bewegung zu begreifen und mit dem erforderlichen Tempo Schritt zu halten. Es ist menschlich, den Blick auf den steinigen Weg zu richten. Nur wenige nehmen den Horizont ins Visier. Dafür Unterstützung zu leisten ist die Aufgabe der Eliten.

Dabei geht es nicht um das Zerrbild einer computergesteuerten und inhumanen «schönen neuen Welt», sondern um die Visionen einer lebenswerten Gesellschaft, in der das Neue nicht gegen, sondern für den Menschen ersonnen und verwirklicht wird. Dort fragt der Beharrende «Warum?», der Kreative aber «Warum nicht?».

Über die Angebotsfülle der Kommunikationsgesellschaft von morgen – die schon heute begonnen hat – müssen die Bürger nicht nur als «User», sondern vor allem als freie Individuen informiert werden. Bei vielen dominieren Unsicherheit und Furcht. Aber alle Erfahrungen aus den Zeiten des Wandels belegen, daß die Furchtsamkeit schmilzt, je näher man der Innovation kommt.

Das gilt für Telearbeit wie für Telemedizin, für intelligente Verkehrsleitsysteme wie für vernetzte Datensysteme. In Deutschland gibt es derzeit erst rund 30000 Telearbeitsplätze. Die EU sieht für das Jahr 2000 in Deutschland ein Potential von 800000, die ohne Rush-hour daheim arbeiten könnten. Erst jüngst hat die Deutsche Telekom zusammen mit dem Bundesministerium für Bildung, Wissenschaft, Forschung und Technologie eine Initiative für Telearbeit im Mittelstand gestartet: «Laßt die Daten laufen und nicht die Menschen.»

Pioniergeist, gepaart mit ein wenig Abenteuerlust, stößt einstweilen noch nicht an Grenzen. Hierbei geht es nicht – nur – um den denkenden Turnschuh oder unfehlbaren Toaster, sondern um virtuelle Welten, die uns die realen Welten verstehen helfen. Der Kosmos der neuronalen Netze und die Möglichkeiten der Künstlichen Intelligenz (KI) harren noch auf ihre Entdecker.

Wem das alles zu kompliziert ist, weil seine Umwelt von einem Gewirr unkontrollierbarer Parameter beherrscht scheint, der kann auf neue Formen der Vereinfachung zurückgreifen. Die Fuzzy-Logik ist ein Wegweiser in diese Richtung. Sie verzichtet auf die – durchaus mögliche – Präzision und hält die Dinge bewußt unscharf. Dadurch werden sie bedienungsfreundlicher. Denn dem Nutzer kommt es überwiegend nicht auf die umfassende Präzision an, sondern auf schlichte Zusammenhänge: auf den bedienungsfreundlichen Recorder, die sparsame Waschmaschine, den sanften Fahrstuhl oder das scharfe Videobild.

Die bewußt unscharfe Fuzzy-Logik benutzt unscharfe Module, um näher an der Lebenswirklichkeit zu bleiben. Dieser Denkansatz widerlegt die These von der ständigen Verkomplizierung technischer Systeme. Sie sollen uns nicht ständig nerven, sondern sie belegen, daß jeder Fortschritt auch neue Vereinfachung mit sich bringen kann.

Die Kommunikationschancen der neuen elektronischen Medien laufen nicht auf das Zerrbild des «Großen Bruders» hinaus. Sie beleben vielmehr jene demokratischen Werte, die in Bürokratien zu ersticken drohen: Gleichberechtigung, Informations- und Entscheidungsfreiheit, Chancengerechtigkeit. Insofern ist der Chip der beste Lobbyist der Freiheit. Er ist der natürliche Gegenspieler von Bevormundung und Obrigkeit.

Diese Gedanken in die Unternehmenskulturen zu implementieren, ist ein mühsames Unterfangen. Daß es langsam ins Werk gesetzt wird, zeigt sich unter anderem daran, daß heute nicht mehr die Technikfeindlichkeit beklagt, sondern die Forderung erhoben wird, alle Schulen ans Netz anzuschließen. Längst wissen es die Bürger zu schätzen, daß der Transport riesiger Datenmengen für sie von Vorteil ist, ihnen das Leben leichter macht. Daß die Umstellung auf Computer die Bearbeitungszeiten von Amtsvorgängen verlängert, ist ein Phänomen des Übergangs, auf das meist nur öffentliche Verwaltungen abonniert sind.

Das Neue kommt in die Welt, wenn man den Neuerern Gedankenfreiheit gewährt und alles unterläßt, ihnen die Flü-

gel der Kreativität zu stutzen. Hierbei ist die Wirtschaft weiter als die Gesellschaft. Aber für beide beginnt schließlich
auch die längste Reise mit dem ersten Schritt.

Ulrich A. Wever

REVOLUTION DER
UNTERNEHMENSKULTUR

«Jedes Kind ist ein Künstler. Das Problem besteht darin, wie
es ein Künstler bleiben kann, wenn es aufwächst.»
Pablo Picasso

Kulturen entwickeln und verändern sich. Entwicklungspro-
zesse erstrecken sich normalerweise über sehr lange Zeiträume; sie sind oft auch nur im nachhinein wahrnehmbar.
Kulturen können eine Blütezeit erreichen, und sie können
untergehen. Ähnlich verhält es sich mit Unternehmen. Indem sie verschiedene Entwicklungsphasen durchlaufen,
wächst gleichsam der Reifegrad ihrer Kultur. Wird eine
auftretende Krise erfolgreich gemeistert, kann dies einen
Entwicklungsschub auslösen: Die Anpassungsfähigkeit des
Unternehmens wird zugleich erprobt und gestärkt. So entwickeln vor allem traditionsreiche Firmen im Laufe der
Zeit *starke* Unternehmenskulturen. Das drückt sich u. a.
darin aus, daß die Mitarbeiter stolz sind auf *ihr* Unternehmen. Sie identifizieren sich auch mit der unternehmens-
spezifischen Art, wie man die Probleme sieht und anpackt,
ja wie man sie *immer schon* gesehen und *immer schon* an-
gepackt hat.

Bisher betrachtete man solche Kontinuität und Beharr-
lichkeit in den Einstellungen von Mitarbeitern als ausge-
sprochene Stärke einer Unternehmenskultur. In unserer
schnellebigen Zeit werden nun gerade «starke» Unternehmenskulturen zum Problem. Jahrzehntelang vom Erfolg
verwöhnt, ist oftmals gerade Traditionsunternehmen die
Fähigkeit zur Anpassung verlorengegangen. Sattheit, Be-
quemlichkeit und Besitzstandsdenken haben sich breitge-

macht. Die einstige Stärke des Unternehmens hat sich in Starrheit verwandelt.

Unternehmenskulturen entwickeln sich in ständiger Auseinandersetzung mit dem Markt, mit dem gesellschaftlichen und zunehmend auch mit dem globalen Umfeld. Dies Umfeld ändert sich heute schneller denn je zuvor. Deshalb brauchen wir weniger *starke* als vielmehr *lebendige* Kulturen. Mit Lebendigkeit ist hier *Lernfähigkeit* gemeint. Die Bereitschaft zur Veränderung und die Fähigkeit zur Anpassung werden für das einzelne Unternehmen, ja für ganze Branchen zur Überlebensfrage. Generell kann die Reformfähigkeit unserer wehleidig gewordenen Wohlstandsgesellschaft mit ihrer Vollkaskomentalität nicht gerade optimistisch eingeschätzt werden.

Zum Glück gibt es Beispiele dafür, daß einzelne Unternehmen durch Revolutionierung ihrer überholten Kultur neue Dynamik und vor allem die Nähe zum Kunden wiedergewonnen haben. Wir wissen deshalb, daß dies grundsätzlich machbar ist, selbst in einem reformträgen gesellschaftlichen Klima. Beim Studium solcher Erfolgsstories fällt auf, daß es immer um die *Menschen* ging. Man entdeckte den Mitarbeiter neu und nahm ihn ernst. Freiräume für die Entwicklung unkonventioneller Initiativen wurden geschaffen, Eigenverantwortung wurde gestärkt, und Kontrolle erfolgte weitgehend als Selbstkontrolle. Der Erfolg gab den mutigen Initiatoren recht: Den Mitarbeitern zu vertrauen, zahlte sich aus.

Mitarbeiter können eine Quelle von Kreativität sein. Man muß nur ihre Potentiale erkennen und erschließen. Wer Kindern beim Spielen zuschaut, weiß, daß jeder Mensch über kreative Fähigkeiten verfügt. Sie werden ihnen dann freilich häufig von den Erwachsenen ausgetrieben, die sie frühzeitig zu einer *vernünftigen, geordneten*, letztlich *phantasielosen* Sicht der Welt anleiten. In der Berufsausbildung werden sie als *Funktionsträger* gesehen. In der Wirtschaft herrscht dann vollends die «reine Vernunft»: Die linke Gehirnhälfte feiert Triumphe, während man die rechte – intuitive, irrationale, «künstlerische» – verkümmern läßt. Nach offizieller Lesart wird zwar der kreative, unternehmerisch denkende und handelnde Mitarbeiter *gefordert*. In der Praxis unterstützt und *befördert* wird dagegen der angepaßte Karrierist. Wo Ordnungsfanatiker, Rationalisierer und Sparkommissare die Unternehmenskultur bestimmen, wird es Spaß bei der Arbeit kaum geben, bleiben selbst Reste von Kreativität und Innovationsbereitschaft auf der Strecke.

Daß ein Unternehmen heute ohne gute Planung, ohne effiziente Organisation und ständige Rationalisierungsbemühungen nicht erfolgreich geführt werden kann, wissen wir. Was wir noch lernen müssen ist, daß rein sachorientierte, phantasie- und emotionslose Technokraten nicht in der Lage sind, ein Unternehmen zu *beseelen*, seine Mitarbeiter zu begeistern und zu hohen Leistungen anzuspornen. Die kritische Frage lautet, ob die für die gegenwärtige Entwicklungsphase benötigten Persönlichkeiten vorhanden sind und ob sie die Schlüsselpositionen besetzen. In der deutschen Wirtschaft verfügen wir zweifellos über genügend *Manager* (Technokraten) und über gute *Verwalter* (Bürokraten). Schon deutlich spärlicher vertreten ist die Spezies der *Unternehmer*. Was uns in dieser Zeit aber am meisten zu fehlen scheint sind «Menschenführer», die sich dafür begeistern können, Talente aufzuspüren und systematisch zu fördern. Wir brauchen Führungskräfte, die ihren Erfolg an dem messen, was ihre Mitarbeiter bewirken, «Vorgesetzte», die nicht alles selber tun, sondern ihre eigenen Fähigkeiten *mit Hilfe anderer* ständig multiplizieren.

Es gibt solche Menschenführer in unseren Unternehmen. Dies sind jene Führungskräfte, die ihren Mitarbeitern «Spielwiesen» zur Verfügung stellen. Bei ihnen sind Spinnen und Experimentieren erlaubt. Und sie lassen Fehler zu – als Lernchance. Zur Förderung von Kreativität stellen sie *angstarme Räume* zur Verfügung. Und sie geben ihren Mitarbeitern die Sicherheit, voll zu ihnen zu stehen, wenn einmal etwas schiefläuft. Kreative Menschen brauchen ein solches Arbeitsklima, das in Großorganisationen aber kaum vorhanden ist. Will das Topmanagement hier wirklich etwas ändern, geht dies vermutlich nur über gezielte *Modellversuche*. Indem man für einzelne Projektgruppen oder ausgewählte Abteilungen Freiräume schafft und für sie die Entwicklung eigenständiger (angemessener!) Kulturen zuläßt, wird altes Denken durch neues ersetzt. So können, zunächst punktuell, *Kulturinseln* entstehen, die sich als Prototypen für eine neue, zukunftssichere Kultur erweisen mögen. Eine Vernetzung und Bündelung solcher Kulturinseln könnte vielleicht jene Energie freisetzen, die benötigt wird, eine erstarrte Kultur zu revolutionieren und das Unternehmen – von innen heraus, aus eigener Kraft – zu erneuern.

Michael Hilti
im Gespräch mit Michael Gatermann

«TITEL GIBT'S BEI UNS NICHT»

Der Konzernchef kommt in Hemdsärmeln. An der Brusttasche ist, wie bei allen Beschäftigten, sein Namensschild angeclippt. Im Reich des Michael Hilti gibt es kaum noch Privilegien: «Wir haben kein Vorstandskasino, vergeben keine Dienstwagen, die Titel sind abgeschafft», sagt der 51jährige Verwaltungsratspräsident der Hilti AG, des größten Unternehmens Liechtensteins. Der Familienbetrieb dominiert die Zwergmonarchie inmitten der Alpen. Seine knallroten LKWs prägen das Straßenbild, und wenn die Beschäftigten des Stammhauses im Örtchen Schaan, drei Kilometer von der Hauptstadt Vaduz, Feierabend machen, herrscht Rush-hour im ganzen Fürstentum. «Hier läßt sich gut arbeiten», sagt Hilti, «und leben auch.»

Eigene Außendienstler in der ganzen Welt verkaufen ihren Kunden Befestigungstechnik für fast zweieinhalb Milliarden Mark im Jahr. Und mit technisch so simplen Produkten wie Bohrern, Bolzenschußgeräten, Schrauben und Dübeln erwirtschaften die Liechtensteiner eine Umsatzrendite von rund zehn Prozent.

Durch alle Konjunkturtäler hielt die Erfolgssträhne des Familienunternehmens. Warum? Für Michael Hilti heißt das Schlüsselwort Kreativität: «Kreative Mitarbeiter senken Kosten, erfinden neue Produkte und Vermarktungsstrategien, haben Lust zu arbeiten, produzieren Qualität.»

Also bemüht er sich, «ein Umfeld zu schaffen, in dem sich Leute wohl fühlen und ihre Kreativität entfalten».

Das klingt gut, aber wie machen Sie es?

Die Schlüsselwörter sind Offenheit und Durchlässigkeit. Jeder ist zum Mitdenken und Mitreden aufgefordert. In unseren Werken stehen neben den Bändern überall Flipcharts, auf denen die Arbeiter notieren, was verbessert werden kann. Es gibt keine Meister mehr, die Arbeitsgruppen wählen sich einen Coach auf jeweils ein Jahr.

Da bleibt ja für das Management gar nichts mehr zu tun.

Im Gegenteil, die Anforderungen haben sich verschärft. Wer mündige Mitarbeiter führen will, muß jederzeit Kompetenz zeigen. Und die Manager müssen Motoren der Veränderung sein.

Haben Sie denn wirklich eine Mannschaft, die nur aus Hochleistern besteht?

Natürlich nicht. Aber während wir uns früher allein auf die Förderung der Spitzenleute konzentriert haben, kümmern wir uns seit einiger Zeit verstärkt um die Nachwuchsmanager, die noch in der Leistung hinten liegen.

Wie geht das?

Die Vorgesetzten müssen alle sechs Monate mit ihrem Aktionsprogramm für diese Team-Mitglieder antreten und werden auch an ihren Erfolgen auf diesem Feld gemessen.

Das hört sich nach einer Insel der Seligen an, wo die Schwachen geschützt und gefördert werden ...

Das hat natürlich seine Grenzen: Wir verstehen uns als Hochleistungsteam, wer in der Liga nicht mitspielen kann, muß eins runter. Auch da gibt's Positionen im Unternehmen. Aber wir haben etwas gelernt: Es lohnt sich, wenn man sich besonders um die schwächeren Team-Mitglieder kümmert, sie fördert, statt sich allein auf die Spitze zu konzentrieren.

Wir steigern die Qualität unseres Managements. Wenn Sie sich die Gaußsche Normalverteilung von Talent im Konzern vorstellen – wenige schlechte Leute, viele mittlere bis gute, wenige Spitzentypen –, so verschieben wir durch unsere Förderung die ganze Kurve deutlich nach rechts in Richtung bessere Leistung.

Wenn die Mitarbeiter aufgefordert sind, ständig alles in Frage zu stellen und zu kritisieren, müssen die Vorgesetzten übermenschliche Leidensfähigkeit und Geduld aufbringen. Implizit steckt doch in jedem Änderungsvorschlag Kritik an ihrer Organisation und Führung.

Aber genau so darf man es nicht verstehen. Bei uns erwartet niemand, daß die Vorgesetzten das Monopol auf gute Ideen haben. Im Gegenteil, wir beurteilen sie auch danach, wieviel von der Kreativität ihrer Mitarbeiter sie heben und in das Geschäft einbringen.

Sie arbeiten in einem konservativen Gewerbe. Wie verhindern Sie, daß kreative Querköpfe Ihre Organisation sprengen und Ihr Geschäft ruinieren?

Wir stecken Grenzen und verordnen, daß bestimmte Dinge akzeptiert werden müssen. Die heißen bei uns «accept it»s, etwa die Definition unseres Geschäftsfelds, Befestigungstechnik. Es überwiegen allerdings die «form it»s, die Fragen, Probleme, Ideen, die von den Mitarbeitern gestaltet werden müssen.

Wie erhalten Sie denn die Innovationslust? Schließlich gibt es doch zur Belohnung wenig Beförderungen, weil Sie die Hierarchien im Hause abgebaut haben.

Richtig, wir wollen keine Titel. Was wir bieten, ist ein Rotationssystem. Das führt unsere Manager durch die ganze Welt und quer durch die Geschäftsbereiche. So sorgen wir für spannende Wechsel. Unser ehemaliger Personalleiter für Deutschland zum Beispiel wurde erst Marketingchef in Japan und ist nun bei uns in der Konzernleitung für Finanzen zuständig.

Kann er das denn?
Er hat es gelernt. Wir lieben diese Karrierewege, die nicht ganz geradeaus verlaufen. Der Vorteil: Diese Leute kennen das Geschäft. Und sie sorgen dafür, daß sie keine festgefahrenen Strukturen und Denkmuster im Unternehmen bekommen.

Will Ihr Nachwuchs denn überhaupt in die Welt hinaus?
Ja, sicher auch, weil bei uns niemand etwas wird, der nicht multikulturelle Erfahrung hat. Das sagen wir den jungen Leuten ganz offen.

Und wenn einer nicht raus will?
Dann kennt er die Folgen: Er wird bei uns keine Karriere machen.

Bei flachen Hierarchien bleibt die doch eh bescheiden. Womit locken Sie eigentlich Ihre Leute zu Leistungen?
Mit spannenden Aufgaben. Wir bieten gezielt laterale Schritte an – heraus aus den Fachgebieten, um an neuen Herausforderungen zu wachsen. Gerade wechselt zum Beispiel der Chef unserer internen Bauabteilung ins Personalwesen.

Aber die meisten Menschen arbeiten doch nicht zum Spaß. Die arbeiten für Geld, Status, Prestige.
Geld gibt's bei uns doch auch. Die Arbeitsplätze sind alle nach Aufgabenstellung bewertet. Danach richtet sich die Dotierung. Ich weiß, daß es viele Leute gibt, die ganz wild auf Titel sind. Aber da sind wir eisern: Titel gibt's bei uns nicht.

Bleibt das Geld. Wie gehen Sie damit um?

Großzügig. Wir haben Beteiligungsmodelle, nach denen Mitarbeiter am Erfolg ihrer Abteilungen partizipieren. Schließlich erwarten wir, daß sie unternehmerisch denken.

Das scheint die Trendformel der 90er Jahre. Plausibel ist sie nicht: Wer unternehmerisch denkt, wird doch selbst Unternehmer und verdingt sich nicht in einem Konzern.

Weil sie bei uns ganz andere Möglichkeiten haben. Wenn Sie heute ein kleines Unternehmen gründen, sind Sie arm dran.

Wieso?

Sie müssen doch alles allein machen, was da auf Sie einstürzt. Bei uns sind Sie Teil eines Netzwerks, für alle Probleme gibt es Spezialisten. Unsere Unternehmer haben deshalb ganz andere Marktchancen als die Einzelkämpfer. Und das macht einfach Spaß.

Wie finden Sie denn Ihre Jungunternehmer? Hält sich Ihre Personalabteilung so eine Art Goldfischteich, in dem sie die größten Managementtalente des Konzerns virtuell versammelt und kritisch beäugt?

So was gibt's bei uns nicht. Wir haben natürlich eine Potentialabschätzung unseres Managementnachwuchses. Aber vor allem müssen die sich draußen bewähren. Wir halten nichts von Stabsabteilungen, schon gar nicht für den Nachwuchs. Die kriegen einfach Aufgaben, und wir sehen, wie die sich behaupten. Da brauchen wir keine Assessment Center, wir machen keine großen Nebenübungen, die Sache gibt die Linie vor. Wir wollen nur Leute in der Führung, die das Geschäft wirklich kennen.

Und wie halten Sie Ihre Topmanager in Schwung?

Genauso: durch Aufgaben. Eine Kernfähigkeit zu entwikkeln reicht heute nicht mehr. Wir müssen in allen Bereichen exzellent sein. Deshalb schauen wir ständig, wo wir etwas lernen können. Wir studieren Logistik, Vertrieb, Produktion von Erfolgsfirmen in ganz anderen Industrien.

Das sind aber Aufgaben für klassische Stabsabteilungen.

Von wegen, wir handeln auch sofort. Anfang 1993 haben wir etwa den Vertrieb umorganisiert: Statt regionaler Verantwortung ist er jetzt nach Kundengruppen und Branchen organisiert. Da bekamen allein in Deutschland 70 000 Kunden einen neuen Ansprechpartner – ein gewaltiger Kraftakt.

Hat es denn genützt?

Ja, aber natürlich nicht allein. Wir bewegen uns ständig weiter. Zur gleichen Zeit haben wir die zentrale Entwicklungsabteilung und die zentrale Produktionssteuerung aufgelöst und den Geschäftsbereichen zugeordnet. Dann kamen das Process Reengineering und das «Faktor Zeit»-Programm. Jetzt haben wir die Strategie für die nächsten zehn Jahre festgeschrieben, neue Ziele formuliert.

Das klingt ein wenig atemlos.

Im Gegenteil, darin liegt gerade die Kunst – Sie müssen das Unternehmen in Bewegung halten.

INDIVIDUUM
UND
UMFELD

Tao Ho

DAS HERZ, DER KOPF, DIE HAND: LEIDENSCHAFT, ANALYSE, PRODUKTION

Als Walter Gropius 1919 das Bauhaus in Dessau gründete, wies er auf eine Gefahr hin, die seiner Meinung nach die schöpferische Unabhängigkeit des Architekten bedrohte: Das menschliche Herz könnte durch ein blindes Vertrauen in die Technik allmählich der menschlichen Hand entfremdet werden. Gropius befürchtete, daß der architektonische Gestaltungsprozeß, der in der Leidenschaft und im emotionalen Engagement des Architekten wurzelt und eng an sein Können gebunden ist, schweren Schaden nehmen könnte. Die Ursache hierfür sah Gropius in der Massenproduktion von Fertigbauteilen für Gebäude, die hergestellt wurden, ohne daß dabei konkrete Aufgaben der Architektur gelöst wurden.

Im Gegensatz zu Gemälden und Plastiken werden Gebäude nicht von einem einzelnen Menschen entworfen und ausgeführt. Vielmehr ist die Architektur eine Kunst, die auf der Zusammenarbeit eines Spezialistenteams unter der zentralen Leitung und Kontrolle eines Architekten gründet. Gropius erkannte, daß die unkreative Massenproduktion von Fertigbauteilen die Kontrolle des Architekten über den Gestaltungsprozeß gefährden würde. Er regte daher an, daß Industriedesigner die Einzelkomponenten so gestalten sollten, daß diese mit den architektonischen Entwürfen in Einklang stünden.

Heutzutage stellt der weitverbreitete Mißbrauch des Computers im Gestaltungsbereich die größte unmittelbare Gefahr für die künstlerische Kreativität dar und droht, den

Abstand zwischen dem Architekten und dem Endprodukt seiner Arbeit immer größer werden zu lassen. Ursprünglich war ein architektonischer Entwurf eine intuitive Angelegenheit, doch heute filtert der Computer sämtliche intuitiven und emotionalen Elemente aus dem Gestaltungsprozeß heraus, indem er das Design auf eine objektive Quantität reduziert, die er «begreifen» und beschreiben kann. Doch eines kann der Computer nicht: Er kann einen guten Entwurf nicht von einem schlechten unterscheiden.

Zu Gropius' Zeiten war es nicht der Computer, sondern die geistlose Massenproduktion von Fertigbauteilen, die dem Architekten bei der Konzeption von Gebäuden eine untergeordnete Rolle zuzuweisen drohte. Dieser Trend, den Architekten und das Gebäude in seiner Gesamtheit auseinanderzudividieren, hat sich fortgesetzt und verschärft. Denn eine neue Generation von Computergraphikern, deren Angehörige zwar keine Ausbildung in architektonischer Gestaltung haben, aber häufig die einzigen sind, die die Möglichkeiten und Grenzen der Computersoftware kennen, übt mittlerweile einen nachgerade bedrohlich starken Einfluß auf die Gestaltung der Entwürfe aus. Der Architekt steht zwar in einer langen Tradition, was die Beurteilung und Kontrolle der Grundentwürfe und der detaillierten Baupläne sowie die Überwachung des Bauprojekts vor Ort betrifft, aber er oder sie ist häufig nicht in der Lage, Einfluß auf die Arbeit des Computergraphikers zu nehmen. Mehr als je zuvor sehen sich Architekten heute vor die dringende Herausforderung gestellt, für die horizontale und vertikale Integration solcher zunehmend isolierter Aufgaben Sorge zu tragen.

Der Mensch verdankt seine Kreativität der Dichotomie zwischen der linken und der rechten Gehirnhälfte, und daran wird sich auch in Zukunft nichts ändern. Nur wird uns der technische Fortschritt immer wieder neue Instrumente zur Verfügung stellen, mit denen sich Kreativität in Gestalt bestimmter künstlerischer Entwürfe sichtbar machen läßt. Im schlimmsten Fall wird der Computer auf eigene Faust faszinierende Trugbilder erzeugen, die sich als Kunstwerke ausgeben, obwohl sie keinem menschlichen Gehirn entsprungen sind.

Mit diesem Wissen vor Augen ist es wichtig, daß wir das kreative Potential nicht vergessen, das in der «Software» des menschlichen Gehirns schlummert. Jerzy Saltan, ein Vertrauter des großen Architekten Le Corbusier, verweist in seiner Beschreibung von Le Corbusiers schöpferischer Methodik auf diese Funktion des kreativen Prozesses: Die gesamte technische Logistik und alle funktionalen Erfordernisse seiner Projekte archivierte Le Corbusier systematisch in den «Lagerräumen» seines Gehirns. Dort wurden diese quantitativen Fakten dann gründlich miteinander vermengt und infolge einer Inspiration oder Intuition in eine neue künstlerische Form gegossen. Wir wissen heute, daß es sich bei diesem Prozeß um das dynamische Wechselspiel zwischen der rationalen linken und der intuitiven rechten Gehirnhälfte handelt.

Betrachten wir nun die beiden folgenden Zeichnungen. Die eine stellt die zweiteilige Struktur des menschlichen Gehirns dar, dessen beide Hälften durch ein Corpus callosum genanntes «Fasernetz» miteinander verbunden sind. Die andere Zeichnung zeigt das alte chinesische Symbol der kosmischen Harmonie. Ähnlich wie die linke und die rechte Hälfte des Gehirns sind «Yin» und «Yang» polare Gegensätze, die ständig harmonisch miteinander interagieren.

Die linke Hälfte des Gehirns entspricht dem «Yang» und verkörpert die «männlichen» Eigenschaften Logik, lineares Denken, Ursache und Wirkung. Die rechte Seite hingegen entspricht dem «Yin» und repräsentiert die «weiblichen» Seiten der menschlichen Natur – Intuition, ganzheitliches Denken und das freie Assoziieren.

Yang	Yin
Logik	Intuition
lineares Denken	ganzheitliches Denken
Ursache/ Wirkung	freies Assoziieren
männlich	weiblich
Links	**Rechts**

corpus
callosum

Das Diagramm der Links-Rechts-Dichotomie der Gehirn-hälften ist hinlänglich bekannt. Entscheidend für den Archi-tekten ist die Art und Weise, wie die beiden Hemisphären miteinander kommunizieren – der Prozeß, der sich im Cor-pus callosum bzw. «im Netz» des menschlichen Gehirns abspielt. Ohne dieses kommunikative Fasernetz entstünde kein einziges innovatives Bauwerk. Denn entweder wäre das Gebäude überwältigend schön, würde aber in sich zusammenfallen, oder es wäre in struktureller Hinsicht einwandfrei, doch zugleich von jämmerlicher Schlichtheit. Erst das «Netz» sorgt für das nötige Gleichgewicht zwischen Funktion und Schönheit, zwischen rationalem Wissen und intuitiver Weisheit. Ein Mensch ohne rechte Gehirnhälfte wäre ein Cyborg und einer ohne linke ein Wahnsinniger. So oder so gilt: Wenn das Gleichgewicht fehlt, entstehen Ungeheuer.

Die «Intelligenz» des Computers beruht auf seiner Fähigkeit, die Beziehungen zwischen Dingen auf der Grundlage ihrer gemeinsamen Eigenschaften zu quantifizieren. Ein kreativer Kopf verdankt hingegen seine «Weisheit» seiner natürlichen Fähigkeit, zwischen scheinbar unzusammenhängenden Dingen einen Zusammenhang höherer Ordnung zu entdecken, in ungleichartigen Phänomenen eine innere Übereinstimmung zu erkennen. Nur der Mensch ist imstande, sich Gedanken über die Beziehung zwischen chinesischer Küche und moderner Musik zu machen oder die Parallelen zwischen der japanischen Blumensteckkunst Ikebana und der Gebrauchsgraphik zu erkennen.

Auf die funktionale Ähnlichkeit zwischen dem Computer und der linken Gehirnhälfte ist schon häufig hingewiesen worden. Wir wissen, daß der Computer nie mehr als ein «halber Mensch» werden kann, da er keine «Gehirn»-Funktion besitzt, die derjenigen der rechten Gehirnhälfte entspricht. Wenn der Computer den Gestaltungsprozeß übernimmt, dann werden die von ihm «gestalteten» Objekte und Umwelten immer weniger von echter Kreativität zeugen und jegliche von intuitiven Prozessen inspirierte Schönheit vermissen lassen. Ein intelligenter Roboter mag imstande sein, ein «Nocturne» von Chopin zu spielen, indem er die Noten elektronisch erfaßt, aber er wird deshalb noch lange nicht wie Arthur Rubinstein klingen.

Das liegt daran, daß der Computer die Partitur als eine Serie winziger separater Klangpunkte liest, während Rubinstein zugleich den Raum zwischen und hinter diesen Punkten erfaßt und sie in eine musikalische Empfindung übersetzt, die die einzelnen Noten transzendiert. Der Computer hingegen ist nicht in der Lage, etwas zu transformieren oder zu transzendieren. Doch genau diese Fähigkeit ist für die Verwandlung von künstlerischem Material in künstlicher Substanz von entscheidender Bedeutung, und genau sie wird immer das einzigartige Kennzeichen der typisch menschlichen Kreativität bleiben.

Wenn das «Netz», das uns unser Gleichgewicht und die Fähigkeit zu interpretieren und zu transformieren verleiht, nicht mehr hält, dann wird der Abgrund zwischen der linken und der rechten Hälfte nur noch von einem Drahtseil überspannt. Auf diesem äußerst schmalen Pfad das Gleichgewicht zu bewahren, ist heutzutage schwieriger denn je zuvor und eine zusätzliche Herausforderung an den Prozeß der künstlerischen Kreativität.

Die Wichtigkeit des Vergessens

Das menschliche Gehirn basiert auf Kohlenstoff. Kohle hat den Nachteil, daß Dinge, die darin gespeichert sind, verlorengehen können. Diesen Vorgang bezeichnet man gemeinhin als Vergessen. Das Gehirn des Computers basiert auf Silikon. Es ist dem menschlichen Modell deswegen «überlegen», weil es alle Informationen für immer an seinem ursprünglichen Ort speichert.

Im Gegensatz zu Computergehirnen verändern sich menschliche Gehirne. Sie entwickeln sich, verlieren an Leistungsfähigkeit, vergessen Dinge. Dieser Umstand ermöglicht es uns, subjektiv zu denken, unsere Ansichten zu ändern, einander zu verzeihen. Darin besteht der Unterschied zwischen einem mechanischen Gehirn und dem menschlichen Bewußtsein. Das sind unsere Fehler, und sie machen uns menschlich. Außerdem entscheiden sie darüber, ob unsere künstlerischen Erzeugnisse inspiriert und scharfsinnig sind. Wenn wir unsere schönen Fähigkeiten, zu vergessen und zu vergeben, uns zu irren und unsere Umgebung nach subjektiven Maßstäben wahrzunehmen, verkümmern lassen, machen wir uns selbst weniger menschlich und unsere Entwürfe weniger persönlich.

Auswirkungen auf unser Denken

Computer haben ihre eigene private Sprache, die auf den einfachen Funktionen Null (0) und Eins (1) beruhen. Nullkommafünf (0,5) gibt es nicht. Die äußerst einfache und vollkommen rationale Sprache des Computers ermöglicht es ihm, mathematische Funktionen mit einer Schnelligkeit und Genauigkeit auszuführen, die Lichtjahre von denen des menschlichen Gehirns entfernt sind. Dies hat zu der verbreiteten Annahme geführt, daß das Silikongehirn dem Kohlenstoffgehirn überlegen sei. Die Beschränktheit des menschlichen Bewußtseins erweist sich im direkten Vergleich ganz deutlich. Die Effizienz des Computergehirns demonstriert unser fehlerhaftes Denken zweifelsfrei.

Um dieses Manko zu kompensieren, versuchen wir die Sprache des Computers zu verstehen und unser Leben nach seinem Zeittakt auszurichten. Dies geht soweit, daß sich mittlerweile auch unsere Gestaltungsvermögen an den begrenzten Möglichkeiten seiner Sprache orientiert. Künstliche Intelligenz bedeutet aber heutzutage, daß wir mechanischer werden, statt daß der Computer menschlicher wird. Wenn wir effizient mit computergenerierten Entwürfen arbeiten wollen, sind wir gezwungen, uns seiner rationalen Sprache zu bedienen. Dazu ist unser menschliches Gehirn durchaus imstande. Doch wenn wir ohne Not darauf verzichten, von den Fähigkeiten unserer linken Gehirnhälfte Gebrauch zu machen, geben wir damit automatisch auch unser natürliches Gleichgewicht preis und passen unser Gestaltungsvermögen den Bedürfnissen des Computers an statt umgekehrt.

Yin und Yang, das Grundsymbol der traditionellen chinesischen Philosophie, ist auch eine Art binäres System (s. die folgende Zeichnung)

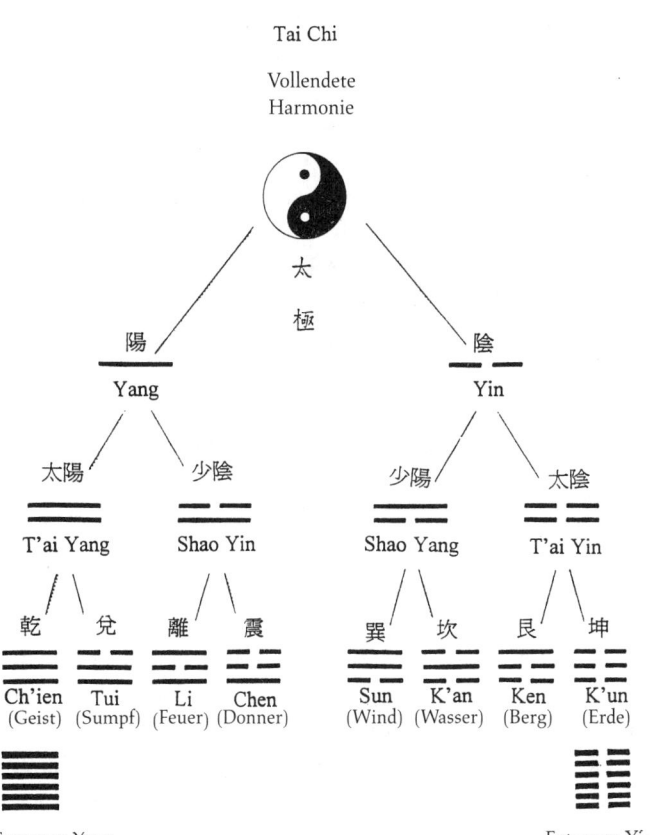

Tai Chi

Vollendete
Harmonie

太
極

陽
Yang

陰
Yin

太陽
T'ai Yang

少陰
Shao Yin

少陽
Shao Yang

太陰
T'ai Yin

乾 兌
Ch'ien Tui
(Geist) (Sumpf)

離 震
Li Chen
(Feuer) (Donner)

巽 坎
Sun K'an
(Wind) (Wasser)

艮 坤
Ken K'un
(Berg) (Erde)

Extremes Yang

Extremes Yin

Verschiedene Kombinationen unterbrochener und durchgezogener Linien der beiden polaren Gegensätze führen zu insgesamt acht möglichen Kombinationen. Dort, wo sich die Linien von Yin und Yang verdoppeln, entsteht ein «extremes» Yin und ein «extremes» Yang. Verschiedene Anordnungen zwischen diesen beiden Extremformen ergeben insgesamt 64 mögliche Varianten. Jede dieser Möglichkeiten ist ein kosmischer Archetyp, der für die Wandelbarkeit und Vielschichtigkeit menschlicher Situationen steht. Während die binäre Logik des Computers nur «entweder / oder» bzw. «schwarz oder weiß» versteht, betont die ganzheitliche Weisheit des Yin und Yang die dynamischen Seiten aller Phänomene und die ständige Verwandlung aller Dinge und Situationen. Es läßt sich hier eine Parallele zur Fuzzy-Logik ziehen, also zu der unbestimmten, nicht quantifizierbaren «Unschärfe» (fuzzines), die unterschiedlich stark zwischen polaren Gegensätzen besteht – die Möglichkeit «vielleicht» mit offenem Ausgang statt eines definitven Ja oder Nein. Der Raum zwischen diesen beiden Extremen, der außerhalb der binären Logik des Computers liegt, ist der eigentliche, unabhängige Bereich der Kreativität.

High-Tech-Software und Low-Tech-Hardware

Für den Architekten lebt die Linie. Die Fläche hat für ihn eine Seele und der Punkt pulsiert. Auch wenn der Computer begreift, daß diese Größen die Grundbausteine der architektonischen Form sind, kann er keinen qualitativen Unterschied zwischen ihnen erkennen. Für den Computer sind alle Punkte, Linien und Flächen gleich, er verknüpft mit ihnen keine subjektive Empfindung.

Es wäre naiv zu glauben, wir könnten den mit Riesenschritten davoneilenden Fortschritt der Computertechnologie aufhalten. Aber wenn wir unsere eigenen Entwürfe auch

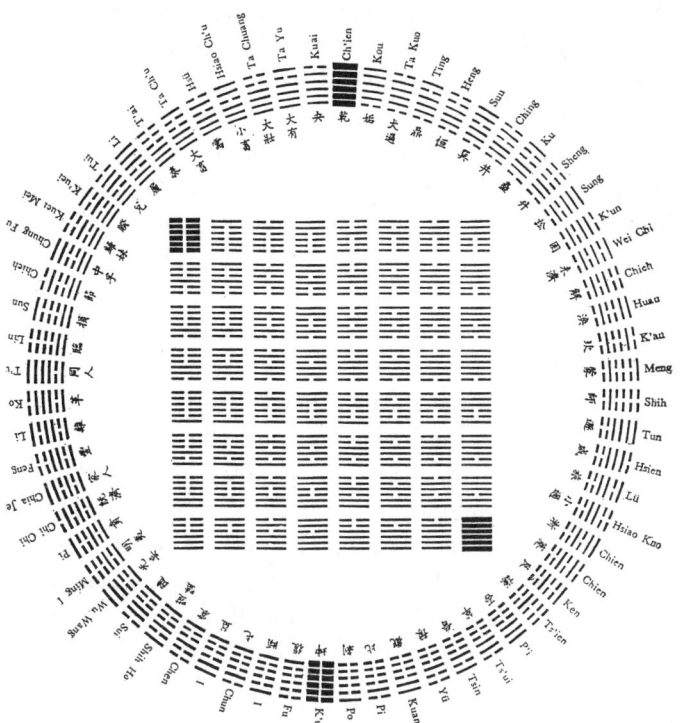

in Zukunft selbst kontrollieren wollen, dann müssen wir lernen, den Computer zu meistern. Das wird uns aber nicht gelingen, indem wir ihm ständig hinterhereilen und versuchen, ihm bei seiner unabhängigen, rasanten Fortentwicklung auf den Fersen zu bleiben. Vielmehr sollten wir uns bemühen, die High-Tech-Software des menschlichen Herzens, Kopfes und der menschlichen Hand parallel zur High-Tech-Hardware des Computers weiterzuentwickeln.

Das 21. Jahrhundert stellt gewaltige neue Herausforderungen an die Zukunft unserer Existenz. Die größte Herausforderung für die Gestalter, Architekten und Ingenieure besteht darin, ob es ihnen gelingen wird, den entscheidenden Übergang von den äußerst energieaufwendigen Umwelten des 20. Jahrhunderts zu energiesparenden zu bewerkstelligen. Wir werden lernen müssen, unseren Lebensstil und die dafür benötigte «Hardware» zu ändern. Nicht, um die Lebensqualität zu reduzieren, sondern um sie durch eine kontinuierliche Weiterentwicklung und Vereinfachung der relevanten Technologien zu erhalten, ja ständig zu verbessern.

Wir müssen die High-Tech-Software unserer kreativen Gehirne – der Meister über die positiven Entwicklungen der Computertechnologie – mobilisieren und weiterentwickeln. Statt den Computern das Recht einzuräumen, über uns zu bestimmen und uns auf einen Weg zu führen, auf dem wir die Kontrolle über unser eigenes Schicksal verlieren, sollten wir den uralten Prozeß des kreativen Denkens, das über die Technologie bestimmt, «neu erfinden». Dann wird es uns auch gelingen, wieder im Einklang mit der Natur zu leben und zu einem Low-Tech-Lebensstil zurückzukehren, ohne deswegen die Annehmlichkeiten und die Schönheit der von uns geschaffenen Umwelt opfern zu müssen. Die Umwelt- und Energiekrise, der wir uns unweigerlich stellen müssen, wird sich nur durch eine ganzheitliche Antwort lösen lassen, die den Himmel, die Erde und den Menschen als eine Einheit begreift und so um unser gemeinsamen Zukunft willen wieder Herr über die Technologie wird.

Um die Jahrhundertwende, lange vor der Erfindung des Computers, ja der Rechenmaschine, verließ sich Einstein bei der Formulierung seiner Relativitätstheorie auf seine eigene Intuition. Es gibt praktisch keine Grenzen für das menschliche Vorstellungs- und Leistungsvermögen, wenn es uns gelingt, uns von den Zwängen der künstlichen Intelligenz zu befreien. Wenn Einstein sich auf die «Intelligenz» des Computers verlassen hätte, hätte er der High-Tech-Software seines eigenen Gehirns mißtraut und ohne Not auf die Klarheit und Einfachheit seines Rechenschiebers und seiner Tafel verzichtet (wobei er genausogut einen Abakus oder einen chinesischen Pinsel hätte benutzen können). Für die Formel E = mc^2 benötigte er keinen Computer. Wir werden nur dann zu tragfähigen Lösungen für sehr konkrete Probleme gelangen, wenn wir unser Vertrauen in die menschliche Intelligenz zurückgewinnen.

Technologie ist unvermeidlich, aber wir dürfen sie nicht mit Gott verwechseln. Wenn das eine Extrem, Yin, die Menschlichkeit repräsentiert und das andere, Yang, die Technologie, dann läßt sich zwischen beiden ein starkes und dauerndes Gleichgewicht herstellen. Aber es wäre ein Fehler, weiterhin das «Ungeheuer» zu füttern und zugleich das kreative Potential des menschlichen Herzens auszuhungern.

«MAN MUSS ABLERNEN»

Der Schriftsteller Harry Mulisch war 32, als er seine schärfsten Konkurrenten hinter sich ließ: Er bezwang Cees Noote-
boom und Hugo Claus bei einem Karamelpudding-Wett-
essen. Mit mehr als hundert Kleinportionen. Das geschah 1959.

Für Gratulanten ist der Sieger jetzt täglich zwischen 9 und
18 Uhr im Literaturmuseum von Den Haag anzutreffen, in
Form einer Büste. Neben den Künsten, zu dichten und lustig
zu leben, hat der dünne Mann mit der riesigen Nase noch
eine hervorstechende Neigung ausgeprägt: den Hang, neue
Gedankengebäude in die Welt zu setzen. Wie die Architek-
turtheorie in seinem dickleibigen Roman «Die Entdeckung
des Himmels», die einen kühnen Bogen schlägt von der Kup-
pel des Pantheon zu den Kuppeln der Atomkraftwerke. Oder
wie sein Persönlichkeitsmodell, nach dem jeder Mensch ein
absolutes Alter habe, das er als Grundverfassung beibehalte.
Sich selbst hält der numerisch inzwischen 70jährige für ewig
17jährig, weil man sich da als Genie fühle und ohne die Träu-
merei nie eines würde. Der Erfolg gibt ihm recht. Mulisch
selbstironisch: «In Holland bin ich weltberühmt.»

Zum Interview erscheint Mulisch, der einmal zum bestge-
kleideten Schriftsteller des Jahres gekürt wurde, in säuber-
licher Cowboy-Kleidung: Jeans, Karohemd, Lederweste.
Trotzdem wirkt er eher wie ein Grandseigneur. Der Kopf
beherrscht die gesammelte Erscheinung, ein langes, aristo-
kratisch schmales Gesicht, das sich zu einem ungewöhnlich
großen Schädel aufwölbt. Das grauweiße, wellige Haar trägt

er sorgsam zurückgekämmt. Der Körper ist knabenhaft schlank, der Gang betont aufrecht.

Bevor das Gespräch über die Schreibtischecke anhebt, links die Sphinx an der Wand und rechts Moses mit den Zehn Geboten auf der Kommode, sagt noch seine 39jährige Partnerin Kitty «Guten Tag», dann stürzt ihr gemeinsamer Sohn Menso herein und schließlich Dackelhündin Isa, die sich etwa zwei Minuten lang inniglich um seine berühmte Nase kümmert. Anschließend entwirft Mulisch, im Brustton der Überzeugung, die Grundzüge einer neuen Theorie: «Das schadet nichts, weil die Hunde eine keimtötende Substanz im Speichel haben. Sonst würden sie ja dauernd krank.»

Wie Spaß und Spott, so gehört auch das Finstere und das Abgründige zum Leben und Werk des Autors, der in 40 Jahren literarischen Schaffens mehr als 60 Titel publiziert hat. Seine Mutter war Jüdin und entging nach der Besetzung Hollands durch die Deutschen nur knapp der Deportation ins KZ. Großmutter und Urgroßmutter kamen in der Gaskammer um. Sein Vater Kurt, ein ehemaliger k.u.k. Offizier, war während der Kriegsjahre in Antwerpen als Personaldirektor bei Lippmann-Rosenthal & Co. beschäftigt, einer Bank für konfisziertes jüdisches Vermögen. 1945 mußte der Kollaborateur für drei Jahre ins Internierungslager.

Die Frage, wie das Böse in die Welt kommt und wie man sich darin unversehens verstrickt, hat Mulisch niemals losgelassen. «Ich phantasiere nie», schreibt er in seinem «Selbstporträt mit Turban», «ich erinnere mich an Dinge, die nie geschehen sind.»

Die Mulische Kombinatorik führt zusammen, was scheinbar nicht zusammengehört, im Entstehungsprozeß seiner Bücher auch eine minuziöse Vorbereitung der sachlichen Details mit einem rein intuitiven Schreibvorgang. Wer seine Romane voller überraschender Wendungen gelesen hat, dem freien Flug seiner Gedanken gefolgt ist, der wundert sich über die peinliche Ordnung in der Arbeitsetage seines Amsterdamer Stadthauses. Hier ist ein fleißiger Konzeptionist zu Hause, ein Systematiker, der seine Materialien sorgfältig ortet und sortiert, bevor er sich der Poesie hingibt.

Zu befragen ist ein Alchimist der Worte. Ein Mensch, der ein Geheimnis trägt: Er erlebt in sich selbst, daß Kunst entsteht. Kann er auch Auskünfte darüber geben, wie sie entsteht?

Herr Mulisch, Sie dichten mitten in der europäischen Shit-Metropole. Kiffen Sie?

Rauschgift ist prinzipiell nicht meine Welt. Ich habe vor 25 Jahren einmal eine Zigarette geraucht. Alle lachten wie blöde, nur ich mußte mich hinlegen und dachte, jetzt ist es aus mit mir. Vielleicht bin ich von Natur aus high. Und wenn man dann noch etwas hinzutut, ja dann stirbt man.

Braucht es denn eine andere Art Gedankenrausch, bevor Herr Mulisch zum Dichter Mulisch wird?

Ja, das mit dem Gedankenrausch gibt es schon. Aber wie geht es los mit dem Schreiben? Es ist nicht so, daß ich umhergehe, auf einmal etwas weiß oder sehe und mich dann hinsetze und es notiere. Das hieße nämlich, daß ich es auch nicht tun könnte. Aber ich muß es tun. Es kommt mehr von dem Papier zu mir als umgekehrt, verstehen Sie?

Nein.

Ich habe auch Mühe, es zu verstehen. Es hat jedenfalls weniger mit der Rationalität zu tun oder mit dem Denken überhaupt. Wer denkt, der geht wie mit einem Messer durch einen Wald voller Lianen und hackt sich den Weg durch den Dschungel frei. Und so stellen sich viele auch das Schreiben vor. Aber das Gegenteil ist wahr. Man muß sich nicht den Mann mit Messer vorstellen, sondern eine 90jährige, die sich in ein warmes Bad gleiten läßt.

Mulisch als Greisin in der Badewanne? Ist Ihr absolutes Alter nicht 17?

Der 17jährige steht für die Neugierde gegenüber dem Leben und für das Selbstbewußtsein, etwas ganz Außerordentliches schaffen zu wollen und zu können. Ich gebe Ihnen ein anderes Beispiel in Personengestalt: Ich hatte einen sehr guten Freund, der Schachgroßmeister war ...

... der Riese und die Nase, so hießen Sie doch als stadtbekanntes Duo?

Ja, er ist auch das Vorbild für den Ono in meinem Roman «Die Entdeckung des Himmels». Wenn ich mit ihm Schach spielte, er gab mir immer seine Dame dazu, dann sah er aus, als ob er fest schläft. Einmal, ich erinnere mich ganz genau, setzte er sein Pferd einfach irgendwohin. Ich fragte ihn verblüfft: «Warum machst du das jetzt?» Er antwortete: «Weil es da schöner aussieht.» Sehen Sie, große Leistungen, die Vorhandenes und Vorgemachtes überschreiten, entstehen nicht durch heftiges Bemühen oder angestrengtes Denken, auch selbst auf einem scheinbar so rationalen Feld wie dem Schachspiel nicht.

Erst das Neue, das aus dem lauwarmen Wasser kommt, dann aus dem Dämmerzustand des Halbschlafes. Kein Widerspruch zum schöpferischen Akt im Hause Mulisch, wo jeder Roman dezidiert vorgeplant wird?

Natürlich denke ich mir vorher die Charaktere und die Fabeln genau aus. Die Vorbereitung hat aber auch etwas damit zu tun, daß man nicht anfangen möchte. Denn wenn der erste Satz geschrieben ist, dann ist der Ton für das Ganze entschieden. Auf diesen Moment muß man warten und genau wissen: jetzt! Wenn man dann anfängt, merkt man schnell, daß sich all die vorbereiteten Dinge ganz anders entwickeln. Man muß «ablernen», man muß vergessen, was man weiß. Man muß sich lösen können.

Haben Sie sich schon einmal so sehr gelöst, daß sich schließlich auch das Buch aufgelöst hat?

Ich habe beinahe drei Jahre an einem Buch gearbeitet, das völlig schiefging. Auch das gehört zum «Ablernen».

Gilt dieses Rezept auch für andere kreative Leistungen?

Das ist überall dasselbe. In der Wirtschaft, in der Politik, in der Wissenschaft und natürlich in allen Künsten. Diese paradoxe Mischung aus Rationalität und intuitiver Irrationalität macht es aus. Wobei man ganz rational vor allem die Form im Auge behalten muß, was darin passiert, das muß sich frei entwickeln können. Sonst geht die Fabrik pleite oder die wissenschaftliche Theorie entpuppt sich als Blödsinn.

Was steht am Anfang des schöpferischen Prozesses: der Plan oder die Idee?

Einstein zum Beispiel hat selbst erzählt, wie es geschah. Er war 14 oder 15 und dachte: Wie würde die Welt wohl aussehen, wenn ich mich auf einen Lichtstrahl setze? Das war der Anfang der Relativitätstheorie, der absurde Gedanke eines kleinen Jungen.

Schreiben Sie jeden Tag?

Das wäre schön. Aber zu schreiben heißt nicht nur am Computer sitzen oder mit der Feder vorm Papier. Man muß in der Nähe des Manuskriptes sein, wie ein Babysitter. Man darf das Kind nicht allein lassen. Und wenn es schläft, dann kann man eben nichts tun

Kein Bedauern für den armen Verleger, der darauf wartet, daß Sie wieder ins warme Bad rutschen oder Ihr Baby aus dem Koma erwacht?

Der Verleger fragt natürlich immer, wann das neue Buch fertig ist. Ich schreibe ja gerade an einem neuen Roman, der im Herbst fertig sein soll. Diese Spannung ist gar nicht gut für mich. Vielleicht kommt es doch erst in zwei oder drei Jahren. Das ist mir egal. Zeitdruck ist nur zur Erledigung kleiner Aufgaben dienlich. Dann steigt man eben in die zufällig zu heiße oder zu kalte Badewanne oder weckt das Baby aus seinen süßen Träumen, auch wenn es jammert und kreischt.

Die Schriftstellerei ist ein selbstbezogener Prozeß. Kennen Sie das Gefühl der Einsamkeit bei der Arbeit?

Die Arbeit des Schriftstellers hat etwas Gottähnliches. Deshalb haben sie in der Regel einen unangenehmen Charakter. Es gibt für sie nur die eigene Welt. Auch ich bin heillos in diesem Käfig eingesperrt. Einsam jedoch bin ich höchstens, wenn ich nicht arbeite. Man lebt ja in zwei Welten. In der Realität und in der, die man macht. Das Arbeitszimmer hier ist das Niemandsland, der Todesstreifen zwischen den beiden Welten.

Gibt es eine gefühlsmäßige Verfassung, die produktiver ist als eine andere?

Diese Frage geht davon aus, daß das eigentlich Kreative in mir ist. Aber wie ich sagte, es ist in dem, was ich mache. Ich lebe, wenn ich schreibe, und nicht umgekehrt.

Das Grauen des Zweiten Weltkrieges hat tief in Ihre Familie hineingewirkt und spielt auch eine herausragende Rolle in Ihren Büchern. Die Frage klingt fast obszön: Fördern solche erschütternden Erfahrungen die Kunstproduktion?

Das ist so. Viele von meinen jüngeren Kollegen sind eifersüchtig auf die Kriegserfahrung. Was haben sie schon: Vietnam aus der Ferne, ein bißchen Studentenaufruhr. Und die sind jetzt auch schon über 50. Noch schlimmer dran sind die ganz Jungen, die haben gar nichts außer den Alltag. Da kann es passieren, daß diese junge Generation in den Krieg treibt, nicht die Intellektuellen, aber die etwas primitiveren Leute.

Hinein in einen frisch-fröhlichen Krieg, dafür gibt die Geschichte ja Beispiele.

Sie haben den Eichmann-Prozeß in Israel persönlich verfolgt. Daraus ist vor mehr als 30 Jahren das Buch «Strafsache 40/61» entstanden, in dem Sie Eichmann provozierend als «Symbol des Fortschritts» bezeichnen. Würden Sie das heute auch noch so schreiben?
Ohne Abstriche. Ich beschreibe ihn als Maschinenmenschen. Wenn er den gegenteiligen Befehl erhalten hätte, alle Juden nach Israel zu bringen und dort einen Judenstaat zu gründen, dann hätte er das auch gemacht.

Eine deutsche Eigenschaft?
Nein, eine Polizistenmentalität, die überall gleich ist. Das Interessante ist, daß er kein Nazi war, kein Ideologe wie Hitler und Himmler, die wirklich glaubten, daß die Juden unser Unglück sind. Hitler selbst hat wiederum keine Fliege totgeschlagen. Aber er hat sich selbst erschossen, als einziger.

Was prädestiniert Menschen zur Machtausübung? Sie entwickelten die Theorie, diese Fähigkeit gehe auf die «fleischliche Konstitution» zurück. Nase statt Charisma?
Das griechische Wort Charisma bedeutet nichts weiter als Talent, Gabe. Das reicht aber nicht. Wer Macht erwirbt, denkt, es liegt an seiner Persönlichkeit oder an seinen Ansichten. Die wirklichen Weltveränderer sind ein physisches Phänomen, das die Menschen verliebt macht, willig und blind. Sie lieben den Körper, die Stimme, die Motorik, auch wenn sie den Worten zujubeln und folgen. Hitler vergleiche ich mit einem Tänzer, der seine Bewegungen bis ins kleinste beherrscht. Dalí sagte über Hitler: «Ich liebe seinen Rükken.» Heidegger verwies auf «seine schönen Hände». Ohne solche körperlichen Manifestationen wäre Hitler, diesem ungebildeten Menschen mit so verrückten Ideen, noch längst

vor der Katastrophe jemand entgegengetreten und hätte ihm

einfach den Mund verboten.

Gibt es eine vergleichbare lebende Person?

Genau das habe ich den Albert Speer gefragt, Hitlers Architekten, den ich für die Recherche zu dem Buch «Die Zukunft von gestern» besuchte. Zunächst hat er mir erzählt, daß Hitler für ihn noch immer leibhaftig anwesend sei – leibhaftig, nicht geistig! Speer war auch so einer, kein Nazi, aber verliebt, nicht sexuell, aber es war Liebe. Er überlegte lange, wen er vergleichbar mit Hitler nennen sollte. Auf einmal kam es heraus: «Rudi Dutschke». Den Anti-Hitler, den Bürgerschreck. Aber der hatte diese Augen. Speer war verliebt in Führerfleisch.

Warum ist zur Zeit kein Führerfleisch in Sicht?

Weil es nicht gebraucht wird. Solche Personen sitzen jetzt in anderen Stellungen. Aber wenn es morgen schiefgeht, dann sind sie auf einmal alle wieder da, die guten und die bösen Weltenlenker.

Herr Mulisch, Sie haben mit dem langsamen Rutsch in die Badewanne begonnen und enden mit der Liebe zum Führerfleisch. Ließe sich daraus nicht eine treffliche Theorie entwickeln?

Das meiste darüber finden Sie in meinen Büchern.

Jean-Remy v. Matt
im Gespräch mit Peter Stolle

«QUALITÄT BEGINNT MIT QUAL»

Der Weg zur Erfolgsagentur Jung / v. Matt führt durch unwegsames Gelände. Die Werbefirma siedelt im schäbigen Hamburger Schanzenviertel. Das bunte Revier der Punker, Kleingewerbetreibenden und sozial Schwachen gilt den Politikern der Hansestadt als notorischer Unruheherd.

In dieser rauhen Umgebung ersinnt Kreativ-Star Jean-Remy v. Matt die Kampagnen, die der Agentur den Ruf als Deutschlands erfolgreichste Ideenschmiede einbrachte. 130 Mitarbeiter sorgen für ein Honoraraufkommen von 27,3 Millionen Mark, Tendenz: steigend. Die Kunden freuen sich über von Matts lakonischen Esprit und die aggressiven Sprüche. Unerreicht: «Neid und Mißgunst für 99 Mark» – der Slogan für die Miet-Porsches des Autoverleihers Sixt.

Der gebürtige Schweizer ist ein wortkarger Schlaks, der auf den ersten Blick gut ins Klischee vom bedächtigen Eidgenossen paßt. Branchenübliche Glätte und Glamour liegen dem Enddreißiger fern. Als «melancholischen Macho» hat ihn das Fachblatt «werben & verkaufen» porträtiert. V. Matt hat mit seiner zweiten Frau einen Sohn und ist, wie er selbst meint, in der neuen Rolle als Brutpfleger «entschieden ruhiger» geworden.

Herr von Matt, wo sprießen Ihre schönsten Eingebungen?

Beim Autofahren, in der Dusche, auf dem Klo. Ich wollte das eigentlich nie verraten, weil ich es einmal in einem Interview ausposaunt habe – im Zusammenhang mit einer Wer-

bekampagne für einen Nahrungsmittelhersteller. Die Firma
hatte wenig Verständnis dafür.

Was treibt denn den Kreativen auf ein so anrüchtiges Örtchen?

Das Klo ist ein Ort der Entspannung und Konzentration. Das wiederum bringt die Phantasie auf Trab.

Wappnen Sie sich mit Papier und Bleistift?

Noch funktioniert mein Gedächtnis ganz gut. In ein paar Jahren muß ich vielleicht ein Tonband mitnehmen.

Gibt es auch in Ihrer Agentur so einen Trappisten-Winkel?

Ja, wir wollen die Entspannungs-Situation künstlich erzeugen und haben gewissermaßen ein Klo ohne Klo gebaut – eine kleine, kahle Denkzelle mit Stuhl und Computer.

Sonst braucht man nichts zum Einfallspinseln? Kein Koks, keinen Champagner?

Um Himmels willen! Kaffee ist willkommen, als Wachmacher. Aber die Theorie, daß Drogen besonders kreativitätsfördernd wirken, halte ich – was unser Gewerbe betrifft – für Unfug. Alles, was benebelt, führt zu Spinnereien, und die sind in unserer Branche unerwünscht.

Sie halten sich an die knackige Realität?

Von Hirngespinsten lebt die Kunst, aber nicht die Werbung. Es gibt keine gute Agentur, in der getrunken wird. Man könnte sagen: Je besser die Agentur, desto weniger wird gepichelt.

Was ist das Geheimnis der Kreativität?

Ich habe ein bißchen Angst, dem Zauber der Phantasie nachzuspüren. Funkioniert etwas gut, sollte man es nicht allzu genau unter die Lupe nehmen. Wenn zehn Frauen einem Mann erklären, er sei ein exzellenter Liebhaber, liest der Gelobte womöglich Fachliteratur über Liebeskünste und versagt beim nächsten Mal.

Was war Ihr erbaulichster kreativer Höhenflug?
Ich hoffe, daß der beste Einfall noch vor mir liegt. Der bisher lustigste entstand vor über zehn Jahren. Das war die Schlagzeile für einen Mietporsche des Autoverleihers Sixt: «Neid und Mißgunst für 99 Mark». Dieser Slogan hat, obwohl er nur ein einziges Mal und nur im «Spiegel» erschien, einen unglaublichen Bekanntheitsgrad und fast Kultstatus erreicht. Ich bin, im übrigen, kein schneller Brüter und auch nicht für irgendeinen Urknall bekannt, der mich vom No-Name zum anerkannten Kreativen katapultiert hat. V. Matt ist durch eine Vielzahl von Kampagnen bekannt geworden, und darüber bin ich ganz froh.

Was ist denn der ideale Nährboden für die Gag-Produktion?
Eine robuste Psyche und Stehaufmännchen-Qualität. Der Werbe-Kreative ist bekanntlich kein unabhängiger Ideen-Produzent. Er arbeitet für einen Auftraggeber, der ihn mitunter heftig deckelt, weil ihm die Vorschläge nicht gefallen. Bis man eine Idee ins Ziel bringt, gehen bis zu 50 den Bach herunter. Der Werber darf also niemals aufgeben, niemals ins Alkoholikerfach wechseln, sondern muß immer wieder neu ansetzen. Qualität beginnt nun mal mit Qual.

Kreativität und Disziplin sind Zwillinge?
Unbedingt. Diese Paarung ist die Grundlage einer erfolgreichen Werbeagentur. Es gibt viele Kreative mit brillanter Phantasie und Assoziationsfähigkeit, die einfach nicht «in search of excellence» sind, sondern nur in search of Feierabend. Sie haben in unserem Job keine Chance.

Ist Konkurrenz wichtig für den Kreativen?

Ich finde nicht. Ohne Wettbewerb wär's genauso. Es gibt Kunden, um die man im Wettbewerb kämpfen muß, während einem bei anderen die Aufträge in den Schoß fallen. Analysiert man die Resultate, zeigt sich, daß der scharfe Wettbewerb die Phantasie vielleicht ein bißchen mehr angeheizt hat, aber auch zu Querschlägern verleitet. Man denkt zu sehr an die Konkurrenz und weniger an die Aufgabe, an das Produkt.

Macht wirtschaftliche Not erfinderisch, oder ist Armut ein schlechter Ratgeber?

Existentielles Elend bringt den erfinderischen Geist nicht in Schwung. Es gibt ja genug originelle Köpfe, die reich geworden sind und trotzdem rastlos neue Ideen in die Welt setzen. Höchstleistungen kann man auch erreichen, wenn der Kunde nur einen knappen Etat für eine TV-Kampagne zur Verfügung stellt. Diese Beschränkung kann durchaus zu ganz besonders inspirierten Ideen führen. Überfluß, auf der anderen Seite, kann auch lähmend wirken.

Auf welcher Seite fühlen Sie sich wohler?

Ich bin der Typus, der die Beschränkung braucht, ein Mittelstürmer, der auf engstem Raum Tore schießt. In der Schule fiel mir nie etwas ein, wenn der Lehrer ein freies Aufsatzthema vergab. Ich hatte immer am meisten Spaß, wenn mir eine genau umrissene Aufgabe gestellt wurde.

In der Werbung ist der ältere Mitarbeiter eher unerwünscht. Warum lechzen die Agenturen nur nach jungen Kräften?

Weil Erfahrung, Abgeklärtheit in unserer Branche nicht sonderlich nützlich sind. Ich denke, je weniger ein Kreativer weiß, je naiver er an die Arbeit herangeht, desto freier kann er seine Phantasie entfalten. Außerdem spielt auch ein betriebswirtschaftlicher Grund mit: Die Gehälter wachsen mit dem Alter, aber nicht die Produktivität. Also sagt sich die

Agentur: Mensch, warum den teuren 40jährigen nicht durch fünf hochtalentierte 20jährige ersetzen, die ein viel größeres kreatives Potential haben. Es gibt einen Schlüsselsatz, den man oft hört in der Szene: «Es ist sowieso schon alles dagewesen, es gibt eh nichts Neues mehr.» Wenn ich das höre, weiß ich: «Alter Freund, mit dir ist es zu Ende. Du bist ausgebrannt, mach 'ne Kneipe auf. Du hast dich selbst aufgegeben.»

Gibt es denn wirklich Neues, das die Welt bewegt?

Selbstverständlich! Ich sehe jedes Jahr mit Begeisterung neue Spots, neue Inszenierungen, Interpretationen, Variationen bekannter Muster. Ich kann mich zum Beispiel über kleine Einfälle wie das Lied «Verpiß dich» von Tic Tac Toe riesig begeistern. Das ist ein großartiges, kreatives Stück. Oder denken Sie an den Hit «Don't worry, be happy». Der war ganz simpel, und doch hat er die Welt bewegt.

Schlicht muß wohl auch die Werbung sein? Ist Bildung folglich eher hinderlich in Ihrem Geschäft?

Gut möglich. Intellektuelle haben es in der Werbung selten weit gebracht. Die meisten scheitern an der Banalität des Geschehens. In der Branche gilt oft die Steigerung: Gescheit, gescheiter, gescheitert.

Der gute Werber ist weder verzopft noch verkopft?

Der Kopf-Bauch-Mix muß ausgewogen sein. Der reine Bauchmensch kommt auch nicht weit, dem fehlt die rationale Komponente.

Kritiker sagen, die Werbung habe den Jugendkult in der modernen Gesellschaft erfunden. Haben Sie sich etwas vorzuwerfen?

Nee, Werbung ist an gar nichts schuld, nur an ein paar Absatzzahlen. Sie läßt sich zwar von gesellschaftlichen Prozessen inspirieren, bewirkt aber selbst gar nichts. Es gibt wenig Werbung, die einen Kult ausgelöst hat, wie etwa die Nike-Kampagne. Aber dieser Kult ist auf der Straße entstanden und dann durch die Werbung ins Fernsehen zurückgespielt worden.

Und die Erotik? Ist draller Sex ein potenter Verführer?

Wenn heute Leute über Sex in der Werbung reden, denken sie immer nur an die eine: die kurvige Amerikanerin Anne Nicole Smith in der Dessous-Werbung. Ich finde den nackten oder halbnackten Frauenkörper in der Werbung eher einfallslos.

In heterosexuellen Männerkreisen erfreut er sich aber starker Beachtung. Warum die Askese?

Wir Werber haben Berührungsängste vor dem Sex, weil er so vordergründig ist. Schauen Sie sich bei den Zeitschriften um: Je anspruchsloser die Illustrierte, desto mehr Sex.

Humor ist im deutschen Reklamewesen offenbar ebenso verpönt?

Irrtum. Unsere heimischen Spots sind viel witziger als allgemein bekannt.

In der ausländischen Werbung sind die Lachtauben aber viel aktiver. Müssen die Deutschen nicht noch mächtig aufholen?

Die deutsche Werbung wird stark beeinflußt von den USA und von England. Wir können uns diesem Charme, diesen humoristischen Vorgaben nicht mehr entziehen. Das führt natürlich zu einer Angleichung der Standards. Wir müssen in den nächsten zehn Jahren an die angloamerikanische Qualität herankommen, sonst sieht die deutsche Werbung alt aus.

Wie wird die Zukunft aussehen?

JEAN-REMY V. MATT

Die Globalisierung macht vor keinem Business halt. Auch die deutschen Firmen werden sich ihre Agenturen mehr und mehr auf dem internationalen Markt suchen. Und wenn wir deutschen Kreativen in dieser Champions League nicht mithalten, gehen wir unter.

Franz Emanuel Weinert

DAS INDIVIDUUM

Es ist ein typisch akademischer, d. h. prinzipiell unentscheidbarer Streit, ob der Mensch die Verhältnisse macht oder ob die Verhältnisse den Menschen machen. Ähnlich fragwürdig ist die Rolle des Individuums als Schöpfer oder als Geschöpf von Kultur, Wissenschaft, Wirtschaft und Technik. Wir neigen dazu, den einzelnen als Denkenden und Erkennenden, als Handelnden und Gestaltenden zu verherrlichen, in ihm vermuten wir die geistige Kraft zur Erschaffung des Neuen, er gilt uns als Inbegriff großer kultureller wie zivilisatorischer Leistungen, aber auch als Verursacher zahlreicher gesellschaftlicher Probleme. Ist das so? Oder besser gefragt: Inwieweit ist das so?

Das Genie als Schöpfer des bedeutsam Neuen

Sind Genies Geschenke der Natur an die Gesellschaft? Diese Frage, die als These dem materialistischen Denken ebenso vertraut ist wie der idealistischen oder romantischen Gedankenwelt, verweist auf das außergewöhnliche, von der Natur mit «übernatürlichen» Fähigkeiten ausgestattete Individuum als der eigentlichen Quelle des Neuen in der Welt, wenn man darunter nicht die vielen kleinen, ständig und überall entstehenden Neuigkeiten, sondern die großen epochalen Erkenntnisfortschritte und Kulturleistungen versteht.

Kein Wunder also, daß tatsächliche wie vermeintliche Genies die Phantasie ihrer Mitmenschen seit jeher angeregt haben. Insofern gab und gibt es auch zu allen Zeiten und in allen Gesellschaften einen Geniekult – unabhängig davon, ob man sich ausdrücklich dazu bekennt, ob man ihn im verborgenen betreibt oder ob man ihn vehement kritisiert. Ein gutes Beispiel dafür ist die moderne Genieforschung, die ihren Gegenstand ebenso oft trivialisiert wie heroisiert. Was aber ist das Genialische am Genie? Viele alte Kulturen teilten den mythischen Glauben, daß sich in den Gedanken und Werken von Sehern wie von Künstlern sowohl eine göttliche als auch eine dämonische Kraft manifestiert; eine Auffassung, die in der Genie-Irrsinns-Hypothese bis heute nachwirkt.

Es gehört zu den geistigen Errungenschaften des 17. Jahrhunderts, den magischen Gehalt des Geniebegriffs durch die Vorstellung einer Person überwunden zu haben, der ein überragendes geistiges oder künstlerisches Potential zugeschrieben wird, über das nur einige wenige Menschen verfügen. Der Ausdruck «Genie» wurde in der Folgezeit zwar weiterhin sehr variabel verwendet, doch schälten sich allmählich drei wesentliche Merkmale des genialen Individuums heraus: (1) Es verfügt über angeborene Begabungen und Talente, die sich früh im Leben zeigen (Wunderkinder), eine starke innere Entwicklungsdynamik aufweisen und deren Fehlen durch noch so intensive Lernanstrengungen von durchschnittlich begabten Menschen nicht kompensiert werden können. (b) Diese geistigen Potentiale disponieren zu außergewöhnlichen kulturellen Leistungen, zur Produktion völlig neuer Ideen und Werke, die im Widerspruch zum bisher Üblichen, Gewohnten und Akzeptierten stehen und die von der Mit- und Nachwelt als besonders bedeutsam und wertvoll beurteilt werden. (c) Die genialen geistigen Erkenntnisse und künstlerischen Zeugnisse sind in der Regel nicht das Ergebnis mühevoller, kleinschrittiger, fleißiger Detailarbeit, sondern die Folge unbewußt wirksamer Kräfte, die eine charakteristische Sequenz von Stadien des schöpferischen Aktes durchlaufen: Die *Präparationsphase*, in der häufig die bewußte, mühevolle Arbeit dominiert, die nicht selten erfolglos bleibt; das Stadium der *Inkubation*, in welchem die Aufgabe unterhalb der Bewußtseinsschwelle aktiv bleibt und autochthon einer überzeugenden Lösung zugeführt wird; im *Illuminationserleben* werden die Resultate dieser unbewußten kreativen Prozesse subjektiv evident – sei es als plötzlicher Einfall, als Schema einer eleganten Problemlösung, als selbstgewisse Einsicht oder als intuitive Werkantizipation. In der *Verifikationsphase* geht es schließlich nur noch um die oft mühevolle Beweisführung, Ausarbeitung oder Ausführung dessen, was man als Idee mit einem hohen Maß an Selbstgewißheit und Selbstsicherheit zu wissen glaubt.

Bei der notorischen Unsicherheit über das, was eigentlich neu, originell und zugleich wertvoll ist sowie bei der Schwierigkeit, genuine Begabung im aktuellen Handeln und in den Handlungsergebnissen zu erkennen, und bei der weitverbreiteten Sucht nach dem Erleben intuitiver geistiger Prozesse nimmt es nicht wunder, daß die Welt um uns herum voll von unerkannten, verkannten, auserkorenen und selbsternannten Genies zu sein scheint. Ihre Zahl ist weitaus größer als die kleine Gruppe genialer Menschen, die man aus und an ihren Werken zweifelsfrei erkannt hat. Ein gutes Beispiel für die Facetten der Werk- und Lebenslaufanalyse eines Genies, aber auch für die intellektuellen Höhen und Tiefen der Genieforschung bietet das kürzlich erschienene, von Oswald und Zegans herausgegebene Buch «Mozart – Freuden und Leiden des Genies» (1997).

Was unterscheidet den genialen vom hochbegabten Menschen, das musikalische Genie vom erfolgreichen Komponisten, den außergewöhnlichen vom gewöhnlichen Mathematiker? Es ist sicher nicht oder wenigstens nicht in erster Linie der Intelligenzquotient, wie manche forsch behaupten (wobei ein IQ über 145 als genial, über 130 als hochbegabt und über 115 als gut begabt gilt); gewiß auch nicht (nur) die öffentliche oder fachliche Wertschätzung eines Gelehrten, Künstlers, Managers oder Politikers und seines (Lebens-)Werkes, so wichtig dieses Moment auch für die praktische Nutzung des Geniebegriffs ist; und auf keinen Fall ist es allein der Aufwand an aktiver und produktiver Lernzeit, wie uns manche Experten der Expertenforschung suggerieren wollen – so notwendig und wichtig der Erwerb inhaltlichen Wissens selbst für geniale Menschen ist, wenn sie große Werke schaffen wollen.

Die Frage nach den Begabungsdifferenzen zwischen genialen und nichtgenialen Dichtern, Musikern, Mathematikern, Philosophen, Naturwissenschaftlern, Ingenieuren, Politikern oder Wirtschaftsführern ist oft gestellt, aber nie überzeugend beantwortet worden. Das mag einer der Gründe dafür sein, daß sich sowohl das öffentliche als auch das wissenschaftliche Interesse etwas von dem seltenen Genie ab- und den vielen kreativen Menschen zugewandt hat. Hinzu kommt die Erfahrung, daß die wünschenswerten Veränderungen in unserer wissenschaftlich technischen Welt nicht nur durch die revolutionären Ideen weniger, sondern auch und vor allem durch die evolutionären Beiträge vieler bewirkt werden.

Folgerichtig begann Ende des 19. Jahrhunderts etwas, was der deutsche Soziologe Niklas Luhmann nicht ohne Zynismus die semantische Karriere des Kreativitätsbegriffs genannt hat: «Kreativität scheint nichts anderes zu sein als demokratisch deformierte Genialität. Die Dreiheit ‹neu – bedeutend – überraschend› bleibt erhalten, aber die Ansprüche werden abgesenkt. Wer immer Talent hat und sich Mühe gibt, kann es zur Kreativität bringen. Man braucht langen Atem und natürlich Planstellen. Mit diesem Übergang ins Kleinformatige, gar nicht mehr so Seltene und Exklusive wird aber die Frage nach der Erkennbarkeit des Kreativen erst recht akut», schrieb er in einem in der «Frankfurter Allgemeinen Zeitung» veröffentlichten Artikel am 10. Juni 1987.

Von manchen Propheten des Zeitgeistes wird allerdings verkündet, daß alle Menschen gleichermaßen kreativ seien, daß aber bei vielen ihre originären Denk- und Gestaltungspotentiale nicht entwickelt, sondern verschüttet und blokkiert seien oder von der heutigen Bildungs- und Arbeitswelt nicht hinreichend angeregt, gefördert oder auch nur zugelassen werden. Dem ist natürlich nicht so! Verwendet man einen anspruchsvollen Maßstab bei der Bewertung kreativer Produkte, bejubelt man also nicht jede kleine Sandburg, jede abstrakte Kritzelei oder jede modische Extravaganz als Manifestation kreativer Potentiale, so unterscheiden sich Menschen sehr deutlich in ihren kreativen Fähigkeiten zum divergenten Denken, zur Identifizierung und Lösung schwieriger Probleme, zur Erfindung oder Entdeckung neuer Ordnungen und zur Gestaltung künstlerischer Werke. Zu diesen Fähigkeiten gehören, so schrieb der Wissenschaftler J. P. Guilford 1950, die Sensibilität gegenüber dem Vorhandensein, der Besonderheit und der prinzipiellen Lösbarkeit von Problemen, die Flüssigkeit in der Ideenproduktion, die Flexibilität des Denkens und die Originalität der Problemlösungen. Voraussetzung dafür sind neben einer hohen allgemeinen Intelligenz der Reichtum an Phantasie, die Fähigkeiten zum analogisierenden, metaphorischen, assoziativen und spielerischen Denken, aber auch die Kompetenzen für analytische und konstruktive geistige Tätigkeiten – also ein Bündel kognitiver Dispositionen, die in der Trivialpsychologie fälschlicherweise als gegensätzlich und sich wechselseitig ausschließend angesehen werden.

Mißt man diese kognitiven Voraussetzungen kreativer Leistungen mit Hilfe zuverlässiger, valider psychometrischer Testverfahren, so erlebt man allerdings eine große Enttäuschung. Diese Vielzahl und Vielfalt geistiger Merkmale erlaubt es nämlich nicht, theoretisch befriedigende und praktisch brauchbare Vorhersagen der schulischen, beruflichen, wissenschaftlichen oder künstlerischen Leistungen zu machen. Zwei Gründe sind dafür maßgebend.

Zum einen hängen kreative Lebensleistungen nicht nur vom Niveau der kognitiven Fähigkeiten eines Individuums ab, sondern bedürfen auch einer intelligent organisierten Wissensbasis, um bei inhaltlich anspruchsvollen Problemen lösungswirksam zu werden. Selbst für sehr begabte und sogar für geniale Menschen dauert es in der Regel mehrere Jahre, um die notwendige Expertise durch systematisches Lernen, durch den Erwerb von Erfahrungswissen und durch intensives Üben aufzubauen. Im Gegensatz zu vielen alltagspsychologischen Vermutungen und wissenschaftlichen Erklärungsversuchen sind kreative Leistungen nicht allein von kreativen Fähigkeiten oder nur von einer reichen Wissensbasis abhängig, sondern kommen, davon bin ich überzeugt, durch die Förderung kognitiver Kompetenzen beim Erwerb inhaltlichen Wissens und durch die praktische Nutzung dieses Wissens mit Hilfe hoher Denk- und Gestaltungsfähigkeiten zustande.

Zum zweiten sind kognitive Kompetenzen notwendige, aber nicht hinreichende Bedingungen kreativer Leistungen. Sowohl beim Erwerb dieser Voraussetzungen als auch bei ihrer Nutzung in anspruchsvollen Problem- und Handlungssituationen spielen auch motivationale Faktoren eine wichtige Rolle. Dazu gehören ein großes Neugier-, Lern-, Erkenntnis- und Gestaltungsinteresse, nicht selten verbunden mit ausgeprägten spielerisch-explorativ anmutenden Verhaltenstendenzen, ein hohes Anspruchsniveau gegenüber selbstgesetzten Zielen und subjektiv erstrebten Leistungen; ein großes Maß an Toleranz gegenüber Ungewißheiten, Mehrdeutigkeiten und Widersprüchlichkeiten während der Lösung einer Aufgabe; ein gewisser Nonkonformismus in der persönlichen Urteilsbildung und ausreichende Zähigkeit bei der Verfolgung eigener Ziele.

Kreative Menschen sind also nicht selten schwierige Lebens- und Arbeitspartner, die zur vollen Entfaltung ihrer Leistungspotentiale eine gleichermaßen kooperative wie kompetitive soziale Umwelt brauchen.

Individuelle und kulturelle Kreativität

Das Individuum als Verursacher und die kulturelle Entwicklung als kollektives Ergebnis – diese selbstwertdienliche These gehört zur grundlegenden Annahme jedes idealistischen Weltverständnisses. In Frage gestellt wird diese Vorstellung aber nicht von marxistischen Denkern, sondern zunehmend auch von sozial- und kulturphilosophisch arbeitenden Wissenschaftlern. So spricht der amerikanische Kognitionspsychologe Jerome Bruner von «kultureller Kreativität» und meint damit den Bestand an geistigen und materiellen Werkzeugen, den jede Kultur geschaffen hat, um die natürlichen Beschränkungen des Individuums zu kompensieren. Auch geniale und hochbegabte Menschen nutzen ganz selbstverständlich die verfügbaren kulturellen Ressourcen als notwendige Voraussetzungen ihrer kreativen Arbeit. Mehr noch: Wissenschaftliche Entdeckungen, technologische Erfindungen und künstlerische Gestaltungen sind stets in einen kulturellen Kontext eingebettet, der zugleich die Bedingung der Möglichkeit und die Grenze der Machbarkeit für neue Erkenntnisse markiert. Setzt man die Entwicklung einer Kultur mit der Rolle in Beziehung, die der einzelne dabei spielen kann, so wirkt auch das Genie wie ein Zwerg, der auf den Schultern von Riesen steht – um eine bekannte Metapher von Merton zu strapazieren.

Die Analyse der Beschränkungen des Individuums bei der Schaffung von Neuem muß aber noch einen Schritt weitergetrieben werden, indem man die sozio-kulturelle Nahumwelt des Individuums einbezieht. Neuere empirische Studien bestätigen nämlich, was wir alle aus Erfahrung wissen: Dieselben Personen sind in bestimmten Umgebungen kreativer und produktiver als in anderen. Es gibt Firmen, Institute, Labors und Abteilungen, die offensichtlich stimulierend und kreativitätsfördernd auf ihre Mitarbeiter wirken. Charakteristisch für solche Plätze sind ein hohes Anspruchsniveau, starke Aufgabenorientierung, öffentliche Aufmerksamkeit gegenüber neuen Ideen, eine offene Atmosphäre für Diskussionen und ein ausgewogenes Verhältnis zwischen individuellem Wettbewerb und sozialer Gemeinsamkeit.

Anstelle einer Zusammenfassung: Fünf Paradoxien zur Rolle des Individuums bei der Entdeckung und Erfindung des Neuen in der Welt

Der wissenschaftliche Erkenntnisstand erlaubt zur Zeit keine gesicherten Aussagen über allgemeine Gesetzmäßigkeiten des kreativen Denkens und Handelns. Vielleicht wird das bedeutsam Neue aber auch gerade dadurch erfunden oder entdeckt, weil ganz besonders individuelle Bedingungskonstellationen vorhanden sind. Die seriöseste Form einer Zusammenfassung der vorliegenden Einsichten über die Rolle des Individuums für den kulturellen Fortschritt besteht deshalb in der Formulierung einiger offenkundiger Paradoxien:

Erstes Paradox: Nur der einzelne Mensch ist aufgrund sei-

ner geistigen Ausstattung fähig, behutsam Neues zu entdekken oder zu erfinden, doch vermag er das lediglich in Form
dosierter Diskrepanzen zum jeweils erreichten kulturellen
Entwicklungsstand.

Zweites Paradox: Geniale und kreative Menschen zeichnen sich durch ein besonderes Niveau angeborener Begabungen aus, doch müssen sie erst Wissen erwerben, damit
aus kreativen Fähigkeiten kreative Leistungen werden.

Drittes Paradox: Kognitive Kompetenzen sind zwar notwendige Voraussetzungen kreativer Leistungen, doch spielen motivationale Faktoren eine gleichermaßen wichtige, oft
unterschätzte Rolle.

Viertes Paradox: Kreative Individuen brauchen eine kreative Umwelt, um geistige, künstlerische oder praktische
Höchstleistungen zu erzielen.

Fünftes Paradox: Intelligenz, Phantasie und Kreativität
sind geistige Potentiale, die zwischen Menschen sehr unterschiedlich verteilt sind, zu ihrer individuellen Entfaltung
aber stets des intelligenten Wissens bedürfen. Erst die phantasievolle Nutzung intelligenten Wissens macht das
menschliche Denken kreativ.

Bruner, J. Sinn, Kultur und Ich-Identität. Heidelberg: Auer 1997

Cox, C. M., Genetic studies of genius. The early mental traits of three hun-
dred genuises (Bd. 2). Stanford: Stanford University Press 1926

Ericsson, K. A. (ed.), The road to excellence. Mahwah, NJ: Erlbaum 1996

Feldman, D. H., Mozart als Wunderkind, Mozart als Artefakt. In: P. Ostwald & L. S. Zegans (Hg.), Mozart – Freuden und Leiden des Genies.
Stuttgart: Kohlhammer 1997

Galton, F., Hereditary genius: An inquiry into its causes and consequences.
London: Macmillan 1869

Guilford, J. P., Creativity. American Psychologist, 14, 1950, S. 469–479

Luhmann, N. V., Vom Zufall verwöhnt. Eine Rede über Kreativität. Frankfurter Allgemeine Zeitung, 132, 10. Juni 1987

Murray, P. (ed.), Genius: The history of an idea. Oxford, U. K.: Blackwell
1989

Ostwald, P., Genie, Wahnsinn und Gesundheit: Beispiele aus der Psychobiographie. In: P. Ostwald & L. S. Zegans (Hg.), Mozart – Freuden und Leiden des Genies. Stuttgart: Kohlhammer 1997

Ostwald, P. & Zegans, L. S. (Hg.), Mozart – Freuden und Leiden des Genies. Stuttgart: Kohlhammer 1997

Simonton, D. K., Thematic fame, melodic originality, and musical zeitgeist: A biographical and transhistorical content analysis. Journal of Personality and Social Psychology, 38, 1980, S. 972–983

Simonton, D. K., Scientific genius: A psychology of science. Cambridge: Cambridge University Press 1988

Simonton, D. K., Das schöpferische Genie in der Musik: Mozart und andere Komponisten. In: P. Ostwald & L. S. Zegans (Hg.), Mozart – Freuden und Leiden des Genies. Stuttgart: Kohlhammer 1997

Wallace, G., The art of thought. New York: Harcourt Brace 1926

Weinert, F. E., Der aktuelle Stand der psychologischen Kreativitätsforschung und einige daraus ableitbare Schlußfolgerungen für die Lösung praktischer Probleme. In: K. U. Mayer (Hg.), Generationsdynamik in der Forschung. Frankfurt / Main: Campus 1992

Weisberg, R. W., Kreativität und Begabung. Heidelberg: Spektrum der Wissenschaft 1989

Jürgen Werner

☐RA ET LABORA

Sieben nicht-benediktinische Regeln zum
Menschenrecht auf Faulheit mit einer Einleitung
über zwei Helden der Wachsamkeit

Von Aristoteles, dem Propagandisten der Muße als unerläß-
licher Bedingung für die Fähigkeit, schöpferisch zu denken,
wird erzählt, er sei ein Kurzzeitschläfer gewesen. Ihm habe
genügt, wenn er müde war, sich nur für einen winzigen Augenblick zur Ruhe zu legen. Um nicht zu lange zu dämmern,
nahm er gewöhnlich eine Eisenkugel in die Hand, die in eine
Schüssel fiel, sobald die Körperspannung sich im bewußt-
seinsfreien Zustand löste. Der Schall weckte ihn wieder. Dem
Philosophen reichte die geringe Zeit zur Erfrischung, die das
eherne Gebilde brauchte, um zu fallen.

Das ist eine realistische Geschichte, auch wenn sie mit Sicherheit erfunden ist. Sie fügt sich paßgenau ein in eine Folge
von Anekdoten, die der Sammler von Aussprüchen und Bio-
graphien griechischer Philosophen, Diogenes Laertius, in seiner Aristoteles-Vita überliefert und die den Vordenker des
europäischen Abendlandes als einen Mann schildern, der sich
einen dauernden Zustand von Empfindungslosigkeit gar
nicht leisten konnte angesichts der Größe seiner Aufgaben.
Schon in seinen Schriften über die Seele oder der Abhand-
lung über den Schlaf hatte Aristoteles definiert, daß Lebendigkeit die Kraft sei, empfinden zu können, so daß der Schlaf
«gewissermaßen eine Fesselung und eine Bewegungslosig-
keit» dieses Talents zur Wahrnehmung darstelle, das Erwa-
chen aber seine Lösung und Befreiung.

Wer schläft, kehrt der Welt den Rücken zu. Da diese ihm
derweil nicht in den Rücken fallen wird, darf er sich nicht

wundern, daß er nichts erfährt. So ist der Schlaf schon seit alters eine Metapher mangelnder Neugier, ja der Leblosigkeit. Menschen, die wie Aristoteles zu Repräsentanten gewaltiger Entdeckungen in der Geschichte des Geistes geworden sind und bedeutenden Einfluß hatten auf das politische Selbstverständnis, die Erforschung der Natur oder die Entwicklung aller Kernbereiche der Kultur, der Logik, Ethik und Ästhetik, solche Menschen ziehen Episoden an, die sie als Heroen der Wachsamkeit stilisieren. Wo ganze Generationen entscheidender Gedanken auf eine einzige Person zurückgeführt werden konnten, mußten sich auch im Leben dieses Mannes besondere Kennzeichen auffinden lassen wie zum Nachweis eines fruchtbaren Nährbodens, auf dem diese Ideen üppig zu blühen vermochten. Man wollte dem Geheimnis des guten Einfalls auf die Spur kommen, also die Gesetze der Innovation entdecken – und fand nichts als ein Bild für hohe Aufmerksamkeit: den Mikroschlaf. Das Neue kehrt dort ein, wo Menschen sich den Luxus steter Alarmbereitschaft leisten. Das ist die wenig aufregende Pointe der Erzählung vom nimmermüden Philosophen.

Wachsamkeit ist lange das Kennzeichen der Führer gewesen. Denen, die ihre Augen stellvertretend weit offenhielten, konnten sich die anvertrauen, die vor der Welt die Augen von Zeit zu Zeit verschließen mußten. Führung bedeutete, früher zu sehen als andere und eher sagen zu können, was man gesehen hatte. Da fehlte nur, daß es einem, der mit scharfem Blick voranging, gelang, die Welt so zu interpretieren, daß sie sich für jeden erschließen ließ, sofern nur einige Denkwege beachtet wurden. Entscheidend war, daß er fähig war, das, was er gesehen hatte, so zu sagen, daß andere es hören konnten und daß sie verstanden, was sie gehört hatten. Das ist die Leistung, deretwegen Aristoteles mehr als ein Jahrtausend lang gerühmt wurde. Er war der Begründer einer Tradition von schlafwandlerischer Sicherheit. Man mußte fortan nicht mehr ins Buch der Natur schauen, um zu wissen, was es mit der Welt auf sich hatte; es genügte, in den Büchern und später – nach Christus – im Buch der Bücher zu lesen. Wer die ewigen Gesetze verstand, den konnte nichts mehr überraschen.

Nichts macht so müde, wie das immer Gleiche betrachten zu müssen. Eine Welt, die als feste Ordnung vorgestellt wird, weil sie ein für allemal durchschaut worden ist, verdient keine gesteigerte Beachtung. Das Bedürfnis, alle Unsicherheitsfaktoren auszuschalten und die Unberechenbarkeit des Lebens unter eine notwendige Struktur zu zwingen, seien es Vernunftregeln, wie sie Aristoteles formulierte, milderte zwar den latenten Schrecken der Welt. Von nun an ließ sich immer erklären, was sie an menschenirritierenden Äußerungsformen bereithielt, vom Schauspiel eines Vulkanausbruchs bis zum Platzregen. Angstfrei bewegt sich der Mensch nur, wo nichts Neues unter der Sonne zu erwarten ist. Aber dieser wohlgeordnete Kosmos war in seiner Schönheit weder etwas, vor dem man die Augen schließen mußte, weil man nicht ertrug, was sich zeigte, noch etwas, angesichts dessen man die Augen weit aufriß, weil man nicht genug staunen konnte. Die Welt als ewige Schöpfung ist, wovor man nicht flüchtet, was aber auch nicht fasziniert: ein Ort gepflegter Langeweile.

Da hatte einer auf die Muße geschworen und den Müßiggang heraufbeschworen. Zumindest bei denen, die es sich leisten konnten. Zu ihnen gehörten die Mönche des lateinischen Mittelalters. Viele litten an der Krankheit, zuviel Zeit zu haben. Die stille Betrachtung der ewigen Weltordnung und des unveränderlichen Weltenherrschers endete allzu oft in unvermittelt auftretender und scheinbar unheilbarer Traurigkeit. Acedia hieß dieser lähmende Zustand ohne Anlaß, eine Melancholie besonderer Art, die Erfahrung der Leere im gottgezeugten All. Sie galt als tödlicher Frevel und fraß an den Wurzeln der monastischen Existenz. Wo nichts Neues zu erwarten ist, da fehlt zwar die Angst, aber es ver-

ändert sich eben auch der Abgrund des Nichts in eine verlok-
kende Perspektive. Die Muße, die Platon und Aristoteles
noch als Einstellung des freien Polisbürgers zu seinen Le-
bensumständen feiern und als Voraussetzung des Glücks
preisen konnten, in der Erkenntnis des Wesentlichen kreativ
zu sein, war zur Gewohnheit und somit für den Menschen
gefährlich geworden. «Müßiggang ist ein Feind der Seele;
und deshalb sollen sich die Brüder zu bestimmten Zeiten mit
Handarbeit und wieder zu bestimmten Stunden mit gött-
licher Lesung beschäftigen», lautet daher folgerichtig die
Eingangssentenz im achtundvierzigsten Kapitel der Regel
des Benedikt von Nursia, in jenem Passus dieser Mönchsord-
nung, der berühmt geworden ist unter der Formel «Ora et
Labora». Es sei dem Rhythmus des Lebens nur zu gemäß,
sein Tun ab und zu zu unterbrechen.

Von Aristoteles und Benedikt von Nursia zu reden heißt
an jene beiden Individuen erinnern, die wie kaum andere das
Verständnis und das Verhältnis von Arbeit und Muße in der
europäischen Sozial- und Geistesgeschichte geprägt haben.
Sie symbolisieren als einflußreiche Theoretiker Eckpunkte
eines Spannungsfeldes, innerhalb dessen der Rang des praktischen und zweckorientierten Handelns zwischen Lebens-
äußerungen wie Glück oder Traurigkeit und Denkantrieben
wie Neugier oder Langeweile bewertet wird. Dabei kommt
alles darauf an, die Unterbrechung des Gewöhnlichen, so bei
Aristoteles, und der Gewohnheit, so bei Benedikt von Nursia, als eine Grundform des Verhaltens zu erkennen, die der
Muße allererst ihren Raum gibt und somit Platz schafft für
schöpferische Ruhe. Die Aufnahme der Anekdote vom Kurz-
zeitschlaf macht allerdings die Differenz zwischen beiden
deutlich. Wo Aristoteles eine Zäsur markiert, die ein für allemal den zum Nachdenken fähigen Zeitgenossen, den Philosophen, in die Lage versetzt, sich der Beschäftigung mit
den Weltproblemen leidenschaftlich hinzugeben, fordert Benedikt einen regelmäßigen Takt im Lebensfortschritt. Erst

dieser Rhythmus gestalte den Müßiggang wieder um in die ursprünglich angestrebte Muße. Aristoteles setzt die Spannung in die Inhalte und verlangt eine Gleichförmigkeit der Umstände, so daß er konsequent als Hauptfrage betrachtet, «mit welchem Tun man die Muße auszufüllen hat». Benedikt hingegen verlangt ein Wechselspiel der äußeren Bedingungen, um den Eifer für den einen wesentlichen Gedanken des Mönchtums, die Betrachtung der göttlichen Wahrheit, nicht zu gefährden und die Konzentration zu steigern. Die Regel entpuppt sich als Zeitordnung zur Förderung der Wachsamkeit.

Was haben die Hinweise auf zwei Generalrepräsentanten der europäischen Mußetradition mit der Frage zu tun, wie das Neue in die Welt komme? Der Befund ist zunächst deutlich: Wachsamkeit ist eine Form der Weltbegegnung, die nicht schon dadurch gegeben ist, daß man nicht schläft. Nirgendwo trifft diese Einsicht mehr zu als in Phasen beschleunigter Veränderungen. Die gegenwärtig dramatischen Umstrukturierungen in Wirtschaft und Gesellschaft fordern daher weniger «ausgeschlafene» Zeitgenossen, wie besonders aufmerksame Menschen noch vor nicht allzu langer Zeit genannt wurden, sondern «aufgeweckte» Parteigänger im Wettbewerb ums soziale, politische, psychische und ökonomische Überleben. Die Metapher vom «Aufgewecktsein» lenkt dabei die Achtsamkeit auf das, worauf es ankommt: auf die Fähigkeit, sich unterbrechen zu lassen. Daß in diesem Zusammenhang an Aristoteles und Benedikt erinnert wurde, ist also von einer Absicht geleitet: Das Talent zur Muße soll als ein extrem harter Eingriff in den gewöhnlichen Lebens- und vor allem Arbeitsvollzug vorgestellt werden, mit dem eine anspruchsvolle Aufgabe verbunden ist. Wer die Muße als eine Bedingung anerkennt, Neues zu entdecken, wird zunächst erschrecken. Denn vor allem schöpferischen Handeln muß er sich stören lassen in seiner wohleingerichteten Gewohnheitswelt. Nichts verhindert Innovationen so nachhaltig und leichtfertig wie das oft durch den Hinweis auf Effektivität begründete Bemühen, sich möglichst wenig irritieren zu lassen.

Die folgenden Thesen wollen nichts anderes, als diese Kunst, sich wirkungsvoll unterbrechen zu lassen, als eine notwendige Bedingung präsentieren, die Innovationen erst möglich macht. Sie sind moderne Variationen über die benediktinische Formel «Ora et Labora», welche jede Form der Konzentration an die geglückte Abwechslung bindet und die eine stillschweigend-kritische Aufnahme der platonisch-aristotelischen Erkenntnis darstellt, nur der von Alltagspflichten weitgehend freie Mensch sei bereit, sich den großen Fragen kreativ zu öffnen. Sie mögen sich lesen lassen wie eine Korrekturanmerkung zu jener gesellschaftspolitischen Maxime, nach der die programmatische Mußelosigkeit in dem Maße gepflegt wird, wie das Recht auf Freizeit einklagbar ist. Der Zynismus des Wortes vom «kollektiven Freizeitpark» wäre somit vielleicht eher getroffen, wenn er weniger an den immensen Arbeitslosenzahlen gespiegelt wurde als an den ungezählten aufgeblähten Angeboten, mit deren Hilfe Menschen ihre Zeit totschlagen und die der Reflex einer Gesellschaft sind, die sich nicht zu beschäftigen weiß.

Unterbrechungen stören. Zerstören sie aber nicht auch die gesammelte Aufmerksamkeit, wenn sie ablenken? *Erste Regel: Das Neue kommt dort auf die Welt, wo Spannungen es herausfordern. Kreativität ist stets das Resultat einer Provokation des Gewohnten, das Ergebnis einer gelungenen Störung. Das benediktinische «Ora et Labora» als Formel über das Maß der Arbeit definiert auch die Grenze der Muße. Nicht jede Unterbrechung ist dienlich, das Tagesgeschäft zu entlasten oder den Müßiggang mit Inhalten zu konfrontieren.*

Kein Wort enthält mehr Unbestimmtheit, Unverbindlichkeit als die kleine Kopula «und». Dinge, die natürlicherweise nichts miteinander zu tun haben müssen, lassen sich über drei Buchstaben in ein Verhältnis zueinander setzen, ohne daß gesagt werden muß, welcher Art diese Beziehung ist. Ob Gebet und Arbeit von sich aufeinander verweisen, darf mit Fug bezweifelt werden, auch wenn lange nach der Erfindung des benediktinischen Leitmotivs Thomas Carlyle die Relation bis zur Identität verzeichnete: «Arbeiten heißt beten», sagte er (S. 83) und lud das produktorientierte Tun mit einer Bedeutung auf, die keinem noch so engagierten Unternehmer schmeichelte. Das «Und» verführt allerdings zu solchen Übertreibungen, genauso wie es offenläßt, ob Muße und zweckgerichtetes Handeln in diesem Wahlspruch mehr sind als zwei zusammengezwungene Extreme. Als Zwischenelement signalisiert das «Und» zunächst nur, daß es offensichtlich etwas gibt, das die Arbeit begrenzt, wie es umgekehrt die Zeit der stillen Betrachtung, des Einfalls und der schöpferischen Ruhe vor Verstiegenheiten schützt. Es ließe sich übersetzen als Versprechen und Verpflichtung gleichermaßen: Jeder zielgerichteten Tätigkeit wird eine Pause verordnet; jeder Gedanke über den Status quo hinaus muß sich messen lassen an den Realitäten, die er phantasievoll zu erweitern trachtet. Wer sich am «Ora et Labora» orientiert, ist einerseits befreit vom Zwang, sich zu überarbeiten, da er feste Phasen der Unterbrechung vorschreibt, und erhält andererseits eine Art Maßstab für die Wirklichkeitsdichte seiner Entdeckungen oder Erfindungen.

Benedikt wollte das zum Himmel gerichtete Gebet seiner Mönche erdnah machen, als er die Ordnung niederschrieb. Er entwickelte so einen Prüfstein für die Qualität von Gedanken, die sich nicht an das halten, was ist, sondern aufstreben zu dem, an denen sich erproben lassen müßte, ob etwas als wertvoll, in unserem Sinne: als innovativ zu gelten habe. Viel entscheidender ist der aufgenötigte Rhythmus, der das Arbeiten stört oder das Meditieren heilsam irritiert, weil über das ständige, fast methodisch erzwungene Ärgernis die Anstrengung gesteigert wird, das im einen Feld Erreichte im anderen mindestens zu behalten, wenn es sich nicht durch die Spannung und den Abstand zu seiner ursprünglichen Herkunft noch bereichern ließe. Die regelmäßige Unterbrechung ist eine Garantie für das hohe Niveau des Erarbeiteten.

Die Eroberung des Nutzlosen ist eine der großen Gefährdungen des schöpferischen Menschen. Denn zur Kreativität gehört immer auch die Verschwendung. Man muß spielen, um auf Neues zu stoßen, variieren, probieren, changieren. Der zweckfreie, sich selbst genügende Umgang mit Ideen darf nicht von vornherein beschränkt werden. Zum Verändern, Entdecken und Erfinden gehört das Umherschweifen ohne Angabe von Zielen. Scheinbar ganz und gar sinnlose Tätigkeiten, gemessen an den tatsächlich erreichten Innovationen, wie Laufen, Duschen, Essen, Autofahren, Trödeln oder Schlafen, erweisen sich im nachhinein als Katalysatoren des schöpferischen Prozesses. Entscheidend ist dabei nur, daß man sich auf diesen Nebenpfaden nicht verliert. Das benediktinische «Ora et Labora» als Regel über die rhythmische Unterbrechung jedes Lebensablaufs vermag das zu verhindern. Anders als der aristotelische Anspruch, die Inhalte der Muße nach Kriterien ihrer Qualität zu definieren, läßt sie weitgehend offen, womit die Zeiten des Unbeschäftigtseins gefüllt sein sollen, sieht man einmal von ihrer besonderen Perspektive monastischer Meditation ab. Sie reguliert dafür aber genau den Tagesablauf und nötigt allein durch die Planungsstruktur, beiden Bedürfnissen zu entsprechen, dem des Stöberns, Schweifens und dem der Strenge. Aus den Phasen des Erkundens von Umwegen muß immer wieder zurückgekehrt werden auf den Mainstream, wie auch umgekehrt derjenige genötigt wird abzuirren, der sich zu stark an die methodischen Vorgaben klammert.

Benedikts Regel ist der Versuch, den Willen zum Maßhalten zu stärken, ohne das Mittelmaß anzustreben. Seine Präskripte zum ausgleichenden Lebenswandel rechnen nicht mit einer ausgeglichenen Persönlichkeit. Das macht sie reizvoll, den Innovationsprozeß als handlungsleitendes Ideal zu steuern. Denn nichts ist dem schöpferischen Menschen fremder als die Harmonie zwischen den ihn charakterisierenden psychischen, intellektuellen oder sozialen Widersprüchen. Die Spannung, die eine Quelle seines Ideenreichtums ist, zieht er vielmehr bis in ihre Extreme auseinander. Er kann das, weil er weniger das Zerrissensein als vielmehr die Kraft spürt, Unterschiedliches in sich zu vereinen. «Ora et Labora» als Formel über den Wunsch nach geregelter Unterbrechung meint: Man muß die Widersprüchlichkeit so weit wie möglich treiben, ohne einen ihrer Pole zu schwächen, wenn man Neues finden will. Die Dynamik, höchst differente Positionen auszuhalten, ohne einseitig zu werden oder sich aufzuspalten, nennt man üblicherweise Geist. Benedikts Empfehlung verweist also auf die spirituelle Bedingung des Innovationsprozesses.

Auseinanderstrebende Antriebe festzuhalten ist anstrengend. Wir neigen meistens dazu, sie rasch zu versöhnen. So wird die Muße gerechtfertigt mit der Notwendigkeit, sich erholen zu müssen, die Funktionstüchtigkeit aufrechtzuerhalten oder ein Denkstadium auf diese Weise besser abschließen zu können – mit Argumenten also legitimiert, die aus dem Raum des Zweckrationalen entlehnt sind. Und die Arbeit, die dort ihr Zuhause hat, wird als sinnstiftend, befreiend oder erfüllend stilisiert, also mit Eigenschaften belegt, welche die Muße beschreiben. Niemals aber ist die Muße um der Arbeit willen allein da, so viel Kraft man aus ihr auch zu gewinnen vermag. Sie ist eine Lebensform eigenen Rechts. Und keineswegs stellt die Arbeit von Zeit zu Zeit eine Spezialform der schöpferischen Ruhe dar, obwohl sie zweifellos dem Dasein Bedeutung und Befriedigung verleihen kann. «Die Muße hat ihre Rechtfertigung nicht darin, daß der Funktionär möglichst störungsfrei und ‹ohne Ausfälle› funktioniere, sondern darin, daß der Funktionär Mensch bleibt» (Pieper, S. 57).

Wirklich Neues findet man nur, wenn die Muße nicht zur Methode des Innovationsprozesses degeneriert.

Menschsein menschlich leben zu können bedeutet, die Fähigkeit, schöpferisch zu denken und zu handeln, als eine Begabung zu würdigen, die Geduld braucht, so daß als *zweite Regel gilt: Das Neue kommt dort auf die Welt, wo ihm Zeit gelassen wird. Kreativität ist stets eine Kompensation von Langeweile. Das benediktinische «Ora et Labora» bewahrt die Muße davor, Langsamkeit als Haltung zu verabsolutieren, und gibt der Geschwindigkeit des Lebens einen findigen Rhythmus.*

Mit dem Hinweis auf die Langsamkeit als Voraussetzung für innovatives Denken sind heute viele schnell bei der Hand. Er ist das Spiegelbild einer Zeiterfahrung, die zwischen Hektik und Langeweile oszilliert und den Wechsel des Tempos als Zerreißprobe wahrnimmt. Da den modernen Zeitgenossen nicht mehr nur vieles, sondern alles mögliche möglich ist, verkümmert ihr Sinn für Realitäten. Wer soll noch entscheiden, was wirklich wichtig ist, wenn in einer Nacht die Börsenkurse in Tokio ins Bodenlose fallen, Boris Becker in New York sein Masters-Finale gewinnt, zwischen zwei und fünf Uhr die Telefongebühren so billig sind, daß man sich ins Internet einwählt, und in die Nachbarwohnung eingebrochen wird? Wenn neben dem Big Mäc der Döner Kebab um Rang eins unter den Lieblingsspeisen der Deutschen eifert, die katholische Kirche und die jüdische Gemeinde in einer Straße ihr Domizil besitzen und im selben Haus Sessel von Le Corbusier, chinesische Vasen und die Schreibtischlampe vom italienischen Stardesigner stehen? Wenn keine wirklichen Abenteuer mehr locken, weil Bekannte längst schon uns noch fremde Pfade sich erwandert und darüber berichtet haben, so daß wir uns in einen Fantasy-Trip flüchten müssen, von dem wir allerdings zur Tagesschau spätestens wieder zurück sind?

Die Langeweile nistet sich stets dort ein, wo Wertschätzungen verlorengegangen sind. In dem Maße, wie es einem Menschen an Urteilskraft mangelt, zwischen Wesentlichem und Dringlichem, Nützlichem und Notwendigem zu unterscheiden, verliert die Zeit ihre Fähigkeit, Besonderes erleben zu lassen. Langeweile ist der Werteverlust, unter den Bedingungen der Zeit betrachtet. Wenn ein Mensch potentiell alles haben und vieles sein könnte, ist es nicht mehr entscheidend, ob es jetzt, später oder nie geschieht. Das «Jetzt oder Nie», die Emphase der entscheidenden Situation ist ihr unbekannt. Daß sie begeisterungsresistent ist, macht die Langeweile für die Entwicklung von Neuem so gefährlich. Denn Innovationen entstehen nur, wenn sich Menschen faszinieren lassen.

Dennoch hat die Langeweile viel beigetragen zur Geschichte der Innovationen. Der Müßiggang war niemals nur aller Laster Anfang, sondern oft genug auch der Beginn einer Laborrevolution. Immer dort, wo der Wille, erleben zu wollen, noch nicht ganz und gar erlahmt war, hat er obsiegt und die Langeweile geradezu als Gegenspieler genutzt, an dem es sich abzuarbeiten galt.

Es gibt zwei bevorzugte Momente, in denen die Langeweile sich bei einem Menschen einnistet: die Unterforderung und die Überforderung. Beide Male reagiert er mit Überdruß. Die eine Form der Monotonie macht sich dort bemerkbar, wo das Tätigkeitsfeld eines Menschen weit geringer ist als sein Fähigkeitspotential. Der Überschuß an Möglichkeiten, den er nicht einsetzen kann, sucht sich ein Frustrationsventil. Hier bedürfte es geeigneter Anreize, dieses Mehr an Vermögen besser auszuschöpfen; es ließe sich in ihm oft ein Schatz neuer Gedanken vermuten. Die andere Form der Fadheit stellt sich ein angesichts einer unausgesetzt wirkenden Nötigung, immer aufs neue entscheiden zu müssen. Wenn nichts mehr festliegt, wenn alles zur Dispositione steht, lassen wir entweder alles beim alten oder verlieren die Orientierung und erliegen dem zuletzt betäubenden Wahn, soviel wie mögliche testen zu müssen aus den Sonderangeboten des Nervenkitzel-Supermarkts. Dabei fehlt jeder Appetit nach Leben.

Das «Ora et Labora» wirbt dafür, die Eintönigkeit auszuhalten und vermittelt die Kraft, es zu tun. Es ist eine Maß-Regel, welche die natürlicherweise grenzenlosen Begleitphänomene der Kreativität wirkungsvoll eindämmt. Die Ablenkungsbereitschaft des potentiell schöpferischen Menschen verwandelt sich, wird die benediktinische Formel befolgt, in Aufmerksamkeit. Und die Eintönigkeit erhält einen erweiterten Horizont. Das aber ist Gegenstand der *dritten Regel: Das Neue kommt dort auf die Welt, wo ihm Räume zur Verfügung gestellt werden. Kreativität ist immer eine Folge gesteigerter Präsenz und kann sich ausleben, wenn der Platz geschaffen ist, innerhalb dessen sich die Achtsamkeit ausdehnen kann. Das benediktinische «Ora et Labora» repräsentiert dabei jene minimale Ordnung, die Freiräume als etwas vorstellt, das jederzeit erstritten werden muß.*

Faulheit wird Menschen nicht geschenkt. Das wußte schon Paul Lafargue, der Schwiegersohn von Karl Marx, welcher mit Hilfe einer Satire die Sozialverhältnisse kritisierte. Wieviel größer ist die Anstrengung, für sich ein Territorium zu besetzen, das unbehelligt ist von Alltagsansprüchen und das kaum schon dadurch gewonnen ist, daß man nicht arbeitet. Es kommt nicht von ungefähr, daß lange Zeit das Wort für Arbeit die Verneinung des beschaulichen Lebens widerspiegelte, und nicht umgekehrt Muße die Negation der Tätigkeiten gewesen ist. Das ἀ-σχολία, lateinisch: neg-otium, für Muße zeigt an, wie radikal sich die Verhältnisse geändert haben. Galt den Griechen und im römischen Mittelalter die Arbeit noch als ein menschliches Verhalten, das sich vom Zustand der schöpferischen Ruhe distanzierte – die Kontemplation, die Betrachtung des schönen Kosmos war stets das Primäre –, so ist es unter gegenwärtigen Voraussetzungen genau umgekehrt: Wer sich das Recht auf

Muße nimmt, muß damit rechnen, des Müßigen bezichtigt zu werden.

Es ist die Steigerung des Lebensgefühls, die sich in der Muße einstellt und die sich angesichts der Entdeckung von Neuem, der Wahrnehmung eigener kreativer Kräfte, zum Gefühl aufwirft, Teil von etwas Größerem zu sein, welche anzeigt, wie die Prioritäten geordnet sein müßten. Die schöpferischen Anlagen eines Menschen sind leicht zu verdecken oder, im schlimmsten Fall, zu zerstören. Um so größer muß die Sorge sein, sie in Zeiten zu entwickeln, da wenig Räume für sie zur Verfügung stehen. Kreativität ist mehr als nur eine individuelle Fähigkeit. Sie erwächst aus dem systematischen Zusammenspiel von psychischer Bereitschaft, sozialen Ansprüchen, ökonomischen Anreizen, intellektuellen Talenten und einer Reihe von Bedingungen, die aufmerksamkeitsfördernd sind. Zu ihnen gehört vor allem der Wille, vieles, was routiniert geschieht, zu unterbrechen. Erst wenn Menschen beginnen zu fragen, wo Antworten längst erschöpfend gegeben sind, zu irritieren, wo Lösungen zur Gewohnheit geworden sind, auszuscheren, wo Methoden legitimiert sind, erst dann werden sie wieder aufsehen, aufhorchen und aufmerken.

Wachheit ist etwas, wozu ich mich entscheiden muß. Sie ist ein Akt der Befreiung von Lebensräumen, die durch bestens eingeführte und eingespielte Konventionen oder Kompromisse besetzt sind. Sie wieder zu öffnen bedeutet, den Grad an Aufmerksamkeit über die Maße dessen herzustellen, was zur unmittelbaren Bewältigung des Tagesgeschäfts nötig ist. Wer Neues finden will, muß mit seinem Wahrnehmungsvermögen luxuriös umgehen. Zentren der Kreativität waren stets Orte, wo ein Überschuß an Aufmerksamkeit möglich gewesen ist: die Schulen von Athen im fünften oder die von Florenz im fünfzehnten Jahrhundert, Klöster, Caféhäuser, sicher auch Silicon Valley oder Max-Planck-Institute. Das hat mit der Kraft zu tun, die aufgewendet werden muß, um neue Ideen zu entwickeln. Weder dort, wo keine Anstrengung erforderlich wäre, noch dort, wo sie pausenlos gefragt wäre, finden Innovationen jenes Spannungsfeld vor, in dem sie besonders gut gedeihen. Wieder läßt sich erkennen, wie weise Benedikts Regelwerk konstruiert ist und welche Wohltat das Plädoyer für das rechte Maß im «Ora et Labora», für die Findigkeit des kreativen Prozesses darstellt. Als Lebensprinzip, das keine Inhalte vorschreibt, entspricht es dem schöpferischen Prozeß, der weder verursacht noch gemacht ist. Neue Gedanken lassen sich nicht entwickeln wie neue Produkte. Für sie existieren keine Anforderungsprofile. Das einzige, was sich wirkungsreich tun läßt, ist, Störfaktoren abzubauen, die verhindern, daß der Aufmerksamkeit mehr als ausreichend Raum zur Verfügung steht. Dabei kommt alles darauf an, den Wechsel zwischen dem Umherschweifen der Aufmerksamkeit und der Konzentration auf ein Thema, eine Sache so zu leiten, daß sie bei allem Reichtum nicht an Tiefe verliert und trotz aller Sammlung genügend Anreize besitzt zu variieren.

Raum und Zeit sind üblicherweise am stärksten eingeschränkt. Meist überzieht sie ein Netz aus Zahlen, das die Aufmerksamkeit in vielerlei Hinsicht gefangenhält. Termine, die bestimmt sind durch präzise Ortsangaben und Uhrzeiten, kennzeichnen die Organisation einer Welt, die sich dem Wahrnehmungsbewußtsein auf diese Weise zunehmend entzieht. Wo aber Abläufe vorgestanzt sind, verliert man die Spur des Neuen. Das Überraschende kommt nie auf ausgetretenen Bahnen. Solange Menschen wahrend ihrer Arbeitsabläufe nur routiniert von einer Verabredung zum nächsten Treffen eilen, Meetings wie im Schlaf bewältigen und weniger Termine platzen lassen, als daß diese wegen ihrer großen Zahl den Kalender fast zum Platzen bringen, solange muß man ihnen Unzurechnungsfähigkeit zubilligen beim Totschlagen des kreativen Potentials, auch wenn man geneigt ist, ab und zu Vorsätzlichkeit zu unterstellen.

Zeit- und Raumraster ersetzen Orientierung und schaffen festgefügte Muster. Sie verhindern, strenggenommen, Innovationen, weil – *vierte Regel – das Neue dort auf die Welt kommt, wo Orientierungen fragwürdig werden können. Kreativität ist ein Akt der Umwertung alter Werte. Das benediktinische «Ora et Labora» nötigt zu einer dauernden Neubewertung des eigenen Denkens und Tuns und erinnert an eine bewährte Tradition. Es macht die Krise permanent, ohne sie ausufern zu lassen.*

Als Ernst Curtius, der die Ausgrabungen in Olympia leitete, von Wilhelm I. während einer der berühmten Freitagabend-Zirkel gefragt wurde, was es Neues aus Olympia gebe, war der Gelehrte für einen Augenblick verwirrt. Er könne dem Kaiser doch nicht berichten, daß eben die Südmauer von Myrons Schatzhaus bloßgelegt worden sei und einige Inschriften beim Leonideion gefunden worden waren. Also besann er sich und erwiderte: «Kennen Königliche Hoheit denn schon das Alte?» (Burckhardt, S. VII.)

Jede Innovation besitzt ein ambivalentes Verhältnis zur Tradition. Ob etwas als neu angesehen wird, läßt sich in der Hauptsache nicht anders bestimmen als über das, was gegenwärtig gilt. Nur wenn eine Idee oder Entdeckung kräftig genug ist, bestehende Paradigmata abzulösen, verdient sie, innovativ genannt zu werden. Doch obwohl es der Blick auf das Alte ist, das jedes Neue erst als solches qualifiziert, dankt es diese Wertschätzung nicht: Frische Gedanken, Modisches, revolutionäre Erfindungen machen das Frühere oft genug vergessen. Indem das Neue das, was vor ihm ist, dazu verdammt, alt zu sein, spricht es ein Urteil über es aus. Das Alte ist deswegen alt, weil es die Macht nicht besessen hat zu bestehen. Das Alte ist immer das Neue von gestern.

Das Neue ist aber auch immer das Alte von morgen. Es trägt die Mahnzeichen der Vergänglichkeit an sich, die sich in der Paradoxie manifestieren, daß das Neue auf dem Grund des Alten steht. Es gibt daher kaum Groteskeres als den Kult um das Neue, der in der Behauptung gipfelt, es sei gleichzeitig das Endgültige, das Novum, das Ultimum. Die saisonale Mode wiederholt dieses Ritual alle halbe Jahre. Nicht weil etwas neu ist, sondern weil es wertvoll ist – für ein Individuum, eine Institution oder eine Gesellschaft –, gilt es als Innovation. In der Aufforderung, den schöpferischen Gedanken durch die Tätigkeit prüfen zu lassen und umgekehrt, vermag das «Ora et Labora» methodisch ein Kriterium zu sein, nicht vorschnell eine Entdeckung zu verherrlichen. Erst wenn deren Bedeutung erkannt ist, ist der kreative Prozeß in eine Innovation gemündet. «Die Innovation ist also Umwertung der Werte, Lageveränderung von einzelnen Dingen hinsichtlich der Wertgrenzen» (Groys, S. 66). Es ist die Muße, die mit ihrem Sinn für das Ganze solche Verschiebungen und Bedeutungsübertragungen dirigiert. Jede Innovation, die ihren Namen verdient, bewirkt daher eine Neuorientierung.

Neuorientierungen beantworten oft ungelöste Probleme einer vergangenen Wertehierarchie. Sie geben Antworten und stellen bisher ungedachte Fragen. So sagt die *fünfte Regel: Das Neue kommt dort auf die Welt, wo Menschen gestattet ist, nicht auf alles Drängende Antwort geben zu müssen. Kreativität gedeiht am besten in Fragenschutzgebieten. Das benediktinische «Ora et Labora» rät dem, der sich ihm verpflichtet fühlt, Umwege einzuschlagen, wenn Wege zu leicht und zu schnell gangbar sind.*

Unter den führenden Köpfen der modernen Industrie und in den Betrieben der Intellektuellenzunft kursiert ein Vorurteil. Entscheidend sei, heißt es dort, daß Fragen direkt beantwortet, Probleme unmittelbar gelöst und Bedürfnisse rasch befriedigt werden können. Dieses Vorbild für das zweckorientierte Denken ist natürlich Prozessen entlehnt, deren Gesetz idealtypisch so formuliert werden kann: Dem Reiz folgt die Reaktion auf dem Fuße. Das hat einen guten Sinn. Denn so werden die Funktionen des Lebens aufrechterhalten, der Bestand der Arten garantiert.

Menschen allerdings sind dadurch ausgezeichnet, daß sie die Möglichkeit besitzen, nicht prompt zu reagieren oder plötzlich zu erwidern. Sie können sich erlauben, etwas «anstelle» zu tun. Statt einer These über die Bedeutung der Frage nach dem Neuen für die Rolle des Denkens im Leben nachzuhängen, vermögen sie diese Erörterung zu unterbrechen, abzubrechen. Weitgehend frei vom Reiz-Reaktions-Mechanismus sind sie in der Lage, sich scheinbar dringenden Erfordernissen mit guten Gründen zu entziehen. Man kann es anders sagen: Der Mensch ist ein zögerndes Wesen, eine Kreatur, der das Zögern wesentlich ist. Er wartet ab, schaut zu, überlegt. Das wäre im kruden Naturzustand tödlich, zumindest hochgefährlich. Da muß entweder angegriffen oder geflohen werden. Der Zustand der Enthaltung würde gnadenlos bestraft. Wie kommt es also, daß ein solch unentschlossenes Wesen im Kampf ums Dasein dennoch überlebt hat?

Offenbar hat der Mensch, indem er zögerte und nachdachte, auf Dauer Lebensleistungen entwickelt, die seinen Weiterbestand gewährleistet haben. Alles, was den Menschen kennzeichnet, entstammt diesem Zwischenraum des Wartens – seine Werkzeuge, seine Sprache, seine Logik, seine Phantasie, kurz: seine Kultur. Kultur entsteht immer nur, wenn man geduldig ist. Sie resultiert aus dem Verzicht auf schnelle Antworten, Sofortlösungen oder Instantbefriedigungen.

Das gilt auch für Unternehmenskulturen. Dort aber hat sich effizienzgeleitet oft genug ein Ideal eingenistet, das man vom natürlichen Reiz-Reaktions-Muster kopiert und auf unser Denken übertragen hat: Auch der Mensch soll die Antworten auf seine Fragen ohne Vorbehalt formulieren. Man nennt das Entscheidungsfreudigkeit. Unsere Vorstellung vom Denken ist, daß es die kürzeste Verbindung zwischen zwei Punkten herstellt, zwischen dem Problem und seiner Lösung, dem Bedürfnis und seiner Befriedigung, dem

Konflikt und einem Konsens. Zauderer haben hier keinen Platz.

Es ist wieder das «Ora et Labora», das mit Hinweis auf seine ihm inhärente Umwegigkeit daran zu erinnern vermag, daß sich nicht alles nach dem Anforderungsprofil des Problemlösungsdrucks verstehen läßt. Es gibt Fragen, mit denen man so vorsichtig umgehen sollte, daß nicht sofort an eine mögliche Antwort gedacht wird. Wo Neues erkannt werden will, ist Zeit, das Erlebnis von Freiheit, Umständlichkeit, der Verzicht auf Ergebnisse, der Mut, ein Problem auch einmal ungelöst zu lassen, unerläßlich, ja sogar gewünscht. Das, was von außen wie Faulheit und Müßiggang aussieht, könnte sich bei näherer Betrachtung als eine notwendige Bedingung entpuppen, Gewohnheiten und Gewöhnliches zu durchbrechen zugunsten überraschend unkonventioneller Einsichten in den Gang der Dinge. Wer vorankommen will, muß zögern.

Ähnlich wie Naturschutzgebiete eingerichtet sind, der gefährdeten Fauna und Flora einen Ort der Unberührtheit zu gewähren, sollten Fragenschutzgebiete eingeführt werden. Denn auch die Fragen sind vom Aussterben bedroht, weil sich der Hang des Menschen, Antworten allzu eilfertig zu geben, ausgebildet hat fast bis zur Perfektion. Fragen werden erschlagen, wenn das Echo auf sie sofort zurückhallt; sie verlieren an Bedeutung und können nicht mehr garantieren, daß die Erwiderung ihrem eigenen Niveau entspricht. Es gibt Fragen, die man nicht beantworten darf. Man muß sie aushalten. Ohne dieses Zögern ließe sich Neues gar nicht entdecken. Der englische Schriftsteller Thornton Wilder hat von der mit ihm befreundeten Gertrude Stein berichtet, sie habe als ihr letztes Wort auf dem Sterbebett gesagt: «Was ist die Antwort?» – und nach einer Weile des Schweigens hinzugesetzt: «Was ist die Frage?» Genau das ist aber die Frage.

Es ist immer leichter, an einem Problem zu arbeiten. Schwieriger ist es, das Problem zu finden. Das hat seinen

Grund. *Sechste Regel: Das Neue kommt dort auf die Welt,*
wo Menschen frei assoziieren können. Kreativität ist stets
auch eine Geduldsprobe. Das benediktinische «Ora et La-
bora» als Distanzierungsformel von der täglichen Tätigkeit
fordert auf, den Zugang zu einer innovativen Idee über Ri-
tuale zu suchen. Die Muße muß zur Gewohnheit werden,
soll aus ihr Ungewöhnliches entstehen.

Denken heißt das Unbekannte denken. Auf diesen einfachen Leitsatz läßt sich der Kreationsvorgang zurückführen. Es wäre in seiner Schlichtheit banal, wenn nicht allenthalben Widerstände verhinderten, daß man das noch nicht Entdeckte erreicht. Diese Hindernisse sind selber phantasievolle und höchst schöpferisch gestaltete Produkte einer Seele, die unermüdlich dabei ist, plausible Argumente aufzufinden, die belegen sollen, daß es gar nicht opportun wäre, in kaum erschlossenes Terrain vorzustoßen und dort nach Neuem zu forschen. Es gibt, das sollten wir nicht vergessen, immer eine Reihe von Ängsten, dem wirklich Unbekannten zu begegnen, die massiv die Absicht torpedieren, sich dabei nicht aufhalten zu lassen.

Neues denken bedeutet also, gegen die Herrschaftsansprüche des Alten vorzugehen. Der Innovationsprozeß ist stets ein Kampf, der selten anders ausgeht als in einer Revolution. Spätestens wenn sich das Neue auch als das Bessere erweist, zeigt es seine aggressive Fratze. Zunächst ist jede Neuerung noch fremd; und wie jedes Fremde wird sie eher bewundert, bestaunt und beäugt als geliebt. Der latent drohende Charakter scheint aus jeder Entdeckung oder Erfindung hervor. Zeiten des Anfangs sind stets Phasen der Unsicherheit.

In den Ängsten vor dem Neuen hat sich das Bewußtsein des Alten, erprobt und lange Zeit erfolgreich gewesen zu sein, eine schützende, wehrhafte Ausdrucksform geschaffen. Dieses Alte ist mehr als nur eine bestens eingeführte individuelle, soziale oder ökonomische Lebensbewältigungsform. Es handelt sich vielmehr auch um den Repräsentanten eines psychischen Kompromisses, der nach klassischem Muster durch Verdrängungs- und Vergessensmechanismen seine Stützen erhält. Alles, was bisher unter der Mußetradition des «Ora et Labora» an aufmerksamkeitsfördernden Strategien versammelt wurde, muß sich mit dieser hemmenden, zurückhaltenden Kraft dauerhaft auseinandersetzen. Benedikts Regel übernimmt dabei eine fast therapeutische Aufgabe. Die erzwungene Selbstbeobachtung und Vorstellung der in dieser Eigenanalyse hinaufbeförderten Antriebe, Neues zu verhindern, durchleuchtet deren Methode. Es ist dann leichter, sich auf sie einzustellen, wenn sie ins Bewußtseins geholt wurden.

Zu diesen bremsenden Furchtsamkeitspotentialen gehört die Angst vor Fehlern und deren Verdrängung. Kaum einer wird zugeben, daß seine Bedenken, sich auf Unbekanntes einzulassen, motiviert und gesteuert sind vom Anspruch, Fehler oder Schwächen in jedem Fall zu vermeiden. Im Gegenteil, lautstark wird heute das Scheitern zur Vorform des Erfolgs erklärt, Mut und Risiko werden gegen die defensive Vermeidungstaktik ausgespielt. Doch die Sprache verrät oft mehr, als sie sagt. Rasch ist von einem «kontrollierten» Risiko die Rede und der Mut einer praxisnahen Verzagtheit gewichen, die nur nichts falsch machen will. Es ist die strukturell bedingte Unfähigkeit, den Sinn einer Unternehmung nachzuweisen, die auf dem Ausspielen der Vernunft, der freien Assoziation gründet, welche den Bedenkenträgern oft das Gefühl vermittelt, im Recht zu sein. Wo sich aber, wie mitten im Innovationsprozeß, das Neue noch nicht rechtfertigen kann, weil es sich erst gestalterisch entfalten muß, kann es nicht recht sein, daß der im Recht steht, der darauf verweist, recht zu haben.

Neues entdecken ist ein Kampf, eine Probe auf die Geduld mit sich selber und den Widerständen, die der Lust auf Überraschendes von außen entgegentreten. Dieser Streit um zukunftsgerichtete Einsichten führt dazu, daß das Niveau der

Innovationen hochgehalten wird. Sie müssen stark genug sein, um sich durchsetzen zu können. *Siebte Regel: Das Neue kommt zwar dort auf die Welt, wo man es erwartet, aber selten, wie man es erwartet. Kreativität ist eine Leistung, über die Menschen nicht uneingeschränkt verfügen. Das benediktinische «Ora et Labora» erinnert daran, daß der schöpferische Geist an einer Bewegung teilnimmt, die größer ist als er selbst.*

Es ist ein langgehegter Glaube, daß das Schöpferische vor allem den Göttern oder Gott vorbehalten sei, während wir Kreaturen allenfalls nachahmen könnten, was von höherer Warte aus vorgezeichnet wurde. Erst seitdem in der italienischen Renaissance das Selbstbewußtsein des Menschen sich einen bis dahin ungeahnten Rang erstritt, gehört die Fähigkeit, Neues zu entdecken und zu schaffen, zu den Elementareigenschaften des Menschseins. Im Geniegedanken, der Vorstellung des von der Muse besonders innig geküßten Zeitgenossen, hat es sich zu prächtiger Blüte entwickelt, ohne dabei aber darauf zu verzichten, den Ursprung der Kreativität ironisch-metaphorisch der Selbstbemächtigung des Menschen zu entziehen. Auffällig überragende Ideen und Werke haben die Menschen ihrer eigenen Gattung nur selten ganz allein zugetraut. Bei außergewöhnlichen Leistungen mußten immer fremde Mächte mit im Spiel sein. Man kennt sich ja und weiß, mit wem man es zu tun hat.

Daran hat auch die Demokratisierung dieses ehemals göttlichen Privilegs nichts geändert. In besonders geglückten Prozessen, durch die Neues entsteht, stellt sich der Eindruck einer Selbstverständlichkeit bei der Arbeit ein, als sei man selbst nicht allein Subjekt seines eigenen Tuns. Das Aufgehen in der Aufgabe kommt einem Selbstverlust gleich. Im Idealfall gelingen Entwicklungen, fallen einem Gedanken ein, stellt man Produkte her, die man sich nie zugetraut hätte. Als ob kein Ich, sondern ein Es die Regie im Innovationsdrama führte. Dieser Eindruck mag sich vielleicht ergeben, weil im Fortgang der Erkenntnisbewegung die Spannungen sich lösen, die aufzubauen nötig gewesen sind, um überhaupt die Neugier zu ihrem Recht auf Befriedigung kommen zu lassen. Das ist stets mit der Erfahrung von Glück verbunden: Anforderungen und Talente balancieren sich aus in einem Gleichgewicht, das Ziel der Arbeit steht plötzlich klar vor Augen, das Gefühl für Dauer geht für Augenblicke verloren.

Doch das für sich wäre eine fade Erklärung des kreierenden Individuums. Überraschende Einfälle sind mehr als nur Begleiterscheinungen eines Spannungsabbaus in der Psyche. Benedikts Regel über das «Ora et Labora» mag da als Hinweis gelesen werden, es sich mit der Deutung des schöpferischen Geschehens nicht zu einfach zu machen. Sie ist die stillschweigende Anerkenntnis, daß die Fähigkeit, Neues in die Welt zu setzen, abhängig ist von Bedingungen, über die Menschen nicht ausschließlich verfügen. Wo wirklich Anfänge auszumachen sind, revolutionäre Funde, nie dagewesene Systeme, Maschinen ohne Vorbild, ist das Bemühen, sie zurückzuführen auf vorgehende Entwicklungen, genauso groß wie das Staunen über dessen Scheitern. Am meisten wundern wir uns gerade angesichts von Neuerungen, auf die wir eigentlich hätten auch kommen müssen, weil sie so einfach und folgerichtig sich aus dem Problemdruck ergeben, den sie gelöst haben. Neuerungen, die uns aber unerklärlicherweise dann doch nicht eingefallen sind. Das Überraschende liegt meist nicht sehr weit entfernt von dem, was vorhanden und gewohnt ist. Es ist das Ergebnis dessen, was man noch und außerdem denken kann zu dem, was immer schon gedacht worden ist. Es ist oft nichts Außerordentliches, dennoch außergewöhnlich.

Jeden Anfang umflort ein Geheimnis. Das darf nicht als späte mystische Kapitulation vor den wahren Eigenschaften des Innovationsprozesses verstanden werden und entlastet auch nicht von der Anstrengung, nach Gesetzmäßigkeiten zu suchen. Im Gegenteil, stets gilt, daß das Unbegriffene das Unbegreifliche verbirgt. Doch nicht alles läßt sich über die Bewußtseinsschwelle heben, manches bleibt unbekannt. Es ist diese Polarität, auf die das benediktinische Diktum zeigt, das Endliches, die Arbeit, mit Unendlichem, dem Gebet, in einem Atemzug nennt. Zur Innovation gehört beides: das verbissene, dann wieder erlöst leichte Mühen und die Geduld zu warten, weil man ohnehin letztlich nichts zwingen kann. «Die Künstler haben ein Interesse daran», schreibt Nietzsche, «daß man an die plötzlichen Eingebungen, die sogenannten Inspirationen glaubt: als ob die Idee des Kunstwerks, der Dichtung, der Grundgedanke einer Philosophie wie ein Gnadenschein vom Himmel herableuchte. In Wahrheit producirt die Phantasie des guten Künstlers oder Denkers fortwährend, Gutes, Mittelmäßiges und Schlechtes, aber seine Urteilskraft, höchst geschärft und geübt, verwirft, wählt aus, knüpft zusammen … Alle Grossen waren grosse Arbeiter, unermüdlich nicht nur im Erfinden, sondern auch im Verwerfen, Sichten, Umgestalten, Ordnen» (S. 146 ff.).

Daß Innovationen einen unerklärten Rest hinterlassen, sollte uns nicht beunruhigen. Diese Unverständlichkeit, vielleicht Unverstehbarkeit, ist nur die andere Seite der menschlichen Freiheit, ihrer Fähigkeit, grundlos etwas anfangen zu können. Kreativität besitzt so etwas wie ein Eigenleben, das sich entzieht, wenn man es angreift, und sich einstellt, wenn man es läßt. Dieses Lassen, das im Zusammenhang mit der Frage, wie das Neue auf die Welt komme, der wohl höhere Verhaltensbegriff ist gegenüber dem Tun, bedeutet aber nicht, daß man nichts tut. Warten kann Anstrengung kosten, und sei es die Mühe, sein zu lassen, was die Ankunft des Neuen stören könnte. Dieses Kommen hat also mit Freiheit zu tun: mit der Freiheit dessen, was sich zu denken gibt, und der Freiheit dessen, der sich das, was sich zu denken gegeben hat, zu Herzen nimmt. «Es ist nämlich mit Gedanken», schreibt Arthur Schopenhauer (S. 582 f.), «wie mit Men-

302

JÜRGEN WERNER

schen: man kann nicht immer nach Belieben sie rufen lassen, sondern muß abwarten, daß sie kommen.»

Aristoteles, Nikomachische Ethik

Aristoteles, De somno

Benedikt von Nursia, Regula

Brodbeck, Karl-Heinz, Entscheidung zur Kreativität, Darmstadt 1995

Burckhardt, Jacob, Griechische Kulturgeschichte, Bd. 1, München 1977

Carlyle, Thomas, Arbeiten und nicht verzweifeln, zit. bei: Josef Pieper, Muße und Kult, München 1995

Cziksentmihalyi, Mihaly, Kreativität, Stuttgart: Klett-Cotta 1997

Groys, Boris, Über das Neue, München: Hanser Verlag 1992

Diogenes Laertius, Leben und Meinungen berühmter Philosophen

Lafargue, Paul, Das Recht auf Faulheit, Berlin 2. Aufl. 1991

Nietzsche, Friedrich, Menschliches, Allzumenschliches I, Aphorismus Nr. 155, in: Kritische Studienausgabe, hg. v. Giorgio Colli u. Mazzino Montinari, Berlin / New York 2. Aufl. 1988

Pieper, Josef, Muße und Kult, München 1995

Reheis, Fritz, Die Kreativität der Langsamkeit, Darmstadt 1966

Schopenhauer, Arthur, Parerga und Paralipomena § 263, in: Sämtliche Werke, Bd. V, Stuttgart / Frankfurt 1965

Gerd Binnig
im Gespräch mit Gunna Wendt-Rohrbach

WARUM IST ES EINFACH, KREATIV ZU SEIN?

Was ist Kreativität?
Kreativität ist eine Eigenschaft der Natur, obwohl sie ursprünglich anders definiert ist. Im Brockhaus steht eine Definition, die sich nur auf den Menschen bezieht. Man kann aber sehen, daß die gesamte Natur sehr kreativ ist, denn sie hat zum Beispiel uns Menschen hervorgebracht, und das ist sicherlich etwas Tolles. Der Mensch war noch nicht in der Lage, etwas Entsprechendes auf die Beine zu stellen. Welche in der Natur herrschenden Mechanismen können solche Dinge hervorbringen? Haben diese Mechanismen etwas gemeinsam mit denjenigen, mit denen wir Menschen versuchen, kreativ zu sein? Ich bin zu dem Schluß gekommen, daß beides sehr eng miteinander verwandt ist, daß die Natur so etwas tut wie denken, daß sie gewissermaßen kreativ ist und daß der Mensch von seiner eigenen Kreativität ein zu hochgestecktes Bild hat. Die menschliche Kreativität ist in Wirklichkeit etwas Natürliches und Einfaches.

*Ist die Kreativität des Menschen eine Nachahmung
der Natur?*
Eine Nachahmung und eine Weiterführung. Um etwas Neues zu schaffen, gibt es gute Mechanismen, die die Natur schon entdeckt und verwandt hat. Es sind schlichtweg die besten Mechanismen, um Evolution zu machen im sehr allgemeinen Sinn. Der Mensch hat sie für die Evolution der Intelligenz wiederentdeckt.

Was bedeutet es, wenn Sie sagen, Kreativität sei die Fähigkeit zur Evolution?

Alles, was wir kennen, ist irgendwann entstanden. Angefangen hat es vor Milliarden von Jahren. Auch das Leben ist erst entstanden aus einer natürlichen Entwicklung, aus einer Evolution heraus. Das ist ein kreativer Akt, bei dem nach bestimmten Mechanismen Neues geschaffen wurde. Und wir schaffen mit unserem Gehirn, mit unseren Denkstrukturen Neues. Auch diese Denkstrukturen sind eines Tages entstanden. Sie sind nicht von vornherein dagewesen in dem Augenblick, in dem Leben auf der Welt war, sondern sie mußten sich genauso wie das Leben oder wie die Materie erst entwikkeln. Man kann annehmen, daß sich all diese Dinge nach ähnlichen Kriterien entwickelt haben. Ich glaube sogar, daß die Mechanismen, nach denen sie sich entwickelt haben, fast identisch sind.

Kann man Kreativität lernen? Wird sie im Alltag, in der Wissenschaft gefördert?

Ich glaube fest, daß man Kreativität lernen kann! Nicht daß man in einem einwöchigen Schnellkurs von einem unkreativen Menschen zu einem kreativen gemacht werden könnte – es ist ein sehr langer Prozeß. Alles, was man können sollte, muß man jahrelang geübt haben, am besten schon von Kindheit an. Der Säugling oder auch das Kleinkind lernt kreativ. Vielleicht bekommen wir es in der Schule zum Teil wieder abgewöhnt, weil wir dort mehr Stoff aufnehmen müssen, als diesem kreativen Mechanismus des spielerischen Umgangs mit dem Stoff entspricht. Zu dieser Zeit wird unsere Kreativität hintangestellt. Das ist schade. Aber später, wenn wir in unserem Beruf sind – je nachdem, welchen Beruf wir haben –, müssen wir ja kreativ sein. Wenn man einen Beruf ergriffen hat, in dem es darum geht, eine gewisse Dynamik zu entfalten, bleibt einem gar nichts anderes übrig, als kreativ zu sein, und dann lernt man es vielleicht wieder neu.

Ist nicht die Voraussetzung für Kreativität ein Raum, in dem man auch Irrwege gehen kann?

Ja, es braucht für Kreativität einen Schutzraum. Wenn man in einem Alltagsgeschäft steckt, in dem es nur ums nackte Überleben geht, dann ist wahrscheinlich die Kreativität erstickt. Die Gesellschaftsstrukturen sind aber so aufgebaut, daß sie manchen Menschen Schutzräume gewähren. Man erwartet von diesen Leuten, daß sie besonders kreativ sind. Es gibt Spezialisten für Kreativität, denen man einen Schutzraum zubilligt, den andere nicht genießen.

Sind das nicht in erster Linie künstlerische Berufe?

Nein, das würde ich nicht so sehen. Sicher tendieren die künstlerischen Berufe in diese Richtung. Aber auch in der Kunst gibt es sehr viel reine Technik und Oberflächliches. Das ist in der Wissenschaft genauso. Der Prozentsatz von Wissenschaft, der kreativ ist, ist ungefähr so hoch wie der in der Kunst – obwohl der Anspruch der Künstler höher ist, aber ich kann nicht entdecken, daß es in der Realität tatsächlich so wäre. Ursprünglich war es vielleicht anders, aber heute wird so viel Kunst produziert, daß es wohl schwierig ist, immer Originelles zu schaffen. Vieles ist einfach abgeschaut.

Wie wirkt sich Konkurrenz auf Kreativität aus?

Wissenschaftler sind nicht immer kreativ – sie erledigen auch Alltagsarbeit, und sie stehen in Konkurrenz zueinander. Diese Konkurrenz ist nicht immer langfristig auf produktive Ergebnisse gerichtet. Oft geht es nur darum, wer in den nächsten Wochen ein bestimmtes Ergebnis als erster erreicht. Dann ist die Kreativität natürlich erstickt, denn für eine kreative Entfaltung braucht man Zeit. Man muß etwas lange vorbereiten können. Man braucht diesen Schutzraum, in dem sich alles entfalten kann. Das gesteht man sicherlich eher einem Künstler als einem Wissenschaftler zu. Aber auch an den Universitäten sollte ein entsprechendes Klima herrschen. Forschungsarbeit ist nicht eine Sache von einem Jahr, sondern braucht Zeit. Diese Einstellung hat sich ja mittlerweile auch durchgesetzt.

Kann man allein kreativ sein, oder gehört ein Dialog dazu?

Um das zu beantworten, muß ich das Bild vom fraktalen Darwinismus oder von fraktalen Wechselwirkungen einführen. Der Begriff «fraktal» ist dazu sehr wichtig. Er ist relativ einfach erklärt: Ich sehe, daß sich die Welt in Einheiten gliedert. Ein Bild ist eine Einheit. Man kann nicht ein Stück von einem Bild kaufen, man betrachtet nicht nur einen Ausschnitt des Bildes, sondern das ganze. Auch wir, als Menschen, können uns als Einheiten sehen. Wir grenzen uns ab von der Umwelt, wir haben eine Haut, wir grenzen uns auch mental ab. Zwei Tiger, die aufeinander zugehen, halten eine gewisse Distanz ein. All diese Einheiten, die man auf der Welt sieht, gehen Wechselwirkungen miteinander ein und verändern sich gegenseitig. Evolution findet statt, kreative Dinge geschehen. Interessant ist, daß jede Einheit aus Untereinheiten aufgebaut ist, und das geht ins Unendliche so weiter. Der Mensch ist aus Organen aufgebaut, die Organe aus Zellen, die Zellen aus Makromolekülen, die aus feineren Molekülen, die aus Atomen, die Atome aus Elementarteilchen. Man kommt irgendwann an ein Ende, weil man nicht mehr weiß, wie es weitergeht. Dieses Bild muß man im Kopf haben, wenn man von Kreativität redet. All diese Einheiten, ob klein oder groß, sind kreativ. Jedes dieser Elemente ist eingebettet in eine Umgebung, in eine größere Einheit. Wenn ich mich als kreativer Mensch verstehe, muß ich sehen, daß ich in eine kreative Einheit eingebettet bin. Die nächsthöhere Einheit könnte mein Forschungsteam sein. Wenn dieses Forschungsteam unkreativ ist, wird es mir wahrscheinlich sehr schwerfallen, als einzelner kreativ zu sein. Wir wirken wechselweise aufeinander, wir regen uns gegenseitig an. Wenn man mir immer wieder sagen würde: «Versuch doch nicht, deinen spinnerten Ideen nachzugehen», dann wäre das eine unkreative Situation. Wenn jeder neue Gedanke zerschlagen würde – was in manchen Forschungsteams tatsächlich der Fall ist –, könnte auch der einzelne nicht kreativ sein. Jede Einheit, die kreativ sein will, muß eingebettet sein in eine größere Einheit, die auch kreativ sein will, und die muß wieder eingebettet sein in eine noch größere Einheit, die auch kreativ sein will.

Funktioniert das unbewußt?

Ich glaube, daß das alles mehr oder weniger unbewußt funktioniert, daß wir von klein auf gelernt haben, so zu funktionieren. Ein Kind spielt ja in der Regel nicht mit sich ganz allein, sondern mit Spielkameraden und lernt diese Gruppenkreativität kennen.

Welche Gründe gibt es, nicht kreativ zu sein?

Es gibt schlechte Gründe, nicht kreativ zu sein, und es gibt gute Gründe. Oft sind es schlicht Mißverständnisse. Man meint, wenn man einen Fehler macht, würde die Umwelt extrem heftig darauf reagieren. Probieren wir es doch einfach aus! Was passiert, wenn ich mir leiste, Fehler zu machen? Und das muß ich mir leisten, um kreativ zu sein! Man entwickelt mit der Zeit ein Gefühl dafür, auf welchen Gebieten man vorsichtig sein und Fehler möglichst vermeiden sollte und in welchem Bereich das Spiel und damit Fehler geradezu notwendig sind. Fehlern, auch auf den Spielwiesen der Gesellschaft, aus dem Weg zu gehen, halte ich für einen schlechten Grund, um nicht kreativ zu sein. Die Umwelt kommt nicht zurecht, wenn man dort Fehler macht. Jeder muß für sich herausfinden, wie viele Fehler er seelisch verkraftet. Das ist wiederum fraktal zu sehen. Die Gruppe und die Übergruppe müssen sie auch verkraften können.

Ist es das, was Sie die Fähigkeit nennen, sich blamieren zu können?

Ja, diese Fähigkeit, sich zu blamieren, kann man kultivieren, und ich finde, man sollte sie sogar kultivieren. Das ist eine Kunst, die man lernen kann durch tägliche Praxis, indem man beobachtet, was passiert, wenn man sich wirklich blamiert. Da passiert wesentlich weniger, als man sich in seinen Phantasien vorstellt. Es gibt allerdings wirklich gute Gründe, nicht kreativ zu sein. Die Gesellschaft besteht aus zwei Elementen: Sie entwickelt sich, sie macht eine Evolution durch, sie ist aufgeschlossen für Neues. Aber es gibt auch das erhaltende Element. Man muß auf irgend etwas aufbauen. Irgend etwas Greifbares braucht man. Dadurch entsteht Ablehnung gegenüber neuen Dingen. Die spürt man sehr heftig, wenn man versucht, kreativ zu sein. Es hört keiner zu, oder man wird beschimpft, und das muß man aushalten können. Wenn man dann sagt, das ist mir zuviel, dann würde ich das für einen guten Grund halten, nicht kreativ zu sein. Jeder muß für sich selbst entscheiden, wieviel er sich zumuten kann. Über seine Verhältnisse zu leben und sich zu zerstören halte ich für sinnlos.

Heißt kreativ zu sein auch, sich verletzlich zu machen?

Ja, man muß eine innere Psychologie entwickeln, um mit dieser Verletzlichkeit leben zu können. Man muß für sich ein Weltbild schaffen, in dem diese Verletzlichkeit ein Bestandteil ist. Man muß empfinden, daß Verletzlichkeit etwas Positives ist.

Was hat Intelligenz mit Kreativität zu tun?

Zur Intelligenz gehört die Kreativität. Sie ist ein Untergebiet der Intelligenz. Intelligenz umfaßt alles, was wir mit unserem Verstand, mit unserem Gehirn tun können. Kreativität ist ein Teil davon. Bei Intelligenztests wird dieser Aspekt sehr stark ausgeklammert. Es wird das räumliche Vorstellungsvermögen getestet, oder wie man Dinge miteinander assoziieren kann. Zur Kreativität gehört aber ein bißchen mehr. Dazu gehört, daß man schrittweise etwas entwickeln kann. Man muß ein Muster nicht nur erkennen, sondern auch verändern können. Einer, der Marktanalysen macht, darf sich nicht darauf beschränken, die Situation zu erkennen. Er muß auf die Zukunft projizieren können. Er muß sich vorstellen können, wie es sich in der Zukunft weiterentwickelt, und er muß versuchen, einen eigenen Beitrag dazu zu liefern. Er muß aktiv diese Strukturen mitverändern, sonst läuft er immer nur hinterher.

In Ihrem Buch benennen Sie die kreativen Stationen Ihres Lebens. Es sind vor allem Situationen, in denen Sie sich entschieden haben, gegen den Strom zu schwimmen. Liegt das kreative Moment schon darin, eine eigene Entscheidung getroffen zu haben?

Die Isolation kann ein wichtiger Bestandteil der Kreativität sein. Isolation – das heißt, daß man seinen eigenen Weg geht, daß man sich von anderen Dingen abgrenzt. Das hat etwas mit Einsamkeit zu tun. Wenn man einen kreativen Weg geht, dann geht man meistens auch einen einsamen Weg. Man macht die Sachen anders als andere. Es geht keiner mit. Es ist ein einsamer Weg, aber es ist der einzige Weg, der gangbar ist. Wenn ich mit der großen Masse gehe, fühle ich mich vielleicht geborgen, aber auf der anderen Seite elend, denn ich fühle mich vergewaltigt, weil es nicht mein Weg ist, den ich da gehe. Es ist immer eine Mischung, ein Ausbalancieren, der alte Konflikt: Geborgenheit oder Abenteuer. Es ist ein Ausbalancieren zwischen einem individuellen und einem gemeinschaftlichen Weg.

Hubert Fenzl

Schüler, Tüftler & Patente

Maristengymnasium Fürstenzell bei Passau: Umgeben von Farbgeruch und vom Lärm hämmernder, sägender, feilender und aufgeregt diskutierender Schulkameraden, stecken Michi (11), Raphael (11) und Werner (12) über einem Skizzenblock die Köpfe zusammen: Sie sind einer genialen Problemlösung auf der Spur: Werden Flugzeugreifen bereits vor der Landung in Rotation versetzt, so verringert sich die Gefahr, daß die Reifen platzen. «Die einfachsten Ideen sind immer die besten Lösungen», hatte ihnen ihr Betreuungslehrer eingeschärft. Dutzende von Ideenskizzen werden angefertigt und wieder verworfen, bis sich schließlich das Heureka-Erlebnis einstellt: Statt die Flugzeugräder durch Elektromotoren vor der Landung in Rotation zu versetzen, kleben die drei Schüler einfach Gummitaschen an die Reifen, in denen sich, wenn das Fahrwerk früh genug ausgefahren wird, der Wind fängt, und die somit denselben Zweck erfüllen wie die Elektromotren – allerdings wären sie viel billiger als die Motoren. Die Schüler fertigen nun ein Funktionsmodell an und arbeiten an der Optimierung ihrer Erfindung. Diese, ein Flugzeugreifen mit beidseitig versetzt zueinander angeordneten Luftwiderstandselementen, bringen den drei Freunden nicht nur ihr erstes Patent ein, sondern auch eine Anzahl von Preisen und Auszeichnungen sowie Dutzende von Medienberichten. Wenn auch nicht von der Industrie, so werden die jungen Erfinder – im Schnitt 11–13 Jahre als – auf dem Patentamt ernst genommen. 15 Erfindungen haben die Gymnasiasten seit 1984, seitdem die «Kunst des Erfindens» als Teil des Lehrplans für den Kunstunterricht auftauchte, zum Patent angemeldet.

Allerdings handelt es sich hierbei nicht um regulären

Wahlunterricht für Schüler aller Klassenstufen, wobei selbst die Bezeichnung Unterricht nicht ganz zutreffend ist. Da neue Ideen sich nur in einem angst- und streßfreien Raum entwickeln können, gibt es in der «Erfinderwerkstatt» des Maristengymnasiums weder Leistungsbenotung noch Anwesenheitszwang. Der Leiter der Erfindergruppe ist in erster Linie Betreuer und «Coach». Er muß für bestmögliche Arbeitsbedingungen sorgen, hilft bei Schwierigkeiten und versucht die Schüler ständig von neuem zu motivieren, ihre Begabungen im Bereich innovationsorientierter Kreativität zu entdecken und ihre schöpferischen Einfälle technisch umzusetzen. Denn Kreativität bedeutet auch: flexibel auf immer neue Herausforderungen zu reagieren. Flexibilität und Kreativität sind Qualifikationen, die heutige Schüler nicht früh genug trainieren können. Durch klassen- und schulinterne Kreativitätswettbewerbe wird versucht, die Schüler an die problemorientierte Kreativität spielerisch heranzuführen. Man probt bekannte Kreativitätstechniken, hilft bei der Ausarbeitung und Anmeldung von Patenten, unterstützt die Schüler bei Lizenzverhandlungen. Die Schüler stellen auf Erfindermessen aus und nehmen an Wettbewerben teil.

Der Erfolg des Projekts spricht für sich: Neben den zahlreichen Patenterteilungen haben die Maristenschüler bisher bei den «Jugend forscht»-Wettbewerben mehr als 30 Preise gewonnen. «Erfinden» als Unterrichtsfach hat schon Schule gemacht: Von mehreren Gymnasien in Deutschland ist diese Projektidee erfolgreich übernommen worden.

FABRIK DER GUTEN EINFÄLLE

David Liddle ist der Chef von Interval Research. Außerdem ist er der Ururenkel von Alice Liddle, dem Mädchen, für das der Autor Lewis Carroll die Geschichte von «Alice im Wunderland» schrieb. Und wie seine Ahnin wagt Liddle gern den Sprung in unerforschtes Terrain.

Es ist nun fünf Jahre her, da trat der exzentrische Multimilliardär Paul Allen auf Liddle zu und fragte ihn, ob er nicht eine Firma gründen wolle, deren finanzielle Basis für zehn Jahre gesichert sei. Die Firma, so stellte sich Allen vor, sollte einfach Technologie erforschen, fernab von allem Marktdruck. «Interval Research» wollte er sie taufen; nicht Produkte, sondern Ideen sollten dort entstehen.

Die Denkstube Interval erhielt im kalifornischen Palo Alto in einem mehrstöckigen Neubau eine unauffällige Bleibe; auch sonst hält das Unternehmen maß. Er hat hundert Mitarbeiter, und Hierarchie und Bürokratie bleiben so gut als möglich ausgesperrt, damit die freien Geister zueinanderfinden. Noch etwas fällt auf: In anderen Forschungszentren herrschen Ingenieure und Wissenschaftler, ein Drittel der Intervalisten aber sind Künstler – Maler, Musiker, Mediendesigner und Filmemacher, Spieleentwickler und Softwarehacker.

«Künstler sind von Natur aus unvernünftig und stur», erklärt David Liddle in seinem eleganten Büro. «Gibt man ihnen neue Technik in die Hand, wollen sie nach fünf Minuten deren Grenzen testen. Wir brauchen solche unbequemen Menschen; sie sind diejenigen, die feststellen können, was unmöglich und was möglich ist.»

Unter den Projekten, die Interval verfolgt, finden sich neue Unterhaltungselektronik ebenso wie Virtual-Reality-

Anwendungen, avantgardistisches Design für tragbare Rechner, die Entwicklung von Netzcomputern und Modelle, wie sich im Internet Gemeinschaften bilden und austauschen können.

Ein Projektteam bei Interval versetzt sich in Hackerhirne und möchte so neue Arten von Computerviren vorhersehen und eine mögliche Abwehr entwerfen. Eine andere Gruppe sucht nach Möglichkeiten, bequem durch Bilder und Videofilme im Netz zu navigieren und leichter zu finden, was man sucht. Eine dritte Gruppe experimentiert mit Holographie als Kommunikationsmedium, mit der Übertragung dreidimensionaler Objekte durch Zeit und Raum. Ihre Idee entstammt, so ein Mitarbeiter, den Drehbüchern der Fernsehserie «Raumschiff Enterprise».

Trotz aller Zukunftsvisionen rückt Interval doch auch den heutigen Anwendern auf den Leib. Einige Forscher begleiten über Tage hinweg Versicherungskaufleute und Hausfrauen; sie arbeiten mit Tischlern und Büroangestellten und besuchen immer wieder die Bewohner eines Altersheims. Sie wollen wissen, wie neue Technik den Alltag verändert und verändern kann. Die Beobachtungen werden in Schrift und Video dokumentiert und in einem Zentralarchiv jedem Mitarbeiter von Interval zugänglich gemacht. Dort sind bereits Hunderte von Erfahrungsberichten gespeichert. Die einzelnen Projektgruppen finden darin Anregungen für neue Ideen, und sie lernen abzuschätzen, wem ihre Erfindungen nützen könnten.

Dieses aufwendige Konzept unterliegt allem, was Interval tut. Auf den regelmäßigen Mitarbeiterversammlungen zeigen Teams in Informances – informativen Performances – ihre Entwicklungen, meist schon als funktionsfähige Prototypen. Diese Auftritte sind dramaturgisch durchdacht; oft führen professionelle Performance-Künstler die Technik in einem Rollenspiel vor.

Zwar soll Interval nichts selbst vermarkten, aber die hundert Millionen Dollar, die Paul insgesamt in das Labor gesteckt hat, sind nicht nur altruistisch gedacht. Vielversprechende Technik wird lizenziert, und im vergangenen November meldete das Unternehmen sogar den Aufbau seiner ersten drei Tochterfirmen. Sie sollen produzieren, was Interval erforscht hat. Paul Allen investierte dafür noch einmal fünf Millionen Dollar Startkapital. Purple Moon wird interaktive Medienprodukte für junge Mädchen entwickeln, Carnelian Inc. spezialisiert sich auf Softwarewerkzeuge fürs Publizieren im Netz, und Ogopogo Studios will neuartige Technik für Kinder auf den Markt bringen.

Die Tochterfirmen Purple Moon und Ogopogo Studios wollen ihre ersten Produkte noch dieses Jahr anbieten.

David Liddle hat einen Geschäftsplan ausgearbeitet, dem zufolge Interval Research nach der Jahrtausendwende ohne Paul Allens Scheckbuch weiterbestehen kann.

Paul Allen gründete Interval mit dem Ziel, die Branche mit zukunftsweisenden und beinahe marktreifen Ideen zu beliefern. Die Industrie soll von dieser langfristigen Invenstition profitieren. Er hatte als Student zusammen mit Bill Gates Microsoft gegründet. Nach neun Jahren stieg er wegen einer lebensbedrohlichen Krankheit aus den aktiven Geschäften aus und investiert seither in ein buntes Portefeuille von Firmen; Interval gehört zu den kleineren unter ihnen.

Interval ist auch eine Reaktion auf widrige Verhältnisse in der Computerbranche in den USA. Die Firmen tun sich mittlerweile sehr schwer, Geld in langfristige, intensive Forschung zu stecken. So beschränken sich die Unternehmen darauf, schnell ihre Produkte zu verbessern, um Marktanteile zu verteidigen. Die Computerbranche mißt ihre Produktzyklen – also den Zeitraum von der Entwicklung bis zur Markteinführung – nur noch in Monaten. Stürzt sich eine Firma in Forschungen, die erst in drei oder fünf Jahren reifen, verliert sie Kunden, Marktanteile und womöglich ihre Existenzgrundlage.

Vielleicht ist das schon das Wichtigste, was Liddles und Allens Projekt leisten könnte: zu zeigen, daß man an diesem selbstmörderischen Rennen nicht teilnehmen muß. Erfolg über Nacht ist für Interval nicht von Belang. Nur der Erfolg am Ende zählt.

Reinhard Mohn

FREIHEIT FÜR DEN
KREATIVEN MENSCHEN

In der Geschichte der Menschheit kamen Ordnungsstrukturen vorwiegend unter dem Einfluß von Macht zustande. Dabei konnte die Macht sowohl auf militärischer als auch geistiger oder wirtschaftlicher Überlegenheit beruhen. – Die
Repräsentanten der Macht waren um Ausbau und Erhalt ihrer Position bemüht. Das Bewahren von Tradition und Kultur versprach Sicherheit und Beständigkeit. Gegen äußere
Bedrohung hatte man sich zu rüsten. Interne gesellschaftliche Weiterentwicklungen – gleich welcher Art – waren
nicht erwünscht. Unter diesen Bedingungen konnte oft über
lange Zeiträume der Anspruch vererbter Macht wahrgenommen werden. Dieses Resultat muß allerdings relativiert
werden, denn die Stabilisierung der Ordnungsstrukturen
war mit Unfreiheit und mit einem niedrigen Bildungs- und
Lebensstandard verbunden. Die Lern- und Entwicklungs-
fähigkeit solcher Kulturen war, gemessen am Zeitbedarf,
sehr gering.

Unsere Zeit hat für den Erfolg von Gesellschaftsordnun-
gen und Kulturen andere Prämissen geschaffen. Nicht mehr
die Bewahrung des Überlieferten ist die gesellschaftlich dominierende Zielsetzung, sondern das Erreichen von mehr
Wohlstand, Bildung, Gerechtigkeit und Selbstverwirk-
lichungschancen. Als gesellschaftlicher Rahmen für dieses
neue Zielverständnis wurde die Demokratie etabliert. Es
oblag den demokratischen Regierungen, Ordnungen und Politik nach dem Willen ihrer Wähler zu gestalten. – Aus der

Natur der Sache heraus mußte dabei ein Kompromiß zwischen Absicherung und Fortschritt erreicht werden.

Das neue gesellschaftliche Zielverständnis stellte die überkommenen Machtstrukturen in Frage. Nur bei inhaltlicher Akzeptanz und ausgewiesener Fähigkeit werden heute Führungsansprüche legitimiert. Überkommene Besitzstände können immer weniger verteidigt werden, wie wir das z. B. auch bei den staatlichen Strukturen beobachten. Dieser gesellschaftliche Wandel verlangt von den Menschen unserer Zeit einen ungeheuren Lernprozeß in – geschichtlich betrachtet – sehr kurzer Zeit. Die Schnelligkeit des Wandels liegt dabei nur teilweise in der Entscheidungskompetenz nationaler gesellschaftlicher Ordnungen. Die Welt ist in vielen Lebensbereichen längst eine Einheit geworden, die auf nationale Eigenständigkeiten wenig Rücksicht nimmt. Ganz besonders gilt das für die den Lebensstandard bestimmende Leistungsfähigkeit der Wirtschaft. Heute ist Deutschland in vollem Umfang dem internationalen Wettbewerb ausgesetzt. Es erfährt dabei sowohl große wirtschaftliche Möglichkeiten als auch Leistungszwänge und eine zunehmende Begrenzung der eigenen politischen Handlungsmöglichkeiten.

In früheren Jahrzehnten hat die Leistungsfähigkeit unserer Gesellschaft ebenso wie unsere Lernfähigkeit die sich abzeichnende Internationalisierung nicht als Bedrohung empfunden. Inzwischen haben wir jedoch erfahren müssen, daß nicht nur der wirtschaftliche Konkurrenzkampf, sondern auch die geistige Entwicklung und die Ausgestaltung unserer politischen Ordnung zu einer Beeinträchtigung unserer Wettbewerbsfähigkeit führen können. – Die gesamte gesellschaftliche Ordnung in unserer Zeit ist zu hinterfragen, wenn die wirtschaftliche Wettbewerbsfähigkeit gefährdet erscheint. Wir müssen zur Kenntnis nehmen, daß aus dem früheren Wettbewerb der Volkswirtschaften längst ein ganzheitlicher Wettbewerb der gesellschaftlichen Ordnungssysteme entstanden ist. – Die Entwicklung der letzten Jahre in

Deutschland wirft die Frage auf, ob in dieser Hinsicht nicht möglicherweise ebenso großer Reformbedarf besteht wie in bezug auf die Wirtschaft.

Kreativität in der Wirtschaft

In einer Zeit des Wandels und des Wettbewerbs müssen wir uns Rechenschaft ablegen über unsere Stärken und Schwächen. In bezug auf die wirtschaftliche Entwicklung unseres Landes in diesem Jahrhundert hat nach meiner Überzeugung die Kreativleistung des Unternehmens eine überragende Rolle gespielt. Die Wahrnehmung von Gestaltungsmöglichkeiten mit neuen Produkten in erweiterten Märkten muß als eine exemplarische Führungsleistung gewertet werden. Keine andere heutige Führungskonzeption in der Wirtschaft hat diese Effizienz bei der Koordination von Einflußfaktoren erreicht. – Nur als historische Anmerkung: Als schlechteste Führungsvariante erwies sich die Kombination staatlicher Wirtschaftslenkung mit autoritären Führungsstrukturen.

Die gesellschaftspolitisch notwendige Begrenzung des liberalen Kapitalismus zeichnet nicht allein dafür verantwortlich, daß die unternehmerische Führungstechnik in unserer Zeit zunehmend versagt. Die Anforderungen an die Unternehmensführung sind enorm gestiegen. Komplizierte Aufgabenstellungen, härtere Konkurrenzbedingungen und ein hoher Innovationszwang überfordern oft die Führungsspitze unserer Unternehmen. Die kritische Situation vieler mittelständischer Unternehmer verdeutlicht diesen Prozeß. – Die politisch zu vertretende Wahrnehmung gesellschaftlicher Belange hat die Möglichkeit des Unternehmens zur Eigenkapitalbildung stark eingeschränkt. Die theoretische Alternative mit Hilfe einer Kapitalgesellschaft hat mit den Prämissen unternehmerischer Arbeitsweise kaum noch etwas gemein. Täglich erfahren wir, daß das Kapital nicht mehr führungsfähig ist und andere Ziele verfolgt als die Exekutive.

Angesichts dieser Entwicklung und der daraus resultierenden unzureichenden Leistungsfähigkeit der deutschen Wirtschaft erhebt sich die Frage, ob es weiterführende Wirtschaftskonzepte oder Führungsalternativen gibt. – Wir sollten bei diesen Überlegungen die Möglichkeiten staatlicher oder politischer Interventionen nur begrenzt bewerten!

In den großen deutschen Aktiengesellschaften hat man sich in der Vergangenheit bemüht, mit Hilfe der vom Aktiengesetz vorgegebenen Formen des Kollegialvorstandes durch Aufgabenverteilung zu einer besseren Führungsleistung zu kommen. Die Position des Vorstandsvorsitzenden wurde dabei unterschiedlich wahrgenommen: mal in der hergebrachten Form der unternehmerischen Führung, mal eher im Sinne eines Koordinators. Der zunehmend erkennbaren Problematik einer größer werdenden Entfernung der Hierarchiespitze vom Marktgeschehen begegnete man mit einer Verfeinerung des Planungs- und Berichtswesens. In dieser Entwicklung war der Trend zur Bürokratisierung mit all seinen Nachteilen unverkennbar. – Dieser Führungsstil mit seinem hohen Zeit- und Koordinationsbedarf war der nicht sachgerechte Versuch, angesichts veränderter Aufgabenstellungen einen Ausweg zu finden. Von einer qualitativen Weiterentwicklung gegenüber der unternehmerischen Führungstechnik kann dabei gar keine Rede sein! Der Unternehmer koordinierte und gestaltete die auf die Unternehmensleistung einwirkenden Faktoren schnell und sachgerecht. Die heutige Entwicklung muß als gescheiterter Versuch der Systemfortschreibung charakterisiert werden. – Zu dieser Misere hat die Spaltung der Exekutivfunktion vom Kapitalbesitz erheblich beigetragen. Die Bestimmungen des Aktiengesetzes in bezug auf die Tätigkeit des Aufsichtsrates dienen vielleicht der Sicherung des Kapitals; für die unternehmerische Bewältigung der Führungsaufgaben sind sie nicht hilfreich! – Sicherlich ist es sehr viel schwieriger geworden, bei den Entscheidungen alle relevanten Faktoren und Interessen einzubeziehen. Die bisherigen Fortschreibungsversuche sind aber unzureichend.

Angesichts dieser führungstechnischen Misere ist die Frage aufzuwerfen, ob aus der ursprünglich so erfolgreichen unternehmerischen Führungstechnik nicht doch Elemente für eine kreative und effiziente Aufgabenbewältigung abgeleitet werden können. Es ist unzweifelhaft, daß wir mit unseren derzeitigen Methoden der Führungstechnik die anstehenden Aufgaben nicht bewältigen können, weder in der Wirtschaft noch in der staatlichen Verwaltung! – Was wir angesichts der gegenwärtigen Erfordernisse des Marktes brauchen, sind Führungskräfte, die in überschaubaren Einheiten des Unternehmens in der Lage sind, schnell und kreativ auf neue Gegebenheiten zu reagieren. Die Führungstechnik der Dezentralisierung und der Delegation der Verantwortung muß dazu konsequent angewandt werden. Die zuständigen Geschäftsführer brauchen unternehmerischen Freiraum – und auch das Recht, Fehler zu machen und daraus zu lernen. In ihren Profitcentern sollten sie eigenes Geld investieren und so die Steuerungsfunktion und Interessenlage des Kapitals in unternehmerischer Weise erfahren. Das gilt sowohl für Anreize als auch für Sanktionen! – Die Führungsfunktionen an der Spitze eines großen Unternehmens erhalten dann einen anderen Charakter. Die Unternehmensleitung kann sich vermehrt mit Strategie, Grundsatzbildung, Koordination und Kontrolle befassen. Auch diese Funktionen bedürfen unternehmerischer Erfahrung!

Die in unserem eigenen Unternehmen gemachten Erfahrungen bestätigen in hervorragender Weise die dargestellte führungstechnische Möglichkeit. Zugleich werden bei einem solchen Einsatz von Führungskräften statt Managern «Unternehmer» herangebildet, welche die sachgerechte Gestaltung und Kombination aller Einflußfaktoren beherrschen.

Zur Sicherung der Leistungsfähigkeit und der Kontinuität eines Unternehmens sind diese unternehmerischen Führungskräfte von besonderer Bedeutung.

Die Frage ist aufzuwerfen, warum eine solche Art des Einsatzes von Führungskräften nicht schon häufiger erfolgt. Mehrere Gründe möchte ich dazu anführen:

- Viele große Firmen – ähnlich wie die staatliche Verwaltung – glauben, mit zentralistischer Führung und einer Vielzahl von Vorschriften Fehler vermeiden zu können. Man traut den untergeordneten Führungskräften die eigenständige Problemlösung nicht zu und verhindert damit den unternehmerischen Lernprozeß!
- Die Kapitaleigner möchten häufig den Kapitalertrag nicht teilen und verhindern in Wirklichkeit die Verbesserung ihrer Gewinnchance.
- Oft befürchten Kapitalgeber und Manager eine Komplizierung der Kapitalstruktur durch die Beteiligung von Führungskräften. – Diese Problematik ist in der Praxis ganz einfach zu vermeiden.

Wenn in unserer Zeit immer wieder über den Verlust unternehmerischer Kompetenz geklagt wird, liegt das wohl auch an geänderten und schwierigeren Arbeitsprämissen, aber vor allem an unserem Unvermögen, das vorhandene Kreativpotential in der Führung unternehmerisch auszubilden und einzusetzen. Wir müssen begreifen, daß heute – und vermehrt in der Zukunft – die Qualität die wichtigste Erfolgskomponente unserer Führung darstellt. Die Führungsbefähigung wird sich dabei weniger in perfektioniertem Wissen als in kreativer Begabung und Gestaltungskraft ausdrücken. Für diese Menschen bedeutet sicherlich die Hochschulbildung ein nützliches Werkzeug. Ihre eigentliche Ausbildung müssen sie aber in der Praxis der Wirtschaft erfahren. Nur hier können sie ihre unternehmerische Befähigung erlernen und beweisen. Dies gilt insbesondere vermehrt in der Zukunft, für ihre Fähigkeit, Menschen zu führen. – Nicht «Kapital und Arbeit» werden in der Zukunft das Schicksal unserer Wirtschaft bestimmen, sondern das große unerschlossene Potential kreativer und unternehmerischer Menschen. Ihre Führungslegitimation wird nicht mehr der Kapitalbesitz sein, sondern ihre Befähigung zu unternehmerischer Führung.

Zusammenfassend meine Auffassung zum Problem der Führung im Großunternehmen: Wir müssen das vorhandene Kreativpotential für die Führung in unserer Wirtschaft wieder entdecken, erschließen und einsetzen. Anders formuliert: Wir müssen dem kreativen Menschen wieder Freiheit gewähren!

Daß ein solcher Einsatz von Führungskräften möglich und erfolgreich ist, habe ich selbst erfahren. Ich muß aber an dieser Stelle darauf hinweisen, daß dazu einige Prämissen gegeben sein müssen:

- Nur bei einer sorgfältigen Personalarbeit im Bereich des Führungskräftenachwuchses tritt der Erfolg ein! Bei der Auswahl von Führungskräften muß die Persönlichkeitsstruktur höher bewertet werden als die Hochschulzeugnisse!

- Freiheit aufgrund delegierter Verantwortung setzt eine Identifikation mit der Aufgabenstellung voraus. Durch die Definition der Zielsetzung, das Führungsverhalten und die materielle Vergütung müssen diese Grundlagen der Motivation geschaffen werden.

- Gute Führungskräfte stellen Ansprüche an ihre Karriere. Das regelmäßige Personalgespräch muß Klarheit über die Zukunft schaffen.

Während wir in den Großbetrieben wieder zu einem unternehmerischen Führungsstil zurückfinden sollten, geht es bei den kleineren und mittelständischen Betrieben um die Bewahrung der unternehmerischen Führungstechnik. Auch in diesen Betrieben ist es angesichts veränderter Aufgabenstellungen notwendig zu delegieren – und die dazu erforderlichen Voraussetzungen der Motivation zu schaffen. Die Einwände der Unternehmer gegen die Delegation der Verantwortung oder auch Beteiligungsregelungen sind mir bekannt. Ich halte diese Auffassungen für verständlich – aber für falsch! Auch der mittelständische Unternehmer sollte bemüht sein, die kreative Befähigung seiner Mitarbeiter zur Geltung zu bringen – und die führungstechnischen Voraussetzungen dafür zu schaffen. – Die «Investitionen» in Menschen sind die erfolgreichsten – und am ehesten geeignet, die Unternehmenskontinuität zu sichern!

Welche Führungs- und Ordnungsstrukturen brauchen wir in der Zukunft?

Die überlieferten Formen der Machtausbildung stellen sich angesichts der neuen Anforderungen in Wirtschaft, Staat und Politik in Frage. Die Erarbeitung von neuen Zielen und die Entwicklung entsprechender Strukturen sind ein zeitaufwendiger und schwieriger Prozeß. Noch prägen Leitbilder der Vergangenheit die Erwartungen an unsere Führungskräfte. Häufig denken wir dabei an außergewöhnliche Persönlichkeiten, die ihre Lebensleistung aber unter sehr viel einfacheren und statischen Bedingungen erbracht haben. Unter den damaligen Verhältnissen konnte noch relativ hierarchisch geführt werden. Die Legitimation zum Führungsmandat ergab sich ursprünglich aus der persönlichen Befähigung und später vermehrt als gesellschaftliches Mandat – welches deutlich weniger Bezug zur Leistungsfähigkeit aufwies. Alles spricht dafür, daß diese Elitenbildung in der Zukunft nicht mehr erforderlich sein wird. Die heutige Aufgabenstellung kann nicht mehr mit wenigen überragenden Persönlichkeiten bewältigt werden. Der zunehmende Umfang und Schwierigkeitsgrad der Führungsaufgaben verbietet eine Zentralisierung der Macht. Der Wettbewerb der Ordnungssysteme verlangt in unserer Zeit soviel mehr Kreativität und Entscheidungskapazität, daß die konventionellen Führungspyramiden überfordert sind.

Für die Zukunft müssen wir Ordnungsstrukturen entwickeln, in denen viele Verantwortliche in ihren Positionen und Leitungsebenen Verantwortung übernehmen. Dies gilt nicht nur für die ordnungsgemäße Bearbeitung des Auftrags, sondern vor allen Dingen für die Weiterentwicklung von Verfahren und Produkten. Die ursprünglich unternehmerische und kreative Funktion an der Spitze der Organisation muß weiterentwickelt werden in ein strukturiertes System der Delegation der Verantwortung. Eine solche Umstellung kann nur gelingen, wenn sich die Verantwortungsträger auf allen Ebenen mit der Zielsetzung und den Arbeitsbedingungen identifizieren. Die Aufgabenstellung an der Spitze der Organisation wird in der Zukunft neben verschiedenen Steuerungsfunktionen vor allem auf die richtige Strukturierung ausgerichtet werden müssen. So ist z. B. im operativen Bereich das lähmende Dickicht von Vorschriften abzulösen durch ein hohes Maß an Gestaltungsfreiheit, verbunden mit der Aufforderung, neue Wege zu finden.

Entsprechend wird sich das Leistungsprofil der Verantwortlichen verändern. Es genügt nicht mehr, Durchsetzungsfähigkeit und Planerfüllung zu gewährleisten, sondern zunehmend werden die Anforderungen an Kreativität, Gestaltungsfähigkeit und Menschenführung in den Vordergrund rücken. In diesem Zusammenhang wäre die Frage zu beantworten, ob wir solche Führungskräfte finden bzw. entwickeln können.

Die Eigenschaften, die wir heute von einer Führungskraft fordern müssen, sind vergleichbar mit den Anforderungen, welche heute an den mittelständischen Unternehmer gestellt werden. Der Unternehmer muß fähig sein, eine Chance zu erkennen und zu gestalten. Diese Fähigkeit ist nach meiner Auffassung in vielen Menschen latent vorhanden – aber nur wenige haben den Mut oder die Gelegenheit, ihr kreatives Potential zu erfahren und auszunutzen. – Beim unternehmerischen Menschen spielt neben einer gewissen notwendigen Veranlagung das Lernen aus der praktischen Erfahrung eine große Rolle. Die Anreize des Erfolges sind für ihn so prägend wie die Mißerfolge. Unternehmer sind nicht von vornherein erfolgreich. In den meisten Fällen müssen sie sich ihre Befähigung hart erarbeiten. – Die Chance, eine solche Lehrzeit zu erfahren, hatten früher in der Wirtschaft sehr viele Selbständige. In den Großbetrieben unserer Zeit können vergleichbare Lernprozesse kaum noch stattfinden. Dort ist es inzwischen oft ähnlich wie beim Staat – wo seit langer Zeit zuviel geregelt und verboten wird. – Eine deutlich spürbare Schwäche in der Qualität des Führungsnachwuchses in den Großbetrieben ist die konsequente Folge. – Entsprechende personalpolitische Fehlentwicklungen sind in allen Großorganisationen inzwischen eingetreten. Überall, vor allem in Staat und Politik, fehlen die eigenständigen, erfahrenen und kreativen Führungskräfte.

Nach meiner Auffassung wäre eine Besserung der Situation bei weitem nicht so schwierig, wie vielfach vermutet wird. Wenn man erst einmal die Notwendigkeit der Delegation von Verantwortung unter Gewährung von Freiheit als Prämisse der Evolution verstanden hat, ergeben sich die erwünschten Lernprozesse für die Führungskräfte nahezu automatisch. Sicherlich braucht dieser Prozeß ein oder zwei Jahrzehnte. Ein grundlegender Wandel dieser Art ist möglich und sollte von uns gefordert werden!

Als Demokraten müssen wir also lernen, den Verantwortlichen in Wirtschaft, Staat und Politik die Erkenntnis zu vermitteln, daß sie im Interesse ihrer Aufgabenbewältigung

Verantwortung delegieren müssen. Sie müssen ferner begreifen, die im kreativen Prozeß unvermeidlichen Fehler zu ertragen und zu rechtfertigen. – Gar nicht so schwierig wird es sein, auf dem geschilderten Weg viel mehr Menschen – und damit mehr Kreativität – zu mobilisieren und heranwachsen zu lassen. Bis zum heutigen Tage nutzen wir das vorhandene Gestaltungspotential der Menschen viel zu wenig! Hier ruht eine Leistungsreserve größten Ausmaßes! Wenn es gelänge, diese Kräfte freizusetzen, gäbe es das Problem «Standort Deutschland» bald nicht mehr!

So plädiere ich zusammenfassend für die Fortschreibung unserer Ziele, Strukturen und Arbeitsmethoden. Wir müssen die neuen Ziele und Ordnungen den heutigen Bedingungen und dem neuen Selbstverständnis der Menschen anpassen. Und unsere Führungselite muß die Einsicht und Bereitschaft gewinnen, daß nur größere Handlungsfreiräume zu gesteigerter Leistungsfähigkeit und gleichzeitig zu Fortschritt führen. – Im Interesse unserer Zukunft und insbesondere auch im Bemühen um eine menschliche Ordnung fordere ich deshalb Freiheit für den kreativen Menschen!

Jan Trøjborg

LERNEN UND AUSBILDUNG — DIE GRUNDLAGE DER INNOVATION

Innovation ist für das Unternehmen, was Sauerstoff für den Menschen ist. Menschen können nur sehr kurze Zeit ohne Sauerstoff überleben. Entsprechend können Betriebe nur kurze Zeit überleben, ohne neue Produkte oder Leistungen zu entwickeln. Und die Zeit, während deren Betriebe ohne Entwicklung neuer Produkte, Verfahren oder Dienstleistungen überleben können, wird immer kürzer.

Dies ist erstens darauf zurückzuführen, daß Unternehmen heute in einer Umgebung operieren, die sich schneller verändert. Wissen, Qualifikationen und Know-how veralten in immer schnellerem Tempo. Wenn früher zehn Jahre vergehen konnten, ehe ein bestimmtes Produkt oder ein bestimmtes Verfahren überholt war, so dauert dieser Prozeß heute häufig nur ein bis zwei Jahre. Anders gesagt: Um die Früchte neuer Ideen zu ernten, bleibt heute weniger Zeit.

Zweitens äußert sich die Globalisierung in einem verstärkten Wettbewerbsdruck. Dies bezieht sich nicht nur auf Bereiche wie Textilwaren und Möbel. Denn die tüchtigsten Unternehmen Asiens, Osteuropas und Südamerikas sind heute durchaus imstande, hochtechnologische Produkte herzustellen, und zwar in fortschrittlichen Verfahren und unter Einsatz von Arbeitskräften, die dank Ausbildungsstrategien ein hohes Kompetenz- und Produktivitätsniveau haben. Dabei liegen die Lohnkosten weit unter dem europäischen Durchschnitt. Die Konsequenz ist, daß sich die europäischen Unternehmen ununterbrochen in allen Bereichen verbessern müssen, in denen sie Vorteile haben oder erzielen können. Dazu gehören u. a. Innovation und wissensintensive Produktion.

Die Bausteine eines innovativen und veränderungsfreudigen Unternehmens sind Wissen und Kompetenz. Wissen stellt überhaupt die Grundlage für die Entwicklung neuer Produkte dar – egal, ob es sich um ein Unternehmen der elektronischen Industrie, um eine Bank oder ein beratendes Ingenieurunternehmen handelt. Die Kompetenz ist das Werkzeug, das es dem einzelnen Mitarbeiter ermöglicht, dieses Wissen anzuwenden und in Zusammenarbeit mit anderen schnelle Entscheidungen zu treffen.

Für das einzelne Unternehmen bedeutet dies, daß die Mitarbeiter imstande sein müssen, Wissen schnell und wirksam aufzunehmen, zu bearbeiten, zu entwickeln und anzuwenden. Hierzu benötigt es eine Organisation, die die kontinuierliche Verbesserung in diesen Bereichen ermöglicht. Typische Merkmale zukunftsorientierter Unternehmen sind daher Strategien für die Entwicklung menschlicher Ressourcen, fachübergreifende Zusammenarbeit, Übertragung von Befugnissen und Kompetenzen im Hinblick auf die Koppelung von Entscheidung und Handlung sowie eine wertorientierte Geschäftsführung.

Innovative Unternehmen sind ferner durch einen engen Kontakt zu Kunden und Lieferanten gekennzeichnet. Wissen und Anregung zu Innovationen kommen oft von anderen Unternehmen. Somit hängt die Wettbewerbsfähigkeit des Unternehmens auch von dem Netzwerk aus Betrieben ab, dessen Teil es ist. Hinzu kommt noch, daß innovative Unternehmen mit örtlichen Wissenseinrichtungen wie beispielsweise Universitäten, Berufsschulen und technologischen Dienstleistungsinstituten eine aktive Zusammenarbeit unterhalten.

Eine kürzlich veröffentlichte dänische Untersuchung konnte belegen, daß diese Verhältnisse schon heute eine entscheidende Rolle dabei spielen, wie innovativ Unternehmen sind. Unternehmen, die sich nach den obenstehenden Prinzipien organisieren, sind 3- bis 4mal so innovativ wie Unternehmen mit einer hierarchischen Führungsstruktur, geringer Zusammenarbeit quer durch die Abteilungen und einem schlecht entwickelten Kontakt zu Kunden und Lieferanten.

Das europäische Innovationsproblem

Europäische Unternehmen sind weniger innovativ als ihre amerikanischen und japanischen Konkurrenten. Dies gilt zumindest dann, wenn der angelegte Maßstab die weltweit angemeldeten Patente sind. 1991 meldeten europäische Unternehmen nur etwa 20 % aller Patente weltweit an, während amerikanische Unternehmen 45 % und japanische Unternehmen 25 % anmeldeten. Dies wurde bis jetzt damit erklärt, daß in Europa weniger intensiv als in Japan und den USA geforscht würde. Aber diese Erklärung ist heute kaum stichhaltig. Neue Untersuchungen haben ergeben, daß die europäischen öffentlichen Forschungsbemühungen, prozentual am Bruttoinlandsprodukt (BIP) gemessen, sowohl die amerikanischen als auch die japanischen übersteigen. In Geld gemessen, unterschreiten die europäischen Forschungsbemühungen die amerikanischen geringfügig, überflügeln jedoch weit die japanischen. Auch für private Forschung wenden europäische Unternehmen mehr Geld auf als ihre japanischen Konkurrenten, jedoch ein bißchen weniger als amerikanische Unternehmen.

Die Frage, warum europäische Unternehmen bei weitem nicht so viele Innovationen wie amerikanische und japanische Unternehmen zustande bringen, ist somit nicht mit bescheideneren Forschungsbemühungen zu beantworten, sondern ist eher damit zu erklären, daß europäische Unternehmen schlechter darin sind, Forschungsergebnisse in marktfähige Produkte und neue Verfahren umzusetzen. Hinzu kommt noch, wie neue Untersuchungen ergeben haben, daß die Forschung weniger als die Hälfte des gesamten Innovationsaufwands ausmacht. In manchen Wirtschaftszweigen basiert die Entwicklung neuer Produkte und Verfahren zudem überhaupt nicht auf Forschung. In diesen Branchen sind es u. a. die Kreativität einzelner Mitarbeiter und das enge Zusammenspiel mit Kunden und Lieferanten, die zu Innovationen führen. Anders ausgedrückt: Patente und die Höhe der für Forschung abgezweigten Mittel stellen keinen besonders geeigneten Maßstab für die Innovationsaktivität der Wirtschaft dar. Diese Größen spiegeln nämlich die laufende Entwicklung von Produkten und Verfahren wider, die es den Unternehmen – nicht zuletzt kleineren Unternehmen – ermöglicht, ihre Wettbewerbsfähigkeit zu erhalten.

Die Zusammenfassung der bisherigen öffentlichen Bemühungen zur Innovationsförderung zeigt, daß die Fördermittel in erster Linie dafür verwendet wurden, die Produktentwicklung zu stärken. Ein bißchen bescheidener sind die Mittel, die für die Entwicklung neuer Verfahren aufgewendet wurden. Nur wenig wurde zur Förderung von organisatorischen Innovationen sowie für dienstleistungsbezogene Innovationen und Marktinnovation ausgegeben.

Vieles deutet jedoch darauf hin, daß die Rangordnung beim Einsatz von Förderungsmitteln genau umgekehrt sein sollte. Unternehmen, die laufend auf die Verbesserung der Organisation und die fortschreitende Qualifizierung von Geschäftsführung und Mitarbeitern setzen, sind innovativer als andere und erzielen dabei gleichzeitig eine höhere Produktivität.

Die Flexibilität der Unternehmen wurde aufgrund einer Reihe von Fragen ermittelt. Diese bezogen sich auf laufende

	Flexible Organisation	*Teilweise flexible Organisation*	*Keine flexible Organisation*
Innovation in %	82 %	63 %	37 %
Arbeitsproduktion in Dänischen Kronen je Mitarbeiter	487 000	478 000	444 000

Quelle: Wirtschaftsbericht 1996, Dänisches Ministerium für Industrie und Handel

organisatorische Veränderungen, auf die Strategie bei der Entwicklung der ‹Human Resources›, auf die Zusammenarbeit mit den Kunden und auf den Grad der Einbeziehung der Mitarbeiter in die tägliche Planung.

Die Tabelle veranschaulicht, daß die internen Lernvorgänge in Unternehmen – die u. a. ein Ergebnis der organisatorischen Verhältnisse, der Kultur und der Zusammenarbeit zwischen den Mitarbeitern sind – für die Innovationsfähigkeit der Unternehmen mindestens genauso wichtig sind wie der Zugang zu externen technologischen Dienstleistungen und forschungsbasiertem Wissen.

Bisher konzentrierten sich die öffentlichen Bemühungen zur Innovationsförderung primär darauf, den Unternehmen *Zugang* zu Wissen zu gewähren und weniger auf die tatsächliche *Anwendung* des Wissens. In Dänemark hat man den Zugang zu Wissen u. a. durch die Erhöhung der Mittelzuweisungen an die Grund- und Sektorforschung und durch Intensivierung des technologischen Beratungssektors gefördert. Es wurde jedoch bei weitem kein entsprechender Einsatz aufgebracht, die Fähigkeit der Unternehmen zu stärken, aus eigenen Erfahrungen zu lernen – neue Technologien optimaler als andere einzusetzen –, die Führungsstrukturen und Arbeitsorganisation zu ändern.

Somit existiert bei europäischen Unternehmen möglicherweise ein Rückstand bei Organisation und Unternehmensführung, der bewirkt, daß die europäischen Unternehmen weniger stark sind als amerikanische und japanische, wenn es darum geht, Forschung und neues Wissen in Innovationen umzusetzen. Gleichzeitig zeigen mehrere amerikanische Untersuchungen, daß bleibende Wettbewerbsvorteile vor allem durch den Wertzuwachs zustande kommen, der aus produktbezogenen Dienstleistungen und Vermarktung entsteht. Heute lassen sich alle Produkte kopieren – und dies geschieht auch tatsächlich. Dabei fällt es schwer, sich anhand von Produktqualität und Preis von der Konkurrenz zu unterscheiden. Unternehmenskultur und Produktimage lassen sich aber nicht kopieren.

Beispielsweise hat Coca-Cola in 60 Jahren sein Produkt kaum verändert. Dennoch ist Coca-Cola eines der weltweit führenden Unternehmen. Ein Stand, der wesentlich durch die Innovationen im Marketingbereich und durch die Schaffung von starken Präferenzen bei den Kunden erzielt worden ist. Auch in diesem Bereich war es in der Industriepolitik bisher nicht üblich, Innovationen zu fördern.

Eine neue Innovationspolitik – im Brennpunkt stehen jetzt Lernen und Ausbildung

Es gibt keine Patentlösung für die öffentliche Hand, um Innovationen innerhalb der Wirtschaft zu stärken. Für einige Unternehmen spielt bei der Entwicklung neuer Produkte und Verfahren die Forschung eine entscheidende Rolle. Für andere Unternehmen ist es wichtiger, mit Kunden und Lieferanten eine enge Zusammenarbeit zu entwickeln, um so Anregungen zu erhalten. Für wiederum andere ist die professionelle Beratung vorrangig.

Eine Politik, welche die Innovationsaktivitäten der Wirtschaft auf breiter Ebene fördern will, muß die Verschiedenartigkeit der Unternehmen berücksichtigen. Vor allem muß jedoch der «Grundstoff» für Innovation in Ordnung sein, das heißt, Mitarbeiter und Führungskräfte müssen gut ausgebildet und kreativ sein.

Das Heranbilden innovativer Mitarbeiter fängt bereits in der «Folkeskole», der dänischen Grund- und Hauptschule, an. Die Qualität in der «Folkeskole» setzt somit unseren wirtschaftspolitischen Möglichkeiten in den nächsten 20 Jahren entscheidende Grenzen.

Die «Folkeskole» hat zwei zentrale Aufgaben zu lösen. Erstens soll sie sicherstellen, daß die Schüler solide Grundkenntnisse in Fächern wie z. B. Mathematik, Physik und Sprachen erwerben. Zweitens soll sie den Schülern Mut machen, sich nach der «Folkeskole» weiter auszubilden. Es muß keine Universitätsausbildung sein, alle müssen aber heute als Mindestanforderung eine Berufsausbildung absolvieren. Vieles deutet darauf hin, daß die «Folkeskole» beide Aufgaben nicht gut genug löst. Obwohl wir in Europa immer besser ausgebildet werden, gibt es weiterhin eine große Gruppe, die nach der «Folkeskole» keine weitere Ausbildung absolviert. Das ist unakzeptabel – nicht zuletzt, weil die Unternehmen immer größere Anforderungen an die Qualifikationen der Mitarbeiter stellen.

Eine im Auftrag der dänischen Wohlfahrtskommission durchgeführte Untersuchung zeigte, daß etwa 40 % der Unternehmen in den kommenden Jahren voraussichtlich weniger ungelernte Arbeitskräfte beschäftigen werden. Dagegen steigt die Nachfrage nach Facharbeitern und Personen mit Hochschulausbildung. Diese Tendenz verstärkt sich mit den steigenden Forderungen nach Innovation. Unter den innovativsten Unternehmen stellen heute 60 % größere Anforderungen an die Qualifikationen der Mitarbeiter als noch vor ein paar Jahren. Unter den Unternehmen, die etwas weniger innovativ sind, sind es nur etwa 30 %, die heute größere Anforderungen an das Ausbildungsniveau der Mitarbeiter stellen.

Gleichzeitig geht die Tendenz dahin, daß die «Folkeskole» in bezug auf die Vermittlung von Fachkenntnissen versagt. Eine internatinale Untersuchung der Lesefähigkeit zeigte, daß sowohl dänische als auch niederländische Kinder mit neun Jahren schlechter lesen als z. B. amerikanische und finnische Kinder. Die Ergebnisse von internationalen Untersuchungen zur Lesefähigkeit von Kindern zeigen, daß sich Dänemark, die Niederlande und Deutschland im unteren Drittel befinden. Hinzu kommt, daß viele europäische Kinder Informationstechnologie schlechter beherrschen als z. B. amerikanische Kinder. Deshalb müssen wir aktiv werden. In Dänemark haben wir die Entwicklung einer ganz neuen Lehrerausbildung initiiert. Gleichzeitig sind wir dabei, ein System zum Messen der Unterrichtsqualität zu entwickeln. Damit soll sichergestellt werden, daß die «Folkeskole» laufend überwacht werden kann.

Im Bereich der Hochschulausbildungen ist das Problem ein bißchen anders gelagert. Hier konzentrieren wir uns seit Jahren hauptsächlich darauf, die fachliche Qualifizierung der Studenten in abgegrenzten Fachgebieten zu verstärken. Heute wird man mit einer Hochschulausbildung «Experte» für die Ausführung bestimmter Arbeitsfunktionen, z. B. als Ingenieur, Jurist oder Volkswirt. Eine Universitätsausbildung soll auch weiterhin für starke Fachkenntnisse bürgen. Ohne sie sind die Unternehmen in bezug auf Wissen und Innovation nicht wettbewerbsfähig. Im Zuge der ständig schnelleren Veränderungen werden aber die Faktoren Kreativität und Lernfähigkeit immer wichtiger. Hinzu kommt noch, daß die Studenten zunehmend für eine Funktion in einer sich ständig verändernden Organisation ausgebildet werden müssen statt nur für einen bestimmten Job mit klaren Anforderungen an die Fachkenntnisse.

In den innovativsten und veränderungsfreudigsten Unter-

nehmen werden die herkömmlichen Jobs abgeschafft. An
ihre Stelle treten zahlreiche verschiedene Aufgaben oder
Probleme, die in aller Regel in fachübergreifenden Teams
oder selbstverwalteten Gruppen gelöst werden. Dabei ändern sich Arbeitsaufgaben und Teams regelmäßig sowohl in
bezug auf Inhalt, Verantwortung als auch auf Teilnehmer.
Diese Entwicklung bedeutet erstens, daß die Ausbildung in
immer größerem Maß auf die Entwicklung der persönlichen
Fähigkeiten der Studenten setzen muß. Das bezieht sich beispielsweise auf die Fähigkeiten, zusammenzuarbeiten, zu
kommunizieren, kreativ denken zu können und risikofreu-
dig zu sein. Zweitens muß Ausbildung zunehmend als ein le-
benslanger Lernprozeß betrachtet werden. Das heißt, daß
Fort- und Weiterbildung eine immer wichtigere Rolle spielen werden.

Eine kürzlich veröffentlichte dänische Untersuchung bestätigt, daß die Ausbreitung von neuen Organisationsformen, bei denen die Arbeit in Teams organisiert wird und
Verantwortung und Zuständigkeiten delegiert werden, bewirkt, daß persönliche Kompetenzen für die Ausübung
eines Jobs immer wichtiger werden. Ca. 8 von 10 der Unternehmen, die neue Organisationsformen eingeführt haben,
erlebten in den Jahren 1993–1995, daß sich die Anforderungen an die Zusammenarbeits- und Vermittlungsfähigkeiten
der Mitarbeiter sowie an deren Qualitätsbewußtsein stei-
gerten.

Wenn die Ausbildungen den neuen Anforderungen entsprechen sollen, ist es notwendig, entsprechende Ausbil-
dungsformen zu entwickeln und das Zusammenspiel zwischen Unternehmen und Ausbildungseinrichtungen zu stärken.

An mehreren dänischen Universitäten hat man gute Erfahrungen damit gemacht, das Lernen als Gruppenarbeit
und Teamwork zu organisieren. Diejenigen Studenten, die
darin geübt sind, werden von der Wirtschaft gesucht und be-

Tabelle 2 Veränderungen der Qualifikationsanforderungen und der Zusammenarbeit der Mitarbeiter, 1993–1995

	Flexible Organisation	Teilweise flexible Organisation	Keine flexible Organisation
Größerer Wert auf Kooperationsbereitschaft und Kommunikationsfähigkeit	78 %	59 %	35 %
Größerer Wert auf Verantwortungs- und Qualitätsbewußtsein	83 %	70 %	47 %
Größere Selbständigkeit bei der Arbeit	87 %	64 %	35 %
Fachübergreifende Arbeitsgruppen eingeführt	82 %	59 %	25 %
Weniger Routinearbeiten	59 %	36 %	13 %
Mehr Zusammenarbeit mit Kollegen	76 %	54 %	24 %
Mehr Zusammenarbeit mit der Geschäftsführung	78 %	57 %	28 %

Quelle: Wirtschaftsbericht 1996, Dänisches Ministerium für Wirtschaft und Industrie

wältigen den direkten Übergang vom Studium in einen Job leichter. Diese Unterrichtsformen müssen auch weiterhin intensiviert werden. Dies soll durch Stärkung der Lehrerqualifikation und die Entwicklung neuer Prüfungsformen erzielt werden. Die meisten Lehrkräfte sind immer noch als Lehrer im herkömmlichen Sinne tätig. Das heißt, daß sie lediglich darauf bedacht sind, die Studenten mit Fachwissen «vollzustopfen». Künftig sollen die Lehrer auch als Berater tätig sein können und zur Entwicklung von Gruppenprozessen und Gruppendynamik beitragen, damit die Studenten noch besser damit fertig werden, bei der Lösung von konkreten Problemstellungen zusammenzuarbeiten und kreativ zu denken.

Wenn auch das Studium an einigen Universitäten als Gruppen- und Teamarbeit organisiert wird, so sind die Prüfungen immer noch die gleichen geblieben. Nirgends im Ausbildungssystem werden die Studenten nach ihren kreativen Fähigkeiten, ihrer Kompetenz, zu vermitteln, und ihrer Befähigung zur Lösung fachübergreifender Probleme beurteilt. Beurteilt wird eher das Auswendiglernen des vorgeschriebenen Lehrstoffs. In den kommenden Jahren wird es notwendig sein, zwischen den von der Wirtschaft gesuchten Qualifikationen und der Art und Weise, in der wir die Studenten während der Studienzeit beurteilen, einen engeren Zusammenhang zu schaffen.

Eine intensivere Wechselbeziehung zwischen Ausbildungseinrichtungen und Wirtschaft soll sicherstellen, daß einerseits die Ausbildungen fortwährend den Wünschen der Unternehmen entsprechen und daß andererseits die Studenten auf die Arbeit in der Wirtschaft besser vorbereitet werden. Eines der Mittel, um dies zu erreichen, ist die Erhöhung der Zahl der vorgeschriebenen Praktika. Studenten sollen während der Studienzeit die Gelegenheit bekommen, in den Unternehmen zu arbeiten. Solche Praktika, mit konkreten Projekten kombiniert, können dazu beitragen, Theorie und Praxis studienbegleitend näher miteinander zu verbinden.

Lebenslanges Lernen

Heute können wir nicht aufhören zu lernen, bloß weil wir unsere Grundausbildung beendet haben. Dies gilt für jeden, sowohl für Facharbeiter als auch für Akademiker. Die in den

Unternehmen durchzuführenden Innovationen hängen von der Fähigkeit ab, fortwährend zu lernen und das Erlernte anzuwenden. Deshalb muß die Fortbildung einen natürlichen Bestandteil in einem zukunftsorientierten Unternehmen ausmachen.

In Dänemark verfügen wir über ein großes und hochentwickeltes öffentliches Fort- und Weiterbildungssystem. Die Fortbildung wird somit in hohem Grad als eine öffentliche Aufgabe betrachtet. Das bedeutet, daß die Unternehmen eine Reihe von Kursen und Fortbildungsangeboten in Anspruch nehmen können, die zum großen Teil von der öffentlichen Hand finanziert werden. Bisher konzentrierte sich dieses System ebenso wie das übrige Ausbildungssystem auf die Weiterentwicklung fachlicher Qualifikationen, so z. B. mit Kursen in EDV, Produktionstechnik und handwerklichen Fertigkeiten.

In den kommenden Jahren sind die Bemühungen den Gegebenheiten anzupassen. Die innovativsten Unternehmen sind dadurch gekennzeichnet, daß die Mitarbeiter in der Arbeitssituation lernen. Der Bedarf der Unternehmen geht daher auch in Richtung einer Fortbildung, welche die Lernvorgänge *in* die Unternehmen selbst legt. Dies mag bedeuten, daß die Lehrer aus den Kursusräumen heraus- und in die Betriebe hinein müssen, um dort zu unterrichten. Einige der entwicklungsorientierten Unternehmen haben neben ihren Fertigungshallen eigene Kursusräume eingerichtet, um sicherzustellen, daß die Fortbildung in der Umgebung stattfindet, in der die Qualifikationen anzuwenden sind.

Kleine und mittlere Betriebe haben diese Möglichkeit jedoch nicht. Daher müssen die Lehrkräfte in die Unternehmen, um diesen dabei zu helfen, ihren Bedarf an Fortbildung zu konkretisieren und um zu besseren Fortbildungsmaßnahmen anzuregen.

In den kommenden Jahren sind diese Bemühungen zu intensivieren. Gleichzeitig müssen die Fort- und Weiterbildungseinrichtungen noch besser darin werden, ihre Angebote nach den Bedürfnissen der Unternehmen auszurichten.

FORTSCHRITT
UND
WANDEL

William Forsythe
im Gespräch mit Arnd Wesemann

«DAS IST JA DIE NATUR ALLER VERÄNDERLICHEN DINGE: DASS SIE SICH ÄNDERN LASSEN»

«Tight Roaring Circle», ein enggezogener brüllender Kreis steht mitten in London, eine seltsame Installation des berühmten Frankfurter Choreographen William Forsythe. Ein Luftschloß aus weißem Gummi im «Roundhouse», einem alten viktorianischen Eisenbahndepot im Stadtteil Camden, erhitzte im Frühjahr die Londoner Kritik, als wir uns in seinem kleinen Appartement in Covent Garden trafen. William Forsythe hatte mit seiner Lebensgefährtin, der Tänzerin Dana Caspersen, und dem Komponisten Joel Ryan wieder einmal eine Probe davon gegeben, was Choreographie auch leisten kann: zum Beispiel ein völliges Aus-der-Balance-Geraten der Tänzer auf dem elastischen Gummi des schneeweißen Luftschlosses, das nach der Performance vor allem den herumtollenden Kindern gigantischen Spaß machte. Für Forsythe ist das Tanzen eine besondere Art zu philosophieren: Es berührt alle Bereiche, nicht nur den Körper, auch die Medien und sogar die Ökonomie.

Was heißt es für Sie, Neues zu erfahren? Kann man Neuland vor allem dann erfahren, wenn man sich ein Stück weit selbst vergißt?

Zumindest heißt das, wenn wir von Innovation sprechen, daß man sich tatsächlich jenseits dessen bewegen muß, was man sowieso schon kennt. Es ist nicht möglich, innerhalb der eigenen vier Wände, wenigstens der geistigen, etwas Neues zu schaffen. Ich denke, derzeit machen wir genau das Gegenteil. Wir remodellieren ständig eine Funktionalität, modellieren an unserem eigenen Expertenwissen. Und wiederholen so nur bekannte Funktionen und alte Schablonen. Dabei ginge es doch darum, wenn wir schon funktional handeln, sich durch diese Funktionalität von den eigenen Affekten und Gewohnheiten zu trennen.

Wie funktioniert das beim Tanz?

Je mehr man die Kontrolle über sich zu verlieren versucht, sich statt dessen einer Art Transparenz des Körpers verschreibt, einem Gefühl des Verschwindens, desto eher ist es möglich, auch differenziertere Formen, eine differenziertere Dynamik zu erhalten. Man kann sich mit einer unerhörten Beschleunigung bewegen, die dir genau sagt, wo du deine eigene Bewegung verlierst – dich also nicht mehr bewußt bewegst, sondern im Gegenteil – gar nicht mehr selbst die Bewegung produzierst.

In dem Stück «Eidos : Telos» benutzten wir das Timing des Films, den Filmschnitt als Struktur für den Tanz. Der Filmschnitt strukturierte den Tanz. Bei jedem Filmschnitt änderten wir die Richtung des Tanzes. Damit kamen wir weg von der subjektiven Entscheidung, wann es Wechsel etwa im Tempo des Tanzes geben sollte. Wir haben uns am Filmschnitt orientiert, der uns vor allem half, wegzukommen von unserem eigenen Denken, von unserem eigenen Expertenwissen, das ja immer schon weiß, was richtig und was falsch ist. Das meine ich mit einer differenzierteren Dynamik, dem Loslassen-Können. Schauen Sie sich die globale Wirtschaft an: Man versteht ihre Mechanismen, wenigstens bis zu einem bestimmten Grad. Man sieht, wie die Mechanismen nutzbar zu machen sind und was man ihnen noch hinzufügen kann. Aber man sieht auch, wieviel schwieriger es ist, in einem System eine Innovation überhaupt möglich zu machen und etwas Hergebrachtes zu vergessen, als mit einer Innovation dann umzugehen, wenn sie schon eingetreten ist.

Eine wesentliche Angst besteht doch darin, sich überhaupt etwas anderem, Fremden zu überlassen?

Die einzige Möglichkeit, sich in unserem Fall dem Film zu überlassen, ist, sich auf das Filmische einzulassen. Man muß sich einer Sache auch einmal unterwerfen können. Man kann sich dabei irren, Fehler machen, das Ergebnis kann miserabel sein. Aber es ist etwas ganz anderes, ob man sich irrt und Fehler macht oder ob man einfach einen schlechten Film abliefert. Nur beim Suchen und Probieren hat man die Möglichkeit, etwas zu verändern. Was wir versuchen, ist, die Choreographie als ein Event, ein Ereignis zu betrachten; das ist ja die Natur aller veränderlichen Dinge im Leben: Daß sie sich ändern lassen. Wir machen nichts Dauerhaftes, sondern im Gegenteil, wir produzieren höchst Unbeständiges. Wir versuchen nicht, etwas zu er-richten (etablish), im Gegenteil, wir versuchen, etwas zu ver-richten (disestablish).

Sie haben bei George Balanchine in New York gelernt und sind danach durchaus im Sinne des Innovativen berühmt geworden, indem sie Balanchines Technik überdehnten, sie sozusagen auf die Spitze zu trieben …

Aber das liegt doch an der Technik selbst. Balanchine hat einmal gesagt, man kann nicht neue Schritte erfinden. Ebensowenig, wie es einem Ökonomen helfe, eine neue Form von Wirtschaft zu erfinden. Viel interessanter bei der Entwicklung, sei es von choreographischen oder marktwirtschaftlichen Traditionen, ist es, was diese Symbole – Schritte oder Geld – überhaupt in Bewegung versetzt. Was sorgt dafür, daß Massen, Güter und Körper bewegt werden? Es interessiert mich, wie Dinge in Bewegung versetzt werden, und wann und warum sich Strukturen ablagern und verfestigen. Das ist in der Wirtschaft so und auch in der Tanzgeschichte. Man kann es nicht definieren, warum sich bestimmte Bewegungen eines Balanchine etablieren konnten, auch wenn ich es mittlerweile zu verstehen glaube. Was Balanchines Tech-

nik betrifft, man kann sie grundsätzlich immer weiterentwickeln, so weit, bis es naturgemäß zu Verzerrungen und
Verformungen kommt. Aber auch Balanchine war ja nicht
«pur», heute erst ist er ziemlich «pur». Seine wirkliche Innovation seinerzeit war jedoch nicht pur. Er hat die Techniken
von Petipa weiterentwickelt, also das, was damals als pur
galt. Marius Petipa erfand diese Idee eines «puren» Tanzes,
der komplexen Formationen, Symmetrien und kaleidoskopi-
schen Bewegungsabläufe. George Balanchine hat sie einfach
ein bißchen verdreht, ich denke, aus Neugierde oder aus Langeweile. Er begann, sie weniger symmetrisch zu gestalten,
und je länger er in Amerika war, desto informeller wurde
seine Arbeit; er benutzte dieselben Ballettprinzipien, aber er
interpretierte sie neu.

*Was Sie ja auch taten, als Sie 1983 mit «Gänge» den bekann-
ten «Schwanensee» revolutionierten…*

Auch das war nur eine Leseart. Man kann bestimmte
Dinge auf alle möglichen Arten und Weisen lesen. Es kommt
lediglich darauf an, auf welcher Ebene man die Dinge betrachtet. «Schwanensee» ist ein ziemlich konventionelles,
bürgerliches Haushaltsdrama, junger Prinz verliebt sich in
junge Frau, was sonst höchstens zum Vorabendprogramm
im Fernsehen reicht, wenn man die ganze imperiale Staffage
mit Schloß und Adel mal wegläßt. Der tatsächliche Inhalt ist
unglaublich banal. Wir haben also die Oberfläche weggelas-
sen und sind vom Erzählerischen weggegangen. Das hatte
damals etwas mit der Lektüre von Roland Barthes zu tun.

*Und doch haben Sie damit eine Ballett-Innovation er-
zeugt…*

Weil man Traditionen verlassen muß, um etwas Bestehendes aus einem etwas anderen Blickwinkel betrachten zu können. Innovation impliziert nichts anderes als eine Loslösung
von einem bestimmten Standpunkt. Wenn man eine so un-

definierte Grundlage wie einen Tanz-Event hat, ist es doch gar nicht schwer, sich von irgendeiner Grundlage zu entfernen. Selbst der Körper ist so gesehen undefiniert. Es gibt sehr viele Kriterien, wie man am Körper arbeiten oder wie man ihn betrachten kann. Ein Körper ist nicht einfach ein Körper, abgesehen von den ganzen historischen Kriterien, wie man wann den Körper, ob im Tanz oder in der Gesellschaft überhaupt, betrachtet hat. Die persönliche Beziehung zum eigenen Körper, diese unendlich vielen Bewegungen hin zu oder weg von historischen Paradigmen, die den Körper konstituieren, sie bilden nicht nur ein Kriterium für den Tanz. Warum jemand überhaupt tanzt, und was das Tanzen bewirkt, wen es anspricht, ob es überhaupt anspricht, mit wem der Tanz kommuniziert – das sind die wichtigen Fragen: Aber sind es überhaupt historische Fragen oder eher komparative, bedenkt man, daß Myriaden physikalischer Bewegungsmöglichkeiten existieren? Was ich mit meinem Körper mache, macht kein anderer mit seinem Körper und umgekehrt.

Heißt das, der Körper ist potentiell konservativ, weil er immer gleich viel zu viele Möglichkeiten hat, oder ist er potentiell innovativ, weil er nie alle Möglichkeiten ausschöpfen kann?

Ich glaube, der Körper ist so etwas wie eine riesiger Innenraum, vergleichbar mit dem Internet. Er hat unendlich viele Möglichkeiten, richtig. Aber dieses Konzept des Unendlichen rührt von einer bestimmten körperlichen Erfahrung. Wenn ich mich nicht täusche, hat Leibniz sinngemäß gesagt, daß es der Körper ist, der uns die Unendlichkeit gezeigt hat, die uns dazu veranlaßt, unseren Körper ständig neu zu erfahren und zu erleben. Permanent erfahren wir neue Konfigurationen unseres Körpers, allerdings mit einer Zeitachse. Der Körper existiert auf einem Zeitpfeil, dadurch verändert er sich, und das macht ihn so ungeheuer komplex. Der Tanz, überhaupt der Körper, existiert nur in einer Gestalt von Zeit. Diese Erfahrung der unendlichen Komplexität eines Körpers auf dem Zeitpfeil, seine Veränderungen im Lauf der Zeit, darum geht es im Tanz. Er gibt dem Körper einen Platz in der Zeit.

Ist dieser Körper immer weiter entwickelbar, auch im Sinne von Innovation?

Nein. Man kann natürlich hart an Innovationen arbeiten. Aber kaum verläßt man ein Haus durch die Hintertür, auf der Suche nach etwas Neuem, und man läuft und läuft, einmal um die Erde, dann wird man eines Tages durch die längst offenstehende Vordertür des eigenen Arbeitsfeldes wieder hereinkommen. Das ist genau das, was ich am Anfang sagte, warum es so schwer ist, das eigene Arbeitsgebiet wirklich zu verlassen. Es gibt jede Menge moderne, zeitgenössische Choreographen, die wie wild versuchen, abstrakt oder innovativ über ihren Körper nachzudenken und rumzuprobieren, um einfach nur mit einem schlecht gemachten Jété wieder zu landen. Sie laufen zweierlei Gefahr: Zuwenig über den Körper zu wissen oder zuviel. Man braucht ein verwertbares Wissen über den Körper, aber auch eins über die Grenzen, in denen sich der Körper bewegt, und über die Grenzen, die um den Körper gezogen worden sind.

Ihr eigenes Arbeitsgebiet bedeutet also, den Körper eher als Schnittstelle zu verstehen, als ein Verbindungsstück zu anderen Disziplinen?

Natürlich. Das war übrigens immer schon so. Die Geschichte mit der Schnittstelle, dem Interface, das ist eine Körper-Metapher. Heute assoziieren wir mit der Schnittstelle etwas Virtuelles, etwas, das mir wie eine Metapher für die Präsenz alles Abwesenden erscheint, für das, was Religion gewesen ist. Das Virtuelle ist die Hoffnung, niemals vollständig verschwinden zu müssen. Immer sagt das Virtuelle, hier ist etwas, wo eigentlich nichts ist. Mir scheint das Virtuelle ein ganz wichtiges metaphysisches Moment zu sein, das zum Körper ganz einfach dazugehört, damit er seine Angst verliert. Das Virtuelle ist ein Zusatz zum Leben, eine Schnittstelle zum Leben. Darum scheint mir das Virtuelle auch so materiell zu sein. Das Virtuelle gehört zum Körper, zur Etablierung von Realität, nicht zu dem, was man dem Virtuellen nachsagt, dem bloß Irrealen und Immateriellen.

Demnach wäre auch der Tanz etwas durchaus Virtuelles?
Man kann das so sagen. Choreographien haben immer nur die Tendenz zu existieren. Aber sie existieren nicht wie das Glas auf diesem Tisch. Sie sind bloß Ereignisse. Choreographien gehören wie die Teilchenphysik, die sich mit dem Ereignis beschäftigt, in einen Bereich, der natürlich nicht virtuell ist, dem nur das Haptische fehlt. Es hat wieder etwas mit Glauben zu tun. Ein Physiker muß einfach glauben, daß es das Ereignis auch gibt, welches er für theoretisch wahrscheinlich hält. Er kann es nur beweisen, indem er dem Event der Teilchen teilhaftig wird. Er kann sie ja nicht festhalten. So gesehen ist der Tanz der Naturwissenschaft näher als den elektronischen Medien.

Tanz also als physikalische Forschung?
Alles, was man macht, erscheint in einem historischen Kontext, im Strom der Geschichte, die man immer wieder neu bewerten muß. Man erfindet, wie in der Physik, nie etwas Brandneues. Man kann nur etwas entdecken, das latent bereits existiert. Der Körper existiert, und die Möglichkeit, den Körper «innovativ» weiterzuentwickeln, existiert bereits genauso lange. Es geht um den Willen, etwas finden zu wollen. Im Körper eines Tänzers einen Ausdruck auftauchen zu lassen, setzt wie in der Teilchenphysik zunächst den Willen des Choreographen voraus, diesen Ausdruck überhaupt

möglich zu machen. Auf bestimmte Weise ist der Choreograph nicht so verschieden von einem Teilchenphysiker, der
aus Obsession oder intellektueller Neugier oder was auch
immer weiterforscht. Innovation so gesehen ist einfach nur
der Wunsch, etwas ins Sein zu überführen.

*Sie sagen «Ausdruck», gibt es so etwas wie einen «neuen
Ausdruck»?*

Der Körper enthält soviel Potential, mit so vielen Möglichkeiten, etwa mit einem Stift und einem Stück Papier jemanden zu verletzen oder jemandem zu helfen: durch eine
simple mechanische Geste, dem Schreiben eben. Der Körper
macht so viele Konsequenzen möglich, daß meine Frage gar
nicht sein will: Was ist jetzt innovativ?, sondern: Was ist
konsequent? Der Körper ist ein Instrument, um einen möglichen Raum zu beschreiben, im architektonischen Sinne.
Aber zugleich kann er keinen Raum errichten. Der Körper,
selbst wenn er sich nicht bewegt und sich scheinbar nur in einem bestimmten Zustand befindet, beschreibt ein Paradox,
daß es nämlich gar keinen Zustand gibt, sondern sich alles
andauernd bewegt.

Geschäftsleute wissen das: Sie orientieren sich am Kapital,
und ihre ganze Raison, ihre Motivation ist, daß sich das Kapital vermehrt. Sie kommen erst gar nicht auf die Idee eines
Stillstands, nicht mal auf die Idee einer anti-innovativen
Haltung. Sie müssen Kapital bewegen. Ich hatte vor kurzem
ein Gespräch mit einem unserer Sponsoren von J. P. Morgan,
und wir stellten in diesem Bereich einige Übereinstimmung
fest. Die wollen, daß sich Kapital bewegt, sie wollen ein dy-
namisches Kapital, keines, das sich irgendwo festgeschrieben
hat und einen Zustand erreicht. Es ist wie mit der Information; was sich nicht bewegt, ist eigentlich verloren. Innovation ist nur ein anderer Ausdruck für Bewegung.

Maureen McKelvey

ÖKONOMISCHE EVOLUTION: KLEINE, ABER GRAVIERENDE VERÄNDERUNGEN

Jeder Entscheidungsträger, der als Politiker oder Firmenstratege zwischen verschiedenen Alternativen wählen muß, sieht sich vor die schwierige Frage gestellt, auf welcher Grundlage er seine Entscheidungen treffen soll. Sein Hauptproblem besteht darin, wie er optimal planen kann, während er doch weiß, daß sich in der Zwischenzeit viele unerwartete Dinge ereignen können. Einige seiner Entscheidungen sind natürlich eher routinebedingt, was die Planung erleichtert, doch bei anderen spielt die Möglichkeit unvorhersehbarer Ereignisse eine nicht zu unterschätzende Rolle. Das Grundproblem besteht darin, daß im Moment der Entscheidungsfindung niemand wirklich etwas über die Zukunft weiß. Es herrscht Ungewißheit hinsichtlich der Auswirkung von Entscheidungen auf das Verhalten der Menschen, hinsichtlich der Frage, wie Trends und Rahmenbedingungen sich verändern werden, wie andere Organisationen, etwa ein konkurrierendes Unternehmen, reagieren werden, und dergleichen mehr.

Die durch dieses Dilemma gegebenen Probleme ließen sich reduzieren, wenn man mehr darüber wüßte, wie und warum wirtschaftliche Veränderungen zustande kommen, in welchen Zeitabständen sie sich ereignen, wie sie sich entwickeln, welchen Einfluß Umweltfaktoren haben usw. Einerseits müssen Entscheidungsträger akzeptieren, daß Fehler und Fehlschläge sich ebenso einstellen wie Erfolge. Andererseits benötigen sie gewisse Rahmenbedingungen für ihre Überlegungen, um möglichst gute Entscheidungen treffen zu können. Dieser Aufsatz soll, auf der Grundlage der evolutionstheoretischen Wirtschaftswissenschaft, einen konzeptuellen Rahmen liefern, innerhalb dessen über Entscheidungen, wirtschaftlichen Wandel und das Umfeld des Marktes nachgedacht werden kann. Die Theorie dient der strukturellen Analyse von Themen wie Ungewißheit, Regeln des wirtschaftlichen Spiels, beste versus angemessene Entscheidungen, Ex-post-Auswahl usw. Es geht um die Frage, ob die Dynamik der Wirtschaft auf radikalen oder auf kleinen Veränderungen beruht. Die Frage selbst unterstreicht die Bedeutung von Veränderungen und Innovationen für die Wirtschaft und belegt, daß wir mehr über Innovationen aus evolutionstheoretischer Sicht erfahren sollten.

Evolutionäre Veränderungen

Das hier formulierte Verständnis wirtschaftlichen Wandels basiert auf der Idee der Evolution. Obwohl natürlich ein Zusammenhang zwischen der evolutionstheoretischen Wirtschaftswissenschaft und der Biologie besteht, handelt es sich nicht einfach um die Übertragung einer biologischen Theorie auf die Wirtschaft. Eher könnte man sagen, daß die verschiedenen Formen der Evolutionstheorie, ob in der Biologie oder in den Wirtschaftswissenschaften, gemeinsame Eigenschaften besitzen (Nelson 1995). Die evolutionstheoretische Wirtschaftswissenschaft ist im Unterschied zur Evolutionstheorie der Biologie auf bestimmte Voraussetzungen und Vorannahmen angewiesen, da wirtschaftliche und politische Veränderungen durch selbständig handelnde und denkende Menschen verursacht werden. In der Regel denkt man beim Begriff Evolution an schrittweise Veränderungen. In diesem Fall würde man unter evolutionärem wirtschaftlichen Wan-

MAUREEN MCKELVEY

del die vielen kleinen Veränderungen verstehen, die die Unternehmen und die Regierung ständig vornehmen. In diesem Kontext bezeichnet der Begriff Evolution eine allmähliche Akkumulation von Veränderungen, aus der sich Trends, Tendenzen und Entwicklungslinien ablesen lassen. Tendenzen für evolutionären Wandel sind Ereignisse, Handlungen und Entscheidungen, bei denen die zweite jeweils eindeutig auf die erste folgt. Akkumulative kleine Veränderungen können so zu allgemeinen Tendenzen führen, die sich bereits in der Vergangenheit abgezeichnet haben und sich in der Gegenwart und möglicherweise auch in der Zukunft fortsetzen. Die Definition der evolutionstheoretischen Wirtschaftswissenschaft bestimmt daher Evolution häufig, als akkumulativen, tendenzabhängigen Wandel (Nelson 1995).

Die Akkumulation von Veränderungen und die Abhängigkeit von bestimmten Tendenzen erklären, warum Entscheidungsträger, seien es Firmen oder Regierungen, sich häufig an früher getroffenen Entscheidungen orientieren, statt die Entscheidung zu treffen, die neutralen Dritten als die sinnvollste erscheint.

Die Bedeutung von Innovationen in Wirtschaftstheorien auf evolutionstheoretischer Basis läßt sich folgendermaßen zusammenfassen:

- Das Wirtschaftssystem erneuert sich ständig. Diese Erneuerung (Innovationen) betrifft neue Produkte, neue Technologien, neue Firmen, neue Fertigkeiten, neue Organisationen.
- Innovationen sind häufig das Ergebnis klarer Suchstrategien. Hierzu zählen beispielsweise Forschung und Entwicklung (F & E) oder die Hinzuziehung von Beratern zur Lösung spezifischer Probleme. Systemische Wissenskomplexe existieren insbesondere in der Naturwissenschaft und in den Ingenieurwissenschaften.

- Wie das japanische System deutlich macht, gehen viele Innovationen auf den alltäglichen Geschäftsablauf in einer Firma zurück. Kleine Veränderungen, bei denen angesichts verschiedener Problem- und Lösungspotentiale ständig irgend etwas verbessert wird, dürften auch typisch für zahlreiche formale F & E-Aktivitäten sein. Solche, sich im Verlauf des Suchprozesses ergebenden Verbesserungen werden vielleicht anfänglich in ihrer Bedeutung nicht erkannt, erweisen sich aber im nachhinein in ihrer Gesamtheit als die eigentlich entscheidenden.
- Ein Teil der Neuerungen ist zufallsbedingt, d. h. die Ergebnisse entsprechen nicht den Erwartungen. Obwohl klare Suchstrategien die Ziele und die zu erbringenden Leistungen genau festgelegt haben, lassen sich die Ziele vielleicht nicht erreichen, weil die Technik oder der Markt dies nicht zuläßt. Aber auch wenn sich das eigentliche Problem nicht lösen ließ, wurde womöglich die Lösung für ein anderes gefunden.
- Neben der Erneuerung benötigt das Wirtschaftssystem Stabilität und Kontinuität. Das heißt, bestimmte Elemente oder charakteristische Züge des Systems müssen weitergegeben bzw. vererbt werden. Hierzu zählen zum Beispiel bestimmte Routineabläufe und Kompetenzen, aber auch Wissen, Kultur und anderes.
- die Vererbung bzw. Weitergabe dieser Elemente innerhalb einer Organisation sollte erkennbar sein. Das heißt, die Organisation (ob Unternehmen oder Behörde) sollte auf der Basis der eigenen Unternehmenskultur und Erfahrung strukturell ähnliche Entscheidungen treffen. Andere Ausdrucksformen der Wissensweitergabe können eine konstante Produktpalette sein oder die Anwendung einer organisatorischen bzw. fertigungstechnischen Kernkompetenz für neue Produkte.
- Vererbung kann auch von Organisation zu Organisation stattfinden. So nimmt ein Unternehmen, das sich von

einem größeren abspaltet, einige der mit Schlüssel- und Spezialkompetenzen ausgestatteten Mitarbeiter mit. Das heißt aber natürlich auch, daß Wissen und Verhaltensweisen über unterschiedliche Wege von Organisation zu Organisation weitergegeben werden können. Hierzu zählen Weiterbildung, Imitation, die Heranziehung von Unternehmensberatern usw.

- Zwischen der Vielzahl von Produkten und Firmen findet ein Ausleseprozeß statt. Unter Auslese versteht man das Verschwinden, die Reduzierung des Umfangs oder der Anzahl sowie die Stärkung und wachsende Verbreitung bestimmter Möglichkeiten.

- Auslese bedeutet Anpassung an Umweltbedingungen, doch nicht notwendigerweise eine optimale. Anpassung ist ein Schlüsselbegriff, der von uns ein besseres Verständnis des Wettbewerbs und der Rolle der politischen Institutionen verlangt.

- Der Ausleseprozeß ist kein Geheimnis, aber wir sollten uns nicht mit Zirkelschlüssen wie «Die Besten überleben, weil sie die Besten sind» zufriedengeben. Wir möchten die Gründe für die Auswahl erfahren und wissen, wie sie zustande kommt. Welche Kriterien bestimmen, ob eine Neuerung in einer bestimmten Umgebung akzeptabel ist? Auf welche Weise gehen die Auswahlkriterien in die Auswahlmechanismen ein?

- Innovationen sind für die Wirtschaft, insbesondere zur Erklärung wirtschaftlichen Wachstums und wachsenden Wohlstands, von vitaler Bedeutung.

- die Wirtschaft ist keineswegs ein rationales, durchstrukturiertes System, das von oben geplant wird, sondern vielmehr ein verworrenes Experiment, das von unten nach oben wirkt.

Diese zwölf Punkte beschreiben, wie es der evolutionstheoretischen Wirtschaftswissenschaft zufolge zu Veränderungen kommt.

Nun mag es recht offensichtlich wirken, wenn man Innovationen als entscheidenden Faktor für wirtschaftlichen Wandel bezeichnet und die Behauptung vertritt, daß Anreize für Innovationen sowie die Frage, für welche Neuerungen sich Politik, Wirtschaft und Markt entscheiden, von herausragender Bedeutung sind. Unternehmen stellen völlig unterschiedliche Produkte her; aber selbst jene Firmen, die die gleichen Produkte fertigen, treffen unterschiedliche Entscheidungen darüber, welche Verfahrens- und Produkttechnologien sie entwickeln sollen. Die Herausforderung aus Sicht der evolutionstheoretischen Wirtschaftswissenschaft liegt in dem methodischen Vorgehen, solche Überlegungen in der Theorie zu berücksichtigen und damit außerdem traditionelle Theorien wirtschaftlicher Abläufe in Frage zu stellen.

Vielleicht ist es ein bißchen gewagt, eine relativ simple Aussage aus ihrem theoretischen Kontext herauszulösen, doch im Grunde ging es der traditionellen neoklassischen Nationalökonomie immer um die Frage, warum und wie die Gesellschaft aufgrund der Mechanismen des Marktes optimalen Gebrauch von knappen Ressourcen machen kann. Die Untersuchung dieser Frage ist sicherlich in vieler Hinsicht nützlich, doch birgt sie zwei grundsätzliche Probleme. Zum einen lassen sich in diesem Modell, das das wirtschaftliche Gleichgewicht auf Signale des Marktes zurückführt, Innovationen kaum berücksichtigen. Innovationen werden in diesem Modell als etwas aufgefaßt, das außerhalb des Bereichs der Wirtschaft stattfindet. Innovationen wirken als Störfaktoren, und erst wenn sie umgesetzt worden sind, ergibt sich erneut ein Gleichgewicht. Naheliegenderweise ist eine solche Auffassung sehr problematisch, wenn man Innovationen für die entscheidende Ursache von Wirtschaftswachstum und Wohlstand hält.

Die evolutionstheoretische Wirtschaftswissenschaft geht davon aus, daß sich die Dinge ständig im Fluß befinden und verändern, während die traditionelle neoklassische Wirtschaftswissenschaft auf der Annahme eines Gleichgewichtszustands basiert. Der erkenntnistheoretische Unterschied besteht darin, daß die neoklassischen Wirtschaftswissenschaftler der Meinung sind, wirtschaftliche Fehlentwicklungen seien auf Unvollkommenheiten des Marktes zurückzuführen: Es gibt ein Ideal, an dem man die Unvollkommenheiten messen kann. Der evolutionstheoretischen Wirtschaftswissenschaft ist eine solche Annahme fremd. Es muß zunächst vieles ausprobiert und wieder verworfen werden, bevor der Auswahlprozeß nach einiger Zeit abgeschlossen ist. Da es keinen Idealzustand gibt, fallen unternehmenspolitische Empfehlungen notwendigerweise weniger eindeutig aus.

Der evolutionstheoretische Ansatz innerhalb der Wirtschaftswissenschaften verabschiedet sich von einer philosophischen Erblast, nämlich der Idee einer idealen Gesellschaft, die wir uns erst vorstellen müssen, um dann herauszufinden, warum die Welt nicht so gut oder so vollkommen ist, wie sie es «eigentlich sein sollte». Genau deswegen waren Darwins Überlegungen zur Evolution in der Biologie ja auch so revolutionär: Seine Theorie stellte die Vorstellung in Frage, daß Gott eine vollkommene Welt geschaffen hat, die seither in ihrer ursprünglichen Form existiert (Luira et al. 1981). Zahlreiche Arten zeugen aber davon, daß es Fehlentwicklungen oder evolutionäre Sackgassen gab, und zeigen, daß der biologische Prozeß der Veränderung und der Anpassung an verschiedene Umwelten von zentraler Bedeutung ist. Wichtig ist Anpassung, nicht Perfektionierung.

Vielleicht kann dieses eigentümliche kulturelle Phänomen, daß wir uns an die Vorstellung einer idealen Welt klammern, zur Klärung unseres letzten Punktes beitragen. Es geht um die Frage, warum es noch immer divergierende Auffassungen zwischen verschiedenen biologischen Theorien gibt und woran die meisten von uns denken, wenn von der Evolution die Rede ist. Normalerweise erinnern wir uns an das Schlagwort vom «Überleben des Stärkeren» (survival of the fittest), das von Spencer geprägt und später von Darwin übernommen wurde. Außerdem neigen wir zu der Annahme, daß alles besser und komplexer wird, weil jeder neue Schritt ein Fortschritt gegenüber dem vorausgegangenen sein soll. Doch in der Biologie, daran muß nochmals erinnert werden, bedeutet Überleben des Stärkeren Überleben in einer bestimmten Umgebung. Eine bestimmte Vogelart bildet einen Schnabel aus, der sich genau für einen bestimmten Samen eignet, doch in «globaler» Sicht ist diese Vogelart deswegen nicht vollkommener als die anderen. Im übrigen meint «erfolgreiches Überleben» nicht das Überleben des einzelnen, sondern das einer möglichst hohen Anzahl von Nachkommen.

Wenn wir dieses Modell auf die Wirtschaft übertragen, dann bedeutet Anpassung an eine bestimmte Umwelt, daß dasselbe Produkt oder Unternehmen im Verhältnis zu verschiedenen Umwelten besser oder schlechter angepaßt erscheint. Vielleicht kann ein Beispiel, das zeigt, wie unterschiedlich dieselbe Technologie aus verschiedenen Blickwinkeln bewertet wird, zur Klärung dieses Punktes beitragen. Die Atomkraft hat zahlreiche, sehr unterschiedliche Einschätzungen erfahren und ist bis heute heftig umstritten. Am Anfang hielt man die Atomenergie für etwas durch und durch Positives; in der Zeit nach dem Zweiten Weltkrieg galt sie als Modernisierungsinstrument schlechthin, und alle sollten darüber verfügen können. Doch diese Bewertung wurde angesichts der von Atommüll und atomaren Unfällen ausgehenden Gefahr massiven Zweifeln ausgesetzt. Als eine Energiequelle, die die Umwelt (zumindest unmittelbar) wesentlich weniger stark belastet als etwa Kohlekraftwerke, hat die Atomkraft in bestimmten Kreisen jedoch inzwischen wieder an Glaubwürdigkeit gewonnen. Ob Atomkraftwerke wirklich gebaut werden oder nicht, hängt also zum einen von der Bewertung ihrer Vor- und Nachteile sowie der entsprechenden Auswahlkriterien ab, zum anderen aber auch von Machtfragen, von Institutionen, von der Fähigkeit, das Denken und Handeln anderer zu beeinflussen, und vielem mehr.

In diesem Punkt aber unterscheidet sich die Auffassung vieler evolutionstheoretischer Wirtschaftswissenschaftler ganz deutlich von der Auffassung der neoklassischen Ökonomen, die dazu neigen, die Umwelt ausschließlich unter marktwirtschaftlichen Gesichtspunkten zu betrachten. Die evolutionstheoretische Wirtschaftswissenschaft macht es möglich, auch andere Auswahlfaktoren wie etwa das politische Umfeld, die Vielgestaltigkeit der Märkte, Macht, Verbraucherverhalten usw. zu berücksichtigen. Diese Faktoren können auch zur Klärung der Frage beitragen, wann und warum technische und wirtschaftliche Veränderungen gravierend oder geringfügig sind, schnell oder langsam erfolgen. Das jeweilige Umfeld und die Selektionsprozesse für Wirtschaftsprodukte sind wesentlich mehr als ein abstrakter Markt, der auf unpersönlichen Marktsignalen beruht. Jeder, der im Geschäftsleben steht, weiß, daß der Kunde zwar König (oder Königin) sein soll, zugleich aber viele andere Faktoren darüber entscheiden, welche Produkte gekauft werden und welche nicht. Zu diesen Faktoren zählen beispielsweise der Kundenservice, die Bereitschaft, neue Produkte zusammen mit den Zulieferern zu entwickeln, oder die Zeit bis zur Markteinführung.

Wenn wir uns also dieses evolutionstheoretische Verständnis der Funktionsweise der Wirtschaft vor Augen führen und zu unseren Entscheidungsträgern zurückkehren, dann begreifen wir, daß die Zukunft für sie notwendigerweise ungewiß ist. Sie müssen die Entscheidung treffen, die sie in einem bestimmten Moment für die beste halten. Natürlich definieren verschiedene Entscheidungsträger das, was sie für die ‹beste› Entscheidung halten, unterschiedlich: Die beste Entscheidung für das Unternehmen, für die internationale Wettbewerbsfähigkeit, für die Gemeinschaft, für sie persönlich usw. Das Entscheidungsspektrum reicht von «weitermachen wie bisher» (Routine) bis zu «radikaler Innovation». Die getroffenen Entscheidungen werden in die Tat umgesetzt, etwa indem die Geschäftspolitik, bestimmte Routineabläufe und Produkte verändert oder aber neue Organisationsformen entwickelt werden. Auch wenn das Endergebnis aufgrund all dessen, was sich zwischenzeitlich ereignet hat, meist nicht dem eigentlich Intendierten entspricht, wollen wir in diesem Zusammenhang davon ausgehen, daß es sich mit den ursprünglichen Erwartungen oder der ursprünglichen Entscheidung zumindest soweit deckt, daß es noch erkennbar ist. Dieses Ergebnis muß sich dann dem Wettbewerb mit anderen stellen, und verschiedene Auswahlkriterien und Auswahlmechanismen sorgen dafür, daß sich bestimmte Alternativen durchsetzen und andere nicht.

Die evolutionstheoretische Wirtschaftswissenschaft kann also einen Beitrag dazu liefern, wie man sich mit bestimmten Problemen und Chancen unter den Gesichtspunkten Neuheit, Vererbung und Auslese auseinandersetzt, aber sie können nicht bestimmen, welche Entscheidung in einer bestimmten Situation die richtige ist. Entscheidungen und Handlungen müssen so angemessen wie möglich sein und sich an den Spielregeln und Informationen über die sich verändernde Umgebung orientieren. Handeln heißt Risiken eingehen.

Kleine, aber womöglich radikale Veränderungen

Die evolutionstheoretische Wirtschaftswissenschaft stellt eine Theorie von Beziehungen und Erklärungen dar und beschreibt nicht einfach nur geringfügige Veränderungen. Gleichzeitig berücksichtigt sie die Tatsache, daß die Vergangenheit die Gegenwart beeinflußt. Es gibt geringfügige, akkumulative Veränderungen, die sich zu den Tendenzen entwickeln, welche uns zeigen, wie wir von dort nach hier gelangt sind. Frühere Entscheidungen, frühere Kompetenzen, frühere Interpretationen der Umwelt usw. sind für gegenwärtige und zukünftige Entscheidungen von zentraler Bedeutung. Es gibt keine ideale Welt, auf die die evolutionären Entwicklungen zustreben, sondern die Entscheidungsträger handeln entsprechend ihren Ansichten und ihrem Verständnis von potentiellen Problemen und Lösungen. Es gibt keine globale, von allen Menschen geteilte Rationalität. Daher müssen sich Entscheidungsträger gelegentlich im nachhinein umentscheiden und ihre Erwartungen und Entscheidungen revidieren, wenn sich ihre Innovationen nicht durchsetzen.

Doch evolutionäre Veränderung bedeutet nicht, daß Tendenzen immer offensichtlich sind. Offensichtlich sind sie vielleicht im Falle eines Unternehmens, das Kugellager produziert, dies schon immer gemacht hat und immer machen wird. In diesem Fall dürfte es sehr schwer sein, sich von der Vergangenheit zu lösen. Man kann aber noch einen Schritt weitergehen. Vielleicht ist es ganz unmöglich, die Vergangenheit zu ignorieren, wenn man innovatorisch tätig sein will. Schließlich beruhen viele Innovationen ebensosehr auf der Kombination von Altem wie auf Neuerungen. Doch andererseits gäbe es dann keinen Spielraum für Innovationen, die die für die Evolution unerläßliche wirtschaftliche Dynamik erzeugen. Es bedarf ständig neuer Innovationen, damit sich der Ausleseprozeß fortsetzt.

Das Alte muß weichen, um dem Neuen Platz zu machen, aber darüber hinaus muß es auch überwunden, zerstört und vergessen werden. Joseph Alois Schumpeter, der große österreichische Wirtschaftswissenschaftler, der die moderne evolutionstheoretische Wirtschaftswissenschaft nachhaltig geprägt hat, hat die Rolle des Unternehmens und die der «kreativen Zerstörung» betont. Die Hauptaufgabe des Unternehmens besteht in der Umsetzung von Innovationen. Die umfangreiche Durchsetzung innovativer Maßnahmen in der Wirtschaft führt zu «kreativer Zerstörung» und schafft Platz für neue Firmen und Industrien, während die alten aufgegeben werden. Produktive Ressourcen sollten in diese neuen Sparten investiert werden, sobald sich zeigt, daß sie profitabel sind. Mit anderen Worten, die Menschen werden den Unternehmern auf ihrem Weg in neue Geschäftsbereiche folgen. So können ökonomische Veränderungen wirklich gravierend sein. Evolutionärer Wandel bedeutet also, daß es neben den geringfügigen Veränderungen auch Innovationen gibt, die gesamtgesellschaftlich sehr folgenreich sein können.

Verwendete Literatur

Carlsson, Bo, und *Stankiewicz*, Ricard, «On the Nature, Function and Composition of Technological Systems», in: Journal of Evolutionary Economics, 1 (2), 1991, S 93–118

Dosi, Giovanni; Freeman, Christopher; Nelson, Richard; Silverberg, Gerald und Soete, *Luc* (Hg.), Technical Change and Economic Theory, Pinter Publishers 1988

Edquist, Charles (Hg.), Systems of Innovation –Technology, Institutions and Organizations, Cassell Publishers 1997

Eliasson, Gunnar, «Technology, Economic Competence, and The Theory of the Firm», in: Ove Granstrand (Hg.), Economics of Technology, Elsevier Science Publishers 1994

Freeman, Christopher, «The Economics of Technical Change: A Critical Survey», in: Cambridge Journal of Economics, 18, 1994, S. 463–514

Luria, Salvador E.; *Gould*, Stephen Jay; *Singer*, Sam, A View of Life, Benjamin / Cummings Publishing Company 1981

McKelvey, Maureen, Evolutionary Innovations: The Business of Biotechnology, Oxford University Press 1996

Nelson, Richard, «Recent Evolutionary Theorizing about Economic Change», in: Journal of Economic Literature, 33, 1995, S. 48–90

North, Douglass, Institutions, Institutional Change, and Economic Performance, Cambridge University Press 1990

Rosenberg, Nathan, Inside the Black Box: Technology and Economics, Cambridge University Press 1982

Saviotti, Paolo, und Metcalfe, Stand (Hg.), Evolutionary Theories of Economic and Technological Change: Present Status and Future Prospects, Harwood Academic 1991

Gerhard Schulze

STEIGERUNG UND ANKUNFT. ÜBER DIE ENDLICHKEIT DES FORTSCHRITTS

Die These

Einer meiner Freunde, ein Steuerberater, träumte jahrelang davon, aus seinem Beruf auszusteigen und Künstler zu werden. Schließlich kaufte er sich eine Scheune, die er aufwendig zu einem Atelier umbaute. Nach längerer Zeit war das Atelier perfekt eingerichtet; die künstlerische Arbeit konnte beginnen. Aber nun geschah folgendes: Mein Freund saß ohne jede Inspiration in seiner Scheune und wurde immer verzweifelter. Schließlich kehrte er ernüchtert in seinen ursprünglichen Beruf zurück.

Meine These ist, daß es nur einmal in der Geschichte der Menschheit eine Innovationsphase solchen Ausmaßes geben kann, wie wir sie gegenwärtig erleben. Wir nähern uns dem Ende dieser Phase; das Atelier wird fertig. Im Gegensatz zu meinem Freund können wir allerdings nicht mehr zurück. Es wird uns nichts anderes übrigbleiben, als den Schwerpunkt unseres Denkens und Handelns allmählich zu verlagern: vom Aufbau des uns umgebenden ungeheuren Möglichkeitsraums zum Bewohnen desselben, von der Innovation zur Stabilisierung, vom könnensorientierten zum seinsorientierten Denken.

Während des größten Teils ihrer Geschichte lebte die Menschheit nahezu ohne Fortschritt. Innovation beschränkte sich auf die Erfindung einfachster Werkzeuge, die sich über viele Jahrtausende hinweg kaum veränderten. In unserer Zeit dagegen muß man sich fragen, ob es überhaupt irgendein Produkt gibt, das *nicht* als vorübergehend betrachtet würde. Wir leben offensichtlich in einer Kultur überschäumender Innovation. Was auch immer wir erzeugen, es steht unter dem Vorbehalt der Ablösung durch etwas Besseres.

Ob man diese Entwicklung positiv oder negativ bewertet, ist für ihr Voranschreiten belanglos. Naturwissenschaft, Technik, Wirtschaft, Politik, Bildungssystem, Menschen im Arbeitsprozeß und Verbraucher sind zu einem Handlungszusammenhang zusammengeschlossen, der sich längst verselbständigt hat. Im folgenden werde ich diesen Handlungszusammenhang als *Steigerungsspiel* bezeichnen. Ich meine damit ein weltweites Beziehungsgeflecht zwischen Akteuren, die ein und derselben Handlungslogik folgen: der Steigerungslogik. So unterschiedlich die Ziele der verschiedenen Akteure auch sein mögen, die Steigerungslogik macht die Handelnden aneinander anschlußfähig und verkettet sie zu einem gigantischen sozialen Gebilde.

Im Zentrum jeder der zahllosen Varianten der Steigerungslogik steht eine *Steigerungsskala*, die es erlaubt, bestimmte denkbare Ereignisse in eine Rangreihe zu bringen. Hierzu zählen etwa Arbeitsproduktivität, Bruttosozialprodukt, Lebensstandard, Leistungsfähigkeit von Maschinen, Speicherkapazität von Chips, Umfang der durch ein theoretisches Modell erklärten Beobachtungen, fachliche Qualifikation, Ertrag landwirtschaftlicher Nutzflächen, durch Erfindungen eröffnete Möglichkeitssteigerungen. Eine Steigerungslogik entsteht aber erst dadurch, daß die Beteiligten über die Steigerungsskala, mit der sie befaßt sind, in ganz bestimmter Weise denken: Sie stellen sich diese Skala als *nach oben offen* vor; sie unterwerfen die Skala einer *linearen Wertung*, der zufolge der nächsthöhere Zustand immer als «besser» anzusehen ist; sie bauen *Steigerungswissen* auf, das sie dazu befähigt, von einem gegebenen Niveau aus das nächsthöhere zu erreichen. Beispiele für Steigerungswissen sind das naturwissenschaftliche Experiment, das Rationalisierungswissen der Wirtschaft, das Konsumentenwissen über die Warenwelt. Das Zeitmodell der Steigerungslogik ist linear; die Menschen verstehen ihre Geschichte als prinzipiell unendliches Fortschreiten auf Steigerungspfaden.

Seit seinem Beginn Anfang des 19. Jahrhunderts hat das Steigerungsspiel eine immer stärkere Sogwirkung entfaltet. Wer sich ihm verweigert, gerät unter die Räder, es sei denn, er lebt auf Kosten anderer, die sich um so intensiver am Steigerungsspiel beteiligen. Das Steigerungsspiel kulminiert in der gegenwärtigen Phase der Globalisierung. Für seine derzeit geradezu stürmische Intensivierung ist der Wille einzelner, ja sogar der Wille vieler gänzlich unerheblich.

Immer noch kursiert die Behauptung, der Motor dieser Entwicklung seien unsere Bedürfnisse. Diese würden uns dazu herausfordern, den uns umgebenden Möglichkeitshorizont ständig zu erweitern, damit sich jeder einzelne die Welt immer paßgenauer auf den Leib schneidern kann. Nun entstehen aber immer mehr neue Produkte, zu denen man die dafür geeigneten Bedürfnisse erst einmal erfinden und oft genug den Verbrauchern in aufwendigen Werbekampagnen anerziehen muß. Es scheint, daß sich die zeitliche Reihenfolge von Bedürfnis und Produkt allmählich umkehrt. Immer häufiger ist zuerst das Produkt da und dann hoffentlich irgendwann auch einmal ein Bedürfnis danach.

Dies zeigt uns, daß das Steigerungsspiel seine soziale Energie inzwischen nicht mehr, wie am Anfang, aus klar empfundenen Mängeln des Alltagslebens und unerfüllten

Wünschen bezieht. Woher aber dann? Meine These lautet: zunehmend aus seiner bloßen *Orientierungsleistung*. Das Steigerungsspiel sagt uns, was zu tun ist. Es liefert den Produktentwicklern, den Forschern, den wählenden Verbrauchern, den um Konkurrenzvorteile bemühten Unternehmern, den um Standortvorteile kämpfenden Politikern Handlungsvorgaben. Es gibt uns allen eine gemeinsame Richtung vor. Es erlaubt uns nationale und internationale Verständigung auf objektiver Grundlage. Es ist der soziale Kitt, der die Welt zusammenhält.

Was tun, wenn man am Ziel ist?

Es mag nun etwas überraschend wirken, wenn ich von diesen umfassenden Überlegungen zu einem kleinen Gerät für den täglichen Gebrauch übergehe, zum elektrischen Rasierapparat. Das eine hat aber durchaus mit dem anderen zu tun: Der Rasierapparat ist ein anschaulicher Kristallisationspunkt für Gedanken über das Große und Ganze. So, wie wir ihn heute vorfinden, teilt er uns möglicherweise sogar etwas über die Zukunft des Fortschritts mit.

Seit Jahrzehnten untersucht die Stiftung Warentest die Leistung von Rasierapparaten mit objektiven Meßverfahren. Unter anderem wird das Gewicht der pro Zeiteinheit abrasierten Haare ermittelt. Bemerkenswert ist nun, daß sich die Rasierleistung der getesteten Apparate seit Jahren nicht mehr erhöht. Was ist geschehen? Haben die Forscher, die Techniker, die Produktentwickler versagt? Dies gewiß nicht, dafür sorgt mit eiserner Hand der Markt. Vielmehr verhält es sich so, daß hier ein Steigerungspfad bis zum Ende beschritten wurde. Die Entwicklung des Rasierapparates ist ausgereizt. Mehr als vollkommen glatt rasieren ist nicht möglich, dies aber können die Rasierapparate inzwischen.

In der Art und Weise, wie man in Politik und Wirtschaft

gegenwärtig über «Innovation» redet, schwingt ein geradezu metaphysischer Unterton mit: der Glaube, daß es mit dem Fortschritt ewig weitergehen könne. Nun gehört es ja zum Wesen der Metaphysik, daß man sie nicht definitiv widerlegen kann. Der Rasierapparat läßt uns aber einen Moment stutzig werden. Immerhin liefert er uns ein Beispiel für einen *endlichen* Steigerungspfad. Uns überkommt eine beunruhigende Vorahnung. Kann das Steigerungsspiel einmal zu Ende gehen?

Doch wir beruhigen uns sogleich wieder: Es ist ja nur der Grundnutzen, die Rasierleistung, die sich nun nicht mehr steigern läßt. Was hindert uns daran, nun den Rasierapparat mit zusätzlichen, über den Grundnutzen hinausgehenden Funktionen zu versehen und damit eben doch zu steigern? Man könnte zum Beispiel eine Digitaluhr einbauen, einen Rundfunkempfänger mit Anschluß für Kopfhörer, einen Rasierwasserspender. Man könnte vielleicht noch die Haltbarkeit oder die Speicherfähigkeit der Batterie steigern. Und man könnte immer wieder das Design verändern. Ein Zweifel freilich bleibt: Abgesehen davon, daß fraglich ist, ob die Konsumenten bestimmte Zusatzfunktionen überhaupt wollen, gilt ja möglicherweise auch für die «Nebensteigerungspfade» das Gesetz der Endlichkeit.

Nur das Design, die Ästhetik, muß man wohl von dieser Überlegung ausnehmen, aber nicht etwa deshalb, weil Ästhetik unendlich steigerbar wäre, sondern weil sie *gar nicht* steigerbar ist. Hier gibt es nur das andere, nicht das Bessere – sonst wäre Mozart besser als Bach, Beethoven besser als Mozart, Schumann besser als Beethoven. Anders als das Spiel von Ästhetik, Kunst, Design, Mode und Unterhaltung organisiert sich das Steigerungsspiel unter dem Prinzip des *Fortschritts im objektiven Sinn*. Es macht solche Steigerungen zum Thema, über die man sich verständigen kann, beispielsweise durch Meßverfahren entsprechend denen der Stiftung Warentest. Geschmacksfragen stehen auf einem ganz anderen Blatt. Insofern kann man sagen, daß sich die ersten Ahnungen einer Zeit *nach* dem Steigerungsspiel bereits Ende der sechziger Jahre mit dem Hervortreten der «Erlebnisgesellschaft» bemerkbar machten. Was sich damals artikulierte, erscheint bei einer kultursoziologischen Betrachtung zum heutigen Zeitpunkt als Beginn einer Selbstbesinnung der Menschen auf sich selbst. Der Siegeszug einer Lebensphilosophie begann, deren Kernidee darin besteht, das Subjekt zum Maß aller Dinge zu erklären. «Ich tue, was mir gefällt.»

Es hat einigen intellektuellen Reiz, das am Beispiel des Rasierapparates demonstrierte Modell der Endlichkeit des Fortschritts zu verallgemeinern. Wer konsequent mit dem Begriff Innovation umgehen will, muß diesen Begriff auch rückbezüglich anwenden. Was aber bei einer «Innovation der Innovation» herauskäme, wäre nichts anderes als ihre Aufhebung. Sollte das Modell des Rasierapparates verallgemeinerbar sein, so wäre der Regisseur dieser Aufhebung niemand anderes als die Innovation selbst. Sie schafft sich durch allmähliche Erledigung aller denkbaren Aufgaben am Ende selbst ab. Was dann noch bleibt, ist lediglich Variation, unendliches Durchspielen gegebener Möglichkeiten, nicht aber Innovation im Sinn einer Erweiterung des Möglichkeitsraums.

Empirie statt Utopie

Zunächst einmal geht es darum, diesen Gedanken überhaupt zuzulassen, ohne ihn gleich durch den Ausruf «So ein Quatsch» zu verscheuchen. Polemik ist oft ein Zeichen der Angst, und in der Tat hat der Gedanke etwas Beunruhigendes. Die Sozialwelt der Gegenwart wird vor allem über das Medium der objektiven Möglichkeitssteigerung integriert. Diese Sozialwelt müßte dann ja zusammenbrechen, und unzählige Menschen würden beschäftigungslos, Wirtschaftsor-

ganisationen würden verfallen, Universitäten und Forschungseinrichtungen müßten schließen, das herrschende
Orientierungssystem würde zusammenbrechen.

Man würde das gerade angedeutete Modell vom Ende des
Steigerungsspiels jedoch argumentativ verfehlen, wollte man
ihm solche Befürchtungen entgegenhalten. Es geht nämlich
keineswegs um einen *Vorschlag*, sondern um eine *empirische
Behauptung*. Dies zu unterstreichen ist deshalb nötig, weil in
den letzten Jahren und Jahrzehnten ständig vom Ende des
Wachstums die Rede war, aber in ganz anderer Weise als hier,
nämlich kulturkritisch, auffordernd, moralisch. Der Club of
Rome, die Umweltbewegung, die Technikskeptiker, die Kon-
sumkritiker, die Diagnostiker des Kulturverfalls, sie alle
reden in Imperativen: Aufhören! Verzichten! Machbares un-
terlassen! Dies mag aller Ehren wert sein, doch wird es angesichts der ungeheuren Sogwirkung des Steigerungsspiels
nichts bewirken. Die These von der Endlichkeit der Innova-
tionsgeschichte stellt keine Forderung auf, sie beschreibt die
Zukunft, die über uns kommen wird, gleichgültig, ob es uns
paßt oder nicht.

Über Ethik im nachmetaphysischen Zeitalter zu diskutieren, Rückkehr zu alten Werten zu fordern, von den Unternehmern Altruismus zu verlangen und von den Arbeitnehmern Verzicht, Utopien zu entwerfen, ein «Programm zur
Rettung des Planeten Erde» aufzustellen und so weiter: All
dies führt allenfalls zum Abbau psychischer Spannungen.
Das Steigerungsspiel macht den Eindruck eines «Attraktors»
der Chaostheorie. Wir sind in einer weltweiten Ordnungsstruktur gefangen und können diese nicht ändern, weder
durch Protest noch durch Hilfsappelle, noch durch Verwei-
gerung. Die Globalisierung hat den Spielraum, der den Staaten bleibt, um die sozialen Kosten dieser Ordnungsstruktur
abzufedern, enorm eingeschränkt; die Zunahme der Knappheit am Ende des Steigerungsspiels tut ein übriges. Zwar besteht kein Anlaß zum Fatalismus; immer noch gibt es ver-

schiedene Optionen, wie der Vergleich etwa der USA, der Bundesrepublik Deutschland und der Niederlande in der zweiten Hälfte der neunziger Jahre zeigt. Doch handelt es sich bei diesen Optionen um gesellschaftliche Varianten innerhalb, nicht jenseits des Steigerungsspiels. Dieses wird niemand einfach abstellen können, vielmehr wird es eines Tages einfach «ausgespielt» sein.

Zugegebenermaßen ist diese These unsicher und spekulativ. Aber gleiches Recht für alle: Die Gegenthese von der *Unendlichkeit* der Innovation ist auch nur eine Vermutung, wenn sie auch immer im Tonfall der Gewißheit vorgetragen wird. Untersuchen wir also die Begründung.

Theorie der endlichen Informationsressourcen

Meine Kernüberlegung läßt sich in einem Satz zusammenfassen: Das Steigerungsspiel beruht auf endlichen *Informationsressourcen*. Unter «Informationsressourcen» verstehe ich kognitive Bedingungen, die erfüllt sein müssen, wenn Menschen oder Institutionen eine Handlungslogik der Steigerung praktizieren. Ich werde gleich ins Detail gehen, doch zuvor will ich kurz versuchen, den Kerngedanken in seiner abstrakten Form zugänglicher zu machen.

Wenn man den Begriff Informationsressourcen zum ersten Mal hört, denkt man zunächst an abspeicherbares und jederzeit abrufbares Wissen. Das gesamte Steigerungsspiel beruht auf solchem «Steigerungswissen». Eines von vielen Beispielen ist die Methodik des naturwissenschaftlichen Experiments. Wie sollte sich dieses Wissen jemals erschöpfen? Es ist doch unendlich reproduzierbar. Gewiß: Daran kann kein vernünftiger Mensch zweifeln. Neben dem für wahr gehaltenen Wissen gibt es auch Informationsbedingungen, die tatsächlich *erschöpfbar* sind.

Zur Veranschaulichung eignet sich die Geschichte der

Geographie. Lange Zeit war die Geographie eine ausgesprochen innovative Wissenschaft. Diese Zeit war um die Jahrhundertwende unwiderruflich zu Ende, denn damals wurden mit der Erforschung der Antarktis die letzten weißen Flecken auf der Landkarte getilgt. Weil man nun so gut wie alles wußte, war die Steigerungsphase der Geographie vorbei. Eine Informationsressource geographischen Fortschritts war unwiderruflich versiegt: die *Unkenntnis.*

Ich gebe zu, daß es zunächst verwirrend scheint, ausgerechnet Unkenntnis als Informationsressource einzustufen, aber genau darum handelt es sich. Wenn man etwas *nicht* weiß, so weiß man gerade deshalb, was zu tun ist. Man mobilisiert methodisches Wissen, Vorkenntnisse über den Gegenstandsbereich, Kreativität, um dem Nichtwissen zu Leibe zu rücken. Dabei steigert man das Wissen, aber nur so lange, wie noch ein Vorrat an Unbekanntem zur Verfügung steht.

Betrachten wir nun die endlichen Informationsressourcen des Steigerungsspiels im Detail. Im einzelnen handelt es sich um vier Klassen von Informationsressourcen: *Nutzendefizite, Zielvorrat, Objektivierbarkeit von Erfolg* und *unentdeckte Invarianzen.* Was ist damit gemeint?

Nutzendefizite

Solange ein Rasierapparat noch nicht die überhaupt vorstellbare Maximalleistung der perfekten Glattrasur bringt, weist er ein *Nutzendefizit* auf. Für den Verbraucher mag dies unangenehm sein, die Produktentwickler aber freuen sich, weil es für sie noch etwas zu tun gibt. Wenn sie schließlich das Nutzenideal erreicht haben, kehrt sich das Verhältnis freilich um. Nun freuen sich die Verbraucher, während sich die Produktentwickler eine neue Aufgabe suchen müssen, denn eine ihrer Informationsressourcen ist aufgezehrt: das Nutzendefizit. Ein solches liegt immer dann vor, wenn ein Unterschied zwischen Nutzenideal und tatsächlich erreichtem Nutzenniveau eines Produkts besteht. Für alle Produkte, vom Schraubenzieher über den Staubsauger bis zum Datenspeicher, sind Nutzenideale definiert, denen sich die Produkte in manchmal Jahrtausende lang währenden Steigerungspfaden annähern.

Betrachten wir das Beispiel der Datenspeicherung. Eines der Nutzenideale ist hier die Konservierung von möglichst vielen Informationen auf möglichst geringem Raum. Von den urzeitlichen Höhlenmalereien führt ein direkter Weg zum Mikrochip. Nun ist allgemein bekannt, daß in den letzten Jahrzehnten die Technologie geradezu ins Galoppieren gekommen ist. Die Innovation rast voran, aber gewiß nicht ewig. Es gibt eine theoretische Obergrenze der Speicherkapazität, die «bald» erreicht sein wird, verglichen mit dem riesigen Zeitraum der bisherigen Produktgeschichte. In absehbarer Zeit wird die Informationsressource, das Nutzendefizit, ein für allemal verbraucht sein. Es wird zumindest in dieser Hinsicht nichts mehr zu tun geben.

Zielvorrat

Dazu ließe sich sagen: Es gibt ja noch genügend andere Ziele. Wenn wir eines erreicht haben, können wir unsere Innovationsenergie ja für ein anderes Ziel arbeiten lassen, das noch weit entfernt ist. Genau dies läßt sich im Gang der Kulturgeschichte immer wieder beobachten. Sobald ein Problem gelöst ist, werfen wir uns auf neue Aufgaben. Wir ähneln Reinhold Messner. Nachdem er den ersten Achttausender bestiegen hatte, machte er sich an den zweiten und so weiter. Aber im Jahr 1986, nach dem vierzehnten Mal, war zumindest diese Form des Weitermachens zu Ende, der *Zielvorrat* war verbraucht, denn es gibt nur vierzehn Berggipfel, die höher als achttausend Meter sind. Zwar bleiben dann immer noch die

Wüsten und die Pole als Extremziele, aber auch dieser Zielvorrat ist begrenzt. Übertragen wir nun diese Überlegung auf die Zukunft des globalen Steigerungsspiels. Müssen wir uns nicht auf einen Schwund noch unerreichter Ziele einstellen? Unser Repertoire an Bedürfnissen ist beschränkt, selbst wenn wir den Begriff des Bedürfnisses weit auslegen. Es gibt einen durch unser Menschsein bedingten, anthropologisch begrenzten Vorrat sinnvoll erscheinender Ziele, zumindest im Bereich der Produkte, die einen bestimmten Nutzen haben sollen.

Objektivierbarkeit von Erfolg

Aber ist es nicht so, daß Menschen die merkwürdigsten Dinge einfallen? Selbst wenn alles technisch Machbare gemacht ist, bleibt doch das Subjekt mit seinen Phantasien, Gefühlen, Erlebniswünschen als ein unerschöpflich scheinender Generator immer neuer Ziele übrig. Wir wollen doch ständig etwas und haben es nicht. Wir wollen geliebt werden, Schönes sehen, Ekstasen erleben, in kreative Selbstvergessenheit verfallen, einen exquisiten Geschmack spüren, das Gefühl haben, von jemandem vollkommen verstanden zu werden, glücklich sein. All diese Beispiele verweisen auf einen Bereich von Zielen, deren Ort *im Subjekt selbst* zu suchen ist. Hat man alles Äußere geschafft, bleibt im Inneren noch viel zu tun übrig – gerade reiche Leute sind oft sehr unzufrieden. Subjektiv definierte Ziele sind schwer zu erreichen, ändern sich ständig, widersprechen einander, lösen einander in ununterbrochener Reihenfolge ab, so daß man wahrlich nicht sagen kann, irgendwann einmal sei hier alle Arbeit erledigt.

Genau dies läßt sich auch im Gang der neuesten Kulturgeschichte verfolgen. In der Nachkriegsgeschichte Deutschlands hat sich ein Wandlungsmuster vollzogen, das zum ersten Mal in der Kulturgeschichte der USA auftrat und inzwischen zum globalen Muster wurde: die Transformation von der Überlebensgesellschaft zur Erlebnisgesellschaft. In der Erlebnisgesellschaft fließt immer mehr Arbeit in Tätigkeiten, die etwas mit subjektiv definierten Zielen zu tun haben. Eine riesige Konsumgüterindustrie ist entstanden, deren Artikel immer weniger unter dem Gesichtspunkt ihres objektiven Nutzens und immer mehr unter dem Gesichtspunkt ihres Erlebniswertes nachgefragt werden.

Inzwischen hat sich allerdings herausgestellt, daß der Glaube, man könne das subjektive Glück so planvoll steigern wie die Leistung eines Staubsaugers, auf einer Illusion beruht. Die Menschen erkennen allmählich, daß sich die Glückssuche, sofern sie damit nicht Materielles, sondern Empfundenes meinen, nicht in gewohnter Weise als Steigerungsspiel organisieren läßt. Was dabei fehlt, ist die Informationsressource der *Objektivierbarkeit von Erfolg*.

Invarianzvorrat

Eine letzte Klasse von Informationsressourcen versteht man am besten, wenn man sich die tragende Idee der Technikgeschichte vergegenwärtigt. Im siebzehnten Jahrhundert fand man für diese Idee die einprägsame Formel der «Überlistung der Natur mit ihren eigenen Mitteln». Worin aber bestehen diese Mittel? Die Antwort ist eindeutig: in *Invarianzen*. Alle bisherigen technischen Fortschritte beruhen auf der Ausbeutung unseres Wissens über Invarianzen, die wir mit verschiedenen Grundbegriffen zum Chaos erfassen, etwa: «Naturgesetze», «Strukturen», «Wahrscheinlichkeiten». Ohne Invarianzen wäre jeder Versuch, den Möglichkeitsraum der Menschen auch nur um eine Winzigkeit zu verschieben, zum Scheitern verurteilt gewesen. Umgekehrt gilt: Mit jeder neuentdeckten Invarianz tut sich ein weites Feld von Nutzungsmöglichkeiten auf. Man denke etwa an die vielfältige Ausbeutung der Relativitätstheorie von der Atomtechnik bis zur Raumfahrt, um ein Beispiel dafür zu haben, wie sehr die Entdeckung von Invarianzen Innovationen auslösen kann.

Wird dies aber immer so weitergehen? Die meisten Naturwissenschaftler halten den Pfad der Erkenntnis für ewig. Doch woher wissen sie, daß sie recht haben? Die etwa von John Horgan vorgetragene These vom allmählichen Ende der Wissenschaft ist mindestens so plausibel. Der Vorrat der unserem Erkenntnisvermögen zugänglichen Invarianzen ist begrenzt. Wir nähern uns der Erschöpfung dieses Vorrats im selben Maß, wie die weltweit mobilisierte Forschungsenergie steigt. Das Schicksal der Geographie nimmt das Schicksal der Naturwissenschaft insgesamt vorweg.

Zwischenbilanz

Der Sozialwelt der Steigerung gehen die Informationsressourcen aus. Nutzendefizite verringern sich, Zielvorräte und Invarianzvorräte schwinden, die Objektivierbarkeit von Erfolg geht zurück. Die Erschöpfung der Informationsressourcen erfaßt alle zum großen Steigerungsspiel verzahnten Lebensbereiche: Wirtschaft, Technik, Naturwissenschaft, Arbeit, Bildung, Konsum, Politik. Auf manchen Steigerungspfaden sind wir bereits definitiv am Ende angelangt, bei anderen gibt es noch viel Steigerungsspielraum. Es geht hier jedoch nicht um einzelne Steigerungspfade, sondern um die Gesamtheit. Meine These meint das *Mischungsverhältnis von abgeschlossenen und offenen Steigerungspfaden in der Weltgesellschaft.* In diesem Mischungsverhältnis wächst der Anteil abgeschlossener Steigerungspfade rapide an.

Unsere in Jahrhunderten geschulte, wohlorganisierte und methodisch verfeinerte Steigerungsenergie wird aber nicht

weniger. Forscher, Unternehmensberater, Produktentwickler, Marketingspezialisten, wachstumsorientierte Wirt-
schaftstheoretiker, ständig nach mehr strebende Konsumenten, Politiker mit Heilsbotschaften auf den Lippen, sie alle
drängen sich im abnehmenden Bereich des noch Steigerba-
ren und erschöpfen seine noch verbliebenen Informationsressourcen um so schneller – ein sich beschleunigender Vorgang, eine Steigerung der Steigerung.

Das Ende der Sozialwelt der Steigerung wird nicht das Ergebnis von Entscheidungen, Bewußtsein und heroischen
ethischen Glanztaten sein. Wir werden uns mit allen Mitteln
und aller Energie gegen dieses Ende stemmen, wir werden
alles daransetzen, das alte Spiel fortzuführen – und es genau
dadurch um so schneller beenden.

Nirgendwo ist die Abenddämmerung des Steigerungsspiels am Ende des zwanzigsten Jahrhunderts deutlicher zu
spüren als auf dem Arbeitsmarkt der am weitesten fortge-
schrittenen Länder. Die Rationalisierung der Produktion, so
zeigt uns die Geschichte der Landwirtschaft, der Industriearbeit und nun auch der Dienstleistungen, ist kein unendlicher
Vorgang. Sie schreitet mit abnehmendem Grenznutzen
voran, bis wenige in der Lage sind, mehr Güter zu produzieren als früher große Schichten der Bevölkerung.

Nach der Rationalisierung der Dienstleistungen wird jedoch kein neues Auffangbecken zur Verfügung stehen, in
das die ungeheure Masse erübrigter Arbeitskraft einfließen
kann, um das Steigerungsspiel auf einem neuen Niveau fort-
zusetzen. Die nun schon im Alltagsdenken angekommene
Erwartung der «Informationsgesellschaft» ist meist mit genau dieser Hoffnung verbunden. Doch je mehr man dazu
übergehen wird, Informationen nach der Logik des Steigerungsspiels zu bewirtschaften, desto mehr wird sich das Spiel
beschleunigen, und desto eher wird es enden. Nur die nicht
rationalisierbaren Humandienstleistungen scheinen unerschöpflich: Pflege, Erziehung, Kommunikation, Bewußt-

seinsarbeit. Nefiodow erhofft sich davon einen neuen langfristigen Aufschwung, einen «sechsten Kontratieff». Vielleicht zu Recht – aber die Wirtschaftsweise des Steigerungsspiels wird sich für eine von solchen Tätigkeiten geprägte Sozialwelt nicht mehr eignen.

Vier Einwände

Gegen den soeben skizzierten Gedankengang läßt sich *erstens* einwenden, daß er spekulativ sei. Dies ist gewiß zutreffend, nur verhält es sich bei der herrschenden Annahme der ewigen Fortsetzbarkeit des Steigerungsspiels nicht anders. Es scheint mir jedoch nicht bloß Geschmackssache zu sein, welcher Theorie man den Vorzug gibt. Die These von der Endlichkeit bestimmter Informationsressourcen ist nicht ohne weiteres aus dem Weg zu räumen; sie läßt die hier vertretene Auffassung plausibler erscheinen als ihr Gegenteil.

Eine *zweite* Kritik könnte die großen Entwicklungsspielräume ins Feld führen, die auch gegenwärtig nach mehr als zweihundert Jahren Forschungs-, Industrie- und Technikgeschichte noch offenstehen. Es wäre in der Tat verwegen, die Rationalisierung der Produktion bereits am Ende zu sehen. Gleiches gilt für eine ganze Reihe sogenannter Zukunftstechnologien, etwa Photovoltaik, Medizintechnik, Werkstofftechnik, Umwelttechnik, Informationstechnik, Biotechnik, Robotik. Und wer wollte behaupten, daß etwa die Geschichte der Medizin schon im selben Stadium angelangt sei, in dem sich die Geographie Anfang des Jahrhunderts befand? Entgegnung: Zweifellos gibt es immer noch große Steigerungsspielräume, doch stellt die These vom Ende des Steigerungsspiels dies auch gar nicht in Abrede. Ich behaupte lediglich eine immer schnellere Zunahme des Anteils abgeschlossener Steigerungspfade im *Mischungsverhältnis* von offenen und abgeschlossenen Entwicklungslinien. Die Konsequenz wird sein, daß das noch Steigerbare immer schneller zu Ende gesteigert wird.

Eine *dritte* Gegenrede könnte die ökologische Herausforderung ins Feld führen. Gerade durch das Steigerungsspiel, so läßt sich argumentieren, handeln wir uns immer größere Umweltbelastungen ein. Nimmt man die Theorie der Informationsressourcen ernst, so bedeutet dies aber, daß das Spiel *weitergehen* kann, denn, so eigenartig es klingt, Probleme sind aus dem Blickwinkel der Steigerungslogik etwas Willkommenes: Sie «bessern» den zur Neige gehenden Zielvorrat wieder auf und «versorgen» uns mit neuen Nutzendefiziten. Bei dieser Kritik handelt es sich eigentlich um eine konsequente Anwendung der hier skizzierten Theorie. Doch die Anwendung geht nicht weit genug. Die Theorie besagt nämlich auch, daß die ökologisch erzeugten Informationsressourcen *endlich* sind. Schon jetzt befindet sich die Umwelttechnologie enorm im Aufschwung. Die ökologischen Probleme werden dem Steigerungsspiel einen letzten Aufschub verschaffen, denn sie lassen sich nur noch mit den Mitteln des Steigerungsspiels bewältigen. Es wird sich aber herausstellen, daß dieser Bewältigungsvorgang zeitlich begrenzt ist. Die umweltintensive Phase der Sozialgeschichte wird ebenso zu Ende gehen wie die Phasen der Landwirtschaft, der Industriearbeit und der massenhaften Dienstleistungen. Und schon in der umweltintensiven Phase wird die Bewältigung der ökologischen Herausforderung bei weitem nicht alle freigewordene Humanenergie binden können.

Bleibt ein *vierter* Einwand: Selbst in den reichen Nationen nehmen die sozialen Unterschiede rapide zu. Der Anteil der Menschen wächst, die in relativer Armut leben. Erst recht gilt dies global. Der größere Teil der Menschheit lebt unter Bedingungen, die der gutsituierte kleinere Teil für sich selbst entrüstet als unzumutbar von sich weisen würde. Grenzt es nicht geradezu an Zynismus, angesichts dieser Fakten vom Ende des Steigerungsspiels zu reden? Weisen nicht die Zahlen, die etwa im «Bericht über die menschliche Entwicklung 1996» im Auftrag der UNO veröffentlicht wurden, auf einen geradezu riesigen Steigerungsspielraum hin, der erst einmal auszuschöpfen wäre, bevor man beginnt, über die Zeit nach dem Steigerungsspiel nachzudenken?

Auch dieser Kritik kann ich teilweise zustimmen, dennoch glaube ich nicht, daß sie die These vom Ende des Steigerungsspiels widerlegt. Warum? Vor allem aus zwei Gründen: wegen des inzwischen erreichten Tempos der Globalisierung und wegen der am Ende des Steigerungsspiels aufbrechenden Krise der Nachfrage. Beides will ich kurz erläutern.

Globalisierung und Krise der Nachfrage

Globalisierung interessiert im Zusammenhang dieser Überlegungen vor allem in einer Hinsicht: Das Steigerungsspiel läßt sich nun in kürzester Zeit überall in der Welt, wo nationale Regierungen den Boden dafür bereiten, in Szene setzen. Das Beispiel von Korea zeigt, wie schnell eine Region den Anschluß auf hohem Niveau finden kann. Wir werden erleben, daß mehr und mehr Weltgegenden in immer kürzerer Zeit den Weg vom Anfang bis zum Ende des Steigerungsspiels durcheilen werden, jenen Weg, für den Westeuropa etwa zweihundert Jahre gebraucht hat. Wie im Fall der ökologischen Bedrohung gilt auch für die internationale Ungleichheit, daß sie zwar eine Informationsressource für das Steigerungsspiel darstellt, daß sich aber auch die Endlichkeit dieser Ressource erweisen wird.

Dies bedeutet jedoch mitnichten, daß Ungleichheit überhaupt verschwinden wird. Im Gegenteil: Sie wird zunächst weiter zunehmen, nicht nur im internationalen Vergleich, sondern auch innerhalb der Nationen. Dieses Phänomen ist eine unmittelbare Folge der Logik des Steigerungsspiels. In der Sozialwelt der Steigerung unterliegt auch Arbeit der

Steigerungslogik. Der Markt sorgt dafür, daß ein Anreiz für die Arbeitenden besteht, sich an immer neue, gesteigerte Produktionslandschaften anzupassen, sich für gewandelte Aufgaben zu qualifizieren, die Arbeitsleistung zu intensivieren. In der Sozialwelt der Steigerung ist Arbeit die bei weitem wichtigste Quelle von Geldeinkommen. Für die Arbeitgeber freilich ist Arbeit ein Kostenfaktor; sie stehen unter dem durch noch so viele Appelle nicht aufzuhebenden Druck, die Arbeitsproduktivität zu steigern. Immer wieder hatten sie dabei eindrucksvolle Erfolge, immer wieder brach der Arbeitsmarkt ganzer Branchen zusammen, wodurch die Arbeitenden zu schmerzhaften Anpassungen gezwungen wurden. Letztlich kam dies aber allen zugute, denn die Güter, für die man bisher viel Arbeit einsetzen mußte, ließen sich nun mit wenig Arbeit herstellen, so daß Arbeitsvermögen für die Produktion von Gütern frei wurde, die bisher nicht oder nur knapp verfügbar waren.

Am Ende des Steigerungsspiels aber geschieht folgendes: Die Rationalisierung der Produktion stößt in eine neue Größenordnung vor, für die dabei freiwerdende Arbeit gibt es jedoch immer weniger neue Beschäftigungsmöglichkeiten. Wegen des Zusammenhangs zwischen Arbeit und Geldeinkommen muß die Schicht der Bedürftigen wachsen. Dadurch fällt aber auch Nachfrage aus, was wiederum den Rationalisierungsdruck verstärkt und die Entstehung von Geldeinkommen durch Arbeit vermindert. Hier stößt das Steigerungsspiel also noch an eine andere Grenze als an die der Informationsressourcen. Ein Problem entsteht, das sich steigerungslogisch nicht bewältigen läßt, weil es durch die Steigerungslogik selbst bedingt wird. Die Informationsressource «Knappheit» wäre zwar vorhanden, man kommt aber nicht an sie heran, weil man sich selbst im Wege steht.

Auf welche Sozialwelt müssen wir uns einstellen? Wie wird die Wirtschaft funktionieren? Wie werden die Unternehmen operieren? Solche und viele andere Fragen sind keineswegs bloß Fragen an eine weit entfernte Zukunft, über die nachzudenken sich noch nicht so recht lohnt. Diese Zukunft, die Zeit nach dem Steigerungsspiel, ist bereits auf dem Vormarsch. Wir müssen uns mit Ungleichzeitigkeit arrangieren. Während das Steigerungsspiel in vielen Bereichen noch an Intensität zulegt, ist es in anderen Bereichen schon am Ende. Die Frage, wie man nach dem Steigerungsspiel leben könnte, ist jetzt schon da, und sie wird rasch weiter an Bedeutung gewinnen.

Von der Fortschrittswelt zur Kreislaufwelt: So könnte man den uns bevorstehenden fundamentalen Wandel charakterisieren. Die beiden Welten unterscheiden sich sowohl objektiv wie subjektiv.

Für die *Fortschrittswelt* gilt objektiv eine ständige Erweiterung des Möglichkeitsraums; das gesamte Wirtschaftsleben, die Wissenschaft, die Politik, der private Konsum, die Berufswelt, das Bildungswesen, alles ist darauf eingestellt. Es scheint paradox – die Erneuerung ist das wichtigste Traditionselement in der Fortschrittswelt, genauer: jener Typ von Erneuerung, der sich objektiv als Steigerung interpretieren läßt. Die Menschen haben sich so sehr daran gewöhnt wie die Menschen in einer Stammeskultur an ihre jahrhundertealten Riten. Subjektiv wird die Fortschrittswelt bestimmt vom Geist des *könnensorientierten Denkens*. Nichts wird hier so hoch bewertet wie Innovationen, die dazu führen, daß man nach ihrer Einführung mehr kann als vorher: mehr produzieren, mehr Daten speichern oder weiterleiten, mehr Funktionen in einem Gerät vereinen, mehr empirische Daten unter einem neuen wissenschaftlichen Paradigma subsumieren, Ressourcen sparen – Steigerung hat tausend Facetten.

Die *Kreislaufwelt* ist gewiß keine Welt ohne Veränderung, nur hat dort die Veränderung überwiegend horizontalen Charakter. Statt der Kategorie «mehr» regiert die Kategorie «anders». Es gibt Lebensbereiche, in denen dies schon längst der Fall ist, etwa die Mode, die Musik, die Literatur, die Malerei. Unterschiede lassen sich nicht in einer objektiv nachvollziehbaren Rangfolge anordnen; Steigerungsskalen sind nicht definierbar. In der Kreislaufwelt verschiebt sich die Grenze des Möglichen nur noch unwesentlich. Gewiß gibt es hier und da noch Steigerungen, doch reicht ihre Bedeutung nicht mehr dafür aus, sie zum tragenden Element der Sozialwelt zu machen. Die ineinander verzahnten Regeln und Routinen, nach denen das Alltagsleben der Menschen abläuft, zielen nicht auf die Erweiterung des Möglichkeitsraums, sondern auf den Aufenthalt im gegebenen Möglichkeitsraum. Subjektiv ist die Mentalität des könnensorientierten Denkens zurückgetreten; sie hat der Mentalität des *seinsorientierten Denkens* Platz gemacht. Dabei geht es den Menschen darum, sich gut in einer Situation einzurichten und sich das Leben schön zu machen.

Die Bezeichnung «Kreislaufwelt» könnte mißverstanden werden. Der Ausdruck meint lediglich, daß sich die Menschen in dieser Welt in größerem Umfang als die Menschen in der Fortschrittswelt mit *Periodizität* arrangieren müssen. Das lineare, für eine unbegrenzte Zukunft offene Zeitbewußtsein des Steigerungsspiels wird in den Hintergrund treten, ein zyklisches Zeitbewußtsein in den Vordergrund. In der Kreislaufwelt wird man nach dauerhaften Abstimmungen zwischen vielen verschiedenen Rhythmen suchen, die in unterschiedlichen Frequenzen pulsieren: menschliche, pflanzliche, jahreszeitliche Rhythmen in ihrer Asynchronizität auf dem Globus; Lebenszyklen von Produkten von der Neuanfertigung über die Wartungsphase bis zur Entsorgungsphase; Stoffkreisläufe; Tag und Nacht, Sommer und Winter im Zusammenhang mit der Energiebewirtschaftung.

Wenn das Steigerungsspiel zu Ende ist, wird das primäre Ziel der Menschen im Umgang mit der physischen Welt nicht mehr ihre «Überlistung» sein, sondern eine langfristige, möglichst störungsfreie, berechenbare Koexistenz. Das Prinzip des in sich geschlossenen Kreises und die Abstimmung unzählig vieler verschiedener Kreise wird dem Alltagsleben ein neues Gepräge geben und eine neue Wirtschaftsordnung begünstigen.

In dieser Wirtschaftsordnung wird sich ein Wertbewußtsein der *Annäherung* gegenüber dem jetzt vorherrschenden Wertbewußtsein der *Steigerung* durchsetzen. Die Produktwelt ist geistig ausgereift; grundlegende Produktideen ändern sich nur noch wenig. Man wird ein gegebenes Produkt nicht mehr bloß als Vorläufer eines wesentlich verbesserten Folgemodells begreifen. Was sich noch ändern kann und wird sind das Design und die symbolische Aufladung des Produkts, ansonsten herrscht eine Art säkularisierter Platonismus: Produktideale sind immer mehr in der Sphäre des bereits Erreichten definiert, weil man zunehmend daran zweifelt, noch wesentlich weiter in die Sphäre des bisher Unerreichten vorstoßen zu können.

Es gibt schon jetzt Beispiele für diese Form der Ökonomie, etwa das Essen, sofern es «gutes» Essen sein soll, oder die Kunst der musikalischen Interpretation. Gutes Essen und gute Musik sind keineswegs einfach herzustellen, sie haben ebenso ihren Preis wie hochwertige Möbel, Häuser, Kleider, Maschinen, Fertigungsanlagen, Transportmittel. Aber die Steigerungspfade, die zur idealen Qualität führen, werden von Anfang an als *endlich* vorgestellt. Das zum Unbegrenzten hin offene Steigerungsdenken der gegenwärtigen Wirtschaft, Technik, Politik und Konsumwelt wird verdrängt durch das Denken der Ankunft bei Idealen, man könnte auch sagen: der Ankunft des Menschen bei sich selbst.

GERHARD SCHULZE

Es war keineswegs meine Absicht, die Gegenüberstellung dieser beiden Welten mit einer Wertung zu verbinden, gar mit der Aufforderung, doch endlich von der Fortschrittswelt in die Kreislaufwelt umzusteigen. Die Fortschrittswelt hatte und hat immer noch ihren Sinn; sie hat uns in eine objektive Situation katapultiert, in der immer mehr Menschen die Frage nach dem Glück überhaupt erst stellen können, ohne ständig durch Überlebensprobleme völlig beansprucht zu sein. Im übrigen: Was sollen in diesem Zusammenhang Werturteile, seien sie kulturkritisch oder optimistisch? Das Steigerungsspiel ist viel zu mächtig, als daß wir die Wahl hätten, es einfach abzuschalten, wenn wir zu dem Urteil kommen, daß es nun genug sei.

Nur zwei Ereignisse können dieses Spiel beenden. Eines davon wäre ein ökologischer Kollaps. Wenn ich diesen bisher nicht in Erwägung gezogen habe, so vor allem deshalb, weil ich es für wahrscheinlicher halte, daß wir immer stärker auf die ökologische Herausforderung reagieren werden und sie mit den Mitteln des Steigerungsspiels schließlich auch bewältigen werden. Plausibel scheint mir diese Annahme deshalb, weil die ökologische Herausforderung einen enormen, bei weitem noch nicht erschlossenen Anreiz für die Fortsetzung des Steigerungsspiels liefert. Um es paradox auszudrücken: Die Verknappung der natürlichen Ressourcen schafft neue Informationsressourcen für die Fortschrittswelt. Das zweite Ereignis, welches das Steigerungsspiel zum Erliegen bringen kann, ergibt sich allmählich aus der Logik dieses Spiels selbst. Es ist *endogen* und besteht in der Erschöpfung seiner Informationsressourcen.

Der Übergang von der einen zur anderen Welt vollzieht sich gewiß nicht schlagartig, sondern im Lauf von Jahrzehnten. Schon jetzt aber gibt es Hinweise darauf, daß wir uns in der Übergangsphase befinden, auch wenn das Steigerungsspiel noch nie so mächtig schien wie jetzt. Ein Hinweis auf die Verringerung der Arbeit, über die auch sogenannte Jobwunder nicht hinwegtäuschen können. Ein zweiter Hinweis ist die Vermehrung von Produkten, die sich seit längerem nicht mehr wesentlich ändern, abgesehen vom Design – Produkte, die zu Ende entwickelt sind. Ein dritter Hinweis ist die enorme Zunahme der Bedeutung des Themas «Glück»: in den Zeitschriften, in Talkshows, in Gesprächen, im Psychoboom, in der Selbstreflexion. Die Intensivierung des Glücksdiskurses in den neunziger Jahren wird man später einmal als das Fanal eines kollektiven Lernprozesses deuten: als eine Hinwendung von der Mentalität des Könnens zur Mentalität des Seins.

Kollektives Lernen

In der Tat: Was ansteht ist ein kollektiver Lernprozeß. Aber sind kollektive Lernprozesse überhaupt möglich? Das Steigerungsspiel ist wohl das eindrucksvollste Beispiel dafür. Die Industrialisierung war ein allmähliches Begreifen, die gegenwärtige Globalisierung des Steigerungsspiels ist die Zwischenprüfung, die Bewältigung der ökologischen Herausforderung das Schlußexamen. Danach kommt die Praxis: der Aufenthalt in einem weitgehend zu Ende entwickeln Möglichkeitsraum. Es liegt eine schmerzliche Ironie darin, daß wir mit der mühsam erworbenen Steigerungskompetenz nun nicht einfach weiterleben können. Beim Lernen des Steigerungsspiels vermindert sich allmählich der Anlaß des Lernens. Wenn wir die Lektion endlich begriffen haben, brauchen wir sie kaum noch. Nun steht an, etwas ganz anderes zu lernen, nämlich zu *sein*, ein Kapitel, das nicht zu den Themen unserer vergangenen kollektiven Lerngeschichte zählte, das aber unausweichlich auf uns zukommt.

Braun, C.-F. v.: Der Innovationskrieg. Ziele und Grenzen der industriellen Forschung und Entwicklung. München / Wien: Hanser 1994

Heuser, U. J.: Tausend Welten. Die Fragmentierung der Gesellschaft im digitalen Zeitalter. Berlin: Berlin Verlag 1996

Horgan, J.: The End of Science. Facing the Limits of Knowledge in the Twilight of the Scientific Age. Reading Mass. 1996

Martin, H.-P. / Schumann, H.: Die Globalisierungsfalle. Der Angriff auf Demokratie und Wohlstand. Reinbek bei Hamburg: Rowohlt Verlag 1996

Nefiodow, L. A.: Der sechste Kontratieff. Wege zur Produktivität und Vollbeschäftigung im Zeitalter der Information. Sankt Augustin: Rhein-Siek Verlag 1996

Schulze, G.: Die Erlebnisgesellschaft. Kultursoziologie der Gegenwart. Frankfurt a. M.: Campus 1992

UNDP (United Nations Development Program): Human Development Report. New York 1996

Stephan Schmidheiny

INNOVATION UND
GLOBALE VERANTWORTUNG

Unternehmen erleben und nutzen in den letzten Jahren in verschiedenen Dimensionen neue Freiheitsräume. Der Kollaps des Sowjetimperiums und das damit manifest gewordene Versagen staatlich und zentral gelenkter Wirtschaft hat in vielen Teilen der Welt zu einer Öffnung und Belebung der Märkte geführt. Damit haben sich, zumal im Osten Europas und in Entwicklungsländern, für international operierende Unternehmen große Potentiale eröffnet, die in der Vergangenheit nicht zugänglich waren. Die elektronische Kommunikation ermöglicht die Nutzung dieser Potentiale mittels einer völlig neuen Art und Intensität globaler Unternehmensführung. Die Verbesserung und Verbilligung der Mobilität für Personen und für Güter bietet neue Chancen zur weltweiten Arbeitsteilung, und eine bei vielen Produkten und Dienstleistungen zu beobachtende Konvergenz der Nachfrage schafft die Möglichkeit, mit identischem Angebot und gleichen Standards weltweit aufzutreten.

Diese neuen Dimensionen von Freiheit für die Unternehmen haben zusammen mit dem technologischen Fortschritt zu einer bedeutenden Beschleunigung wirtschaftlicher Entwicklungen geführt, welche so weit geht, daß heute erfolgreiche Unternehmensführer mehr und mehr die Geschwindigkeit, mit der innovative Prozesse in Gang gebracht und umgesetzt werden können, für wichtiger halten als die Größe des Unternehmens an sich. Nicht «big», aber auch nicht unbedingt «small», sondern «fast is beautiful».

Wenn Entwicklungen und Erneuerungen im technischen und wirtschaftlichen Bereich immer rascher vor sich gehen, beginnen sich aufmerksame Mitbürger mit zunehmender Besorgnis zu fragen, ob diese Prozesse gesellschaftlich noch kontrolliert bzw. überhaupt kontrollierbar sind. Haben die menschliche Gemeinschaft und die in ihrem Namen agierenden staatlichen Institutionen praktische Möglichkeiten, unternehmerische Innovationsprozesse auf ihre Kompatibilität mit grundlegenden ethischen Normen zu überprüfen? Oder schafft sich die moderne Innovationsdynamik unkontrollierte Freiräume, indem sie durch ihre dauernde Beschleunigung den praktischen Möglichkeiten staatlicher Kontrolle schlicht davoneilt?

Neben der Geschwindigkeit der Innovationsprozesse ist die Globalisierung ein weiterer Grund zur Besorgnis, daß Unternehmen sich staatlicher Kontrolle und damit gesellschaftlicher Aufsicht entziehen könnten, denn Politik und damit auch die Prozesse der Gesetzgebung und Rechtsanwendung sind auch im Zeitalter der Globalisierung weiterhin in der Hauptsache nationale Aufgaben. Die Mittel und Möglichkeiten des einzelnen Nationalstaates zur Kontrolle internationaler Wirtschaftsaktivitäten sind oft bescheiden im Vergleich zur Potenz und Dynamik der Unternehmen. Die Politik sieht sich ziemlich hilflos einer Entwicklung gegenüber, welche in der Gesellschaft zu einer kritischen Polarisierung führen kann, wenn diejenigen, welche den Willen und die Voraussetzungen dazu haben, von der Globalisierung zu profitieren verstehen, während andere, welchen diese Voraussetzungen – Bildung, Mobilität, Kapital, Technologie – fehlen, ihren Lebensstandard vom globalen Wettbewerb zunehmend bedroht sehen. Mit dem Lebensstandard eines Teils der Bevölkerung ist aber auch der soziale Frieden bedroht, wenn die politischen Mechanismen nicht mehr greifen, welche in der Vergangenheit zu einem Ausgleich zwischen Erfolgreichen und Bedürftigen geführt haben.

Aus verschiedenen Perspektiven wird daher die Frage gestellt, wo und wie den neuen Dimensionen von Freiheit und Innovationsdynamik, welche Unternehmen in der globalen Wirtschaft finden und beanspruchen, Richtungen gegeben und Grenzen gesetzt werden müssen und können. Diejenigen, die aufgeschreckt sind durch die modische Überbetonung des «shareholder-value»-Ziels, kritisieren voller Skepsis, daß Unternehmen sich grundsätzlich an ihrer Profitmaximierung und nicht an menschlichen Werten orientieren, und fordern daher, daß die Gesellschaft und damit der Staat jederzeit in der Lage sein muß, Innovationen zu kontrollieren und gegebenenfalls zu unterbinden, falls sie ethische Normen verletzen. Wirtschaftsführer hingegen argumentieren, daß sich in jeder Innovation der Fortschritt der menschlichen Zivilisation ausdrückt und daß damit im Allgemeininteresse gehandelt wird. Liberale Vertreter der marktwirtschaftlichen Ordnung geben zu bedenken, daß jede Freiheit ihr Korrelat finden muß in der Verantwortung derer, die von ihr Gebrauch machen. Und Vertreter aller Richtungen sind sich einig, daß nicht alles gemacht werden darf, was gemacht werden kann. Aktuellen Anschauungsunterricht bietet zu diesem Thema die Frage der gentechnischen Veränderung von Pflanzen, Tieren und, in letzter Konsequenz, des menschlichen Erbguts.

Mit der Forderung nach der Unterscheidung zwischen dem Machbaren und dem, was gemacht werden darf, sind nicht nur die einzelnen Wirtschaftssubjekte angesprochen, sondern die Wirtschaftsordnung und die sie bestimmenden Regeln. Müssen und können die Akteure der Marktwirtschaft verpflichtet werden, ihre Profitorientierung nicht nur gesetzlichen, sondern auch grundlegenden ethischen Geboten unterzuordnen? Ist es denkbar und möglich, ihnen eine kritische Selbstkontrolle ihrer Aktivitäten und insbesondere ihrer Innovation aufzuerlegen, und kann eine solche Verpflichtung gegen die, die sie nicht einhalten, auch durchgesetzt werden? Wer stellt die Normen auf, welche Instanz erklärt sie als allgemein verbindlich? Wie artikuliert sich die Gesellschaft, wenn die etablierten politischen Mechanismen und die zuständigen staatlichen Organe mit diesen neuen Aufgaben überfordert sind?

Es gibt offensichtlich mehr Fragen als Antworten, und Antworten werden je nach Standpunkt und persönlichem Interesse unterschiedlich ausfallen. Menschen, für die letztlich jedes relevante Maß als Geldwert ausgedrückt werden kann und muß und die darauf vertrauen, daß die unsichtbare Hand des Marktes deshalb alle relevanten Werte gebührend berücksichtigen wird, werden Mühe haben mit der Vorstellung, daß es neben den monetären auch noch immaterielle Werte gibt.

Wenn aber unkontrollierte Entwicklung nicht sein darf und effektive staatliche Kontrolle nicht gewährleistet ist, dann stellt sich zwangsläufig die Frage nach neuen Kontrollmechanismen. Die Forderung nach Eigenverantwortung von Wirtschaftssubjekten, die unkontrolliert, weil unkontrollierbar, ihre Eigeninteressen verfolgen, erscheint entweder idealisierend oder gar fatalistisch. In der modernen, hochkomplexen Industriegesellschaft wird dieses Regulativ aber immer deutlicher zu einem unverzichtbaren Steuerungsinstrument.

Verantwortung wahrnehmen bedeutet hier, zwischen verschiedenen miteinander konkurrierenden Interessen abzuwägen und zu entscheiden. Dabei sind *Werturteile* auf der Basis ethischer Normen unumgänglich. Menschen, die gewohnt und trainiert sind, tun sich oft erstaunlich schwer mit der scheinbaren Komplexität von Entscheidungen, welche auch anhand «nur» ethisch begründeter Normen abzuwägen sind. Aber gerade auf dieser Ebene, die rein rationale Betrachtungsweisen – welche deshalb keineswegs weniger *wirklich* zu sein brauchen – verläßt, beginnt die eigentliche Aufgabe, eine eigene Verantwortung wahrzunehmen.

Das Gebot der Eigenverantwortung wächst in Dimensionen höchster Komplexität, wenn nicht nur zwischen divergierenden aktuellen Interessen abgewogen und entschieden werden muß, sondern *Interessen zukünftiger Generationen* zu beurteilen und zu berücksichtigen sind, wie dies im ethischen Gebot der Erhaltung einer lebenswerten und produktiven Umwelt der Fall ist. Wirtschaftliche Tätigkeit und Unternehmen, die sie ausüben, verbrauchen Ressourcen und belasten die Umwelt mit Emissionen und Abfällen. Dabei haben sie gesetzliche Einschränkungen und Auflagen zu respektieren, die in den letzten Jahren weltweit progressiv verschärft worden sind. Erfüllen Unternehmen ihre Verpflichtung gegenüber der Umwelt schon dann, wenn sie die gesetzlichen Normen respektieren? Sind sie durch den marktwirtschaftlichen Wettbewerb dazu legitimiert, zur Optimierung ihres Eigeninteresses nur das absolute Minimum zu tun, was qua Gesetz gefordert wird? Oder sind sie durch ethische Normen verpflichtet, in eigener Verantwortung Anstrengungen zu unternehmen, ihre wirtschaftliche Tätigkeit möglichst umwelt- und ressourcenschonend zu gestalten, um damit ihren Beitrag zu einer *nachhaltigen Entwicklung* zu leisten, die auch zukünftigen Generationen noch erlauben wird, ihre Bedürfnisse zu befriedigen.

Ich nehme an, daß heutzutage eine Mehrheit der Bürger moderner Industrienationen bereit ist, eine über das gesetzliche Minimum hinausgehende Verantwortung zur Vermeidung aktueller und zukünftiger Umweltzerstörung zu postulieren. Ich sehe aber genauso klare Anhaltspunkt dafür, daß nur eine Minderheit von Produzenten und Konsumenten wirtschaftlicher Leistungen im Alltag auch bereit ist, ihrer Forderung auch konkret nach zu leben. Mit diesem Widerspruch muß die moderne Demokratie und Marktwirtschaft leben lernen. Er wird normalerweise aus dem wachen Bewußtsein verdrängt, kann aber bisweilen mit explosiver Wucht zutage treten, wie das im Falle von Shell / Brent Spar zu erleben war, wo zwar der behördliche Bewilligungsprozeß ordnungsgemäß abgewickelt worden war, dann aber der durch die Medien hervorgerufene öffentliche Druck das Resultat dieses Prozesses vollständig desavouierte und den Konzern zwang, ungeachtet seiner rechtmäßigen Bewilligung eine andere Entscheidung in eigener Verantwortung zu treffen. Es ist anzunehmen, die Leitung eines Weltkonzerns werde aus einer solchen Erfahrung die Lehren ziehen, daß die Respektierung der gesetzlichen Ordnung nicht in allen Fällen genügt und daß eigenes Ermessen und eigene Verantwortung im Rahmen von Entscheidungsfindungen eine zunehmend wichtige Rolle zu spielen hat.

Wenn heute erst eine Minderheit bereit ist, in wirtschaftlichen Alltagsentscheidungen Eigenverantwortung bewußt wahrzunehmen, dann darf das nicht als Argument zur Preisgabe des Prinzips gebraucht werden. Es ist im Gegenteil ein Hinweis darauf, daß hier noch ein bedeutendes unausgeschöpftes Potential zur Regulierung des Wirtschaftsgeschehens vorhanden ist. Mit der vielfachen Überforderung des Staates stehen wir am Anfang eines gesellschaftlichen Lernprozesses, der dem Individuum den richtigen Gebrauch seiner Freiheitsrechte und die damit verbundenen Verpflichtungen erst wieder nahebringen muß. Wichtig ist, daß unter denjenigen, die in diesem Lernprozeß als Innovatoren vorausgehen, viele erfolgreiche Wettbewerber sind, denn Erfolg ist in der Wirtschaft erfahrungsgemäß das überzeugendste Argument, er spornt zur Nachahmung an.

Es ändern sich aber nicht nur die Spielregeln im Sinne von mehr Eigenverantwortung, sondern es wächst auch der Kreis der Akteure, welche gesellschaftliche Werte definieren und Anliegen vertreten. Früher handelte die Gesellschaft hauptsächlich durch die staatlichen Organe. Gesetzgebung, Rechtsprechung und -durchsetzung waren die erprobten Mechanismen. Doch in der neuen Weltordnung ergeben sich neue Kräfte, die ergänzend zum Staat und sogar an Stelle des Staates wirksam werden. Im neudeutschen Wirtschaftsjargon nennen wir die Akteure, die solche Kräfte verkörpern, die *stakeholder* des Unternehmens. Diese vertreten gegenüber dem Unternehmen andere Interessen als die *shareholders*, etwa diejenigen der zukünftigen Generationen. Diese Interessengruppen erheben ihre Forderungen oft nicht auf der Basis einer staatlichen Vorschrift, einer gesetzlichen Regelung, sondern berufen sich auf allgemeingültige ethische und sittliche Normen. Sie gehen ihrer Aufgabe mit zunehmend professionellen Methoden nach und werden dabei durch die Medien unterstützt, welche über die öffentliche Meinung die Verbindung zu den politischen Instanzen herstellen und damit gegebenenfalls konkrete Sanktionen einleiten können. In diesem Sinne üben Vertreter von *stakeholders* eine Aufsicht darüber aus, ob die Unternehmen ihre Eigenverantwortung anerkennen und in der Praxis wahrnehmen.

Diese Art der Einflußnahme Dritter ist inzwischen vielen Unternehmensleitern aus eigener Erfahrung bekannt. Auch offene Fragen bezüglich der rechtsstaatlichen Legitimation dieser Akteure und gelegentlicher Mißbrauch ihrer Position schaffen diese neue gesellschaftliche Kraft nicht aus der Welt. Es liegt deshalb im eigenen Interesse der Unternehmen, mit diesen neuen Akteuren in geeigneter Art zusammenzuarbeiten, deren Anliegen kennenzulernen und im Rahmen ihrer Entscheidungsfindung zu berücksichtigen. Dies kann einen für alle Beteiligten nutzbringenden Prozeß der Wahrnehmung unternehmerischer Eigenverantwortung auslösen. Gerade innovative Unternehmen wissen, daß der Anstoß zu erfolgreicher Erneuerung häufig nicht von «zuständiger Stelle» her erfolgt, sondern von Menschen, die Althergebrachtes und Bestehendes kritisch hinterfragen, die Zusammenhänge zwischen divergierenden Interessen erkennen und herstellen können und die bereit sind, ihre Überzeugung auch gegen Widerstände und vorherrschende Meinungen zu vertreten.

In diesem Sinne haben wir aus Anlaß des Umweltgipfels von Rio 1992 den Begriff der *Öko-Effizienz* geprägt (vgl. das Buch *Kurswechsel*, Globale unternehmerische Perspektiven für Entwicklung und Umwelt, München: Artemis & Winkler 1992). Mit dem Prinzip Öko-Effizienz haben Unternehmen einen positiven Zugang zum Thema Umwelt gefunden, das früher aus rein wirtschaftlicher Sicht hauptsächlich negativ determiniert war, denn Öko-Effizienz bekennt sich zu einer besseren Zukunft und bejaht grundsätzlich den Fortschritt nach dem Motto, das Bessere sei der Feind des Guten. Wesentlich ist, daß der Fortschritt in Richtung zunehmender Nachhaltigkeit weist, daß möglichst vielen Menschen die Chance offensteht, am Fortschritt teilzuhaben, und daß die Unternehmen ihrerseits durch den Fortschritt in Richtung Öko-Effizienz wirtschaftlich belohnt werden.

Letzteres ist in einem gewissen Umfang bereits heute der Fall, da in vielen Industrien die Optimierung des Faktors Arbeit infolge der rasch steigenden Lohnkosten absolute Priorität hatte und die Effizienz im Einsatz von Rohstoffen und Energie vergleichsweise weniger vorangetrieben wurde. Daraus ergibt sich ein beachtliches Nachholpotential. Damit dieses optimal ausgeschöpft werden kann, müssen allerdings die wirtschaftlichen Rahmenbedingungen entsprechend weiterentwickelt werden. Im wesentlichen geht es um die sogenannte «Internalisierung» von Umweltkosten, die bisher nicht erfaßt wurden und die deshalb von der Allgemeinheit unbewußt getragen bzw. künftigen Generationen übertragen werden. Wenn mit fortschreitender Internalisierung der Umweltkosten die Preise von Rohstoffen, Gütern und Dienstleistungen zunehmend nicht nur die eng definierte ökonomische, sondern auch die ökologische Wahrheit sagen, dann wird Öko-Effizienz sowohl für die Umwelt als auch für die menschliche Gemeinschaft und die Unternehmen zu einem gewinnbringenden Prinzip.

Die Gesellschaft fordert mit zunehmender Dringlichkeit

eine umweltgerechte Wirtschaft und ein umweltverträgliches Wachstum. Öko-Effizienz, verstanden als permanente Suche nach ressourcenschonendem Fortschritt, leitet die unternehmerische Innovationsdynamik in diese Richtung. Unternehmen, welche die Zeichen der Zeit verstanden haben und in der Nachhaltigkeit eine der fundamentalen Herausforderungen der menschlichen Zivilisation erkennen, werden in ihrem eigenen Interesse in ebendieser Herausforderung Chancen zu neuen Wettbewerbsvorteilen suchen. Sie haben damit ein rationales Eigeninteresse, ihrer Umweltverantwortung innovativ nachzukommen. Es ist zu wünschen, daß auch die Vertreter der verschiedenen *stakeholders* ihren Einfluß auf Wirtschaft und Unternehmen so zur Geltung bringen, daß der Innovationsprozeß in Richtung Öko-Effizienz gefördert und nicht behindert wird.

Christoph-Friedrich v. Braun

IMMER SCHNELLER? –
IMMER MEHR? –
IMMER NEU? –
IMMER BESSER?

Wachstumszwang

Wachstum – ein Zauberwort unserer Zeit. Vergöttert und verflucht, Erfolgsmaßstab und Menetekel, Wohlstandsquelle und Wurzel des Übels. Wir fürchten das Wachstum der Weltbevölkerung und fördern zugleich den Kindersegen im eigenen Land. Produktionsverbesserungen und Umsatzsteigerungen, Ozonschichtabbau und Bodenerosion, Alterssicherung und Generationsentfremdung – alles kommt von, beruht auf, ist eine notwendige Begleiterscheinung von Wachstumsprozessen.

Wachstum ist im System eingebaut. «Wer nicht wächst, ist tot» (in bezug auf die Natur übrigens ein Irrtum: die langlebigsten Lebensformen wachsen am langsamsten). Das Zinsdiktat verlangt, daß Kapital wächst. Aus 100 Mark müssen mehr als 100 Mark erwirtschaftet werden. Und weil die Produktivität von Fertigung und Dienstleistung mit der Zeit zunimmt, müssen freiwerdende Kapazitäten durch Wachstum ausgelastet werden.

Was aber, wenn das Wachstum auf Grenzen stößt, wenn Märkte saturiert sind oder langsamer wachsen, wenn der Reiz des Hergebrachten also nachläßt? Bevölkerungen können nur wachsen, wenn mindestens eine von zwei Bedingungen erfüllt ist: Entweder es gibt mehr Mittel zu deren Versorgung oder die vorhandenen Mittel können weiter gestreckt werden. Die bisherigen Erfahrungen der Geschichte deuten an, daß beides im Rahmen gewisser Grenzen stets machbar war. Ähnliches gilt für Unternehmensumsätze. Sie können nur wachsen, wenn vorhandene Märkte es hergeben oder aber neue Märkte angezapft werden können. Erst in den letzten 20 Jahren sind Zweifel aufgekommen, ob dies auf alle Zeiten auch so bleiben muß.

In der Situation hungriger, aber kaufkräftiger Märkte wie im Nachkriegseuropa oder im Südostasien der letzten 10 Jahre war Wachstum in der Regel kein Problem, auch ohne intensives Marketing. Die Nachfrage sog alles auf, was die Hersteller anbieten konnten. Heute ist das nicht mehr so. Viele Märkte sind saturiert. Wenn z. B. jeder Haushalt bereits einen oder sogar zwei Fernsehgeräte besitzt und die Zahl der Haushalte nicht wächst, wird es zunehmend schwerer, den Absatz von Fernsehgeräten weiter zu steigern. Mehr als die Befriedigung des Ersatzbedarfs ist dann nicht drin. Es sei denn, man findet neue TV-Märkte.

Auch andere Begrenzungsfaktoren als Marktsättigung können das Wachstum begrenzen. Autofahren z. B. und damit auch Autokaufen wird immer unattraktiver, je mehr Autos die Straßen bevölkern. Auch Auflagen, Steuern oder Einschränkungen können seine Benutzung begrenzen, lange bevor jeder Bürger ein eigenes Auto besitzt.

Der allgemeine Wachstumszwang nimmt auf begrenzte Märkte oder Absatzchancen allerdings wenig Rücksicht. Motivations- und Wertsysteme, Lob und Lohn sind weiterhin auf Mehr, Schneller und Größer ausgerichtet. Wenn alle Wachstumsquellen nicht mehr sprudeln, müssen andere aufgespürt werden. Dafür gibt es im Prinzip nur fünf Möglichkeiten:

- höhere Marktanteile
- neue Absatzwege
- neue Absatzregionen
- Kooperationen
- Innovationen

Oft genug funktionieren diese Möglichkeiten sehr gut. Es gibt unendlich viele Beispiele von Unternehmen, die es unter Zuhilfenahme einer oder auch mehrerer von ihnen geschafft haben, von einer Phase der Stagnation zu gesundem und langfristigem Wachstum zurückzufinden. Dennoch hat jede Wachtumsquelle auch ihre besonderen Eigenheiten und Probleme.

Marktanteile in einem stagnierenden Markt zu gewinnen, stößt stets auf unmittelbaren Widerstand der Wettbewerber. Der «Kauf» von Marktanteilen durch Rabattaktionen, Werbefeldzüge oder andere Mittel kann daher oft teuer werden und zu ruinösen Preiskämpfen führen. Die gegenwärtige Situation im deutschen Waschmittelmarkt etwa, wo es auf Grund einer gut versorgten, aber stagnierenden oder sogar rückläufigen Bevölkerung kein Mengenwachstum mehr gibt, ist hierfür bezeichnend. Der Kampf um Werbeflächen und TV-Sendezeiten unter den Riesen der Branche ist überall sichtbar.

Alternative Absatzwege, d. h. den Zugang zum Kunden auf neuen Wegen zu finden, setzt zunächst die Existenz und das Auffinden solcher Wege voraus. Ein eventueller Konflikt mit vorhandenen Distributionskanälen kommt oft noch hinzu. Ein Unternehmen, dessen bisheriger Erfolg z. B. auf dem Versand von Produkten beruht oder das seinen Absatz über Zwischenhändler abwickelte, wird sich schwertun, plötzlich eigene Läden zu eröffnen. So wäre Kodak kaum gut beraten, eine eigene Kette von Photogeschäften zu gründen, in denen die Konkurrenzprodukte von Fuji und Agfa nicht angeboten würden. Das Unternehmen müßte nicht nur den Zorn des etablierten Photohandels befürchten, es gäbe auch organisationsinterne Widerstände und reale wie mentale Vorbehalte gegen den Aufbau einer ungewohnten, unbekannten und wahrscheinlich riskanten Vertriebsschiene.

Auch die dritte Wachtumsquelle, *der Weg in neue geographische Regionen*, vor allem ins Ausland, ist nicht immer einfach. Hier kommt es entscheidend auf die Anpassungsfähigkeit an. Viele Unternehmen, auch deutsche, beherrschen diese Kunst gut. Dennoch geht der Weg nach draußen oft schief, sei es auf Grund politischer Risiken, unterschiedlicher Normen, Kulturen und Werthaltungen oder weil sich zunehmend auch in anderen Ländern eine wettbewerbsfähige Industrie etabliert hat, die ihren Heimatmarkt mit allen Mitteln verteidigt. Die Autoindustrie ist hierfür ein hervorragendes Beispiel. In den 50er Jahren gab es nicht mehr als ungefähr 10 Länder, in denen die Autos für die ganze Welt (exkl. sozialistische Länder) hergestellt wurden. Heute sind es weit über 50, die mit unterschiedlichen Wertschöpfungstiefen aktiv auf diesem Markt tätig sind und ihrerseits ebenfalls exportieren wollen. Überall werden neue Fabriken gebaut, alte aber nicht zugemacht. Bis zum Jahr 2000 wird die weltweite Autoproduktionskapazität daher auf 80 Millionen Stück angestiegen sein, die Nachfrage aber nur bei 60 Millionen Stück liegen. Selbst wenn die gesamte US-Autoindustrie stillgelegt würde, gäbe es weltweit immer noch Überkapazitäten. Der Weg nach draußen ist nicht mehr mit goldenen Steinen gepflastert.

Kooperationen, sei es durch Übernahmen, strategische Allianzen, Partnerschaften oder andere Formen des Zusammengehens sind seit den 80er Jahren ein beliebtes unternehmerisches Wachstumsmittel. Das Volumen der Fusionen und Übernahmen in den USA belief sich allein im Jahr 1995 auf 515 Milliarden $. Von allen Wachstumsmitteln wirken solche Instrumente wahrscheinlich am schnellsten, weil sich auf dem Papier zumindest die Umsätze der beteiligten Unternehmen einfach addieren lassen. Zahlreiche Studien und Statistiken weisen allerdings auf eine erbärmliche Erfolgsquote von Übernahmen hin. Die Beratungsfirma McKinsey z. B. stellte fest, daß unter den 116 größeren Akquisitionsfällen, die sie über einen Zeitraum von 11 Jahren verfolgte, ganze 23 % ihre eigenen Übernahmekosten erwirtschafteten. Ähnliches gilt bei Allianzen, wo die beteiligten Firmen ihre jeweilige Selbständigkeit bewahren. Die Erfahrung zeigt, daß Partnerschaften zwar ein sehr wirksames Wachstumsmittel sein können, aber nur in seltenen Fällen die in sie gesetzten Erwartungen erfüllen. Hauptgründe hierfür sind unterschiedliche Unternehmenskulturen, der Mangel an einem festen inneren Bekenntnis der beteiligten Partner zur Gemeinsamkeit und unterschiedliche Vorstellungen über die strategischen Allianzziele.

Bleibt also *Innovation*. Wahrscheinlich gibt es heute nur sehr wenige Unternehmen, die sich dieses Wort nicht auf die Fahne geschrieben haben. Dabei wissen viele nicht so recht, was Innovation eigentlich ist. Im Englischen jedenfalls existiert der Begriff mindestens seit dem 15. Jahrhundert. Er bezeichnet ebenso wie heute im Deutschen ganz generell die Einführung oder Anwendung von etwas Neuem, einer neuen Idee, eines neuen Verfahrens oder Geräts, wobei es nicht nur um die technische Erfindung geht, sondern auch um ihre wirtschaftliche Umsetzung.

Ein wenig Innovationsgeschichte

In früheren Jahrhunderten erfolgte das Auftreten oder Nichtauftreten solcher Neuigkeiten weitgehend zufällig. Innovationen geschahen oder geschahen nicht, je nachdem, ob ein Erfinder auf eine gute Idee stieß, die von ihm selbst oder einem anderen erfolgreich vermarktet werden konnte. Niemand wäre damals allerdings auf den Gedanken gekommen, daß es sich dabei um etwas handelte, das bewußt als Mittel eingesetzt werden konnte, um einem Unternehmen Wachstumsimpulse zu verleihen.

Auf diese Idee kam erst der geniale Erfinder Edison und Unternehmer wie Siemens, Krupp und andere kurz vor der Jahrhundertwende. Bis dahin wurde das Auftreten von technischem Fortschritt und Innovationen in der Euphorie der frühen Industrialisierung zwar bewundert, aber weitgehend als ein unkontrollierter und unkontrollierbarer Vorgang angesehen, der ähnlich wie das Wetter, in welcher Form auch immer, eben eintrat oder nicht.

Daß die Zeit reif für eine andere Sicht der Dinge war, belegt folgendes Zitat: «Die Industrie eines Landes wird niemals eine leitende Stellung erwerben und sich erhalten können, wenn das Land nicht gleichzeitig an der Spitze des naturwissenschaftlichen Fortschritts steht. Dies *herbeizuführen* ist das wirksamste Mittel zur Hebung der Industrie» (Werner v. Siemens, 1883, Hervorhebung vom Verf.).

In den 1930ern unterzog der Ökonom und Soziologe Joseph A. Schumpeter den Prozeß der Entstehung neuer Technologien auch wissenschaftlich einer genauen Analyse. Aufbauend auf den Lehren der Grenznutzenschule erarbeitete er eine Theorie der wirtschaftlichen Entwicklung, die insbesondere durch das Auftreten von «dynamischen Unternehmern» geprägt wurde, die durch *gezielte* (also nicht zufällig «geschehene») Innovationen einen Konjunkturaufschwung herbeiführten. Es gab dabei nicht nur Gewinner, sondern auch Verlierer. Und es war zu einem wesentlichen Teil die Entschlossenheit des Unternehmers, im Wettbewerb zu gewinnen, bzw. seine Furcht vor dem Verlieren, worauf die Dynamik freier Märkte beruhte.

Die Lehren Schumpeters und anderer Vordenker wurden nicht nur studiert und begriffen, sie werden heute auch mit wachsendem Engagement in der Praxis umgesetzt. Innovationen, ihre Menge, örtlicher Einsatz, zeitliche Staffelung und Verbesserungsgrad gegenüber Vorgängerprodukten werden gezielt als strategische Wettbewerbsregel genutzt.

Enorme Mittel werden für die Entwicklung neuer Produkte und Verfahren aufgebracht. Allein die Firma Siemens z. B. gibt ca. 1 Million DM *pro Stunde* für Forschung und Entwicklung (F & E) aus, Nächte und Wochenenden eingeschlossen. In der OECD, dem Club der ca. 25 westlichen Industrieländer, sind es insgesamt weit über 1 Milliarde $ pro Tag. Über 70 % dieser Summe werden in den Labors der Industrie ausgegeben. Ein etwas kleinerer Teil, je nach Land zwischen 30 % und 50 %, werden auch von ihr finanziert. Den Rest tragen Staat, Universitäten und sonstige Non-Profit-Einrichtungen. Nur ein relativ kleiner Teil der gesamten F & E-Aufwendungen (ca. 5–10 %) dient der zweckfreien Grundlagenforschung.

Industrieunternehmen überbieten sich heute gegenseitig darin, einen immer größeren Teil ihres Umsatzes für Innovationszwecke auszugeben. Bei internen Vergleichen dient regelmäßig der F & E-Aufwand der wichtigsten Konkurrenten als Maßstab für das eigene Forschungsbudget. Auf keinen Fall darf es geschehen, daß der Eindruck des Hinterherhinkens entsteht, denn dies könnte in der Öffentlichkeit oder im Markt leicht als geringere Innovationsbereitschaft oder als Innovationsunfähigkeit interpretiert werden.

Technologiewettlauf der Nationen

Warum das so gekommen ist, ist heute leicht nachvollziehbar. Die ersten Anzeichen, daß es zu einem Wettbewerb um Führungspositionen in der Technologie kommen würde, waren wahrscheinlich die russischen Atombomben der späten 40er Jahre. Wenn sich aber überhaupt ein fest datierbarer Startschuß zum Technologiewettlauf zwischen den Nationen festlegen läßt, dann war es der 4. Oktober 1957, als der erste russische Sputnik eine Umlaufbahn um die Erde erreichte.

Schon in beiden Weltkriegen war allen kriegführenden Parteien klargeworden, daß Technologie und die damit verbundenen Möglichkeiten einen kriegsentscheidenden Charakter angenommen hatten. Die englischen Jagdflugzeuge in der Battle of Britain, die deutschen sogenannten «Wunderwaffen» und vor allem die amerikanischen Atombomben von Hiroshima und Nagasaki legten dies auf eindringliche Weise nahe. Daß aber das Wohl ganzer Nationen auch außerhalb eines heißen Krieges von technologischen Fertigkeiten abhing oder abhängen sollte, wurde der breiten Öffentlichkeit erst massiv klar, als sich für die USA plötzlich die Gefahr abzeichnete, im Weltraum und im Umgang mit Raketen und anderen Weltraumtechnologien von der Sowjetunion überholt worden und ihr womöglich ungeschützt ausgeliefert zu sein. Der «Sputnik-Schock» führte zwischen 1957 und 1967 zu einer Verdoppelung der amerikanischen F & E-Aufwendungen auf ca. 30 Milliarden \$ (in \$ v. 1972). Relativ zum Bruttosozialprodukt (BSP) entsprach dies einer Verdoppelung von 1,5 % in 1957 auf ca. 3 % in 1964. Zum Vergleich: Noch gegen Ende des Zweiten Weltkriegs lagen die amerikanischen F & E-Anstrengungen bei ca. 10 Milliarden \$ bzw. 1 % des BSP.

Der Kern dieses enormen Zuwachses war das 1961 von Präsident Kennedy verkündete Apollo-Mondprojekt, dem ab Mitte der 60er Jahre praktisch unbegrenzte Mittel zur Verfügung standen. Demgegenüber fielen die anderen hochentwickelten Länder weit zurück. Im Jahre 1964 waren die amerikanischen F & E-Anstrengungen mit ca. 21 Milliarden \$ ungefähr dreimal so hoch wie die Englands, Frankreichs, Westdeutschlands, Japans, Kanadas, Hollands, Italiens und Schwedens zusammen. Von den ca. 770 000 in diesen neun Ländern in F & E beschäftigten Ingenieuren und Wissenschaftlern arbeiteten knapp 500 000 in den USA. Der jährliche Pro-Kopf-Aufwand für F & E in jenem Jahr lag in den USA bei ca. 111 \$ gegenüber ca. 40 \$ in England, dem damaligen

F & E-Zweitplazierten, 25 $ in der Bundesrepublik bzw. sogar nur 9 $ in Japan.

Selbstverständlich war es den Unternehmen in den anderen Industrienationen nicht entgangen, daß die wachsenden amerikanischen Forschungs- und Entwicklungsanstrengungen nicht nur den Bau von Mondraketen, Satelliten, Landekapseln und Bodenstationen ermöglichten, sondern indirekt auch zu technologischen Vorsprüngen auf anderen Gebieten wie Optik, Medizin- und Kommunikationstechnik, Datenverarbeitung, Materialwissenschaften und anderen führte, wo es seit jeher Konkurrenzbeziehungen gegeben hatte. Daß aus einem solchen technologischen später ein wirtschaftlicher und damit letztlich politischer Rückstand zu werden drohte, wurde von Jean-Jacques Servan-Schreiber 1967 in seinem Buch «Le défi américain» (Die amerikanische Herausforderung) hervorgehoben. Er warnte davor, daß mangels hinreichender eigener Technologieanstrengungen die europäischen Industrienationen in Gefahr stünden, zu einer wirtschaftlichen Kolonie der USA zu degenerieren.

Das Buch war ein Bestseller in vielen Ländern, auch in Japan. Es regte zahlreiche politische und wirtschaftliche Überlegungen seitens Staat und Industrie an, wie man auch in Europa mit Hilfe massiver Technologieprogramme einen ähnlichen Boom herbeizaubern könnte, wie ihn amerikanische Unternehmen durch Apollo erlebten. Nicht zuletzt dürfte das zivile englisch-französische Überschallflugzeug Concorde ein Ergebnis dieser Bestrebungen gewesen sein. Auch wenn schon vor dem Bau des Flugzeugs deutlich geworden war, daß es niemals seine eigenen Kosten wieder erwirtschaften würde, hoffte man doch auf ähnliche Spin-off-Wirkungen, wie sie bei Apollo aufgetreten waren. Die Sowjets sahen das ähnlich und begannen mit der Entwicklung ihrer eigenen überschallfähigen Tupolev 144, die der Concorde frappierend ähnlich sah. In den USA machte man sich zur gleichen Zeit ernsthafte Sorgen, daß die Concorde

den Verlust der amerikanischen Führungsposition im Luft-
fahrtbereich nach sich ziehen könnte und startete ein eigenes
SST (Supersonic Transport)-Projekt, das die Leistungen der
Concorde im Hinblick auf Reichweite, Geschwindigkeit und
Passagierzahlen erheblich übertroffen hätte, auf Grund wirtschaftlicher und ökologischer Überlegungen allerdings noch
vor dem Erstflug eingestellt wurde.

Mit diesen und ähnlichen Anstrengungen (in Deutschland
z. B. die diversen staatlich geförderten Datenverarbeitungs-
programme oder der Magnetschwebezug Transrapid) war
das Technologierennen zwischen den Nationen voll ent-
brannt. Selbst wenn dies in das allgemeine Bewußtsein der
70er und 80er Jahre nicht eindrang, für die USA hatte sich die
wirkliche Gegnerschaft zumindest bei zivilen Technologien
von der Sowjetunion auf die anderen westlichen Industrienationen verlagert. In allen OECD-Ländern kam es bis in die
90er Jahre zu kontinuierlichen Erhöhungen des F & E-Bud-
gets, sowohl im privaten wie im staatlichen Bereich. Erst
nach 1991 trat auf Grund der volkswirtschaftlichen Rahmenbedingungen in den drei größten westlichen Volkswirtschaften USA, Japan und Deutschland wieder eine gewisse Beru-
higung ein.

Seit Mitte der 90er Jahre steigen die Budgets in Japan und
den USA allerdings wieder an. Auch in Deutschland gibt es
zahlreiche Stimmen, die einen solchen Anstieg fordern.
Grund: Nach allgemeiner Überzeugung setzt wirtschaftliches Wachstum im heutigen globalen Wettbewerb die
Fähigkeit voraus, attraktive und wettbewerbsfähige Innovationen im Markt unterzubringen.

Dahinter steckt die Überzeugung, daß in einem mit allen Le-
bensnotwendigkeiten gut versorgten Markt innovationsbe-
dingtes Wachstum nur stattfinden kann, wenn die Abnehmer entweder bereit sind, die Attraktivität (und die Kosten)
neuartiger oder leistungsfähigerer Produkte und Technologien durch höhere Preise oder – bei gleichbleibenden oder sogar sinkenden Preisen – durch *früheres* Umsteigen auf ein
innovatives Angebot zu honorieren. Einfaches Beispiel: Ich
kann mir entweder alle fünf Jahre eine neue Kamera kaufen
und für ihre zwischenzeitliche technische Verbesserung einen höheren Preis bezahlen oder wegen des technischen
Fortschritts dies schon nach vier oder sogar drei Jahren tun
und dafür den gleichen oder sogar einen niedrigeren Preis
bezahlen. Für die Kameraindustrie schlägt beides als Wachstum zu Buche.

Wenn aber ein Anbieter die Kosten seiner technischen
Wachstumsanstrengungen nicht nur über den Preis, sondern
auch durch zeitlich frühere Umsatzrealisierung hereinholen
will, wird plötzlich die Zeit zu einem wichtigen Wett-
bewerbsfaktor. Jeder Anbieter muß dann versuchen, einen
Vorsprung vor seinen Wettbewerbern zu gewinnen oder –
anders ausgedrückt – bestimmte technische Leistungen vor
anderen anzubieten. Dies verleiht ihm vorübergehend eine
monopolähnliche Marktstellung und damit größere Freiheit
der Preisgestaltung, die zumindest so lange währen wird,
wie die Wettbewerber technisch (noch) nicht mit den gleichen Leistungen aufwarten können.

Selbstverständlich kann eine solche Führungssituation
ausgesprochen attraktiv sein. Sie ist die Grundlage der häufig beschriebenen und beschworenen Innovationsprofite.
Wenn ich etwas kann, was kein anderer kann, kann ich den
höchsten Preis verlangen, den der Markt hergibt. Die
Schlußfolgerung daraus ist das heute allgemein herrschende

High-Tech-Wettbewerbsparadigma: Wer schnell ist, wer als erster am Markt ist, der macht das Rennen. Unabdingbar, unweigerlich und garantiert.

Die Praxis ist leider etwas anders. Das liegt vor allem daran, daß der Zeitwettbewerb bei der Einführung neuer Technologien und Produkte mittlerweile zu einem allgemein geübten Wettbewerbsinstrument geworden ist. *Jedes* Unternehmen, das in einer auch nur ansatzweise vom Innovationsgeschehen geprägten Branche aktiv ist (und das sind heutzutage fast alle, sogar die Forstwirtschaft), will schneller als seine Konkurrenten sein. Dies entspricht einem überall in Staat, Wissenschaft und Wirtschaft vertretenen Kredo. Regierungen fordern Schnelligkeit von den jeweiligen nationalen Industrieunternehmen. Diese wiederum erklären «time-to-market» zu einem expliziten strategischen Ziel. Akademiker schreiben umfangreiche Lehrbücher über simultaneous engineering, linkage management, skunk works, Patentstrategien, conjoint analysis, Technologietransfer und diverse andere Verfahren der Innovationsbeschleunigung. Unternehmensberater helfen ihrerseits den Unternehmensleitern und F&E-Managern mit der Erstellung von Technologieportfolios zur Bewertung und Beschleunigung alternativer Technologieinvestitionen, vielversprechende F&E-Stoßrichtungen und -Entscheidungen. Und die F&E-Manager schließlich sehen sich konfrontiert mit Forderungen nach immer kurzfristigeren Meilensteinberichten, Kosten- und Zeitprognosen, Beschaffungs- und Abbruchentscheidungen, Wettbewerbsanalysen und Budgetanträgen.

Eskalation der Beschleunigung

Probleme bei alledem entstehen vor allem dadurch, daß das Beschleunigungsstreben zu einem industrieweiten Phänomen ausgeartet ist. *Alle* Unternehmen wollen schneller als die anderen sein. *Alle* setzen mit mehr oder weniger Erfolg die gleichen Beschleunigungsverfahren ein, um noch ein wenig früher als ihre Konkurrenten die Einführung der nächsten Produktgeneration verkünden zu können. Und weil alle mit denselben technischen und wirtschaftlichen Problemen ringen und dieselben technischen und wirtschaftlichen Erkenntnisse haben, wollen auch alle dieselben Märkte mit gleichen oder ähnlichen Produkten bedienen. Dies hat mehrere wichtige Folgewirkungen:

Die zeitlichen Abstände zwischen dem Erstinnovator und dem zweiten, dritten oder noch späteren Nachfolger werden immer geringer. In früheren Zeiten genossen Technologieführer oft langwährende, durch Patent- oder sonstige Maßnahmen geschützte Positionen. Xerox z. B. verteidigte jahrelang erfolgreich seine beherrschende Kopiertechnologie und war darin fast unangreifbar. Während eines Großteils der 80er Jahre ging es Apple mit seiner PC-Technologie ähnlich. Beide Firmen hatten etwas, das wirksam geschützt war und das Wettbewerber aus welchen Gründen auch immer nicht duplizieren konnten. Solche Situationen werden heute aber immer seltener. Technologiebedingte Vorsprünge sind gerade in schnellebigen Branchen wie der Elektronik von früher Jahren und Monaten heute auf Wochen, manchmal Tage geschrumpft. Die Hochtechnologie selbst hat durch die Entwicklung moderner Kommunikationsmedien dazu beigetragen, daß sich die Information über wissenschaftliche Erkenntnisse, technische Durchbrüche, Patentanmeldungen und neue Projektpläne buchstäblich mit Lichtgeschwindigkeit rund um den Erdball verbreiten.

Im Februar 1995 z. B. kündigte die japanische Elektronikfirma NEC die Herstellung des ersten experimentellen Speicherchips von 1 Gigabit Kapazität an. Nur zwei Tage später trat der Wettbewerber Hitachi mit der gleichen Ankündigung an die Öffentlichkeit. Chemiefirmen bieten innerhalb kurzer Abstände gleiche oder ähnliche Wirkstoffe an. Autofirmen kommen bei denselben Messen immer wieder mit neuen Fahrzeugkonzepten heraus, die identisch mit denen ihrer Wettbewerber sind, und stellen dann fast ununterscheidbare Freizeitautos, Combivans oder sonstige Innovationen vor, die im letzten Jahr niemand anbot und in diesem Jahr alle. Weil alle Konkurrenten dasselbe wissen und daraus dieselben Schlüsse ziehen, wird die Zeit, während deren gedankliche oder technische Führungspositionen mit entsprechenden Profiten honoriert werden können, entsprechend kurz.

Nicht zu übersehen ist im übrigen auch, daß es oft gerade *nicht* die ersten Anbieter im Markt sind, die langfristig den größten Erfolg haben, sondern intelligente Nachzügler, die die Fehler der Pioniere vermeiden und später eine bessere und abgerundetere Version desselben Innovationsgedankens einführen. Heimvideorecorder, permanenter Vierradantrieb, Computertomographen, Nierenlithotripter und viele andere neue Ideen der letzten Jahre und Jahrzehnte geben hierfür eindrucksvolle Beispiele ab.

Mit dem Bestreben, in schnellerer Folge mit neuen Produkten auf den Markt zu kommen, tritt zugleich ein allgemeiner Verfall von Produktlebenszyklen ein. Dieses Phänomen ist im Verlauf der letzten 20 Jahre oft dokumentiert worden. Die Zeit zwischen der Einführung eines neuen Produkts und seiner Überalterung auf Grund der Einführung eines noch neueren Produkts wird immer kürzer. Vor 50 Jahren etwa konnte der Anbieter eines erfolgreichen Pharmazeutikums noch mit einer Marktpräsenz von ca. 25 Jahren rechnen. Dieser Zeitrahmen ist heute auf ca. acht Jahre geschrumpft. Das hat mit der technischen Lebensdauer von Produkten und Geräten wenig zu tun. Im Gegenteil, gerade *weil* die Technik weiterentwickelt wurde, neigen die Produkte eher dazu, länger zu halten statt kürzer. Dieser Text z. B. wurde mit einem zwei Jahre alten, einwandfrei funktionierenden Computer geschrieben, der beim Kauf ein brandneues Produkt war, jetzt aber nicht mehr angeboten wird. Eisschränke und Spülmaschinen überdauern heute leicht 10 oder 15 Jahre, Autos erbringen Fahrleistungen von vier oder fünf Erdumrundungen, moderne Lastwagenreifen sogar 20 und mehr, eine durchschnittliche Spiegelreflexkamera dürfte ohne weiteres 1000 Filme überstehen und damit dem Privat-photographen für viele Jahre Freude bringen. Trotzdem kommen in immer schnellerer Folge neue, sogenannte inno-vative Produkte auf den Markt.

Grenzen der Beschleunigung

Für eine Weile mag eine solche Innovationspolitik sinnvoll sein und Früchte tragen. Solange Abnehmer davon über-zeugt werden können, daß sie stets das Neueste, Schnellste, Kleinste, Größte, Bunteste oder Erstaunlichste haben soll-ten, lassen sie sich vielleicht auch zu dessen Erwerb verleiten, sogar schon bevor das Vorgängerprodukt seinen regulären Dienst aufgegeben oder seine technischen Grenzen erreicht hat. Was aber, wenn die technische Neuheit eines Produkts und auch eine weitere Steigerung seiner Leistungsfähigkeit ihren Reiz zu verlieren beginnen? Das ist oft genug schon jetzt der Fall. Viele Computernutzer etwa klagen über die Unverständlichkeit und Unhandlichkeit jährlicher Software-auflagen, die außerdem immer größere Rechnerkapazitäten erfordern. Gleichzeitig müssen sie neben dem Kaufpreis für Hardware und Software auch regelmäßig mit einem erhebli-chen Umstellungs- und Lernaufwand rechnen, ehe sie ihre innovativen Neuerwerbungen nutzen können. Nicht nur die Charts der bestverkauften Musikstücke ändern sich immer schneller, auch die Trägermedien, auf denen diese Musik auf-gezeichnet ist, wechseln in immer schnellerer Folge. Der Wandel von Schellackplatte zu Langspielplatte zu Tonband-kassette zu Compact Disc zu Digital Audio Tape zu Minidisc usw. erfordert immer wieder und in immer kürzeren Abständen die Investition in neue Geräte und Anlagen, zu denen Verbraucher im abnehmenden Maße bereit sind, insbesondere wenn die wahrnehmbare Nutzen- oder Leistungssteigerung mit jeder Technologiegeneration immer kleiner wird.

Man muß sich ferner klarmachen, daß unter solchen Beschleunigungsbedingungen nicht die *Dauer* der Produktlebenszyklen das Wachstum hervorruft, sondern die *Verkürzung* dieser Dauer. Das, was als Wachstum empfunden wird, ist im Grunde nicht eine echte Marktausweitung, sondern nur die frühere Realisierung von Umsätzen, die ansonsten später stattgefunden hätten. Ein solches Wachstum kann daher nur so lange aufrechterhalten werden, als es Anbieter schaffen, die Verkürzung fortzuführen und immer kürzere Produktlebenszyklen durchzusetzen. Wenn die Zyklen nicht mehr kürzer werden, bricht das «Wachstum» ein. Daß das aber eintreten muß, ist sonnenklar, weil es eine eindeutige Untergrenze für die Dauer eines Produktlebenszyklus gibt: Kürzer als der Absatz nur eines einzigen Exemplars aus einer Produktgeneration kann sie nicht sein. Das führt zu einer interessanten Erkenntnis: Wenn das ultimative Ziel zahlreicher Fertigungsingenieure und Verfahrensentwickler, die berühmte «Losgröße 1», erst einmal erreicht ist, ist ein historischer Entwicklungsstrang an seinem Ende angelangt. Was dann?

Hinzu kommt, daß mit immer hektischerem Innovationsgeschehen die tatsächlichen oder vermeintlichen Verbesserungen zwischen Produktgenerationen immer geringer ausfallen. Wer kann schon heraushören, ob die Tonqualität auf einer Minidisc besser ist als die auf einer CD? Ist der neue Golf wirklich so viel besser als der alte, oder gibt es nur hier und da ein paar Verbesserungen etwa beim Platzangebot, der Kurvenhaftung, den Abgaswerten, die allerdings durch gestiegene Preise, mehr Gewicht oder höheren Verbrauch wieder relativiert werden? Typischerweise haben Firmen in entwicklungsintensiven Branchen heute mehrere Produktgenerationen gleichzeitig in den Labors und auf den Designbildschirmen. Es wird bereits Geld für die zukünftigen Produkte ausgegeben, deren Vor- und Vorvorgänger noch nicht einmal im Markt eingeführt sind. Die großen Autofirmen etwa arbeiten oft an bis zu vier Modellen gleichzeitig. Daß sich dabei das Ausmaß des technischen Fortschritts von der übernächsten zur überübernächsten Generation in Grenzen halten wird, liegt auf der Hand. Oft muß den Anbietern wegen des Innovationsfeuerwerks ihrer Wettbewerber ja auch mehr daran liegen, zur rechten Zeit mit einem neuen Produkt – *irgendeinem* neuen Produkt – zur Stelle zu sein, als den Abnehmern etwas wirklich Verbessertes vorzustellen. Ohnehin ist es oft schwer, bei überhöhtem Zeitdruck etwas vernünftig zu Ende zu entwickeln, so daß Unausgereiftes in die Fertigung geht, z. B. die verfrühte Einführung des (damals noch fehlerhaften) Pentiumchips durch Intel. Nicht selten passen Innovationen auch nicht in das Umfeld, in dem sie eingesetzt werden sollen. Beispiele dafür gibt es massenweise: Neue Kameras passen nicht zu alten Wechselobjektiven, neue Software paßt nicht zu vorhandenen Betriebssystemen, neue Küchengeräte passen nicht in dieselben Wandaussparungen wie die Vorgängergeräte etc. Die Frustration mit unausgereiften, fehlerhaften, technologie- statt nutzerfreundlichen und damit letztlich überteuerten Innovationen steigt stetig an.

Wegen des laufenden Stakkatos an Neueinführungen kann es darüber hinaus geschehen, daß Innovationen schon wieder veraltet sind, bevor der Kunde gelernt hat, sie richtig zu beherrschen oder sie auch nur abschreiben konnte. Wenn ein Neuprodukt erst einmal eingeführt ist, finden angemessene Unterstützungs- und Serviceleistungen des Herstellers für Vorgängerprodukte nur noch sehr unwillig statt. Statt dessen wird dann eher drängend der Erwerb des neuen Produkts nahegelegt, bei dem sich dann nach kurzer Zeit das

gleiche Spiel wiederholt. Gerade dort, wo wegen eines großen und funktionierenden installierten Bestandes an Altpro-
dukten Innovationen eigentlich mit der größten Vorsicht
eingeführt werden müßten, geschieht dies oft mit geradezu
rücksichtsloser Leichtfertigkeit, deren schädliche Folgen den
Kaufpreis leicht in den Schatten stellen können. Regelmäßig
müssen diese vom Abnehmer getragen werden. Kein Wunder, daß sich in veränderungsintensiven Branchen wie PCs
immer öfter Innovationsmüdigkeit bzw. eine allgemeine
Verweigerungshaltung bemerkbar machen. Unter Nutzern,
die auf das ordnungsgemäße und ergonomisch einwandfreie
Funktionieren ihrer Investitionen auf Gedeih und Verderb
angewiesen sind, kursiert heute bezeichnenderweise die
Faustregel: «Kauf nichts, was nicht mindestens ein Jahr im
Markt ist.»

Innovation = Fortschritt?

Das allgemeine Phänomen, das hinter solchen Innovations-
exzessen zum Vorschein kommt, ist die weitverbreitete
Gleichsetzung von technischem Wandel mit technischem
Fortschritt. Sie führt dazu, daß das Wort «Innovation» einen
stets positiven Beigeschmack bekommt. Ebenso wie Gesundheit, Wohlstand und einwandfreier Leumund gilt sie als etwas uneingeschränkt Erstrebenswertes. Begleitet wird dies
von dem Glauben, daß Innovationen ein Allheilmittel gegen
fast alle Übel dieser Welt sind. Sie sollen die nationale Wettbewerbsfähigkeit gewährleisten, Arbeitsplätze sichern, Ko-
stennachteile ausgleichen. Wachstumsimpulse gewähren,
das Steuereinkommen erhöhen, die Umwelt in Ordnung
bringen, den Menschen Bildung, Unterhaltung und Gesundheit sowie kreative und politische Freiheit schenken und den
ganzen Planeten in eine glückliche Zukunft führen.

Unglücklicherweise ist das nicht immer der Fall. Wie

überall, kann man auch hier des Guten zuviel tun. Innovationen, die an wirklichen Bedürfnissen vorbeigehen, die nur um ihrer selbst willen erfolgen, die nicht auf natürliche Alterungs- und Gewöhnungsprozesse Rücksicht nehmen, die übereilt und unausgereift sind, die nicht sämtliche betriebliche Erfordernisse des Innovators und des Marktes hinreichend in Rechnung ziehen, die «Neues» mit «signifikant Besserem» gleichsetzen und viele andere Schein- und Pseudoinnovationen kosten unnötig Geld, sowohl auf seiten des Anbieters wie des potentiellen Abnehmers. Sie schaden mehr, als sie nützen, und sie verhindern letztendlich diejenigen Innovationen, die wirklich nützlich und wichtig wären. Gerade von letzteren sind beliebig viele vorstellbar, selbst wenn sie vielleicht ein bißchen später auf den Markt kommen. Da erster am Markt zu sein nicht unabdingbar mit Erfolg verbunden und zweiter zu sein durchaus nicht tödlich sein muß, zeigt sich immer mehr, daß entscheidend nicht die schnelle, sondern die richtige Innovation ist. Die Technik bietet heute die Möglichkeiten, fast alles zu verändern. Nicht die Auswahl dessen, was verändert werden *kann*, sondern was verändert werden *sollte*, wird daher immer wichtiger.

Geert Lovink
im Gespräch mit Peter Saalbach

«DER KURZE SOMMER DES INTERNET»

Kaum Fleisch am Korpus, die Stimme so dünn wie das Haupthaar, fliegende Bewegungen und die Augen schreckhaft geweitet, wenn leibhaftige Menschen das Wort an ihn richten. Eine Person, so scheint es, die am liebsten unsichtbar wäre. Vorzustellen ist Geert Lovink, Internet-Spezialist und vielbeachteter Theoretiker der neuen Medienwelt.

Erste Auskünfte auf dem kurzen Weg von seiner Wohnung zum Ort des Interviews. Frage: «Was ist das Wesentliche im Internet?» Antwort: «Das Nichts. Das unsichtbare Netz.» Frage: «Was ist mit der Technik?» Antwort: «Nichts. Ein überlebter Begriff, der kaum noch zu hören ist. Was interessiert mich die Festplatte, der Bildschirm oder irgendein Software-Nippes?» Frage: «Ist es noch weit zu Ihrem Büro?» Antwort: «Das gibt es gar nicht. Was soll ich im Computerzeitalter mit einem richtigen Büro? Arbeiten kann ich an jedem Ort. Wann ich will. Wie ich will.»

Angekommen. Ein backsteinerner Rundbau in Amsterdam, von Touristen umkurvt, der wie eine geschrumpfte Burg aussieht: «De Waag». Im Erdgeschoß ein Internet-Café mit vier Bildschirmen, die jeder kostenlos benutzen kann. Im zweiten Stock ein Kuppelsaal, das «Theatrum anatomicum», wo Rembrandt sein berühmtes Bild «Die anatomischen Lektionen von Doktor Nicolaas Tulp» gemalt hat. Und im ersten Stock das Büro von Lovink, das es nicht gibt. Auf rund vierzig Quadratmetern.

Hier ist die wirkliche Zentrale für ein weltweit einzigartiges virtuelles Projekt. In diesem technisch vollkommen unscheinbaren Raum, wo ein paar junge Leute an Computern zarte Tippgeräusche verursachen und einige Kabel über Delfter Kacheln laufen, ist vor drei Jahren eine Stadt entstanden, die nur im Datenraum existiert. Wer die aus Bits und Bytes gebaute Metropole betreten will, muß den Internet-Paß besitzen und den Zugangs-Code für die Cyber-Metropole kennen: http:/www.dds.nl.

Wo immer der Netzreisende auch herkommt: Willkommen in Amsterdam! «De digitale Stad», von Lovink mitbegründet, wächst von Monat zu Monat. 60000 Netoyens sind gezählt und 8000 Homepages. Die Besichtigung per Mouse-Klick führt – eine kleine Auswahl nur – in Galerien, Buchhandlungen und Museen. Anwaltskanzleien und Banken bieten ihre Dienste an, der Friedhof öffnet sein Tor und ein virtuelles Hospital. Lesben, Schwule, Junkies und Jedermanns bitten zum Online-Talk, Amtspersonen stehen für Auskünfte aller Art bereit. Erste Verkehrssprache ist Niederländisch, damit kein Einheimischer sprachlos bleibt.

Dieses fluide Gebilde gilt als Prototyp eines von Kommerz und Politik unabhängigen lokalen Netzes im globalen Internet. Das verdichtete Daten-Konglomerat steht nicht unter der Kontrolle der Behörden, wird nicht vom Staat finanziert und wehrt dominierende kommerzielle Interessen ab.

Herr Lovink, Sie bauen an einer elektronischen Demokratie?
Nein! Eine Demokratie mit all ihren Gesetzen, Verfassungen, Spielregeln und Ritualen ist über das Internet nicht reformierbar. Woran ich arbeite, das ist eine elektronische demokratische Kultur. Eine virtuelle, außerparlamentarische, mit der Chance zur freien Meinungsbildung.

Der Altlinke Lovink hat nichts dazugelernt, außer Surfen im Internet?
Etwas ganz Wichtiges, was in Holland immer schon be-

liebter als in Deutschland war: Ich versuche alles, was ich mir ausdenke, auch zu praktizieren. Ich rede hier nicht von großartigen Visionen, sondern von einem bestehenden Projekt in meiner unmittelbaren Umgebung. Im Vordergrund steht die Verdichtung der Beziehungen zwischen den Menschen, vor allem derjenigen, die hier leben. Die Idee der Vernetzung ist alt, das digitale Medium ist neu. «De Waag» ist ein wunderbarer Ort für solche kulturellen Aufgaben. Hier führe ich auch die fußläufigen Touristen durch das «Theatrum anatomicum». Hier ist auch die «Gesellschaft für alte und neue Medien» untergebracht, die ich mitbetreibe. In diesem alten Gildehaus kreuzen sich die Koordinaten von Geschichte und Geographie.

Wieso der Geographie?

Die Hardware, auf der wir unsere gesamt Kultur und Kommunikation abspielen, kommt aus Japan. Die Programme kommen aus den Vereinigten Staaten. Europas Aufgabe ist es, die nötigen kulturellen Werte und Ideen zu liefern, die dann wieder in Programme übersetzt werden können. In dieser internationalen Arbeitsteilung wird von Europa erwartet, die Partituren von Bach und Beethoven sorgfältig zu verwalten, die Malerei von Rembrandt und van Gogh weiterleben zu lassen und die Theatertradition von Shakespeare und Beckett. Die Europäer müssen herausfinden, welche schönen Sachen wir aus den Apparaten zaubern können.

Andere haben auch Kultur. Was prädestiniert die Europäer?

Die typisch menschlichen Charakterzüge sind zum Merkmal Europas geworden. Ein Schicksal, das die Europäer nach so vielen katastrophalen Fehlern in diesem Jahrhundert auf sich geladen haben. Dieser Kontinent ist verdammt, Kultur zu machen, die sich der technischen Mittel anderer bedient. Da wächst dem neuen Europa eine wichtige Rolle zu, wenn es um die Verbreitung der digitalen Maschinen geht, um die Verdichtung des Netzes. Der funktionale Gebrauch der Technik macht keinen Spaß.

Es gibt auch Zeitgenossen aus den Vereinigten Staaten, die sich am Diskurs über die neuen digitalen Werte beteiligen. Die Soziologin Sherry Turkle behauptet in ihrem Buch «Life on the screen», die neue Kommunikationstechnik werde das politische Leben von Grund auf ändern. Der Computer zwinge die Menschheit sogar, «ihre Identität neu zu bestimmen und zu bewerten». Warum kommen Sie vergleichsweise so bodenständig daher?

Eben weil ich Europäer bin. Tief verwurzelt in so vielen unterschiedlichen Kulturidentitäten, Traditionen und Gebräuchen, daß es gar nicht denkbar ist, die Welt könne noch einmal bei Null anfangen. Das kann nur ein Amerikaner schreiben, jemand, der naiv an die Technik glaubt, weil sonst so wenig Verläßliches für ihn da ist.

Es gibt auch andere Stimmen aus Amerika. Herbert Schiller, Kommunikationswissenschaftler aus San Diego, verkündete Anfang dieses Jahres auf dem Münchner Kongreß «Politik und Internet» in ernüchternder Weise: Allein die Gebote des Marketing bestimmten, wie das Neue in die Welt komme. Überall, nur nicht in Ihrer europäischen Freistadt?

Da mache ich mir keine Illusionen. Diese Freiräume wird es nicht mehr lange geben. Der kurze Sommer des Internet, als anarchischer und unendlicher Raum, wird bald beendet sein, mit Zugangsbeschränkungen, Inhaltsnormen und Verkehrsrechten. In diesen Prozeß mische ich mich ein, so gut es geht. Das amorphe Internet stellt eine existentielle Bedrohung für die Nationalstaaten dar, die für alles Regularien und Grenzen gesetzt haben. Das hat mit der Macht des Marktes weniger zu tun.

Vor ein paar Jahren existierten kaum kommerzielle Seiten im Internet, jetzt machen sie schon geschätzte 60 Prozent aus, und bis zur Jahrtausendwende sollen es fast hundert Prozent sein. Gibt es im Elektro-Netz für die Wirtschaft wirklich nichts zu holen?

Die Zahlen stimmen, und viele Leute glauben tatsächlich noch daran, daß sich hier ein neuer großer Markt entwickelt. Ich sehe die wirtschaftliche Bedeutung nicht. Über Internet kann man, im großen Stil, nichts verkaufen. Einige Tätigkeiten, wie die Geldausgabe von einem Konto, lassen sich automatisieren. Daran ist und war nichts Menschliches. Dem Kunden kann aber niemand verständlich machen, wo nun sein Vorteil liegen soll, wenn eine Beratung oder irgendeine andere Dienstleistung über elektronische Geräte abgewickelt wird. Das können die klügsten Marketing-Strategen nicht ändern.

In Deutschland wird nicht nur die Organisation des Internet heftig diskutiert. Es grassiert die Furcht, daß die Kinder am Computer verblöden könnten ...

... um Himmels willen. Wie das?

Der Computer gilt in vielen Familien und Schulen als Hemmnis für die freie geistige und emotionale Entwicklung. Ist das so absurd?

Jeder weiß doch, wie schnell das Lernen am Computer geht. Man sieht Kinder ganz früh Software schreiben, auf einer komplexen mathematischen Ebene, die viele Lehrer und Eltern niemals erreichen. Ich will ja nicht behaupten, daß alles Wissen der Welt schon im Netz ist, aber eine ganze Menge davon. Der Computer ist doch nur ein Apparat. Und das «digitale Zeitalter» bedeutet zunächst nur, daß alle Steuerungs- und Kommunikationsprozesse in den digitalen Code zergliedert werden. Das heißt nicht, daß es keine Arbeit mehr gibt, daß die physische Welt verkommt oder Kin-

der verblöden. Die Macht der Medien wird bei weitem über-
schätzt, weil alles noch so neu ist.

*Wie beurteilen Sie die verbreitete Furcht, in der Informati-
onsflut zu ertrinken?*
Totaler Unsinn. Nehmen wir das Fernsehen. Wenn es
Menschen davor gruselt, daß es 100 Fernsehkanäle gibt, dann
sollten wir möglichst bald 500 einführen. Und dann 1000.

Keine Sorge vor der Diktatur der Bilder?
Gerade durch diese Vielfalt wird die Macht der Bilder ge-
brochen, weil die Menschen dann lernen, diese Sprache richtig zu beurteilen und zu beherrschen. Sie werden damit umgehen, wie sie Auto fahren. Zur Zeit glauben viele Leute
noch, ein Anachronismus, daß sie besonders durch Bilder
manipuliert werden könnten. Was für ein Segen, daß in
Deutschland das Monopol von ARD und ZDF beseitigt ist.

Schöne neue Medienwelt?
Ich sage nicht, daß die Vielfalt zu einer höheren Qualität
führt. Es wird nur die Bedeutung der einzelnen Sender relativiert. Medien sind nicht die Welt, nur ein Teil davon. Mit
der Überbewertung geht auch die übersteigerte Angst ein-
her. Die Deutschen betreiben beides besonders gründlich.
Medien sind längst nicht so diskursiv wie vielfach angenommen, sie sind flüchtig und eher leicht.

Wie sieht Ihr Szenario für das Jahr 2010 aus?
In den kommenden Jahren gehen noch viel mehr Energien
in Richtung Umstrukturierung, Aufbau und Neuorientie-
rung. Das ist die Dynamik des postideologischen Zeitalters.
Schon in zehn bis zwanzig Jahren wird es dann keine Über-
bewertung der Telekommunikationssysteme mehr geben.
Die Vernetzung wird alle bis dahin entwickelten medialen
Elemente miteinander verbunden haben. Wir werden die

weitere Verdichtung der Infrastruktur erleben, vor allem der
Bevölkerung in den Städten. Was für Berlin vorauszusehen
ist, wo dieser Prozeß gerade beginnt, wird sich an vielen Or-
ten Europas abspielen. Erst wenn das losgeht, können wir das
Ausmaß der Vernetzung einschätzen und damit die Rolle des
Computers für das Zusammenleben der Menschen.

Letzte Auskünfte auf dem Rückweg vom Ort des Interviews
zum Haus von Geert Lovink, das er früher einmal besetzt
hatte und inzwischen als legalisierter Mieter bewohnt. Von
irgendwoher wehen Glöckchenklänge einer Hare-Krischna-
Gruppe herüber. Frage: «Was bedeutet Ihnen das Internet
im Alltag?» Antwort: «Kommunikation. Senden und empfangen. Ganz viele und ganz schnelle E-mails.» Frage: «Das
Internet ist nichts weiter als ein neues Postsystem?» Antwort: «Klar. Wenn da die Daten schießen, zwischen allen
möglichen Menschen, das ist das Schönste auf der Welt. Wie
ein Rausch.»

Willkommen bei Geert Lovink. E-mail: geert@xs4all.nl

John Kao

Die Vorzüge der
betrieblichen «Unordnung»

Unser Wirtschaftsleben ist von den Vorzügen der Ordnung geprägt. Die industrielle Revolution, der wir immer noch einen Großteil unseres unternehmerischen und betrieblichen Erbes verdanken, beruht selbst auf einem Unternehmensmodell, dessen Wertschöpfung sich aus der Ordnung ableitet. Zentrale Bestandteile dieses Modells sind einerseits die ‹economies of scale› (kostengünstige Produktion dank hoher Fertigungszahlen), die Planung und Umsetzung langfristiger Produktionsreihen sowie die Fehlerreduzierung und andererseits die Qualitätssteigerung, die Unumgänglichkeit von Kontrollen und das Primat der Effizienz. Die Kultur der industriellen Revolution spiegelt sich in einer Reihe psychologischer Fähigkeiten, nach denen eine starke Nachfrage besteht und die entsprechend hochdotiert sind; hierzu gehört die Fähigkeit, bei der Lösung betrieblicher Probleme rationale Standards anzuwenden und im Umgang mit komplexen Sachverhalten den Details besondere Aufmerksamkeit zu widmen. Hierzu gehört aber auch eine bestimmte Einstellung des Managements. Die Rolle des Managers ist die des Entscheidungsträgers, zu dessen Hauptverantwortung es zählt, das Chaos zu entwirren, Klarheit zu schaffen und die Dinge zu einem Abschluß zu bringen – kurzum, effektive Entscheidungen zu treffen.

Aber was wäre, wenn dieser traditionelle Ansatz im Wirtschaftsleben der Gegenwart nur von eingeschränkter Bedeutung ist oder sich gar als kontraproduktiv erweisen sollte? Was wäre, wenn die Wertschöpfung in Unternehmen heute in Wirklichkeit auf der Fähigkeit beruht, sich auf unklare Situationen einzulassen, auf unvorhergesehene und nicht voraussehbare Faktoren zu reagieren und innovative Wege zu finden, wie sich die Fähigkeit, Interessantes und Zukunftsträchtiges zu erkennen, in die organisatorische Praxis übersetzen läßt? Was wäre, wenn die eigentliche Herausforderung für Manager darin bestünde, neue Phänomene aufzuspüren, die intellektuelle Vielfalt zu steigern, die Bemühungen kreativer Talente zu fördern und die kreativen Ressourcen der Organisation nutzbar zu machen? Was wäre, wenn die entscheidende psychologische Begabung in der Fähigkeit bestünde, Neues intuitiv zu erkennen und Menschen dazu zu bringen, sich für inspirierende Ideen, aber dabei nicht eindeutig festzulegende Ziele und Resultate einzusetzen? Was wäre, wenn die Aufgabe des Managers, der diesen unternehmerischen Ansatz erfolgreich verfolgt, darin bestünde, ein Agent der *Unordnung* zu sein, eine wertvolle Form von Chaos in eine Ordnung zu bringen, die ansonsten möglicherweise Gefahr läuft, bürokratisch zu erstarren? Was wäre, wenn es zu dieser Rolle gehörte, mehr zweideutige Situationen zu schaffen, auf Kontrollen zu verzichten und gegenüber neuen Möglichkeiten aufgeschlossen zu bleiben? Kurzum, was wäre, wenn zu dieser Stellenbeschreibung zählte, daß Entscheidungen zugunsten von Entdeckungen, zugunsten der Vorzüge der Unordnung aufgeschoben werden sollen?

Aller Wahrscheinlichkeit nach werden diese hypothetischen Fragen zwei gegensätzliche Reaktionen hervorrufen. Die einen werden sofort begreifen, worum es dabei geht, das Gesagte für ganz offensichtlich halten oder ihm zumindest innerlich zustimmen. Und die anderen werden dies schlicht und einfach nicht tun. Beide Reaktionen sind symptomatisch: für diejenigen, die erkennen, daß sich die Form des ‹doing business› grundlegend wandelt, hin zu einer neuen

Wirtschaft, und ebenso für die, die dies nicht erkennen oder auch wider besseres Wissens auf dem bestehenden Konzept beharren.

Was ist mit der neuen Wirtschaft gemeint? Es handelt sich um ein Thema, über das viel gesprochen wird und über das auch viel gesprochen werden sollte. Im Kern meint die «neue Wirtschaft» ein System, in dem die Wettbewerbsfähigkeit von den Faktoren Geschwindigkeit, Originalität, Intelligenz und Wendigkeit bestimmt wird. Drei Aspekte sind in dieser Wirtschaft von zentraler Bedeutung: Ideen, die Begabung, die sie hervorbringt; und Systeme, in denen sie sich entfalten können. Eine Wirtschaft, in der die Gewinner dadurch, daß sie Standards setzen, das Potential dessen erleben, was Brian Arthur von der Stanford University «wachsende Erträge» genannt hat. Und eine, für die eine neue Einstellung des Managements von zentraler Bedeutung ist.

Im folgenden werde ich den «Vorzügen der Unordnung» nachgehen und dabei mein besonderes Augenmerk auf die organisatorische Kreativität lenken. In Unternehmen ist Kreativität per se etwas der Ordnung Widersprechendes, etwas, das die etablierte Ordnung unterminiert. Kreativität ist ein Prozeß, der etwas Neues entstehen läßt, etwas, das den Status quo in Frage stellt, das Elemente dessen enthält, was der Wirtschaftswissenschaftler Joseph Schumpeter «schöpferische Zerstörung» genannt hat. Wettbewerbsfähigkeit wiederum ist in der neuen Wirtschaft unauflöslich mit der Beherrschung der Kunst und Disziplin der betrieblichen Kreativität verknüpft. Wenn wir neue Produkte und Dienstleistungen entwickeln sollen, dann müssen wir unsere kreativen Ressourcen mobilisieren. Zur Kreativität zählt auch die immer vorhandene Möglichkeit, neue Verfahren und Methoden zu entwickeln. Vielleicht am wichtigsten aber ist, daß Kreativität zu neuen Wahrnehmungsweisen, zur Reperzeptionierung führt. Denn ist nicht ein Unternehmer letztlich jemand, der Möglichkeiten sieht, die andere nicht sehen? Für eine Veränderung der Wahrnehmung, die neue strategische Perspektiven eröffnet, ist Kreativität unverzichtbar. Die Art und Weise, wie wir die Dinge sehen, spielt eine entscheidende Rolle für die strategischen Einsichten, zu denen wir in der Lage sind. Pierre Wack, der Chef der Gruppenplanung bei Royal Dutch Shell, hat uns vor einigen Jahren mit «der Kunst der Reperzeptionierung» als Strategie vertraut gemacht. Strategie ist demnach nicht nur eine Frage der Extrapolation, sondern eine der grundlegenden Neuerungen und Entdeckungen. Sie ist ein durch und durch kreativer Prozeß. Doch wenn sich die Kreativität nicht entfalten kann und keine wirksame Strategie entwickelt wird, ist das Ergebnis lediglich ein trüber und letztlich wenig perspektivenreicher Neuaufguß des ohnehin Bekannten.

Aufgrund der wachsenden Unsicherheit, mit der sich die meisten Unternehmen konfrontiert sehen – einer Veränderung der Veränderungsrate sozusagen, einer Zunahme der ‹blinden Flecken›, der industriellen Unruheherde –, ist ein unverbrauchter Blick auf die Strategie unerläßlich. Wie auch immer man sein Ziel formuliert, ob man nun «die blinden Flecken aufdecken», «im Kampf um die Zukunft dabeisein», die «eigene Unternehmensökologie organisieren» oder «die eigenen strategischen Absichten» oder irgendeines der anderen Erfordernisse einer zukunftsgerichteten Steigerung definieren möchte: Kreativität steht immer im Mittelpunkt dieses Prozesses. Und Kreativität zu meistern bedeutet, Wertschöpfung auf der Basis der Vorzüge der Unordnung zu begreifen und in die Tat umzusetzen.

Das Umfeld,
das Kreativität erforderlich macht

Nach landläufiger Auffassung hat Kreativität etwas mit Brainstorming, lateralem Denken und Vorstellungsvermögen zu tun. Aber heutzutage muß Kreativität mehr sein als bloße Ideenproduktion, mehr als das Lämpchen, das plötzlich über dem Kopf eines talentierten Menschen aufleuchtet. Sie darf nicht nur aus augenblickshaften, vereinzelten Geistesblitzen bestehen, sondern muß zu einem permanenten Prozeß werden. Kreativität ist ein Prozeß mit einer eigenen Grammatik. Darüber hinaus hat sie etwas mit der Frage zu tun, wie Wissen gemanagt wird.

Ich habe mich mit dem Thema unternehmerischer Kreativität sowohl als Akademiker als auch in der Praxis auseinandergesetzt, und mich hat dabei überrascht, wie die Praxis der Kreativität die organisatorischen Fähigkeiten zahlreicher Unternehmen bestimmt. Bei manchen sind diese Fähigkeiten so tief verwurzelt und schwer nachzuahmen, daß sie zu einem Wettbewerbsvorteil führen. Nicht unbedingt zu erwarten war das, was ich im Rahmen meiner Recherchen bei Coca-Cola erfuhr. M. Douglas Ivester, der Präsident des Unternehmens, betont den hohen Stellenwert, den das Thema Kreativität für ihn hat. Indem von ihm geführten Unternehmen ist Kreativität nicht einfach nur eine Epiphanie «du jour», keine Eingebung des Augenblicks. Kreativität wird dort nicht als kurzfristige Kampagne oder Übung im Rahmen der Ausbildung des Managements begriffen, sondern wird als eine Disziplin aufgefaßt, die 365 Tage im Jahr praktiziert wird. Sie findet ihren Widerhall in der Art, wie die Menschen miteinander umgehen, und sie bestimmt bei allen Zusammenkünften den gewünschten Stil der Zusammenarbeit.

Kreativität ist jedoch nicht nur ein Kennzeichen erfolgreicher Unternehmen, sondern wird zunehmend auch mit erfolgreichen Ländern gleichgesetzt. Singapur, das heute gemessen an seinem Bruttoinlandsprodukt weltweit an fünfter Stelle steht, war im Hinblick auf seine Wertschöpfung vor 30 Jahren noch weit von dieser Position entfernt. Was hat Singapur getan? Und was tut Singapur heute? Das Land investiert ganz unverhohlen in die Fähigkeit zur Innovation. Im Rahmen eines mit 700 Millionen US-Dollar ausgestatteten Projekts zur Innovationsentwicklung werden Subventionen zum Ausbau der Innovationsstruktur vergeben. Vor kurzem wurde die Bereitstellung von einer Milliarde US-Dollar für die Erneuerung der Schullehrpläne angekündigt; hierunter fällt das gezielte Training der kreativen Fähigkeiten von Kindern auf Realschul- und Gymnasialebene. Wissensmanagement, Wissensbefähigung, Technologie und kreative Fähigkeiten werden zu einer schlagkräftigen Kombination nationaler Fertigkeiten zur Steigerung des Wohlstands verschmolzen. Dieses Phänomen der Kreativität als Teil der internationalen Wettbewerbsfähigkeit ist auch ein fester Bestandteil des bahnbrechenden Science-fiction-Romans *Neuromancer* von William Gibson, auf den auch der Begriff «Cyberspace» zurückgeht. Als Text, der strategische Einsichten vermittelt, ist dieser Roman ziemlich ungewöhnlich. Er porträtiert eine zukünftige Welt, in der Kriege nicht mehr um Territorien oder greifbare Aktiva, sondern um die Gehirne begabter Menschen geführt werden. Womöglich leben wir bereits in dieser Welt, nur daß wir das Ganze «headhunting» nennen und bei der Jagd keine Waffen verwenden – zumindest zur Zeit noch nicht.

Wir suchen ständig nach Wegen, wie wir etwas grundsätzlich anders und nicht einfach nur besser machen können. Wir befassen uns immer mehr mit Themen wie Überleben und Erneuerung. Führende Organisationen setzen sich immer häufiger mit grundsätzlichen Fragen auseinander:

- Wie können wir überleben?
- Wie können wir uns selbst neu erfinden?

■ Wie können wir wissen, welche Dinge wirklich einen Wert haben?

Die Bereitschaft, genau diese Fragen zu stellen, ist eine notwendige Vorbedingung für die effektive organisatorische Umsetzung von Kreativität.

Auch die Informationstechnologie (IT) drängt uns zunehmend in eine Ära des erneuten Interesses an der Kreativität. Aus der IT werden in den Worten von Albert Bressand von der Pariser «Denkfabrik» Prométhée, zunehmend die «Relationship Technologies» (RT), die uns untereinander und mit anregenden Wissensquellen verbinden. Die Technologie ermöglicht es uns, neue Formen der Zusammenarbeit zu entwickeln, die Kommunikation zwischen verschiedenen Menschen zu vernetzen und diese Menschen mit neuen Wissenssystemen zu verbinden. Sie verknüpft Unternehmen und Experten, Kunden, Mitarbeiter und Freunde miteinander. Diese Beziehungen können zu einem unablässigen Strom neuer Erkenntnisse führen.

Die Möglichkeiten der Technologie, ihre Fähigkeit, immer neue Türen zu öffnen, stellen aber auch eine große Herausforderung dar. Wir müssen lernen, uns zwischen der physischen, realen Welt der Unternehmen und den abstrakten virtuellen Räumen, in denen wir arbeiten, hin und her zu bewegen. Die Instrumente, die uns jetzt zur Verfügung stehen, Groupware etwa oder E-Mail, sind nur ein Bruchteil dessen, was wir uns zukünftig zunutze machen werden. Gewaltige neue Möglichkeiten der Zusammenarbeit werden entstehen und damit auch jene kreativen Fähigkeiten, die zu strategischen Einsichten führen.

Der Meinung zu sein, daß Kreativität von grundlegender und strategischer Bedeutung für das eigene Unternehmen ist, ist das eine. Etwas ganz anderes ist es, über ein funktionierendes System zu verfügen, das diese Kreativität managt, ein System, das die Menschen verstehen, das effektiv arbeitet und eine regelmäßig signifikante Wertschöpfung zur Folge hat. In den meisten Unternehmen bemüht man sich redlich, den gewaltigen Abstand zwischen dem Wunsch nach Kreativität und ihrer praktischen Realisierung zu verringern. Das Problem der Methodologie der Kreativität wird unsere Aufmerksamkeit noch für einige Zeit in Anspruch nehmen, und zwar so lange, bis wir eine Reihe von erprobten und sich bewährten Instrumenten für die Praxis der Kreativität entwickelt haben werden.

Die Gründung der «Idea Factory»

Mir geht es darum, herauszufinden, wie sich ein solches Kreativitätssystem in Organisationen fest verankern läßt. Was zeichnet Unternehmen aus, die offenbar aufgrund eines solchen Systems einen Wettbewerbsvorteil haben? Das ist eine schwierige Frage, denn alle Organisationen verfügen über derartige Systeme. Menschen haben Ideen: Diese werden in Umlauf gebracht, weiterentwickelt, gefiltert, ausgesiebt und verfeinert. Manchmal werden sie gefördert, zu formalen Unternehmensinitiativen weiterentwickelt und in der Praxis erprobt. Doch in den meisten Organisationen existieren diese Systeme nur unbewußt oder werden kaum wahrgenommen, und dementsprechend schlecht funktionieren sie.

Die Frage lautet also: Wie läßt sich die abstrakte Ideenfabrik in etwas Konkretes verwandeln? Die Herausforderung besteht darin, Konsequenzen aus der Einsicht zu ziehen, daß das Kreativitätssystem in einer Organisation nicht nur aus den physikalischen Artefakten Mensch und Infrastruktur besteht, sondern auch aus abstrakten Dingen wie Ideen oder Gesprächen über Ideen. Aus der Umsetzung von Einsichten, der Entwicklung von Wissen und den Verbindungen zwischen der Innen- und der Außenwelt einer Organisation, die eine Perspektive produzieren und zu kreativen Produkten, Dienstleistungen, Verfahren und der Wahrnehmung günstiger Gelegenheiten führen.

Kreativität und Improvisation: Vom Jazz lernen

Bei der Suche nach einer Antwort auf die Frage, wie Kreativität in Organisationen entsteht, bin ich in der Welt der Musik auf ein anschauliches Bild gestoßen.

Es gibt zwei grundlegend verschiedene Arten zu musizieren. Man kann zum Beispiel in ein Musikgeschäft gehen und sich Noten kaufen: eine ziemlich uninspirierte Art, Musik zu machen. Die Notenblätter schreiben einem genau vor, welche Noten man spielen soll, wie laut man sie spielen soll, wie schnell usw. Jeder, der über die erforderlichen technischen Grundfertigkeiten verfügt, ist imstande, diese Noten zu spielen. Mozart war sehr kreativ, als er seine Kompositionen verfaßte, aber er wollte nicht, daß diejenigen, die seine Musik spielen, selbst kreativ sind. Wir benötigen die Noten, um Mozarts Stücke so zu spielen, wie er dies wollte. Musiker, die nach Noten spielen, können dies auf zweierlei Weise tun: richtig oder falsch.

Die andere Form des Musizierens ist das *Jamming*, ein Begriff aus dem Jazz. Beim Jamming spielt die Improvisation eine entscheidende Rolle. Improvisierte Musik läßt sich nicht durch Notenblätter vorschreiben, wie sie zu klingen hat. Beim Jamming gibt es vielmehr einige stillschweigende Übereinkünfte, durch die die Musik in bestimmte Bahnen gelenkt wird; zwischen Probe und Aufführung gibt es keinen Unterschied. Das Talent der Jazzmusiker besteht darin, daß sie sich ihre Instrumente schnappen und auf Anhieb neue Notenkombinationen spielen, die gut klingen. Nach der Jam Session kassieren sie ihre Gage und gehen nach Hause. Für

Jazzer ist das nichts Besonderes, es ist ihr Job, und damit hat sich's.

Von dieser Kunst und Disziplin der Jazzimprovisation läßt sich meines Erachtens sehr viel für das Geschäftsleben lernen. Die Fähigkeit zur Improvisation dürfte eine der zwei oder drei entscheidenden Fertigkeiten sein, die sich Unternehmen in Zukunft aneignen müssen: Der Improvisationsprozeß muß in Organisationen bei der Formulierung vorwärtsweisender Strategien eine zentrale Rolle spielen. Beim Jammen geht es darum, ein bestimmtes Umfeld für eine bestimmte Form der Unordnung zu schaffen. Es handelt sich dabei immer um einen Balanceakt zwischen Form und Freiheit, Disziplin und Kunst: Formales und Neues sind ständig miteinander konfrontiert, und so entsteht ständig etwas Neues.

Traditionell beruht der Wettbewerbsvorteil großer Institutionen auf ihrer Größe und der Menge, der Ressourcen, über die sie verfügen. In einem solchen Umfeld sind «Notenblätter» erforderlich, um verschiedene Aktivitäten miteinander zu koordinieren. In diesen Organisationen ist Planung gleichbedeutend mit Einsichten, die in der Kommandozentrale gewonnen und dann in der gesamten Organisation verbreitet werden. Die berüchtigten Vinylhefter aus der Planungsabteilung, die Jack Welch bei General Electrics abgeschafft hat, waren nichts anderes als «Firmenmusik nach Noten». Die Nützlichkeit von Notenblättern steht nicht zur Debatte, aber zugleich ist offensichtlich, daß diese Nützlichkeit in einer Welt, in der man schnell, clever, extrem anpassungsfähig und vor allem äußerst kreativ sein muß, um im Wettbewerb bestehen zu können, ihre Grenzen hat.

Der Jazz als Metapher für Kreativität erlaubt es uns, jene Prozesse zu benennen, die wir uns im Dienste strategischer Einsichten zunutze machen müssen. Jemand, der jammen kann, weiß, wie man ständig neue Notenkombinationen produziert, die verschiedenen Anforderungen genügen müssen.

Sie müssen zum Beispiel gut klingen und die Zuhörer zum Bleiben veranlassen. Wenn die Töne zu «schräg» sind, mögen wir sie nicht, und wenn sie uns vertraut klingen, fühlen wir uns an Fahrstuhlmusik erinnert. Die Improvisation hat ebenso eine Grammatik wie die Kreativität. Wenn ein Jazzmusiker viermal dasselbe Thema spielt, dann spielt er es viermal auf völlig unterschiedliche Weise. Man hört jedesmal neue Notenfolgen, die wie eine heftig pulsierende Interpretation der zugrundeliegenden Struktur klingen, doch jedesmal führen sie uns in eine andere Richtung, die wir noch nicht kannten.

In der Wirtschaft wie in der Musik sind für die Improvisation drei Dinge von zentraler Bedeutung: eine Revision (clearing) des Bewußtseins, eine Revision des Ortes und eine Revision der Überzeugungen. Die Methodologie insgesamt umfaßt alles, doch diese drei Fähigkeiten sind von entscheidender Bedeutung.

Die Revision des Bewußtseins des Unternehmens ist der erste wichtige Punkt auf der Tagesordnung. Wenn Jazzmusiker die Bühne betreten, dann tun sie dies nicht, um Noten zu spielen, die sie bereits kennen, sondern sie spielen, als täten sie das zum ersten Mal. Sie möchten etwas Neues spielen, sich vom bereits Bekannten weg-, auf etwas Unbekanntes zubewegen.

Den meisten Organisationen fällt das ziemlich schwer, weil sie dazu neigen, sich mit Dingen auseinanderzusetzen, die ihnen bereits bekannt sind. Sie honorieren Mitarbeiter dafür, stolze Know-how Besitzer zu sein. Sie versuchen, neue Einsichten nach dem Schema bereits gewonnener Einsichten zu reproduzieren. Dieses Denken durchzieht die gesamte Organisation. Doch vielleicht würde die Organisation ja gerade dadurch, daß sich verschiedene Perspektiven aneinander reiben, etwas wirklich Neues produzieren.

Das Ganze erinnert an eines der klassischen Probleme der Epistemologie, der Erkenntnisphilosophie. Wie können Unternehmen Dinge wissen, von denen sie im Grunde nichts wissen, deren Kenntnis jedoch von Vorteil für sie wäre? Einige Unternehmen haben Methoden zur Neuordnung des Bewußtseins entwickelt. Einige Systeme sind extrem komplex, andere erschließen sich fast von selbst. Von Meiji Seika zum Beispiel, einem eher konservativen japanischen Süßwarenhersteller, stammte eine recht ungewöhnliche Stellenbeschreibung. Einer der Angestellten des Unternehmens zog von Tokio nach Brüssel. Die Stellenbeschreibung dieses Mitarbeiters sah vor, daß er dort in Restaurants dinieren und Lebensmittelgeschäfte testen sollte, so daß man ihm den Spitznamen «Die Geschmacksknospe» gab. Doch diese Investition war keineswegs leichtfertig: Meiji ging es um genau jenes Wissen, das anderweitig nicht zu erlangen gewesen wäre und das, auch wenn es im Moment keinen praktischen Wert besaß, in der Zukunft von Bedeutung sein könnte.

Als Leiter eines Unternehmens sollten Sie sich folgende Fragen stellen:

- Wie können Sie die Außenwelt, also die Umgebung, in das Unternehmen einbeziehen?
- Wie können Sie das Innenleben des Unternehmens nach außen öffnen, d.h. Ihre «Insider» mit einem neuen Umfeld und marktbezogenen Phänomenen konfrontieren?
- Wie erleichtern Sie innerhalb Ihrer Organisation den Ideenaustausch zwischen den für das Tagesgeschäft zuständigen Mitarbeitern?
- Welche Mitarbeiter in Ihrem Unternehmen sind in leitender Position für die Bereiche Wissen, Bewußtsein und Kreativität zuständig?
- Auf welche Weise nehmen Sie ihre Umwelt zur Kenntnis? Wie stellen Sie neue Erkenntnisse dar, wie sorgen Sie für deren Verbreitung, und wie lernen Sie aus diesen Erkenntnissen?

■ Wie schaffen Sie eine Unternehmenskultur, die systematisch vorgefaßte Meinungen in Frage stellt?

Der zweite entscheidende Aspekt ist eine Revision des Ortes. Wenn Jazzmusiker etwas Neues entwickeln wollen, dann begeben sie sich dafür in eine isolierte, abgeschirmte Umgebung. Von Charlie Parker stammt die Redewendung: «I'm going to the workshed», und er meinte damit buchstäblich einen Holzschuppen hinter dem Haus. Dort spielte der Musiker ein Jahr lang Saxophon und schuf damit eine neue Richtung im Jazz, den Bebop. Parker wollte keine Ratschläge oder Kritik, er wollte allein sein. Es geht darum, einen geschützten, vorurteilsfreien Ort zu finden, an dem es möglich ist, sich zwanglos zu unterhalten. Dabei kann es sich durchaus um einen peripheren Ort handeln, wichtig ist nur, daß er zu Experimenten anregt, die sich mit der wechselseitigen Integration von Umwelt, Technologie und Verfahren befassen.

Es geht aber nicht nur darum, einen physischen Ort zu entwerfen, sondern auch um die Gestaltung der virtuellen Räume, in denen Zusammenarbeit stattfinden kann. Entscheidend ist, daß ein Umfeld entsteht, in dem so lange auf die Bewertung von Aussagen verzichtet wird, bis so viele Ideen zusammengekommen sind, daß ein Kurswechsel möglich ist. Die Notwendigkeit, eine Umgebung zu schaffen, in der sich die Mitarbeiter sicher genug fühlen, um ihre beste Idee ungehemmt zu präsentieren, ist eine unternehmerische Binsenweisheit, läßt sich aber nur schwer in die Realität umsetzen.

Oticon, eine Firma in Dänemark und ein Musterbeispiel für das Management von Kreativität als einer strategischen Fähigkeit, beauftragte ein Architekturbüro mit der Erweiterung des Treppenhauses des Firmensitzes. Man wollte alles aus dem Weg schaffen, was die Mitarbeiter daran hindern könnte, sich dort aufzuhalten und sich miteinander zu unterhalten und so neue Ideen zu entwickeln. Das Unternehmen sollte einem riesigen Wasserkühler gleichen.

Auch die Revision des Orts wirft eine Reihe von Fragen auf:

- Wie «revidiert» man den Ort?
- Wo steht der «Holzschuppen» in Ihrem Unternehmen?
- Wo gibt es in Ihrer Organisation einen Ort, der es Ihren Mitarbeitern erlaubt, «auf andere Gedanken zu kommen»?
- Wo ist die Umgebung, die signalisiert, daß hier «die Post abgeht» und sich wichtige neue Dinge tun?
- Wo ist die Umgebung, die es Ihnen ermöglicht, einen großen Sprung nach vorn zu tun und etwas Neues zu produzieren?

Der dritte und letzte Aspekt ist eine Revision der Überzeugungen. Einer meiner Kollegen pflegte zu sagen: «Kreativität ist wie der Weihnachtsmann. Wenn man nicht an ihn glaubt, dann kommt er auch nicht und bringt einem keine Geschenke.» Ein cleverer Manager muß versuchen, Kreativität möglichst konkret faßbar zu machen, indem er ein identitätsstiftendes Symbol für sie findet. Er oder sie muß eine Unternehmenskultur bzw. ein Bedeutungssystem entwikkeln, die sich auf alles übertragen lassen, von der Kompensation bis zur Gestaltung des Arbeitsflusses, damit völlig abstrakte Attribute glaubwürdig und faßbar werden. Edwin Moses, Goldmedaillengewinner bei den Olympischen Spielen, trug während der Rennen goldene Schuhe. Das war sein Symbol, mit dem er seinen Willen zum Erfolg Ausdruck verlieh. Will man die Überzeugungen der Organisation effektiv gestalten, so muß man ein Symbol für die Kreativität entwickeln, damit dies Teil der Mentalität und der Erwartungen aller Beteiligten in dieser Organisation wird. Heutzutage werden die Leiter nahezu jeder Firma behaupten, daß sie bereit sind, Risiken einzugehen und Innovationen zu unterstützen. Doch all diese schönen Reden haben nur dann einen Sinn, wenn sie sich auf die Praxis auswirken und tatsächlich in einem Zusammenhang mit dem stehen, was die Menschen glauben und wie mit ihren Erwartungen umgegangen wird.

Die entscheidenden Fragen lauten:

- Dank welcher spezifischen Maßnahmen trägt Ihre Unternehmenskultur zur Steigerung des Bemühens um Kreativität bei?
- Wie wirkt sich diese Unternehmenskultur auf das Gesamtsystem, die Strukturen, Gratifikationen und Stellenbeschreibungen aus?
- Wie machen Sie Kreativität zu etwas Greifbarem und Handlungsrelevantem, so daß die Mitarbeiter selbst die Relevanz der Kreativität begreifen?

Folgerungen aus der Kreativität für Organisationen

Die drei Grundprinzipien der Improvisation erklären, wie sich die kreativen Fähigkeiten in der Organisation steigern lassen. Außerdem zeigen sie, daß erfolgreiches Kreativitätsmanagement ein Balanceakt zwischen den Polen Form und Chaos ist. Sie lassen sich in Hunderte von spezifischen Methoden und Instrumenten umsetzen, deren sich Organisationen bedienen können. In der nächsten Generation von Organisationsprozessen, bei denen es um Kreativität geht, wird eine völlig andere Form der Integration von Technologie, Verfahren, Förderung und Struktur erforderlich sein. Es ist gewissermaßen so, als würde man von einer Zentraleinheit auf einen PC umsteigen. In der Zentraleinheit wird die Entscheidung vom Kommandomodul getroffen. Dann muß jemand in den Rechnerraum gehen, sich Karten ausdrucken lassen und damit einen Computer füttern, um so die Antwort auf eine schwierige strategische Frage zu finden. Bei einem PC wird hieraus ein Prozeß der raschen Wiederholung, des Ausprobierens von Hypothesen, des Experimentierens mit niedrigen Kosten und Designübungen. Es geht nicht mehr um Spezialistentum, sondern um die Bildung von Diskursgemeinschaften: Es geht darum, ungewöhnliche Perspektiven zu eröffnen.

Betriebliche Prozesse müssen von einer neuen Einstellung des Managements geprägt sein. Die neue Wirtschaft erfordert neue Metaphern für Manager. Sie müssen etwas mit dem zu tun haben, was Louis Rossetto vom *Wired Magazine* als seine Stellenbeschreibung angibt: Chefanstifter. Oder damit, wie Lou Platt von Hewlett-Packard seine Aufgabe beschreibt: zur Kommunikation anregen. Oder mit einem Management, das als Reizmittel wirkt und Herausforderungen bietet, die etwas Dramatisches haben und die entsprechende Resonanz hervorrufen. So begann Jan Timmer sein Projekt Centurion bei Philips Electronics beispielsweise damit, daß er eine Zeitung verteilen ließ, die einige Jahre in die Zukunft datiert war und die Schlagzeile «Philips bankrott» trug. Diese Zeitung löste eine sehr interessante Debatte aus, die zu vielen wichtigen strategischen Einsichten führte. Timmer spielte den Part des Produzenten, dessen, der kreative Kommunikation erleichtert, nicht die des traditionellen Managers.

In der neuen Wirtschaft geht es beim Management vor allem darum, gute Menschen ausfindig zu machen, sie mit Ideen und Ressourcen zu verbinden und sie in die Lage zu versetzen, etwas Bemerkenswertes zu produzieren, das zur Wertschöpfung beiträgt. Dazu gehört die Schaffung eines Umfelds, das kreative Arbeit unterstützt und die Bemühungen kreativer Talente fördert. Es ist durchaus denkbar, daß Steven Spielberg und nicht Alfred Sloane sich als Musterbeispiel für die neue Einstellung des Managements erweisen wird, die nötig ist, um in der neuen Wirtschaft mithalten zu können.

Zusammenfassend läßt sich sagen, daß die Kunst und Disziplin der betrieblichen Kreativität für die Unternehmensstrategie von grundlegender Bedeutung ist. Es geht dabei um die Fähigkeit, Unvorhergesehenes und jenseits des eigenen Verständnisses Angesiedeltes immer klarer und entschlossener wahrzunehmen. Was heute als Ketzerei gilt, ist morgen Standard, und wir benötigen bestimmte Methodologien, um über diese Möglichkeit auf kreative Weise nachdenken zu können.

Um dies zu erreichen, müssen wir verschiedene Arbeitsmethoden definieren. Es geht darum, neue Möglichkeiten zu finden, Menschen miteinander in Verbindung zu setzen. Es geht darum, ein gut durchdachtes Arbeitsumfeld zu schaffen, in dem Gespräche zu den gewünschten strategischen Einsichten führen. Es geht darum, die Vorzüge der Unordnung zu akzeptieren, die Dinge mit einer neuen Einstellung zu managen und für die Möglichkeit neuer Betriebsmodelle offen zu sein. Wie geht man mit Kreativität im Interesse besserer strategischer Einsichten richtig um? Werfen Sie einen Blick auf die Notensammlung Ihrer Organisation, und dann tun Sie sich keinen Zwang an und werfen Sie sie, im vollen Bewußtsein der Vorzüge der Unordnung, weg.

Bilmes, Linda, geb. 1959. Studium in Harvard, MBA. Arbeit als politische Beraterin in den USA und Lateinamerika. Seit 1987 Rezensentin und Journalistin für verschiedene amerikanische (Wirtschafts-)Zeitschriften und Zeitungen. Spezialgebiete: Osteuropa, Rußland, Gesundheitswesen. Seit 1988 arbeitet Linda Bilmes für The Boston Consulting Group in London. 1994 war sie zehn Monate für das Ministerium für Privatisierung in Rußland tätig. Im Juni 1996 wurde sie von US-Präsident Clinton zur US-Repräsentatin des Beratergremiums der Inter-American Development Bank ernannt.

Binnig, Gerd, geb. 1947 in Frankfurt, studierte Physik, 1978 IBM-Forschungslabor Schweiz Rüschlikon. 1987 bis Januar 1995 Ludwig-Maximilians-Universität München. Seit Februar 1995 wieder im IBM-Forschungslabor in Rüschlikon. Er erhielt viele Auszeichnungen und Preise: Deutscher Forschungspreis, Otto Klung Preis, Hewlett Packard Preis, King Faisal Preis, 1986 Nobelpreis für Physik. Seit 1990 im Aufsichtsrat der Daimler Benz Holding.

Blomberg, Katja, geb. 1956 in Hamburg. Studium der Kunstgeschichte in Freiburg i. Br. und in Hamburg. Magisterabschluß 1981. Nach mehrjährigem Aufenthalt in Japan als Kunstkritikerin Promotion 1991 in Heidelberg. Seither freie Korrespondentin für die Niederlande und Belgien u. a. bei der «Frankfurter Allgemeine Zeitung». Lebt derzeit in Aachen.

Braun, Christoph-Friedrich v., geb. 1945, aufgewachsen in Italien, Deutschland und England. Jurastudium, 1972 Promotion im Weltraumrecht in Freiburg i. Br., 1974 Master of Science in Technologiemanagement des MIT. Beruflich war C.-F. v. Braun vier Jahre als Ingenieurconsultant bei Dorsch Consult GmbH München (1974–1978) tätig, danach bei der Siemens AG drei Jahre in der Strategischen Planung, fünf Jahre als Leiter der Industrieanalyseabteilung in Tokio und vier Jahre als Leiter der Technologiestrategie im Zentralbereich Technik. Seit 1990 ist er selbständiger Berater für Technologie- und Organisationsfragen sowie Japanthemen. Zahlreiche

Veröffentlichungen, u. a. «Der Innovationskrieg» (Carl Hanser Verlag 1994). Er lebt in München.

Cromme, Gerhard, geb. 1943 im oldenburgischen Vechta. 1964 Studium der Rechtswissenschaft und Volkswirtschaft in Münster, Lausanne und Paris. 1969 Promotion. 1972 Berufseinstieg bei Saint-Gobain. 1984 Vorsitz der Geschäftsführung VEGLA / Vereinigte Glaswerke GmbH, Aachen. 1986 Vorstandsvorsitzender der Krupp Stahl AG. 1989 Vorstandsvorsitzender der Friedrich Krupp GmbH, heute Friedr. Krupp AG Hoesch-Krupp.

Douglas, Sir Roger Owen, geb. 1937, war 21 Jahre lang Mitglied des neuseeländischen Parlaments. Als Finanzminister (1984–1988) leitete er die weitestreichenden strukturellen Reformen ein, die Neuseeland bisher erlebt hat. 1990 Rückzug aus der Politik. Seither ist er als internationaler Berater in Fragen der Privatisierung und Strukturreformen tätig. Roger Douglas lebt derzeit in Auckland.

Feldt, Kjell-Olof, geb. 1931 in Holsund, Schweden. Zunächst Studium der Politikwissenschaft an der Universität Uppsala (B. A.), dann Studium der Wirtschaftswissenschaften, Universität Lund (Ph. D.). 1991 Ehrendoktorwürde der Universität Uppsala. 1971–1990 Mitglied des Schwedischen Parlaments, 1978–1990 Vorstandsmitglied der Sozialdemokratischen Partei. 1970–1975 Handels- und Außenhandelsminister, 1975–76 Stellvertretender Finanzminister, 1982–1990 Finanzminister und 1986–1990 Stellvertretender Premierminister. Von 1967–1970 und 1994 Vorsitzender des Zentralbankrats. 1990–1996 Gastprofessur an der Universität Uppsala.

Fenzl, Hubert, geb. 1949 in Zwiesel. Studium an der Akademie für bildende Künste in München und Passau. Seit 1978 als Kunsterzieher am Maristengymnasium Fürstenzell tätig. Seit 1983 Initiator und Leiter des Projekts «jugend creativ» am Maristengymnasium Fürstenzell. Zahlreiche Auszeichnungen und Preise u. a. 1993 Bayerischer Kulturpreis. Seit 1991 nebenberuflich Lehrbeauftragter für Kreativität im Werkunterricht an der Ludwig-Maximilians-Universität München.

Forsythe, William, geb. 1949. Studium des klassischen Tanzes in New York. Trat 1967 in Joffreys Ensemble ein. 1971 kam Forsythe zum Stuttgarter Ballett, wo er als 30jähriger mit ersten Choreographien überzeugte. Es folgten Gastchoreographien in Berlin, München und am Nederlands Dans Theater international. Seit 1984 leitet er das Ballett in Frankfurt und seit 1996 auch das Frankfurter Theater am Turm. Mit seinen Frankfurter Werken «Gänge», «Impressing the Czar», «Slingerland», «Limb's Theorem», «As A Garden In This Setting» und «Eidos: Telos» wurde er international bekannt.

Greenaway, Peter, geb. 1942 in Newport, Wales, England. Studium an der Kunsthochschule in Whalthamstour. Danach British Film Institute in London. 1965–1973 Cutter für das Central Office of Information, daneben entstand 1966 sein erter Kurzfilm «Train». Seitdem führt Greenaway bei zahlreichen Filmen Regie (u. a. «Der Kontrakt des Zeichners», «Der Koch, der Dieb, seine Frau und ihr Liebhaber», «Prosperos Books»), ist als Maler, Autor und Opernregisseur tätig, konzipiert Ausstellungen (u. a. «100 Objects to represent the world» 1992 in Wien) und illustriert Bücher. Für sein Werk wurde P. Greenaway vielfach ausgezeichnet u. a. mit dem Hugo Award und dem «Dance Screen»-Preis.

Hilti, Michael, geb. 1946 in Liechtenstein. Studium der Betriebswirtschaft an der Hochschule für Wirtschaftswissenschaften, St. Gallen. 1973 Eintritt in die Hilti AG. 1976 stellvertretendes Vorstandsmitglied. 1977 ordentliches Vorstandsmitglied. 1988 stellvertretender Vorsitzender der Konzernleitung. 1990 übernimmt er als Nachfolger seines Vaters die Leitung des Konzerns. Seit 1994 ist er Präsident des Verwaltungsrats der Hilti AG.

Ho, Tao, geb. 1936 in Schanghai. Studium der Kunstgeschichte. Theologie und Musik am Williams College, USA (BA). Abschluß in Architektur 1964 an der Harvard University (Master). 1964 persönlicher Assistent von Walter Gropius. 1968 Gründung von Taoho Design. Mitinitiator des Hongkong Arts Center. Mitgründer von Great Earth Architects & Engineers International und Präsident des Hongkong Institute of Architects. Ab 1993 auch verstärkt in Peking als Berater und Architekt tätig. Seit 1994 Senior Technical Adviser am Comprehensive Institute of Geotechnical Investigation and Surveying des chinesischen Bauministeriums. 1995 Berater in Fragen der Stadtentwicklung, Kultur und Umwelt für Hongkong. T. Ho ist außerdem Markennamen-Produktdesigner u. a. für Swatch, Swarovski, Celto Munari, Caran d'Ache.

Jacobs, Leo, geb. 1960 in Halifax, Kanada, hat Philosophie und Politik studiert. Er hat zehn Jahre lang in Deutschland gelebt und dort zuletzt im Hamburger Macup Verlag als Chefredakteur der Zeitschrift Screen Multimedia gearbeitet. Seit 1996 lebt er in Kalifornien. Er arbeitet als freier Autor.

Jeggle, Utz, geb. 1941 in Nagold. Studium an der Universität Tübingen. 1968 Promotion über «Judendörfer in Württemberg». 1978 Habilitation über den Zivilisationsprozeß in einem schwäbischen Dorf. Seit 1981 ist U. Jeggle als Professor für Empirische Kulturwissenschaft am Ludwig-Uhland-Institut der Universität Tübingen tätig.

Kao, John, geb. 1940 in Chicago. Studium der Psychiatrie in Yale und Harvard. Studium der Betriebswirtschaft an der Harvard Business School.

J. Kao ist zudem ausgebildeter Konzertpianist und Filmproduzent (u. a. «Sex, Lügen und Videos»). Er gründete ein medizintechnisches Unternehmen, das sich mit Krebsdiagnose und -therapie beschäftigt. Seit 14 Jahren hält er an der Harvard University Vorlesungen über Kreativität. Er ist akademischer Direktor des Managing Innovation Executive Programms an der Stanford University und CEO der «Idea Factory», San Francisco.

Leibinger, Berthold, geb. 1930 in Stuttgart. Nach dem Maschinenbaustudium in Stuttgart zunächst als Entwicklungsingenieur bei Cincinnati Milling in den USA. Seit 1961 bei TRUMPF GmbH + Co. (Hersteller von Werkzeugmaschinen und Laser für Materialbearbeitung), zuerst als Leiter der Konstruktionsabteilung, dann Technischer Geschäftsführer und Gesellschafter und seit 1978 Vorsitzender der Geschäftsführung und Gesellschafter der TRUMPF GmbH + Co. Professor Leibinger ist Vorsitzender des Innovationsbeirats der Landesregierung von Baden-Württemberg und Mitglied des Rats für Forschung Technologie und Innovation des Bundeskanzlers Helmut Kohl.

Lovink, Geert, geb. 1960 in Amsterdam. Studium der Politikwissenschaft in Amsterdam und Berlin. Mitherausgeber der autonomen Wochenzeitschrift «Bluff». Mitgründer des linken Buchverlages «Ravijin», des freien Radiosenders «Patapoe» und des Internet-Projektes «De Digitale Stad Amsterdam». Seit 1995 zweiter Wohnsitz in Budapest. Organisation von Internet-Projekten, Seminaren und Kongressen in Osteuropa. 1997 auf der X. Documenta in Kassel ist G. Lovink mit einer medialen Rauminstallation vertreten.

Matt, Jean-Remy v., geb. 1952 in Brüssel. Ausbildung in der Schweiz zum diplomierten Werbekaufmann. 1975 Junior-Texter BMZ Düsseldorf, 1977–1979 Texter bei Ogilvy & Mather, Frankfurt. 1979–1986 Creative Director bei Eiler & Riemel/BBDO, München. 1986–1991 Gesellschafter und Geschäftsführer der Werbeagentur Springer & Jacoby. 1991 zusammen mit Holger Jung Gründung der Agentur Jung von Matt.

McKelvey, Maureen. Studium der Wirtschaftswissenschaften, lehrt derzeit am Institut für Technologie und Sozialen Wandel der Linköping Universität, Schweden. Ihre Ausbildung absolvierte die Ökonomin an der Rice University in Houston, Texas, der Lund Universität und der Linköping Universität. 1996 wurde sie für ihre Arbeit mit dem Schumpeter-Preis ausgezeichnet. Sie forscht derzeit auf den Gebieten der evolutionstheoretischen Wirtschaftswissenschaft und der Innovationstheorien.

Mohn, Reinhard, geb. 1921 in Gütersloh. 1947 übernimmt er nach einer Buchhändlerlehre die Leitung des familieneigenen Druck- und Verlagshauses. 1977 wird auf seine Initiative die gemeinnützige Bertelsmann Stiftung gegründet. Mitte 1981 gibt er seinen Vorstandsvorsitz ab und wird Aufsichtsratsvorsitzender der Bertelsmann AG. 1991 zieht er sich aus dem Aufsichtsrat der Bertelsmann AG zurück und widmet sich künftig als Vorstandsvorsitzender ganz der Bertelsmann Stiftung. 1994 Auszeichnung mit dem Großen Verdienstkreuz des Verdienstordens der Bundesrepublik Deutschland. Seit 1996 Ehrenmitglied im Club of Rome.

Mulisch, Harry, geb. 1927 in Haarlem, Niederlande. Bereits mit acht Jahren verfaßt er seine erste Geschichte («De Pottebaker»). 1947 erste Veröffentlichung im «Elseviers Weekblad». 1952–1959 schreibt er Rezensionen und Artikel in «De Groene Amsterdamer», «Haarlems Dagblad» und «Het Parool». 1965 wird er Redakteur der Zeitschrift «Podium». Seit 1951 vielfältigste Auszeichnungen für seine Werke (Romane, Erzählungen, Essays, Theaterstücke, Gedichte), die in alle Weltsprachen übersetzt wurden, u. a. Anne-Frank-Preis (1957) und Niederländischer Staatspreis für Literatur (1977). H. Mulisch lebt derzeit in Amsterdam.

Oetinger, Bolko v., geb. 1943 in Berlin, in Saarbrücken aufgewachsen. Zeitoffizier, Studium der Politikwissenschaft in Berlin, Diplom-Politologe, Dr. rer. pol. Als Harkness-Fellow in Stanford erwarb er an der Stanford Graduate School of Business den MBA. Seit 1974 für The Boston Consulting Group tätig, zuerst in Menlo Park (Kalifornien) und Paris, dann in München, Senior Vice President.
B. v. Oetinger berät große Unternehmen in Fragen strategischer Ausrichtung und Leistungskraft. Er lebt mit seiner Familie in München.

Park, NeiHei, lebt in Seoul. BA in Business Administration (Korea University), MBA der George Washington University, Doktorgrad der American University in Washington, D. C. Professor Park lehrt seit 1974 Management an der School of Business Administration der Sogang Universität in Seoul und war zeitweise auch Dekan dort. Er berät Unternehmen, wie z. B. Samsung und Hyundai, und Regierungen.

Pierer, Heinrich v., geb. 1941 in Erlangen. Studium der Rechtswissenschaft (Dr. jur.) und Volkswirtschaft (Dipl.-Volksw.). 1969 Eintritt in die Siemens AG, Zentralbereich Finanzen, Rechtsabteilung. 1977–1987 verschiedene kaufmännische Aufgaben bei der Kraftwerk Union AG im Vertrieb sowie im Werk Mülheim und in den Zentralabteilungen. 1988 Kaufmännische Leitung des Unternehmensbereichs KWU. 1989 Mitglied des Vorstands der Siemens AG, Vorsitzender des Bereichsvorstands Bereich Energieerzeugung (KWU). 1990 Mitglied des Zentralvorstands der Siemens AG. 1991 Stellvertretender Vorsitzender des Vorstands der Siemens AG. Seit 1992 ist H. v. Pierer Vorsitzender des Vorstands der Siemens AG.

Rihm, Wolfgang, geb. 1952 in Karlsruhe. Nach Studium in Komposition und Musiktheorie Studium u. a. bei Stockhausen in Köln und bei Klaus Huber in Freiburg. 1973–1978 lehrte er in Karlsruhe, 1989 in München, und seit 1985 ist er Professor für Komposition an der Karlsruher Musikhochschule. Vielfältig ausgezeichnet (Förderpreise der Städte Stuttgart und Mannheim, Stipendium der Villa Massimo, Beethoven-Preis, Liebermann-Preis) wird sein umfangreiches Werk seit Mitte der 80er Jahre auch in monographischen Konzertreihen und Retrospektiven vorgestellt. Seit 1984 künstlerischer Berater der Deutschen Oper Berlin. Seit 1990 Musikberater des Zentrums für Kunst und Medientechnologie Karlsruhe. Seit 1985 Kuratoriumsmitglied der Heinrich Strobel-Stiftung Baden-Baden. Seit 1989 Mitglied des Aufsichtsrats der GEMA.

Scharmer, Claus Otto, ist Dozent an der MIT Sloan School of Management in Cambridge, USA, und Co-Direktor der Abteilung für Erforschung von Führungspositionen der Society for Organizational Learning. Claus Otto Scharmer beschäftigt sich hauptsächlich mit Transformationsprozessen in Organisationen und ihrer Führung.

Schmidheiny, Stephan, geb. 1947 in Heerbrugg. Studium der Rechtswissenschaft in Zürich und Rom, 1972 Promotion zum Dr. jur. Er ist Verwaltungsratspräsident seiner drei unabhängigen Holding-Gesellschaften ANOVA, UNOTEC und NUEVA und Mitglied des Verwaltungsrats von ABB, Leica, Nestlé und dem Institute for International Economics und dem World Resource Institute. 1990 wurde er im Auftrag des Generalsekretärs der UNO-Konferenz über Entwicklung und Umwelt (1992 in Rio) zum Principal Advisor for Business and Industry ernannt. In dieser Funktion gründete er 1991 den Business Council for Sustainable Development (BCSD).

Schulze, Gerhard, geb. 1944. Professor Schulze lehrt Empirische Sozialforschung an der Universität Bamberg. Sein Arbeitsschwerpunkt ist die Kultursoziologie. Zur Zeit arbeitet er an einem Projekt mit dem Titel «Die Zeit nach der Moderne – ein kultursoziologisches Szenario», das von der Bertelsmann Stiftung gefördert wird.

Seitz, Konrad, geb. 1934 in München. Staatsexamen in Klassischer Philologie, Philosophie und Germanistik Universität München. 1958 Promotion. 1956–1965 Wissenschaftlicher Assistent an den Universitäten Marburg und München. Seit 1965 im Auswärtigen Amt tätig. 1967 M. A. Fletcher School (Harvard / Tufts). 1968–1972 Wirtschaftsabteilung Deutsche Botschaft in Neu-Delhi. 1987–1990 Botschafter der Bundesrepublik Deutschland in Indien, 1992–1995 Botschafter in Italien. Vorsitzender der Zukunftskommission 2000 Baden-Württemberg. Heute ist K. Seitz Botschafter der Bundesrepublik Deutschland in China.

Senge, Peter M. ist Direktor des 1991 gegründeten Center for Organizational Learning an der Sloan School of Management des Massachusetts Institute of Technology in Cambridge, USA, und Vorsitzender der 1997 gegründeten Society for Organizational Learning. Autor von «The Fifth Discipline» (Roubleday).

Sommer, Ron, geb. 1949 in Haifa. Studium der Mathematik. Promotion zum Dr. phil. 1980 Eintritt bei Sony Deutschland. 1986 wird er Präsident von Sony Deutschland. 1990–1993 Präsident von Sony in den USA. 1992–1995 Präsident von Sony Europa. Seit 1995 Vorstandsvorsitzender der Deutschen Telekom AG, Generaldirektion.

Stollmann, Jost, geb. 1955. 1974–1979 Studium an der Law School in Aix-en-Provence und Paris. 1977–1979 Studium der Politischen Wissenschaft in Paris. 1979–1981 Studium an der Harvard Graduate School of Business Administration (MBA). 1979–1982 Mitarbeiter der Boston Consulting Group. 1984 Mitgründer des Softwareunternehmens CompuNet. Seit dem Verkauf an General Electric ist er als Vorstandssprecher von CompuNet tätig.

Trøjborg, Jan. Mitglied des dänischen Parlaments. Vorsitzender des Wirtschaftsausschusses des Folketings. 1993–1994 dänischer Industrieminister. 1994–1996 dänischer Verkehrsminister. Seit 1996 Minister für Industrie und Handel.

Weinert, Franz Emanuel, geb. 1930 in Komotau. Nach Studium, Promotion und Habilitation 1968–1981 ordentlicher Professor für Psychologie an der Universität Heidelberg. Seit 1981 wissenschaftliches Mitglied und Direktor des Max-Planck-Instituts für psychologische Forschung, München. Honorarprofessor an den Universitäten Heidelberg und München. Seit 1990 Vizepräsident der Max-Planck-Gesellschaft. Seine Hauptarbeitsgebiete sind die Psychologie des menschlichen Lernens und die kognitive Entwicklung in Kindheit, Jugend und Erwachsenenalter.

Werner, Jürgen, geb. 1956 in Aschaffenburg. Studium der Katholischen Theologie an der Jesuiten-Hochschule Sankt Georgen. Studium der Philosophie und der Germanistik. 1984 Promotion in Philosophie. J. Werner war Dozent für Philosophie und Rhetorik an den Universitäten Frankfurt, Leipzig und zuletzt an der Privaten Universität Witten / Herdecke. Er gibt Seminare für Ethik, Rhetorik und Führung in Unternehmen und arbeitet als Coach. Er ist außerdem Redakteur bei der «Frankfurter Allgemeine Zeitung».

Wever, Ulrich A., geb. 1928. 1968–1978 Mitarbeiter bei IBM (Management Development). 1978 Wechsel zur Hypobank, wo er zunächst die Personal-

entwicklung und 1989 schließlich die Unternehmens-Kommunikation aufbaute. Heute ist er Generalbevollmächtigter im Ruhestand und Manage-
ment-Berater. Er lebt am Starnberger See.

Weyrich, Claus, geb. 1944 in Brünn, aufgewachsen in der Türkei und in
Österreich. 1962–1969 Studium der Physik an der Universität Innsbruck.
1969 Eintritt in die Forschungslaboratorien der Siemens AG. Dort Leiter
verschiedener Fachabteilungen. Oktober 1987 Leiter «Basistechnologien»
in der Zentralabteilung «Zentrale Forschung und Entwicklung» der Siemens AG. 1992 Honorarprofessor an der Technischen Universität München.
Oktober 1994 Leiter «Forschung und Entwicklung Technik» der Siemens
AG. 1996 Leiter der Zentralabteilung Technik. Seit Oktober 1996 Mitglied
des Vorstands der Siemens AG.

REDAKTIONSTEAM: Christoph-Friedrich v. Braun, Beate Hentschel, Martin Koehler, Michael Müller, Michael Roßnagl

ÜBERSETZUNGEN: Nikolaus G. Schneider (Roger Douglas; Kjell-Olof Feldt; Tao Ho; John Kao; Maureen McKelvey), Christoph-Friedrich v. Braun (Peter Senge / C. O. Scharmer; NeiHei Park; Linda Bilmes)

INTERVIEWS: Michael Gatermann (Gerhard Cromme, Michael Hilti), Hannah Hurtzig (Peter Greenaway), Heribert Klein (Jost Stollmann), Peter Saalbach (Geert Lovink, Harry Mulisch), Peter Stolle (Jean-Remy v. Matt), Gunna Wendt-Rohrbach (Gerd Binnig), Arnd Wesemann (William Forsythe), Margarete Zander (Wolfgang Rihm)

IDEE UND KONZEPT: Siemens Kulturprogramm, The Boston Consulting Group

http://www.dasneue.de